금융의 지배
세계 금융사 이야기

The Ascent of Money
: A Financial History of the World

THE ASCENT OF MONEY:
A Financial History of the World
by Niall Ferguson

Copyright © 2008, Niall Ferguson
All rights reserved.

Korean Translation Copyright © Minumsa 2010, 2016

Korean translation edition is published by arrangement with
Niall Ferguson Ltd. c/o The Wylie Agency (UK), Ltd.

이 책의 한국어 판 저작권은
The Wylie Agency (UK), Ltd와 독점 계약한 (주)민음사에 있습니다.

저작권법에 의해 한국 내에서 보호를 받는 저작물이므로
무단 전재와 무단 복제를 금합니다.

금융의 지배
세계 금융사 이야기

The Ascent of Money
: A Financial History of the World

니얼 퍼거슨 지음
김선영 옮김

민음사

차례

들어가는 글　　　　　　　　　　　7

1　탐욕의 꿈　　　　　　　　　　21
2　채권의 득세　　　　　　　　　69
3　거품 만들기　　　　　　　　　122
4　위험의 도래　　　　　　　　　177
5　절대 안전 자산　　　　　　　　229
6　제국에서 차이메리카(Chimerica)로　282

후기: 화폐의 강등　　　　　　　　337
주　　　　　　　　　　　　　　　354
사진 목록 및 출처　　　　　　　　383
감사의 글　　　　　　　　　　　385
찾아보기　　　　　　　　　　　　391

들어가는 글

통화, 화폐, 금전, 주화, 재화, 재물, 자금. 명칭이 무엇이든 중요한 건 모두 돈이란 사실이다. 기독교인에게 돈에 대한 사랑은 모든 악의 근원이다. 장군에게 돈은 전쟁의 동력이었다. 혁명가에게는 노동의 족쇄이다. 그렇다면 돈이란 정확히 무엇일까? 스페인 정복자들의 생각처럼 은 광산인가? 아니면 점토판이나 인쇄한 종이에 지나지 않는가? 우리는 어떻게 해서 돈이 자취를 감추고 숫자나 컴퓨터 스크린에 불과한 세상에 살게 되었을까? 돈은 어디서 왔을까? 그리고 이 모든 돈은 어디로 흘러가는 걸까?

2007년, 3만 4000달러에 조금 못 미쳤던 미국인 평균 수입이 최대 5퍼센트 올랐다.[1] 반면 생계비는 4.1퍼센트 상승했다. 그래서 실질 가치로 따지면 보통 사람들의 생활 형편은 0.9퍼센트 나아졌다. 물가 상승률을 고려할 때 중앙값에 해당하는 미국 가구의 소득은 1990년대 이후 사실상 변화가 없어, 18년 동안 겨우 7퍼센트 증가했다.[2] 보통 사람의 처지를 투자 은행 골드만삭스의 최고 경영자 로이드 블랭크페인(Lloyd Blankfein)과 비교해 보자. 2007년 그는 봉급과 보너스, 주식 상여금으로 6850만 달러를 받았다. 전년보다 25퍼센트 증가한 그의 소득은 일반인에 비해 2000배 정도 많았다. 같은 해 골드만삭스의 순수익은 460억 달러로 크로아티아, 세르비아, 슬로베니아, 볼리비아, 에콰도르, 과테말라, 앙골라, 시리아, 튀니지 등 100개국 이상의 국내 총생산(GDP)보다도 많았다. 이 은행의 총자산은 처음으로 1조 달러를 돌파했다.[3] 그런데도 로이드 블랭크페인은 금융계에서 고소득자 축에 들지 못했다. 노련한 헤지펀드(국제 증권 및 외환 시장에 투자해 단기 이익을 올리는 민간 투자 기금 ― 옮긴이) 매니저 조지 소로스(George Soros)가 29억 달러를 벌어들였기 때문이다. 시타델(Citadel)의 케네스 그리핀(Kenneth C. Griffin)도 이들 주요 헤지펀드 설립자들처럼 20억 달러 이상을 집에 가져갔다. 반면 전 세계적으로 10억 명의 사람들은 하루에 고작 1달러를 벌려고 몸부림친다.[4]

세상이 너무 불공평해 화가 나는가? 갑부 자본가와 10억 단위 보너스를 받는 은행가들 때문에 분노가 치미는가? 아니면 가진 자와 못 가진 자, 그리고 개인 요트까지 소유한 자 사이의 엄청난 격차에 좌절감을 느끼는가? 이는 비단 당신 혼자만의 생각이 아니다. 서구 문명사 전반에 걸쳐 금융과 금융업자에 대한 적대심은 꾸준히 있었는데, 이는 돈놀이로 생활하는 자들이 농업이나 제조업 등 '실물' 경제 활동에 어느 정도 기생하고 있다는 사고 때문이었다. 이러한 적대감에는 세 가지 이유가 있다. 한 가지는 채무자가 채권자보다 압도적으로 많은 탓에, 전자가 후자에게 호의를 갖는 경우는 드물었다. 또 하나는 금융 위기와 금융 스캔들이 곧잘 터지면서 금융 부문이 번영보다는 빈곤, 안정보다는 불안정에 원인 제공을 한다고 비춰졌다. 게다가 수세기 동안 전 세계 각국의 금융 서비스를 주도한 세력은 인종이나 종교 면에서 극소수인 자들이었다. 이들은 토지 소유권을 박탈당하고 공직에서 소외됐는데도, 자신들끼리의 끈끈한 유대와 신용을 바탕으로 금융 분야에서 성공을 일구었다.

그렇지만 '부당 이득'이라는 우리의 뿌리 깊은 편견에도 불구하고, 돈은 대부분 진보의 근원이었다. 제이콥 브로노프스키(Jacob Bronowski)의 표현을 빌리자면(학창 시절 나는 과학적 진보사를 경이롭게 다룬 그의 텔레비전 프로그램의 애청자였다.), 화폐의 부상(ascent of money)은 인류의 부상(ascent of man)에 필수적이었다. 빚에 허덕이는 가정의 피를 빨거나 고아와 과부의 저축으로 투기에 여념이 없던 고리대금업자의 행태와 달리, 금융 개혁은 인류가 비참한 생존 상황에서 벗어나 현재 대다수가 체감하듯 아찔할 정도로 풍요로운 물질세계로 들어서는 데 필수적인 것이었다. 신용과 부채의 발달은 고대 바빌론부터 오늘날 홍콩에 이르기까지 문명을 일으킨 그 어떤 기술 혁신 못지않게 중요하였다. 은행과 채권 시장은 휘황찬란한 이탈리아 르네상스의 물적 기반이었다. 기업 금융도 네덜란드 제국과 영국 제국 건설에 필수적이었는데, 이는 마치 20세기 미국의 승리를 보험, 모기지 금융, 소비자 신용의 발달과 떼어 놓고 생각할 수 없는 것과 같다. 그렇지만 동시에 미국의 세계적 우위가 쇠퇴했음을 알리는 신호탄 역시 금융 부문의 위기가 될 것이다.

모든 장대한 역사적 현상 이면에는 금융과 관련된 비밀이 숨어 있었고, 이 책은 이 중 가장 중요한 면면들을 밝혀 보고자 한다. 예를 들어 르네상스는 예술과 건축에 상당한 붐을 일으켰는데, 메디치 같은 이탈리아 은행가들이 동방의 산술 체계를 화폐에 적용해 재산을 모은 덕분이었다. 네덜란드 공화국이 합스부르크 제국보다 우세했던 이유도 세계 최대의 은광을 얻는 과정에서, 세계 최초의 근대적 주식 시장에서 금융 혜택을 제공받았기 때문이다. 프랑스의 군주 정치는 혁명이라는 처방이 필요했는데, 스코틀랜드 출신의 살인자가 세계 최초로 주식 시장에 거품을 만들고 터뜨리면서 프랑스의 금융 제도를 만신창이로 만들었기 때문이다. 워털루에서 나폴레옹을 패배시킨 공로는 웰링턴 공작뿐 아니라 네이션 로스차일드에게도 돌아가야 한다. 1880년대 세계 6위 부유국이었던 아르헨티나가 1980년대에 인플레이션에 시달리는 폐인 국가로 전락한 이유도, 채무 불이행과 통화 평가 절하 같은 자기 파괴적인 금융 실책 때문이었다.

이 책을 읽다 보면 역설적이게도 세계에서 가장 안전한 나라에 사는 국민들이 왜 세계 최고의 보험 가입률을 자랑하는지 그 이유를 알게 될 것이다. 그리고 영어권 국민들이 주택 매매에 유별나게 집착하는 사연도 깨닫게 된다. 그리고 가장 핵심 내용으로 금융의 세계화가 선진국과 신흥 시장이라는 오랜 구도를 흔들면서 중국이 미국의 은행으로, 다시 말해 공산주의 채권자가 자본주의 채무자에게 돈을 빌려 주고 있는 매우 의미심장한 변화를 확인하게 될 것이다.

어찌 보면 화폐의 부상(浮上)은 피할 수 없는 현상이다. 2006년 전 세계 경제 산출량은 약 47조 달러였다. 전 세계 주식 시장의 시가 총액은 51조 달러로 경제 산출량보다 10퍼센트 높았다. 국내 채권과 국제 채권의 총 가치는 68조 달러로 50퍼센트 더 컸고, 파생 상품 거래 잔액도 473조 달러로 10배 이상 높았다. 금융 행성 때문에 지구 행성이 왜소해 보이기 시작했다. 게다가 금융 행성은 회전 주기도 빠르다. 매일 2조 달러가 외환 거래 시장에서 새 주인을 만난다. 매달 7조 달러가 세계 주식 시장에서 주인이 바뀐다. 매주 하루도 빠짐없이 매시간 매분마다 누군가 어디에서 어떤 종류의 거래를 한다. 게다가 이 새로운 금융 생명체는 늘 진화 중이다. 일례로 2006년 차입 매수 거래(차입 자금으로 기업을 사들이는 것)는 7530억 달러로 치솟았다. 모기지 같은 개별 부채를 '조각조각 나눈 후' 재구성한 자산을 한데 묶어 판매하는 '증권화'가 폭발하면서 모기지 담보부 증권, 자산 담보부 증권, 부채 담보부 증권의 연간 총 발행액이 3조 달러를 넘어섰다. 파생 상품, 즉 금리 스왑(거래 당사자끼리 원금에 대한 이자를 상호 맞교환하여 부담하는 거래 — 옮긴이)이나 신용 디폴트 스왑(CDS, 신용 자산의 가치를 감소시키는 신용 사건이 발생했을 때 그 손실의 일부 또는 전부를 보전해 주는 계약 — 옮긴이)의 규모는 훨씬 빠르게 성장하여, 2007년 말 모든 '장외 시장' 파생 상품의 명목 가치(공공 거래소에서 거래되는 상품은 제외)가 600조 달러 가까이 이르렀다. 1980년대 이전에는 들어 보지도 못한 상품들이었다. 새로운 금융 기관 역시 우후죽순처럼 생겨났다. 1940년대에 처음 등장한 헤지펀드는 1990년만 해도 운영 자산이 380억 달러인 펀드가 610개 정도였다. 그러다가 현재는 7000개가 넘는 헤지펀드들이 1조 9000억 달러 규모의 자산을 운용한다. 은행이 대차대조표에서 위험을 덜어 내려고 고안한 '자산 유동화 법인'과 '구조화 투자 회사(SIVs)' 등 사실상 그림자 금융 시스템(shadow banking system)과 더불어 사모 합자(join-stock) 회사들도 배로 급증하였다. 지난 4000년간 지구에서 생각하는 인간이 부상해 왔다면, 이제는 금융업을 일삼는 인간이 부상 중이다.

1947년 미 금융 부문의 부가 가치는 국내 총생산 대비 2.3퍼센트였다. 2005년 무렵이 되자 이 수치는 국내 총생산의 7.7퍼센트로 커졌다. 다시 말해, 미국 고용인에게 지급하는 13달러 중 1달러가 금융권 사람들에게 돌아간다는 뜻이다.[5] 영국의 경우 2006년 국내 총생산의 9.4퍼센트를 금융이 차지하는 등 그 중요도가 더욱 높아졌다. 금융 부문은 전 세계적으로 인재를 강력하게 끌어모으는 분야이기도 하다. 1970년만 해도 내가 강의하던 하버드 대학의 남자 졸업생 중 단 5퍼센트만이 금융권에 들어갔다. 1990년이 되자 그 수치는 15퍼센트로 늘어났다.* 작년에는 그 비율이 더욱 커졌다. 《하버드 크림슨(Harvard Crimson)》(하버드 대학 교내 신문 — 옮긴이)에 따르면 2007년 남자 졸업생 중 20퍼센트 이상, 그리고 여자 졸업생 중 10퍼센트 이상이 은행권에서 첫 직장을 얻길 원했다. 참고로 최근 몇 년 간 금융권의 급여 및 각종 혜택은 다른 경제 분야에서 아이비리그 졸업생들이 얻는 봉급보다 3배 정도 많다. 그러니 누가 이들에게 돌을 던지겠는가?

당시 2007년 졸업생에게 국제 금융의 상승 기세는 그 무엇으로도 꺾이지

---

* 여자 졸업생의 경우 2.3퍼센트에서 3.4퍼센트로 늘었다. 석사의 경우에도 남성이 여성보다 앞섰다.

않는 듯 보였다. 뉴욕과 런던에서 자행된 테러 공격에도 무너지지 않았고, 중동 지역의 격렬한 전쟁에도 끄떡없었다. 세계적 기후 변화도 물론 꺾지 못했다. 2001년 후반부터 2007년 중반까지 세계 무역 센터가 붕괴되고, 아프가니스탄과 이라크가 침공을 받았으며, 극단적인 기상 이변이 극에 달했는데도, 금융 팽창은 한결같았다. 사실 9·11 테러의 직접적인 여파로, 다우 존스 산업 평균 지수가 14퍼센트 떨어진 때가 없지 않았다. 그렇지만 단 두 달 만에 9.11 테러 이전 수준을 회복했다. 게다가 2002년은 미 주식 투자자에게 실망스러운 한 해였는데도, 그 후로 주식 시장이 급등한 결과 2006년 가을에는 바로 전의 절정기('닷컴(dot com)' 열풍이 최고조에 달한 때)를 넘어서고 말았다. 2007년 10월 초, 다우 지수는 5년 전 최저점의 2배에 달하는 고지에 올라섰다. 이는 미국의 주식 시장만 겪은 예외적 현상이 아니었다. 2007년 7월 31일까지 5년 동안 세계 주식 시장은 단 두 곳만 제외하고 연간 두 자릿수 수익률을 기록했다. 신흥 시장 채권도 강세를 보였고, 부동산 시장의 경우도 특히 영어권 국가에서 엄청난 자본 소득을 경험했다. 상품, 예술품, 빈티지 와인이나 이색적인 자산 담보부 증권 등 그 어디에 돈을 맡기든 투자자들은 돈을 벌었다.

　그렇다면 이 경이로운 현상을 어떻게 설명할 수 있을까? 어느 학파의 견해에 따르면 최근 금융 혁신으로 세계 자본 시장의 효율성이 근본적으로 향상되면서, 위험 감당 능력이 가장 뛰어난 대상에게 위험 전가가 가능해졌다고 한다. 변동성이 종말을 고했다고 보는 열성론자들도 있다. 자족적인 금융가들은 '우수성의 진화'라는 이름을 내걸고 회의를 열기도 했다. 2006년 11월 나는 바하마의 호화로운 지역 라이포드 케이(Lyford Cay)에서 열린 이 같은 성격의 회의에 참석하게 되었다. 당시 나는 머지않아 유동성이 급락하여 세계 금융 제도에 단계적으로 영향을 미칠 터이니, 호시절이 영원하리라고 속단해서는 안 된다고 연설했다. 내 얘기를 들은 청중들은 전혀 감화받은 눈치가 아니었다. 내 주장을 기우론자(杞憂論者)의 견해 정도로 치부했다. 어느 연륜 높은 투자자는 주최측에게 '내년부터 외부 연사 없이 진행하고 메리 포핀스나 감상하자.'라는 제안을 했다.[6] 그런데 메리 포핀스 얘기가 나오자 문득 내 어린 시절 기억이 떠올랐다. 줄리 앤드루스(Julie Andrews)의 팬들이라면 이 고전 뮤지컬에 나오는 금융 사건 하나가 떠오를 것이다. 바로 예금자들이 앞다투어 돈을 찾는 예금 인출 사태(bank run)이다. 1866년 이후 런던에서 자취를 감춘 이 현상은, 영화가 제작된 1960년대에 이미 기괴한 광경이 되어 버렸다.

　메리 포핀스는 뱅크스(Banks) 가족의 유모로 들어간다. 그 이름이 우연이 아닌 것이 뱅크스는 실제 은행가로, 도스 톰스 모슬리 그럽스 성실 투자 은행(Dawes Tomes Mousley Grubbs Fidelity Fiduciary Bank)의 중역이다. 하루는 뱅크스의 고집으로 아이들을 그의 직장인 은행에 데리고 간다. 그곳에서 회장 도스 씨는 뱅크스의 아들 마이클에게 용돈 2펜스를 예금하라고 강권한다. 그렇지만 그 돈으로 은행 밖 비둘기에게 모이를 사 주고 싶었던 어린 마이클은 도스에게 '돌려주세요! 내 돈 돌려주세요!'라고 외친다. 안타깝게도 은행에 있던 일부 고객들이 마이클의 외침을 듣고 예금을 인출하기 시작한다. 곧바로 다수의 예금자들이 똑같은 일을 벌이자, 은행은 예금 지불을 중단한다. 뱅크스는 당연히 해고되고 '인생의 전성기에 터무니없는 일이 터졌다.'라며 한탄한다. 이 대사는 영국 은행 노던록(Northern Rock)의 전 최고경영자 애덤 애플가드(Adam Applegarth) 입에서 그대로 되풀이됐다. 2007년 9월 고객들이 지점 밖에 줄지어 서서 현금을 인출하면서, 그 역시 비슷한 운명에 처했기 때문이다. 이는 노던록이 잉글랜드 은행에게 '유동성 지원 기금'을 요청했다는 발표가 나간 직후 터진 사건이었다.

　2007년 여름 서구 세계를 강타한 금융 위기는 반복되는 금융사의 진실을 알려 주었다. 바로 모든 거품은 조만간 터지기 마련이라는 사실이다. 시일이 지나면 강세장의 매도자보다 약세장의 매도자 수가 넘쳐나는 법이다. 탐욕도 재빨리 공포로 뒤바뀐다. 내가 이 책의 자료 조사를 끝마친 2008년 초반부터, 미국의 경기 후퇴 조짐은 확연해 보였다. 미국 기업이 신제품 개발을 전보다 게을리한 탓일까? 기술 혁신이 갑자기 소강 국면에 접어들었나? 아니었다. 2008년 경제 불안정의 근인은 금융에 있었다. 정확히 말해 서브프라임(비우량) 주택 담보 대출이라고 에둘러 표현하는, 일종의 채무를 되갚지 못한 사람들이 증가하면서 생긴 신용 시장 경색 때문이었다. 우리의 세계적 금융 시스템은 상당히 복잡하게 얽혀 있는 탓에, 앨라배마부터 위스콘신에 이르기까지 상대적으로 가난한 지역의 가구들도 복잡한 대출 구조를 타고 주택을 사거나 2차 담보 설정을 하는 일이 가능했다. 어떤 대출은 (대출자들 모르게) 비슷한 대출끼리 한데 묶여 부채 담보부 증권(CDOs)으로 재구성된 다음, 뉴욕과 런던에 있는 은행을 거쳐 (특히) 독일의 지역 은행과 노르웨이 시의회로 팔리는 방식을 취했는데, 이 과정에서 이들 지역 은행과 시의회가 사실상 모기지 대출업자로 탈바꿈했다. 이 잘게 나뉜 부채 담보부 증권은, 10년 만기 미 재무부 증권처럼 원 차입자의 이자 지급이 꾸준한 수입을 낳는 믿음직한 자산이며, 따라서 트리플 A 등급에 해당한다는 주장도 가능하게 해 주었다. 이 정교한 금융 연금술 뒤에는 납을 금으로 바꾼다는 논리가 숨어 있었다.

그러나 원 모기지에서 1, 2년의 '티저(teaser)' 기간(낮은 금리를 미끼로 대출을 유도하는 기간 ― 옮긴이)이 끝나고 금리가 인상되자, 차입자들은 채무를 갚지 못하였다. 이는 다시 미국 부동산 거품이 꺼진다는 신호로 돌변해, 1930년대 이후 가장 큰 주택 가격 폭락을 일으켰다. 이후 상황은 느리면서도 파멸적인 연쇄 반응이었다. 사실상 서브프라임 모기지로 담보되지 않는 숱한 증권들을 포함해 온갖 종류의 자산 담보 증권들의 가치가 폭락했다. 은행이 대차대조표상에서 이러한 증권들을 털어 버리려고 세운 자산 유동화 법인과 구조화 투자 회사 같은 기관들도 심각한 곤경에 빠졌다. 은행이 이 증권들을 인수하면서, 그 자본과 자산 비율은 규제 최저 수준으로 떨어졌다. 미국과 유럽의 중앙은행들이 은행권의 부담을 덜기 위해 금리를 인하하고 '기간 입찰 대출(term auction facilities)'을 통해 자금을 제공했다. 그러나 이 글을 쓰는 현재(2008년 5월), 기업 어음 발행이나 채권 매각 혹은 차입 등 그 어떤 방식을 구사하든 은행의 차입 이자율은 미국 경제에서 최저 대출 금리인 연방 기금 공식 기준 금리보다 훨씬 높다. 본래 기업 매수를 위해 발행한 사모 채권도 큰 폭의 할인 없이는 팔리지 않았다. 손실을 상당히 겪은 미국과 유럽의 유명 은행들은 지불 준비금을 다시 갖추기 위해 서구 중앙은행에 단기 지원을 요청했을 뿐 아니라, 자본금을 확보하고자 중동의 국부펀드에게 자본 투입을 요구하기도 했다.

일부 독자는 이 모든 현상을 쉽게 이해 못할지도 모른다. 그렇지만 전문 용어처럼 들리는 자본 자산 비율은 단순히 학술적인 관심사가 아니다. 알다시피 미국 금융 시스템의 '대수축(great contraction)'은 결국 근대 금융사에서 최악의 경제적 재난이었던 1929년~1933년 대공황을 낳은 요인으로 지탄받지 않았던가.[7] 만약 미국 은행의 손실액이 지금까지 서브프라임 주택 담보 대출과 신용 경색의 결과라고 인정한 2550억 달러를 상당 부분 초과할 경우, 훨씬 큰 규모(아마 10배 정도)의 신용 수축이 발생하여, 감소한 자본만큼 은행권의 대차대조표를 축소해야 하는 매우 위험한 상황에 놓일 것이다. 만약 부채를 증권화해 온 그림자 금융 시스템과 부외 거래 기관들이 이 위기에 모조리 휩쓸릴 경우, 신용 수축은 한층 심각하게 전개될 것이다.

이는 미국뿐 아니라 전 세계에 함의를 준다. 미국이 현재 세계 총생산에서 4분의 1 이상을 차지하며, 대다수 유럽과 특히 아시아 경제권의 대미 수출 의존도가 여전히 높기 때문이다. 유럽은 이미 미국에 버금가는 경기 후퇴 조짐이 보이며, 특히 영국과 스페인 등 주택 거품을 비슷하게 겪은 나라들에서 이런 현상이 두드러진다. 1997년~1998년에 미국이 아시아 위기를 버텨 낸 것처럼, 아시아도 미국의 경기 후퇴를 견뎌 낼는지는 미지수다. 분명한 사실은 미국 금융 시스템의 신용 경색을 완화하려고 이자율을 내리고 유동성을 높인 연방 준비 제도(Federal Reserve System)의 노력이, 달러의 대외 가치에 심각한 하방 압력을 가했다는 사실이다. 달러 하락세와 함께 아시아의 산업 성장이 지속되면서 1970년대뿐 아니라 1940년대와도 필적하는 상품 가격 급등이 초래되었다. 2008년 중반은 전 세계적으로 이러한 인플레이션 징후를 둘러싸고 전쟁 아닌 전쟁을 치렀다고 해도 과언이 아니다.

앞 단락을 읽으면서 아무런 근심도 생기지 않는 독자가 있다면, 아마도 금융사에 밝지 않은 사람일 것이다. 그렇다면 이 책이 추구하는 목적 하나는 교양 쌓기가 되겠다. 어쨌든 영어권 나라의 일반인 상당수가 금융에 무지하다는 점은 주지의 사실 아닌가. 2007년 어느 조사에 따르면 신용카드를 소지한 미국인 10명 중 4명은, 신용카드 회사가 높은 이자율로 불이익을 주는데도 자주 쓰는 신용카드의 청구 총액을 다달이 지불하지 않는다고 한다. 3분의 1(29퍼센트)은 자기 카드의 이자율도 몰랐다. 또 다른 30퍼센트는 이자율을 10퍼센트 미만으로 알고 있었는데, 사실 대다수 카드 회사들은 10퍼센트를 훨씬 웃도는 이자율을 부과한다. 응답자의 절반 이상은 학교에서 금융 현안에 대해 '충분히' 혹은 '전혀' 배우지 못했다고 답했다.[8] 2008년 조사에서도 전체 미국인 중 3분의 2가 복리 이자에 대해 이해하지 못하는 것으로 드러났다.[9] 버팔로 대학 경영학부에서 실시한 어느 연구에 따르면, 전형적인 고등학교 고학년생 중 52퍼센트만이, 개인의 자산 관리 및 경제 상태를 묻는 일련의 질문에 답을 했다고 한다.[10] 지난 18년 동안 주식이 미 정부 채권보다 수익률이 높았다는 사실을 아는 사람은 14퍼센트에 불과했다. 예금 이자가 일정 수준이면 소득세가 붙는다는 사실을 아는 이도 23퍼센트 미만이었다. 59퍼센트는 기업 연금, 사회 보장 연금, 401(k)플랜*의 차이를 몰랐다. 이는 비단 미국만의 현상이 아니다. 2006년 영국 재정청이 대중들의 금융 지식을 파악해 본 결과, 5명 중 1명은 인플레이션 5퍼센트와 이자율 3퍼센트가 본인들의 저축 구매력에 미치는 영향을 알지 못했다. 10명 중 1명은 원래 가격이 250파운드인 텔레비전을 각각 30파운드와 10퍼센트를 할인했을 때 어느 쪽이 더 이득인지 분간하지 못했다. 예시에서 분명히 드러나듯이, 연구 조사에서 나온 질문은 가장 기초적인 내용이었다. 따라서 조사 대상자 중 '풋'옵션과 '콜'옵션의 차이를 설명할 줄 아는 사람은 분명 소수일 테고, 자산 담보부 증권과 신용 디폴트 스왑을 구분하는 이들은 더욱 적었으리라 추측해도 무방할 것이다.

정치인, 중앙은행가, 사업가들은 돈에 대한 대중의 무지에 한숨을 쉬는데, 거기에는 그럴 만한 이유가 있다. 사회가 지출과 세후 소득 관리를 개인에게 맡기고, 성인들이 저마다 주택을 소유한다고 가정하며, 은퇴 대비 저축액 산정이나 보험 가입 여부도 개인에게 일임해 버리면, 결국 역량 부족한 시민이 금융과 관련하여 현명한 판단을 내려야 한다. 이는 장차 불거질 문제의 씨앗을 뿌리는 격이다.

현대의 복잡한 금융 제도와 금융 용어를 이해하는 첫걸음은 이들이 어디에서 유래되었는지 알아보는 것이다. 어떤 제도와 수단의 기원을 이해해야 그 현대적 역할도 훨씬 쉽게 파악할 수 있다. 결국 현대 금융 제도의 핵심 요소들도 순차적으로 도입되었기 때문이다. 이 책 1장은 화폐와 신용의 성장을 추적한다. 2장은 채권 시장을, 3장은 주식 시장을 훑는다. 4장은 보험에 대한 이야기이다. 5장은 부동산 시장에 관해 살펴보며, 6장은 국제 금융

---

* 1980년에 도입된 401(k)플랜은 일종의 확정기여형 퇴직자 연금 제도이다. 고용인들이 선택해 봉급의 일정 비율을 401(k)계좌에 적립하거나 '유예'할 수 있다. 게다가 이 적립액을 어디에 투자할지 선택권도 갖는다. 몇 가지 예외가 있긴 하지만, 이를 찾아 쓸 때까지 세금이 붙지 않는다.

의 성장과 쇠퇴 그리고 부흥의 과정을 짚는다. 각 장은 중요한 역사적 질문을 다룬다. 화폐는 언제 금속에서 탈피해 종이로 바뀌었으며, 또 언제 그 모든 형태에서 벗어났는가? 장기 금리를 결정짓는 채권 시장이 세계를 지배한다는 게 사실인가? 주식 시장에서 거품이 생기고 터질 때 중앙은행의 역할을 무엇인가? 보험이 반드시 최상의 위험 보호 수단이 아닌 이유는 무엇인가? 사람들이 부동산 투자의 이익을 과장하고 있지는 않은가? 그리고 중국과 미국의 경제적 상호 의존은 국제 금융 안정의 핵심인가, 아니면 단지 돌연변이 키메라(chimera)에 지나지 않은가?

고대 메소포타미아부터 현대의 소액 금융에 이르기까지 금융사 전반을 다루는 과정은 내게도 벅찬 일이었다. 간결하고 단순한 서술을 위해 빼 버린 내용도 많다. 그렇지만 이러한 시도로 일반 독자들이 현대 금융 제도를 더 예리하게 바라보게 된다면 내게 뜻깊은 작업이 될 것이다.

나 역시 이 책을 쓰면서 매우 많은 사실을 배웠지만 특별히 세 가지를 지적하고 싶다. 첫째로 빈곤은 탐욕스러운 금융업자가 가난한 자를 착취한 결과가 아니라는 점이다. 이보다 훨씬 관련 깊은 요인은 바로 금융 기관의 부족, 즉 은행의 부재이지 이들의 존재가 아니다. 차입자가 효율적인 신용망에 접근이 가능해야 이들도 고리대금업자의 마수에서 벗어나며, 저축자가 믿음직한 은행에 예금할 수 있어야 자금이 유한계급에서 근면한 이들에게 흘러간다. 이는 전 세계 빈곤 국가에만 해당되는 내용이 아니다. 선진국 내 빈곤 지역('아프리카인 구역')도 마찬가지이다. 내 고향 글래스고 주택 단지도 예외가 아닌데, 이곳에서 일부 사람들은 하루 6파운드로 치약부터 교통비까지 모든 것을 해결하는데도, 고리대금업자가 부과하는 연 1100만 달러의 금리를 감당해야 한다.

두 번째 깨달음은 평등, 그리고 평등의 부재와 관련 있다. 금융 제도에 결함이 있다면, 이는 인간의 속성을 그대로 반영하고 확대한 것에 지나지 않는다. 날로 방대해져 가는 행동 금융학 연구에서 배운 사실 한 가지는, 상황이 좋으면 과열되고 사태가 나빠지면 깊은 침체에 빠지는 우리의 극단적인 성향을 화폐가 증폭시킨다는 점이다. 거품의 형성과 붕괴도 본질적으로 인간의 감정이 변덕스러운 탓이다. 그렇지만 금융은 재수 좋고 똑똑한 사람에게는 부를 안겨 주고, 운 없고 그다지 명석하지 못한 자에게는 가난을 안겨 주는 등 사람들 사이에 격차를 조장하기도 한다. 300년 이상 격차를 낳았던 금융 세계화는, 이제 세상이 더 이상 부유한 선진국과 가난한 저개발 국가로 뚜렷이 나뉘지 않음을 보여 준다. 전 세계 금융 시장 통합이 더욱 진척될수록 금융 지식이 풍부한 사람에게는 어디서든 기회가 더욱 많이 보장되며, 금융적으로 무지한 사람은 사회적으로 낙오될 위험이 더욱 높아진다. 전반적인 소득 분배 상황을 볼 때 세상은 결코 공평하지 않다. 미숙련 노동과 반숙련 노동의 대가에 비해 자본 이득이 상대적으로 월등히 높기 때문이다. '정통함(getting it)'에 대한 보상의 격차가 이렇게까지 벌어진 적은 없었다. 게다가 금융적 무지에 대한 불이익은 너무나 가혹하다.

　마지막으로 내가 깨달은 사실은 금융 위기의 시기와 강도를 정확히 예측하는 일만큼 힘겨운 작업도 없다는 점이다. 금융 시스템은 실로 너무나 복잡하며, 이 안에는 단선적이지 않고 심지어 무질서해 보이는 관계들이 수없이 얽혀 있기 때문이다. 화폐의 부상은 순탄하지 않았고, 매번 새로운 도전 과제가 닥칠 때마다 금융가와 그 동류 집단이 새로운 대응책을 고안해 냈다. 금융사는 안데스 산맥처럼 들쭉날쭉 불규칙한 봉우리와 골짜기의 연속이었지, 매끄럽게 위로 뻗은 경로가 아니었다. 다른 비유를 들자면, 금융사는 고전적인 진화론과 유사하다. 물론 금융계의 진화는 자연계의 진화보다 시간 간격이 훨씬 촘촘하다. 미 재무 차관보 앤서니 라이언(Anthony W. Ryan)은 2007년 9월 의회에서 "자연계에서 일부 종이 멸종하듯이 일부 신종 금융 기법들도 크게 성공 못할 수 있다."라고 말했다. 이러한 다윈주의적 용어는 내가 본문에 썼듯이 매우 적절한 표현이다.

현재 우리는 금융계의 '대멸종(great dying)' 단계에 있는 건 아닐까? 지구에 사는 종의 90퍼센트를 사라지게 한 선캄브리아기 멸종이나 공룡의 씨를 말린 백악기 제3기 멸종 등 지구는 주기적으로 대멸종을 겪어 왔다. 인간이 초래한 기후 변화가 전 지구적으로 자연 서식지를 파괴하면서, 생물학자들은 우려 섞인 시나리오를 제시한다. 그렇지만 우리는 금융 제도들이 대거 사라지는 또 다른 시나리오도 고민해야 하는데, 이 역시 국제 금융 시스템을 통해 차츰 고통이 전가되는 또 다른 형태의 인재(人災)이기 때문이다.

이 모든 이유를 차치하더라도, (호구지책으로 살든 금융계의 정복자가 되든) 지금은 그 어느 때보다도 화폐의 부상을 이해해야 하는 시기이다. 만약 이 책이 금융과 다른 분야 사이에 놓인 난해한 지식 장막을 걷어 내는 데 도움이 된다면, 나로서는 수고한 보람이 있겠다.

1 탐욕의 꿈

세상에 화폐가 없다고 상상해 보자. 100년 넘게, 공산주의자와 무정부주의자들은(일부 극단적 보수주의자나 종교적 근본주의자, 히피족은 물론이고) 이런 상황을 꿈꿔 왔다. 프리드리히 엥겔스(Friedrich Engels)와 카를 마르크스(Karl Marx)는 자본주의적 착취 수단에 불과한 화폐가 가족 관계를 비롯해 모든 인간관계를 대체해 버리며, 매정하게도 '금전으로 얽힌 관계'를 양산한다고 주장했다. 훗날 마르크스가 『자본론(*Capital*)』에서 입증한 것처럼, 화폐는 노동력을 상품화하며, 정당한 노동에서 생긴 잉여는 자본 축적을 향한 자본가 계급의 탐욕스러운 욕망을 위해 전유(專有)되고 '물화(物化)'된다. 이러한 개념은 좀처럼 사라지지 않았다. 1970년대만 해도 유럽의 공산주의자 중에 화폐 없는 세상을 동경한 이들이 있었는데, 이 유토피아적 발상은 월간지 《소셜리스트 스탠다드(*Socialist Standard*)》에서 드러났다.

화폐는 사라질 것이다. …… 금은 레닌의 바람대로 비축되어 공공 화장실 건설에 쓰일 것이다. …… 공산주의 사회에서는 상품을 자유롭게 무상으로 접할 수 있다. 공산주의 사회를 구성하는 기본 토대는 화폐 없는 세상이다. …… 소비와 축적에 극도로 집착하는 모습이 사라질 것이다. 축적을 갈망하는 것은 어리석은 일이 될 것이다. 주머니에 넣을 돈도, 고용에 쓸 임금 생활자도 더 이상 없기 때문이다. …… 새로운 인류는 자연에 의지해 수렵하고 채집하던 선조들의 모습과 닮아 갈 것이다. 이들은 살아가는 데 필요한 물자를 자연에서 무상으로 때로는 풍족하게 제공받았으므로, 미래를 고민할 필요가 없었다. ……[1]

그러나 그 어떤 공산주의 국가도(북한조차도) 화폐 없는 상태가 실용적이라고 보지 않았다.[2] 수렵 채집 사회의 실상을 조금만 살펴봐도 현금 없는 세상이 얼마나 불편한지 알게 된다.

5년 전, 누칵마쿠(Nukak-Makú) 부족원들이 뜻하지 않게 아마존 열대우림 지역에서 벗어나, 콜롬비아의 산호세델과비아르(San José del Guaviare)에서 떠돌아다녔다. 누칵족은 시간이 멈춰 버린 부족으로, 돌연 모습을 드러내기 전까지 다른 인간 사회와 동떨어져 있었다. 전적으로 원숭이 사냥과 열매 채집에 의존해 살아온 이들은 돈에 대한 개념이 전혀 없었다. 그리고 알려진 대로 미래에 대한 개념 역시 찾아볼 수 없었다. 현재 이들은 콜롬비아 근처 산림 개간지에서, 주에서 공급하는 지원품에 의존해 살고 있다. 정글이 그립냐는 질문을 받을 때면 이들은 웃음으로 답한다. 평생 먹을거리를 찾아 온종일 고되게 걸어 다니던 부족에게, 전혀 낯선 사람들이 필요한 물품을 모두 건네주고도 아무런 대가를 요구하지 않는 사실은 그저 놀라울 따름이다.[3]

수렵 채집 생활은 자연 상태에 대한 토마스 홉스(Thomas Hobbes)의 언급대로, "고독하고 빈곤하며 불결한 데다 야만적이고 수명마저 짧다." 물론 어찌 보면 원숭이를 사냥하러 정글을 헤매는 일이 고된 생계형 농사보다 나을지도 모른다. 그러나 인류학자들이 밝혀낸 바에 따르면, 근대 시기까지 살아남은 수렵 채집 부족들 대다수가 누칵 부족만큼 평화롭게 살지는 않았다고 한다. 일례로, 에콰도르의 지바로(Jivaro) 부족은 남성의 60퍼센트가 폭력 때문에 목숨을 잃었다. 브라질의 야노마모(Yanomamo) 부족의 경우 그 수치가 40퍼센트에 이른다. 이 두 원시 부족민이 서로 마주칠 경우, 부족한 자원(식량과 가임 여성)을 놓고 상업적으로 교환하기보다 서로 싸울 가능성이 더 높다. 수렵 채집인은 거래를 하지 않는다. 이들은 급습해 빼앗는다. 그리고 식량을 발견하는 대로 바로 소비할 뿐 저장하지 않는다. 그래서 이들에게는 화폐가 필요 없다.

화폐 광산

누칵 부족보다 고도화된 사회들도 사실상 화폐 없이 굴러갔다. 500년 전, 남아메리카에서 가장 찬란한 사회였던 잉카 제국 역시 화폐가 없었다. 잉카인은 희귀 금속의 심미적 속성을 알고 있었다. 그래서 이들에게 금은 '태양의 땀'이고 은은 '달의 눈물'이었다. 잉카 제국에서 노동은 가치의 척도였는데, 이는 훗날 공산주의 사회의 인식과 흡사했다. 게다가 공산주의 사회처럼 잉카 경제도 때로 중앙 계획과 부역 노동을 통해 유지됐다. 그러나 1532년, 크리스토퍼 콜럼버스(Christopher Columbus)를 비롯한 자들이 통화로 쓸 귀금속을 찾아 신대륙에 노골적으로 접근하면서 잉카 제국은 쇠퇴의 길로 들어선다.*

스페인 군인의 사생아로 태어난 프란시스코 피사로(Francisco Pizarro)는

---

* 신대륙 정복자들은 금과 은을 찾아 들이닥쳤다. 콜럼버스가 처음 정착한 히스파니올라(Hispaniola, 현 도미니크 공화국) 섬의 라 이사벨라(La Isabela)는 금을 채굴하기 위해 세운 곳이었다. 그는 은도 발견했다고 믿었지만, 콜럼버스 일행이 스페인에서 가져온 시료(試料)의 흔적만 남아 있을 뿐이다.

1502년 출세의 꿈을 안고 대서양을 건넜다.[4] 파나마 지협에서 태평양을 가로지른 최초의 유럽인에 속했던 그는, 1524년 세 차례의 페루 원정 중 그 첫 번째 원정에 나섰다. 지세는 험난했고 식량은 부족했으며, 원정대가 만난 토착민들은 적대적이었다. 그러나 2차 원정에서 툼베스(Tumbes) 지역 원주민들이 피사로와 그 동맹자들을 '신의 자녀'로 칭송하고 환대해 주자, 이들은 원정을 지속하기로 결심한다. 스페인으로 돌아온 그는 '페루 총독' 자격으로 '카스티야(Castile) 제국 확장'*이라는 계획을 왕실로부터 승인받았다. 게다가 배 3척과 기마 27필, 병사 180명을 지원받았으며, 유럽의 최신 무기인 총과 석궁으로 무장까지 했다.[5] 1530년 12월 27일 파나마에서 3차 원정대가 출범했다. 훗날 정복자가 된 이들은 단 2년 만에 목적을 달성한다. 이들이 도착하기 몇 년 전, 잉카 황제 와이나 카팍(Huayna Capac)이 숨을 거두었는데, 그에게는 서로 앙숙인 두 아들이 있었다. 원정대는 이 중 아타우알파(Atahuallpa)와 대면했다. 아타우알파는 사제 빈센트 발베르드(Vincente Valverd)로부터 기독교로 개종할 것을 권유받자, 이를 거절하고는 업신여기듯 성서를 바닥에 내동댕이쳤다. 결국 아타우알파는 말(잉카인들에게 생소한 동물이었다.)을 앞세운 스페인 원정대의 횡포 앞에 자국 군대가 전멸하는 모습을 지켜봐야 했다. 수적으로 압도적이었던 잉카 군대를 떠올려 볼 때 이는 실로 놀라운 일격이었다.[6] 피사로가 원하는 바를 눈치챈 아타우알파는 자신을 풀어 주면 자신이 감금된 방 가득히 금과 은을 채워 주겠다고 약속했다. 이후 여러 달에 걸쳐 잉카인들은 22캐럿짜리 황금 6087킬로그램과 순은 11793킬로그램을 모았다.[7] 그렇지만 포로를 처형하기로 결정한 피사로는 1533년 8월 공개 교수형을 자행한다.[8] 이어 수도 쿠스코까지 함락당한

---

* 1474년 페르디난드(Ferdinand)와 이사벨라(Isabella)가 결혼한 시점부터 18세기까지, 우리가 스페인으로 부르는 카스티야 지역은 엄밀히 말해 아라곤(Aragon)과 카스티야 두 왕국이 통합된 곳이었다.

잉카 제국은 스페인의 마구잡이 약탈에 갈가리 찢겨 나갔다. 1536년 허수아비 황제 망코 카팍(Manco Capac)이 반란을 이끌었으나 역부족이었고, 새로이 건설한 수도 리마는 스페인 통치를 사실상 확고히 상징하게 되었다. 1572년 잉카 제국은 공식적으로 사라졌다.

피사로는 살아온 인생만큼이나 폭력적인 죽음을 맞이했다. 동료 정복자 중 한 명과 다툼을 벌인 그는 1541년 리마에서 칼에 찔려 죽는다. 그러나 피사로가 스페인 왕가에 남긴 유산은 그가 품었던 야망 그 이상이었다. 정복자들은 엘도라도 전설에 고무받았다. 이 전설에 따르면, 엘도라도라는 이름의 인디언 족장은 축제 기간에 온몸에 황금가루를 발랐다고 한다. 피사로 일행이 페루 상부(Upper Peru)라고 이름 붙인 지역은 안개로 뒤덮인 황량한 산으로, 높은 고도에 적응하지 못할 경우 호흡 곤란을 겪어야 했다. 그렇지만 바로 이곳에서 정복자들은 값진 보물을 발견했다. 해발 4824미터(15827피트) 높이의 세로 리코(Cerro Rico, 말 그대로 '부의 언덕'이라는 뜻)는 좌우 대칭의 초자연적 신비를 간직한 곳으로, 화폐에 대한 온갖 이상향을 최대로 구현한 장소였다. 바로 이곳에 순은이 매장된 광산이 있었다. 1545년, 인디언 디에고 구알파(Diego Gualpa)가 커다란 은맥 다섯 군데를 발견하면서 세계 경제사는 새 장을 열게 되었다.[9]

잉카인은 금과 은에 사로잡힌 유럽인의 지칠 줄 모르는 탐욕을 이해할 수 없었다. "안데스 산맥을 뒤덮은 눈이 온통 금으로 변한다 해도, 이들은 만족을 모를 것이다." 망코 카팍은 이렇게 푸념했다.[10] 잉카인들은 피사로와 그 일행에게 은이란 단순히 광택 나는 장식용 귀금속이 아니라 그 이상이라는 사실도 이해할 수 없었다. 은은 화폐로 주조가 가능했다. 계산 단위이자 가치 저장 수단인 화폐, 이는 곧 원하는 대상을 모조리 가져다주는 힘이었다.

스페인인들은 처음에는 마을 근처 주민에게 돈을 주고 노동력을 사서 은

포토시에 있는 세로 리코. 스페인 제국에게는 화폐 광산이었다.

을 채광했다. 그러나 너무나 열악한 노동 조건 탓에, 16세기 후반부터는 강제 노역 제도를 도입해야 했다. 이에 따라 16군데의 고지대에서 18세에서 50세 사이의 남성들이 1년에 17주 동안 징집되었다.[11] 또 파티오(patio, 연금술사들이 개발한 아말감법을 원용해 은광을 제련하는 방법 — 옮긴이) 방식으로 은을 정련하는 과정에서 수은 가스가 생겼는데, 채굴자들이 이 가스에 끊임없이 노출된 탓에 끔찍한 수준의 사망률을 기록했다. 이렇게 얻은 은광석은 가루로 만들어 수은과 섞은 뒤 아말감으로 만들었다. 그런 다음 광석의 잔재를 거른 후 열을 가해 수은을 날려 버렸다.[12] 광산 환기갱 내부 공기는 유독했다.(지금도 마찬가지이다.) 광산 노동자들은 200미터가 넘는 환기갱을 따라 탄광으로 내려가야 했다. 태초의 공간에 발을 디딘 이들은 광석 자루를 등에 지고 장시간 채광하다가 다시 기어 올라왔다. 떨어진 암석을 맞고 수백 명이 죽거나 불구가 되었다. 포토시(Potosi)에 실버 러시(silver-rush)가 도래하자, 도밍고 데산토 토마스(Domingo de Santo Tomás) 수사는 "스페인 사람들의 탐욕 때문에 수많은 하층민이 지옥의 입구로 들어가 그네들 '신'의 제물이 된다."라고 목소리를 높였다. 은광을 '지옥 광산'이라 칭한 로드리고 데로아이사(Rodrigo de Loaisa) 수사도 "월요일에 건장한 인디언 20명이 들어가면, 토요일에 절반은 불구가 되어 나온다."[13]라고 지적했다. 1638년 아우구스티누스 수도회의 수사 프라이 안토니오 데라칼랑차(Fray Antonio de la Calancha)도 마찬가지의 글을 남겼다. "포토시에서 찍어 낸 페소 주화마다 저 깊숙한 광산에서 죽어 간 인디언의 피땀이 녹아 있다." 토착 노동력이 바닥나자, 수천 명의 아프리카 노예들이 '인간 노새'의 빈자리를 메우기 위해 끌려왔다. 지금까지도 세로 리코에는 숨 막히는 환기갱과 터널의 지옥 같은 풍광이 그대로 남아 있다.

강제로 끌려와 노동력을 제공한 이들에게 죽음의 장소였던 포토시를, 스페인은 부유한 도시로 변모시켰다. 1556년부터 1783년까지 이 '부의 언덕'

은 4만 5000톤에 달하는 순은을 쏟아 냈고, 카사데모네다(Casa de Moneda) 조폐국은 이를 통화나 은괴로 찍어 세비야(Seville)로 운송해 갔다. 공기가 희박하고 기후도 척박했지만, 포토시는 스페인 제국의 주요 도시로 빠르게 성장하였다. 전성기에는 인구수가 16만 명에서 20만 명에 이르러, 당시 유럽의 어느 도시보다도 많은 이들이 밀집해 있었다. '포토시만큼 값지다.(Valer un potosí)'라는 스페인어 표현은 아직까지도 엄청난 부를 뜻한다. 정복자인 피사로와 그 일행은 스페인 왕조에게 그들의 탐욕을 넘어서는 부를 안겨 주었다.

일반적인 말처럼 화폐는 물물교환의 비효율성을 없애 주는 교환 수단이자, 가치 평가와 계산을 수월하게 해 주는 계산 단위이다. 그뿐만 아니라, 가치 저장 수단으로 오랜 세월 동안 여러 지리적 공간에서 경제적 거래를 가능하게 했다. 이 모든 기능을 제대로 발휘하기 위해 화폐는 접근이 용이하고 그 양이 충분하며 내구성이 길어야 했다. 또한 대체성이 있고 쉽게 소지 가능하며 신뢰할 만한 대상이어야 했다. 금이나 은, 청동 같은 금속은 이 기준을 대부분 만족시켰으므로, 수천 년 동안 이상적인 화폐 원료로 자리매김했다. 역사상 최초의 주화는 기원전 600년경으로 거슬러 올라간다. 고고학자들은 이 주화를 에페수스의 아르테미스 신전(오늘날 터키의 이즈미르 근처)에서 발견하였다. 바로 리디아 왕국의 주화로 금과 은의 합금인 일렉트럼(electrum)으로 만들어졌으며, 사자 머리가 그려져 있었다. 이것은 한쪽에는 아테네 여신의 머리를, 다른 쪽에는 지혜의 상징인 올빼미가 올리브 가지에 앉은 모습을 새겨 넣은 아테네의 4드라크마 은화의 전신이기도 했다. 로마 시대에 이르러 주화는 세 가지 종류의 금속으로 제작됐다. 바로 금화인 아우레우스(aureus), 은화인 데나리우스(denarius), 청동 주화인 세스테르티우스(sestertius)로, 금속의 희귀 정도에 따라 서열을 매겼다. 그렇지만 공통적으로 한쪽에는 당대 황제의 얼굴을, 그 이면에는 전설 속 인물인 로물루스(Romulus)와 레무스(Remus)를 새겨 넣었다. 주화가 고대 지중해에만 존재한 것은 아니었으나, 이곳이 최초 발생 지역임은 분명했다. 기원전 221년 무렵, 중국 진나라의 '초대 황제'인 진시황은 통일된 청동 주화를 도입했다. 어느 경우이든 귀금속 주화는 강력한 군주가 화폐 주조를 독점해 세입의 원천으로 삼은 점과 관련되어 있다.

로마 시대의 화폐 주조 제도는 로마 황제보다 생명력이 길었다. 768년부터 814년까지 프랑크 왕국의 샤를마뉴 시대에도 가격은 계속해서 데나리우스 은화로 매겼다. 800년 샤를마뉴가 아우구스투스 황제로 임명될 즈음, 서유럽은 계속해서 은 부족에 시달렸다. 화폐 수요가 더욱 높았던 곳은 지중해 남부와 근동 지역 등 이슬람 제국이 장악한 매우 발달한 상업 중심지였다. 그 결과 낙후한 유럽에서 귀금속이 빠져나가는 경향이 있었다. 샤를마뉴가 재임할 동안 데나리우스는 매우 귀해져서 24데나리우스면 카롤링거 시대에 소 한 마리를 살 정도였다. 유럽 일부 지역에서는 후추와 다람쥐 가죽이 통화를 대신했다. 또 어떤 곳에서는 페쿠니아(pecunia, 소를 뜻하는 페쿠스(pecus)에서 파생된 단어 — 옮긴이)가 돈이 아닌 토지를 뜻하기도 했다. 유럽인은 이 문제들을 다음의 두 가지 방법 중 하나로 해결하려 했다. 하나는 노동력과 상품을 수출해서 노예와 목재를 내주고, 바그다드에 있는 은이나 코르도바(Cordoba, 스페인 남부 도시 — 옮긴이)와 카이로에 있는 아프리카산 금을 가져오는 방법이었다. 아니면 이슬람 세계를 상대로 전쟁을 벌여 귀금속을 약탈하는 방법도 있었다. 뒤이어 벌어진 정복 전쟁처럼 십자군 역시 이교도를 기독교로 개종하려는 의도와 더불어 유럽의 화폐 부족을 해결하려는 목적도 있었다.[14]

십자군 전쟁은 출혈이 적지 않았지만, 그렇다고 순이득이 큰 편도 아니었다. 게다가 중세와 근대 초기 정부들은 작은 주화에서 비롯된 큰 문제의 해법을 찾지 못해 화폐로 인한 곤란이 가중되었다. 그 문제란 갖가지 금속으로 만든 통화끼리 안정적인 관계를 유지하기가 어려웠다는 점인데, 화폐 단위가 작은 주화일수록 공급 부족이나 가치 저하를 쉽게 일으켰다.[15] 그렇지만 스페인 정복자들이 포토시를 비롯해 신대륙의 여러 지역, 특히 멕시코의 사카테카스(Zacatecas)에서 풍부한 은을 발견하면서 수세기 동안 시달려 온 이러한 제약에서 벗어나는 듯 보였다. 처음 그 혜택을 누린 자는 당연히 정복을 후원한 카스티야의 군주였다. 한 번에 100척에 이르는 배를 세비야의 부두로 호송하면, 한 해에 대서양을 건너온 은의 무게가 170톤에 달했다. 은 생산량 중 20퍼센트가 왕의 수중에 들어갔고, 16세기 후반 절정기에는 왕실 재정 지출 중 은이 44퍼센트를 차지하기도 했다.[16] 그러나 이렇게 돈을 지출하는 과정에서 스페인의 새로운 부는 대륙 전반에 화폐적 자극을 낳았다. 독일의 탈러(thaler, 여기에서 달러가 유래되었다.)에 바탕을 둔 스페인의 은화 '여덟 조각(piece of eight)'은 세계 최초로 국제 통화가 되어, 스페인이 유럽에서 오래도록 치른 전쟁에 자금을 지원했을 뿐 아니라, 유럽과 아시아 사이의 교역을 빠르게 팽창시켰다.

그러나 제아무리 신대륙의 은이라 해도 네덜란드 공화국의 반란은 굴복시키지 못했다. 또 스페인 왕국은 영국을 확보하는 데도 실패했다. 게다가 은은 경제적 쇠퇴와 제국의 쇠락이라는 냉혹한 현실에서 스페인을 구제하지도 못했다. 미다스 왕처럼, 16세기 스페인의 군주 카를로스 5세와 필리페 2세는 풍부한 귀금속이 축복이자 동시에 재앙이라고 느꼈다. 그 이유는 무엇일까? 이들은 정복 전쟁 비용을 대기 위해 상당한 양의 은을 캐야 했고, 이는 귀금속 자체의 가치를 현저하게 낮추었다. 즉, 다른 상품과 비교했을 때 구매력이 떨어졌다. 1540년대부터 1640년대까지 유럽을 휩쓴 소위 '가격 혁명' 시기 동안, 300년간 상승세를 보이지 않던 식품 가격이 두드러지게 올랐다. 영국의 경우 생계비가 같은 기간 동안 7배 증가했다.(이를 보여 주는 탁월한 자료가 있다.) 지금 기준으로 보면 높은 물가 상승률은 아니어도(요즘은 한 해 평균 2퍼센트 정도이다.), 중세 시기에 이 만큼의 빵 가격 상승은 큰 타격이었다. 스페인 내부적으로도 풍부한 은은 오늘날 아라비아, 나이지리아, 페르시아, 러시아, 베네수엘라에 있는 풍부한 석유처럼 '재앙의 씨앗'이었다. 은이 생산적인 경제 활동을 자극하기는커녕, 대표회의체(스페인의 경우 코르테스 의회)를 희생시켜 가며 지대 추구(rent-seeking)적인 전제 통치를 강화했기 때문이다.[17]

스페인 사람들은 귀금속의 가치가 절대적이지 않다는 사실을 이해하지 못했다. 통화는 다른 사람들이 이를 대신해 무언가를 내줄 때 의미가 있다. 화폐 공급량 증가는 화폐 발행을 독점하는 정부를 부유하게 해 줄지 몰라도, 사회를 유복하게 해 주지는 않는다. 다른 여건에 변화가 없다면, 통화 팽창은 단지 가격만 높일 뿐이다.

*

사실 서구인들이 그렇게 오랫동안 화폐를 금속과 동일시했던 것은 역사적 우연일 뿐 특정한 이유는 없다. 5000년 전에 태동한 고대 메소포타미아에서는, 점토물표(粘土物標, clay tokens, 거래하던 물건을 점토판에 표시한 증거 기록 — 옮긴이)를 이용해 보리나 양모 등의 농산물과 은 같은 금속의 거래 기록을 남겼다. 은가락지, 은 덩어리, 은판도 분명 곡물처럼 현금으로 기능했지만 점토판에는 미치지 못했다. 상당수의 보존된 점토판을 보면, 인류가 언제부터 역사나 시, 철학이 아닌 상업을 위해 자신들의 행적을 기록했는지가 나온다.[18] 고대의 금융 거래 수단을 마주하면 경외심이 절로 솟는다. 점토판은 흙으로 만들었는데도 포토시 조폐국에서 만든 은화보다도 오랫동안 세월의 무게를 이겨 냈다. 특히 보존 상태가 양호한 점토판 중에 시파르 마

기원전 2000년경 메소포타미아 유적지에서 출토된 점토판. 아밀미라(Amil-mirra)가 수확기에 이 점토판 소지자에게 보리 330되를 준다고 적혀 있다.

을(오늘날 이라크의 텔 아부 하바(Tell Abu Habbah))에서 나온 것이 있는데, 이는 암미디타나(Ammi-ditana, 기원전 1683년~1647년 바빌론의 왕) 통치 시대로까지 거슬러 올라간다. 이 점토판을 보면 이를 소지한 자는 추수 때 일정량의 보리를 받는다고 나온다. 또한 후임 왕인 암미사두콰(Ammi-saduqa) 시대 때 기록한 점토판에도 만기가 되면 그 소지자에게 일정량의 은을 주어야 한다고 명시돼 있다.[19]

이러한 기본 개념이 친숙하게 느껴진다면, 그 이유는 현대의 은행권과 유사하기 때문일 것이다. 모든 잉글랜드 은행권에도 '이 은행권 소지자가 요구할 경우 얼마를 지급하겠음.'이라는 마법 같은 문구가 적혀 있다. 은

행권(7세기 중국에서 유래되었다.)은 내재적 가치가 거의 없는 종이 조각이다. 4000년 전 고대 바빌론의 점토판처럼 지급을 약속한 것에 불과하다.(따라서 서구에서 사용한 본래 명칭도 '약속 어음'이었다.) 10달러짜리 지폐 뒷면에는 '신께 맹세코'라고 적혀 있지만, 지불 과정에서 이런 지폐를 받아들였을 때 실상 우리가 신뢰하는 사람은 지폐 앞면에 새겨 놓은 인물(미국 지폐의 경우 초대 재무 장관인 알렉산더 해밀턴(Alexander Hamilton))의 후임자이며, 이 글을 쓰는 시점에는 현 골드만삭스 그룹 최고경영자인 로이드 블랭크페인의 전임자였던 헨리 폴슨(Henry M. Paulson, Jr. 2006년 7월부터 2009년 1월까지 재무 장관을 지냈음—옮긴이)이다. 미국인은 물건이나 노동력을 내주고 달러 지폐를 받아들 때 사실상 '행크' 폴슨(정식 이름은 '헨리' 폴슨이나 저돌적인 스타일 때문에 고집스러운 느낌이 나는 별명인 '행크 폴슨'으로 자주 불렸다.—옮긴이)을, 그리고

1 탐욕의 꿈 33

암묵적으로는 연방 준비 제도 이사회 의장인 벤 버냉키(Ben Bernanke)를 믿는 셈이다. 이는 스페인의 실수를 되풀이하지 않고 화폐 공급이 지나쳐서 그 가치가 고작 인쇄한 종이 수준으로 떨어지는 경우가 없도록 하기 위함이다.

현재 지난 50년에 걸쳐 달러 구매력이 상당히 줄어들었는데도, 우리는 지폐에 그다지 큰 불만을 품지 않는다. 사실상 무가치한 금속으로 만들어 가치 저장 수단도 되지 못하는 동전에도 마찬가지 반응을 보인다. 더욱 놀라운 사실은 눈에 안 보이는 돈마저 받아들인다는 점이다. 현재 전자 화폐는 물리적인 모습을 드러내지 않고서도 고용인들 계좌로, 단골 소매점으로 옮겨 간다. 현재 이 '가상' 화폐는 경제학자들이 통화 공급이라고 부르는 영역에서 지배적인 위치를 점하고 있다. 일반 미국인이 보유한 현금은 M2라고 부르는 통화 지표 중 단지 11퍼센트를 차지할 뿐이다. 결국 현재 쓰이는 대다수 돈이 보여 주는 무형성이야말로 화폐의 실제 속성을 가장 잘 보여 준다. 당시 정복자들이 이해하지 못한 사실은 화폐란 믿음의 문제, 나아가 신념의 문제라는 점이었다. 지불하는 사람에 대한 믿음이 필요했다. 그리고 통화 발행 주체, 수표나 양도증서를 인수하는 기관에 대한 믿음이 있어야 했다. 화폐는 금속이 아니다. 화폐는 신뢰를 새겨 놓은 대상이다. 어디다 새겨 놓았는지는 그다지 중요하지 않다. 은이나 점토판, 종이, 액정, 그 어디든 상관없다. 몰디브의 조가비부터 태평양 얍 섬(Yap island)에서 사용했던 커다란 돌 원반까지 무엇이든 화폐로 기능할 수 있다.[20] 그리고 이제 전자 시대에 들어서자 무형물도 화폐로 기능하게 되었다.

화폐는 구체적으로 대부자와 차입자 사이의 중요한 관계를 드러낸다. 메소포타미아의 점토판을 다시 살펴보자. 각 점토판마다 빌린 물품을 갚으라는 거래 기록이 나온다. 당연히 빌려 준 쪽에서 돌려받을 양과 지급 기일을 작성한 다음 (보통은 보관함에) 봉인한 상태로 간직하였다. 고대 바빌론의 대부 체계는 꽤 세련된 형태였다. 빚은 양도가 가능해서, 이름이 적힌 채권자가 아닌 '소지자에게 지급'하였다. 점토판 영수증이나 환어음은 왕궁이나 사원에서 곡물과 여타 상품을 보관하는 사람 앞으로 발행됐다. 차입자는 이자를 지급해야 했는데(이 개념은 가축 무리가 자연 증가 한다는 사실에서 나온 것으로 보인다.), 그 비율은 보통 20퍼센트 정도였다. 함무라비 시대(기원전 1792년~1750년)의 계산법에 따르면 장기 대부에는 복리 이자가 부과된 것으로 나온다. 어쨌거나 이 모든 거래의 밑바탕에는 차입자가 되갚는다는 믿음이 깔려 있었다.(영어에서 '신뢰(credit)'의 어원이 '믿음을 보이다'를 뜻하는 라틴어 credɔ인 것은 결코 우연이 아니다.) 채무자들은 주기적으로 빚을 탕감받기도 했지만(실제 함무라비 법은 3년마다 채무 면제를 명시하였다.) 그렇다고 해서 개인 채무자나 공공 채무자가 돈 상환을 게을리하지는 않았던 것으로 보인다.[21] 오히려 장기적으로 볼 때 고대 메소포타미아의 개인 금융은 더욱 확산되는 경향을 보였다. 기원전 6세기경, 바빌로니아에서 막강한 토지 소유자이자 대출업자로 급부상한 에기비(Egibi) 가문은, 상업적 이해에 따라 남쪽으로는 160킬로미터가 넘는 우루크(Uruk)까지, 동쪽으로는 페르시아까지 뻗어 나갔다. 이 시기에 제작된 수천 개의 점토판은 아직도 건재하여, 한두 번쯤 에기비에게 빚졌던 사람의 수를 보여 준다. 이 가문이 다섯 세대에 걸쳐 번영했다는 사실은 대부분의 빚이 회수되었음을 암시한다.

신용 거래는 고대 메소포타미아에서 고안해 냈다고 봐도 큰 무리가 없다. 바빌로니아의 대부는 왕실이나 사원의 저장고에서 받은 단순 대출이 대부분이었다. 이 장의 뒷부분에서 논하겠지만 당시에는 아직 현대적 의미의 신용이 싹트지 못했다. 그렇지만 이는 중요한 출발점이었다. 빌리고 빌려주는 토대가 없었다면, 세계 경제사는 본궤도에 오르지 못했을 것이다. 게다가 나날이 커진 채권자와 채무자 사이의 관계망이 없었다면, 오늘날 세계 경제는 도중에 멈춰 섰을 것이다. 뮤지컬 「카바레(*Cabaret*)」에 돈 때문에 세상이 돈다는 유명한 가사가 나오지만, 실은 그렇지 않다. 세상이 굴러가는 것은 압도적으로 많은 수의 사람과 상품과 서비스 덕분이다.

주목할 점은 신용이라는 개념이 정착해서 눈부신 활약을 보여 주기까지 상당한 시일이 걸렸다는 사실이다.

고리대금업자

13세기 초 이탈리아 북부는 서로 반목하는 다수의 도시 국가로 쪼개져 있었다. 이제는 사라진 로마 제국의 무수한 자취 중에, 상업적 용도는 물론이고 복잡한 수치 계산에 매우 비효율적이었던 수체계(ⅰ,ⅱ,ⅲ,ⅳ……)가 있다. 이 수체계 때문에 가장 골머리를 앓던 지역은 피사(Pisa)였다. 이곳 상인들은 당시 유통되던 각기 다른 일곱 형태의 주화를 다루어야 했기 때문이다. 이와 달리 동방 세계(아바스 왕조 시대나 중국의 송나라 시기)의 경제 활동은 마치 샤를마뉴 시대가 연상될 정도로 훨씬 진보하였다. 근대적 금융을 깨우치기 위해 유럽인들은 이를 수입해야 했다. 이 과정에서 결정적인 역할을 한 이가 있었으니 바로 젊은 수학자 '피사의 레오나르도', 즉 피보나치(Fibonacci)였다.

피보나치는 오늘날 알제리의 베자이아(Bejaia)에서 활동했던 피사 세관 관리인의 아들이었다. 어린 피보나치는 '인도식 셈법'이라고 스스로 이름 붙인 영역에 몰두했는데, 이는 인도인과 아랍인의 통찰력이 조합된 분야였다. 피보나치가 이 개념을 도입하면서 유럽인의 계산법에 일대 혁명이 일어났다. 현재 피보나치 하면 가장 먼저 떠오르는 것이 피보나치수열(0, 1, 1, 2, 3, 5, 8, 13, 21……)이다. 이는 인접한 두 수의 합이 그다음 수가 되는 수열이자, 인접한 두 수의 비가 '황금비율'(약 1.618)로 수렴하는 수열이다. 이 패턴은 자연계에서 발견되는 반복적인 속성과 흡사하다.(양치류와 조가비가 보여 주는 프랙털 기하학(fractal geometry)이 그 예다.)* 그렇지만 피보나치수열은 그가 1202년에 발간한 선구적인 책『리베르 아바치(Liber Abaci)』, 즉 '산술책'을 통해 유럽에 소개했던 동방의 여러 가지 수치 개념 중 하나에 불과했다. 이 책에서 독자들은 현재 가치 개념(미래 수익 흐름의 가치를 할인한 것)뿐 아니라 분수에 대한 설명도 찾아볼 수 있다.[22] 이 중 가장 중요한 내용은 피보나치가 소개한 힌두-아라비아식 수 체계이다. 그가 십진법을 전수한 덕분에 유럽인들은 온갖 종류의 계산을 로마셈법보다 훨씬 간단하게 처리할 수 있었다. 게다가 그는 십진법이 상업 부기와 환전 그리고 결정적으로 이자 계산에 어떻게 응용되는지도 소개하였다. 특히『리베르 아바치』는 짐승 가죽이나 후추, 치즈, 기름, 향신료 따위의 필수품이 나오는 예가 많아서 훨씬 사실감 있게 읽혔다. 이는 돈을 벌거나 빌려 줄 때 필요한 숫자 계산에도 응용이 가능했다. 한 가지 특징적인 예를 들어 보면 다음과 같다.

한 사람이 어떤 (상인의) 집에 한 달에 1파운드당 4데나리우스를 이자로 해서 100파운드를 예치하고는, 매해 30파운드를 도로 찾아갔다. 이 경우 자본금에서 30파운드를 차감하고 이 30파운드에 대한 이자액을 계산해야 한다. 그리고 몇 년, 몇 달, 며칠, 몇 시간 동안 이 상인의 집에 자금을 맡겼는지도 고려해야 한다……

피보나치의 고향인 피사와 피렌체 인근은 이탈리아 상업의 중심지로, 금융이라는 씨앗에 비옥한 토양이 돼 주었다. 그렇지만 그 어느 곳보다도 동방의 영향력을 많이 받은 곳은 유럽의 탁월한 대출 장소였던 베니스였다.

---

* 피보나치수열은『다빈치 코드(The Da Vinci Code)』에도 나오기 때문에, 이에 대해 들어 본 사람이 많을 것이다. 그렇지만 이 수열은 산스크리트 학자인 핑갈라(Pingala)의 저작『마트라메루(mātrāmeru, 운율의 산)』에 처음으로 등장했다.

서구 문학에서 가장 유명한 고리대금업자가 베니스에 기반을 둔 사실은 결코 우연이 아니었다. 그 문학 작품은 수세기 동안 피보나치의 이론이 효율적인 금융 관행으로 바로 옮겨 가지 못한 배경을 뛰어나게 조명했다. 이는 경제적 혹은 정치적 난관이 아니었다. 문화적 문제였다.

셰익스피어의 희곡 『베니스의 상인(The Merchant of Venice)』은 이탈리아의 14세기 작품 『일 페코로네(Il Pecorone, 바보)』에 바탕을 두고 있다. 이는 1378년에 조반니 피오렌티노(Giovanni Fiorentino)가 쓴 책으로 여러 가지 일화를 묶어 놓은 것이다. 이 책에는 고매한 젊은 신사가 부유한 여성과 결혼한 이야기가 나온다. 여성과 결혼하기 위해 남자는 돈이 필요했고, 그를 간절히 돕고 싶었던 친구는 고리대금업자에게 가서 친구 대신 돈을 빌린다. 샤일록과 비슷한 유대인 고리대금업자는 돈을 갚지 못할 경우를 대비해 담보로 살 1파운드를 요구한다. 셰익스피어가 개작한 이야기에는 유대인 고리대금업자 샤일록이, 사랑 때문에 고뇌하는 고객 바사니오에게 3000두카트(ducat, 중세 유럽에서 사용하던 금화와 은화 단위 — 옮긴이)를 빌려 주기로 하고, 대신 바사니오의 친구인 상인 안토니오가 담보를 선다. 샤일록의 말에 따르면 안토니오는 '좋은' 사람인데, 특별히 덕망이 높아서가 아니라 신용이 '충분'하기 때문이다. 한편 샤일록은 상인에게(혹은 그 동료에게) 돈을 빌려 주는 일에는 위험이 따른다는 지적도 한다. 안토니오의 선박은 세계 도처에 흩어져 있었다. 한 척은 북아프리카로 다른 한 척은 인도로, 세 번째 배와 네 번째 배는 각각 멕시코와 영국으로 항해 중이었다.

……그분의 재산은 현재 확실한 상태가 아니라오. 한 척은 트리폴리스(Tripolis)로 다른 한 척은 인도 제국으로 가는 중이지요. 게다가 리알토(Rialto, 베니스의 상업 중심지 — 옮긴이)에서 들은 얘기인데, 세 번째 배는

멕시코로, 네 번째 배는 영국으로 가고 있는 데다 위험을 무릅쓰고 여기저기 사업을 벌였다고 하더군요. 그렇지만 배는 결국 널빤지고 선원들도 인간에 불과하지 않습니까. 땅에는 땅 쥐, 바다에는 물 쥐가 있는 데다 물 도둑과 땅 도둑도 있으니 말이지요. 제 말은 해적을 뜻한답니다. 게다가 파도와 태풍, 암초를 만날 위험도 무시 못하지요.

바로 이런 이유로 돈을 빌려 주는 사람들은 상인의 배가 항해 중인 경우, 다들 보상을 요구했다. 보통 그 보상을 이자라고 불렀다. 이는 빌린 총액인 원금에다 웃돈을 얹어서 대부자에게 지급하는 것이었다. 위험을 무릅쓰고 널빤지나 인간에게 돈을 건 금융업자에게 어떤 식으로든 보상을 해 주지 않았다면, 베니스가 의존했던 해외 무역은 생겨나지 못했을 것이다.

그런데 어째서 샤일록은 안토니오가 채무를 이행하지 못할 경우, 실제로 살 1파운드(사실상 안토니오의 죽음)를 요구한 악한으로 묘사된 것일까? 물론 그 답은 샤일록이, 소수 인종이자 역사적으로 다수였던 고리대금업자 중 한 명이었기 때문이다. 셰익스피어 시대 때 유대인들은 100년 가까이 베니스에서 상업 신용을 제공해 왔다. 이들은 반코 로소라는 건물 앞에 탁자를 차려 놓고 긴 의자(벤치)에 앉아 영업을 했다. 그렇지만 반코 로소는 중심지에서 어느 정도 떨어진 비좁은 유대인 거주 지역 내에 있었다.

베니스 상인들이 돈이 필요할 때마다 유대인 거주지로 건너 온 데에는 그럴 만한 이유가 있었다. 기독교인에게는 이자를 받고 돈을 빌려 주는 것이 죄악이었다. 이자를 받고 돈을 빌려 준 고리대금업자들은 1179년 3차 라테란 공의회에서 파문당했다. 고리대금업이 죄악이 아니라는 주장마저 1311년~1312년 비엔나 공의회에서 이단으로 비난받았다. 기독교 고리대금업자가 성지에 묻히려면 돈을 교회에 반환해야 했다. 이들은 특히 1206년과 1216년에 각각 세워진 프란체스코 수도회와 도미니크 수도회에서 지탄받았다.(피보나치의 『리베르 아바치』가 발간된 직후였다.) 이 종교적 금기는 셰익스피어 시대에 이르러 누그러진 편이었지만, 그렇다고 쉽게 무시할 수는 없었다.[23]

피렌체의 두오모 대성당에는 도메니코 디미켈리노(Domenico di Michelino)가 그린 프레스코화가 있다. 이 작품은 피렌체 태생의 위대한 시인 단테 알리기에리(Dante Alighieri)가 자신의 저작 『신곡(La Comedia di Dante Alighieri)』을 들고 있는 모습을 형상화했다. 단테는 대표작 『신곡』의 지옥편 17곡에서 고리대금업자를 위한 장소인 제 7옥을 묘사했다.

> 그들의 눈에서는 비통함이 슬픈 눈물이 되어 흘러내렸다.
> 뜨거운 흙바닥과 타오르는 모래 더미에서
> 고통을 피하려고 이리저리 손을 퍼덕였다.
>
> 마치 여름날 모기, 파리, 벼룩에 시달리는 개가
> 주둥아리와 발바닥으로 온몸을 긁어 대는 꼴이었다.
>
> 타오르는 불길에 타들어 가는 사람들의 얼굴을 보았다.
> 유심히 면면들을 살펴봐도,
> 아는 얼굴이 보이지 않는다.
>
> 그러나 저마다 목에 달고 있는 커다란 돈주머니가 보였다.
> 문장(紋章)이 선명하게 새겨진 주머니였다.
> 이들은 돈주머니에서 시선을 떼지 못한 채 마냥 흡족하게 바라보았다.

유대인에게도 역시 이자를 받고 돈을 빌려 주는 일은 금기였다. 그러나

『구약성서』「신명기」에 빠져나갈 구절이 있었다. "타인에게 이자를 받을지라도 네 형제들에게는 이자를 받지 말라." 다시 말해 다른 유대인에게 돈을 빌려 줘서는 안 될지라도, 기독교인에게는 합법적으로 가능하다는 뜻이었다. 그리고 그 대가는 사회적 추방이었다.

유대인은 1492년에 스페인에서 추방당했다. 1497년 칙령에 따라 강제적으로 기독교로 개종했던 포르투갈의 콘베르소(Converso)와 더불어 유대인이 피난처로 찾은 곳은 오스만 제국이었다. 콘스탄티노플과 오스만 항구 등지에서 유대인은 베니스와 교역 관계를 맺었다. 유대인이 베니스에 출현한 시기는 1509년으로 거슬러 올라가는데, 당시 메스트레(Mestre)에 살던 유대인은 캉브레 동맹 전쟁을 피해 온 사람들이었다. 처음에 베니스 정부는 피난민 수용을 주저했다. 그렇지만 이 유대인에게 돈을 빌리거나 과세할 수 있었으므로, 이들은 분명 유용한 금융 제공자가 될 것이었다.[24] 1516년 베니스 정부는 훗날 게토 누보(ghetto nuovo, 주물 공장이란 뜻)로 알려진 낡은 주물 공장 지대를 유대인 특별 거주지로 지정했다. 매일 밤, 그리고 기독교 축제일이면 유대인은 이곳에 감금되었다. 베니스에서 2주 이상 체류하는 유대인은 등에 노란 O자가 새겨진 옷을 입거나 노란 모자(나중에는 붉은색 모자)나 터번을 써야 했다.[25] 거주자들은 5년마다 갱신하는 콘도타(condotte)라는 허가서를 발부받아 명시된 기간까지 지낼 수 있었다.[26] 1541년 루마니아에서 일부 유대인이 건너오면서 유사한 제도가 생겼고, 이들 역시 또 다른 집단 거주지인 게토 베치오(ghetto vecchio)에 살 수 있는 권리를 허락받았다. 1590년이 되자 베니스에 사는 유대인은 2500명 정도가 되었다. 게토 지역 건물들은 새로 온 수용자들을 위해 7층 높이까지 올라갔다.

16세기 내내 베니스 유대인의 입지는 제한적이고 불안정했다. 1537년 베니스와 오스만 제국 사이에 전쟁이 터지자, 베니스의 상원 의원은 '터키인, 유대인, 그리고 여타 터키 식민지민'의 재산 몰수를 요구했다. 1570년에서

1573년 사이에 또 다른 전쟁이 터졌을 때도 유대인을 모조리 체포하고 재산까지 압류했다가, 안정을 되찾은 후에야 석방하고 재산도 돌려주었다.[27] 이렇게 되풀이되는 상황을 피하기 위해 유대인은 베니스 정부에게 이후 전쟁이 터지더라도 자유를 보장해 달라고 청원하였다. 유대인은 다니엘 로드리가(Daniel Rodriga)라는 스페인 출신의 유대인 상인을 통해 입장을 대변했는데, 다행스럽게도 이 자는 협상에 매우 능통한 인물이었다. 이에 유대인은 1589년에 그가 받아 낸 허가서에 따라 베니스 시민으로 승격됐고, 레반트 무역 활동도 허락받았으며(상당한 특권이었다.), 공개적인 종교 활동까지 인정받았다. 그렇지만 중대한 제약은 여전하였다. 유대인은 동업조합에 가입할 수도 소매업에 진출할 수도 없었으므로 금융 활동에 종사할 수밖에 없었고, 이들이 얻은 특권마저 18개월짜리 시한부였다. 이제 시민으로서 유대인의 입지는 베니스 법정에 섰던 샤일록보다 높아졌다. 일례로 1623년에 유대인 레온 볼테라(Leon Voltera)가 자신에게 물건을 빌리고는 자취를 감췄던 어느 남작의 보증인 안토니오 달라 도나(Antonio dalla Donna)를 고소한 사건도 있었다. 그러나 1636년~1637년, 일부 유대인이 연루된 재판관 뇌물 사건이 터지면서 또다시 추방 위협이 고조되기도 했다.[28]

결론적으로 샤일록의 이야기는 비록 허구일지라도 베니스의 현실과 아주 동떨어진 것은 아니다. 사실 셰익스피어의 희곡은 초기 근대적인 금전 대부에서 세 가지 중요한 점을 정확하게 묘사했다. 즉, 신용 시장 초창기에 터무니없는 이자율을 부과했던 대부자의 힘, 금융적 갈등을 폭력적 수단 없이 해결한 법정의 중요성, 그리고 무엇보다도 인종적 소수였던 채권자가 인종적 다수였던 채무자의 적대심 때문에 겪어야 했던 취약한 입지를 보여 준다. 결국 샤일록은 허를 찔리고 만다. 법원은 그가 담보물을 요구할 권리(살 1파운드를 요구한 것)를 인정했지만, 동시에 안토니오의 희생도 금지했다. 게다가 샤일록은 이방인이었으므로, 법은 기독교인의 죽음을 계획한 대가로 그의 재산과 목숨을 요구한다. 샤일록은 강제 세례를 받고서야 위기 상황을 모면한다. 그 후로 모두들 행복하게 살아간다. 샤일록 한 명만 빼고.

『베니스의 상인』은 반유대주의와 더불어 경제에 관한 심오한 질문을 던진다. 어째서 채무자는 채권자가 홀대받는 소수 인종일 때 채무 이행을 더욱 소홀히 하는 걸까? 어째서 샤일록들은 늘 지기만 하는 것일까?

고리대금업자들은 그들의 먹잇감인 가난한 이들처럼 언제나 우리 주변에 있다. 일례로 동아프리카에서 이들은 활발히 활동한다. 그렇지만 원시적인 대부업을 알아보기 위해 굳이 개발 도상국까지 건너갈 필요는 없다. 영국 무역 산업부가 발간한 2007년 보고서에 따르면 영국 가계 중 16만 5000명 정도가 불법 금융을 이용하며, 한 해 대출 총액이 4000만 파운드에 달하지만 상환액은 그 3배라고 한다. 개인 대부업자들이 인종을 막론하고 대체적으로 평판이 나쁜 이유가 궁금하다면, 필자의 고향인 글래스고를 둘러보면 충분하다. 글래스고의 이스트엔드(East End)에 소재한 헐벗은 주택 단지는 오래전부터 고리대금업의 온상지였다. 내 조부모가 살았던 셰틀스톤(Shettleston) 지역은 버려진 건물 창가에 철제 셔터가 내려져 있고, 버스 정거장마다 종파주의적 낙서가 가득했다. 한때 셰틀스톤의 지역 경제는 보이드 제철소에서 나오는 급여를 중심으로 굴러갔다. 그렇지만 현재는 우편 계좌로 들어오는 실직자 수당을 중심으로 돌아간다. 남성들의 평균 수명은 64세로, 영국 평균보다 13년이 짧고 파키스탄과는 같은 수치이다. 이는 곧 이 지역의 신생아들이 대개 국가 연금도 받아 보지 못하고 죽는다는 뜻이다.

글래스고처럼 가난한 지역은 고리대금업자에게 최적의 사냥터였다. 제라드 로(Gerard Law)는 힐링턴(Hillington) 지역에서 20년 동안 제일 잘나가는 고리대금업자였다. 그는 페이즐리 로드 웨스트(Paisley Road West)에 있는 아고시(Argosy) 술집을 사무실 삼아 작업했는데, 정작 본인은 철저한 금주자

1 탐욕의 꿈 43

였다. 로의 방식은 간단했다. 차입자로부터 연금 증서나 우체국 현금 카드를 넘겨받고 돈을 빌려 준 뒤 이 내용을 대출 장부에 기록했다. 연금 수표 만기일이 다가오면, 로는 차입자에게 카드를 돌려주고는 이자를 모았다. 대출 장부는 매우 조잡했다. 거래 기록에는 이삼십 명의 이름과 별명이 금액과 함께 아무렇게나 적혀 있었다. '털북숭이 앨 15', '소심쟁이 100', '술주정뱅이 150', '난쟁이 캐피 1210' 이런 식이었다. 로가 받은 이자율은 보통 일주일에 25퍼센트였다. 만일 털북숭이 앨이 10파운드를 빌렸다면, 일주일 후에는 원금과 이자를 합해 12.5파운드를 갚아야 했다. 그렇지만 로의 고객들은 대개 예정일에 돈을 갚지 못했다. 새삼스러운 사실은 아니겠지만, 이 동네에는 하루 생활비가 고작 5.9파운드(약 12000원)인 사람들도 있었다. 이런 사람들일수록 돈이 더 필요했다. 곧 로에게 수백 수천 파운드를 빚진 고객이 생겼다. 그리고 이들은 금세 채무의 덫에 빠져들었다. 일주일에 25퍼센트 이자는 연복리로 1100만 퍼센트였다.

유럽에서 이자율은 장기에 걸쳐 하락해 왔다. 그렇다면 아직도 얼마 안 되는 돈을 여덟 자리 이자율에 빌리는 영국인이 있는 까닭은 무엇일까? 물론 이 소액 대출도 갚지 않는 사람들의 정신 상태가 의심스러울지 모른다. 실제 로의 단골 중에는 정신 이상자가 있었다. 그러나 분별력 없는 로의 단골들이 터무니없는 폭리를 감수해야 했던 또 다른 이유가 있었다. 일간지 《스코츠맨(Scotsman)》은 이렇게 보도했다. "로의 희생자 대다수는 그에 대한 평판 때문인지 돈을 갚지 못할 경우 각오해야 할 위험에 주눅 들어 있었다." 물론 로가 실제로 폭력을 행사했는지는 불분명하다.[29] 그렇지만 샤일록의 경우처럼 모든 고리대금업자들 배후에는 암암리에 협박이 있기 마련이었다.

흔히들 고리대금업이 비도덕적이며 사실상 범죄라고 손가락질한다. 제라드 로 역시 10개월 수감형을 선고받았다. 그렇지만 그의 행동을 경제 원리

고리대금업자 제라드 로가 불법 대부 전담팀에게 연행되고 있다.

에 따라 한번 해석해 볼 필요가 있다. 첫째, 그는 그 어떤 주류 금융 기관도 셰틀스톤의 실직자에게 신용 거래 서비스를 제공하지 않는다는 점을 최대한 이용했다. 둘째, 로의 소수 단골들은 사실 돈을 되갚지 못할 확률이 높았으므로 로는 탐욕스럽고 포악하게 굴어야 했다. 고리대금업자가 겪는 근본적인 어려움은 낮은 금리를 유지하기에는 대금업 규모가 너무 작고 또 위험도 높다는 점이다. 그렇지만 금리가 너무 높아도 갚지 못할 확률이 더욱 높아지므로 줄기차게 협박을 가해야 한다. 그렇다면 고리대금업자는 이 근본적인 문제를 어떻게 극복했을까? 너무 관대하면 돈을 벌지 못한다. 그렇다고 제라드 로처럼 인정사정없이 굴면 결국 경찰에 잡히고 만다.

답은 덩치를 키우고 세를 불리는 것이다.

은행의 탄생

　샤일록을 비롯해 이방인 채권자들은 유독 불리한 신세였다. 14세기 초반 이탈리아에서는 바르디(Bardi), 페루치(Peruzzi), 아치아이우올리(Acciaiuoli) 등 세 개의 피렌체 가문이 금융을 장악했다. 그렇지만 세 가문 모두 1340년대에 주고객이었던 영국 왕 에드워드 3세와 나폴리의 로버트 왕이 채무를 이행하지 못하면서 사라지고 말았다. 이 일화가 고리대금업자가 겪었던 잠재적 취약성을 보여 주었다면, 메디치 가문의 성세는 정반대로 고리대금업자가 지닌 잠재적 권력을 보여 주었다.

　르네상스 시기에 메디치만큼 뚜렷한 족적을 남긴 가문도 없었다. 메디치 가문은 교황 2명(레오 10세와 클레멘스 7세), 프랑스 왕비 2명(카테리나와 마리아), 그리고 공작 3명(피렌체와 느무르, 투스카니 지역)을 배출하였다. 게다가 최고의 정치 권력 이론가 니콜로 마키아벨리(Niccoló Machiavelli)가 그 가문사를 집필하였다. 메디치 가문의 후원은 미켈란젤로(Michelangelo)부터 갈릴레오(Galileo)에 이르기까지 예술과 학문 전 분야에 걸쳐 이루어졌다. 게다가 이들의 눈부신 건축 유산은 현재까지도 피렌체 방문객을 끌어 모은다. 카파지올로의 빌라, 산마르코 수도원, 산로렌조 성당 그리고 16세기 중반 코시모 데 메디치(Cosimo de' Medici) 공작이 소유했던 화려한 궁전 등에서 이 가문의 기세가 느껴진다. 그 옛날 피티 궁전과, 개조 후 시청사로 쓰이는 베키오 궁전, 아르노 강으로 이어지는 우피지(Uffizi) 미술관도 예외가 아니다.[30] 그렇다면 이 호화로움의 발단은 무엇이었을까? 산드로 보티첼리(Sandro Botticelli)의 걸작 「비너스의 탄생(Birth of Venus)」을 사들인 돈은 어디서 왔을까? 답은 간단하다. 메디치가는 환전상이었다. 은행가 길드의 구성원이었다. 이들이 뱅커(banker)로 알려진 까닭은, 베니스의 유대인처럼 이들도 길가에 탁자를 놓고 벤치(bench)에 앉아 업무를 보았기 때문이다.(bank와 bench

쿠엔틴 마시스(Quentin Massys), 「대금업자와 그의 아내」(1514).

는 어원이 같다.—옮긴이). 초기 메디치 은행(작은 점포라고 하는 게 더 어울릴 듯하다.)은 카발칸티 궁전 근처, 현 포르타 로사(Porta Rossa) 거리와 양모 상인 길드 거리의 중심부에 위치했는데, 이곳은 피렌체의 주요 양모 시장과 가까웠다.

1390년대 이전 메디치 가문은 은행가라기보다 폭력단에 가까웠다. 미천한 가문에 거액 금융 거래보다는 점잖지 못한 폭력으로 유명했기 때문이다. 1343년부터 1360년까지 메디치가에서 자그마치 5명이 중죄를 짓고 사형을 선고받았다.[31] 이후 조반니 디비치 데 메디치(Giovanni di Bicci de'Medici)가 등장했다. 그의 목표는 메디치 가문의 정통성 쌓는 것이었다. 각고의 노력과 검소한 생활, 치밀한 계획 등으로 그는 성공을 이루었다.

1385년, 조반니는 피렌체의 대금업자이자 그의 친척인 비에리 디캄비오 데 메디치(Vieri di Cambio de' Medici)가 운영 중인 은행의 로마 지점 관리자가 된다. 로마에서 조반니는 외환 거래자로 명성을 쌓는다. 바티칸의 금고를 넘나드는 갖가지 종류의 통화를 떠올려 볼 때 교황은 여러 가지 점에서 이상적인 고객이었다. 앞서 살핀 것처럼 당시는 금화, 은화, 금속 주화 등 다양한 주화가 공존했으므로, 장거리 무역이나 납세 업무 시 환전 절차 때문에 골머리를 앓았다. 그렇지만 1397년에 자신의 고향 피렌체로 돌아온 조반니는 결정적인 기회를 잡았다. 조반니는 1420년에 맏아들 코시모(Cosimo)에게 사업을 물려주고, 로마 외에도 베니스에 은행 지점을 설립했다. 뿐만 아니라 훗날 제네바, 피사, 런던, 아비뇽에도 지점을 세웠다. 조반니는 피렌체 두 곳에 세운 양모 공장에서도 재미를 톡톡히 보았다.

메디치가에서 초반에 특히 중시한 사업은 중세 시대 때 금융 거래 수단으로 발전했던 환어음 업무였다.[32] 한 상인이 여러 달 지난 거래의 종료 시까지 다른 상인에게 현금을 지급할 수 없을 경우, 채권자가 채무자 앞으로 환어음을 발행하여 양측 모두 이를 지급 수단으로 쓰거나, 브로커 역할을 하는 은행에서 할인을 받고 현금으로 바꿀 수 있었다. 교회는 이자 놀이를 비난했지만, 이런 식으로 돈 버는 수완을 막지 못했다. 이는 메디치 사업의 핵심이기도 했다. 수표는 없었다. 지급 내역은 은행 장부에 적거나 구두로 처리했다. 이자도 없었다. 대신 예금자들은 투자금에 대한 위험 부담을 (기업의 연간 이윤에 비례한) 재량 예금(discrezione, 예금주에게 이자 대신 재량껏 돈을 지급했던 금융 상품 — 옮긴이)으로 보상받았다.[33]

조반니 디비치의 비밀 장부(libro segreto)*는 가문을 성대하게 일으켜 세웠

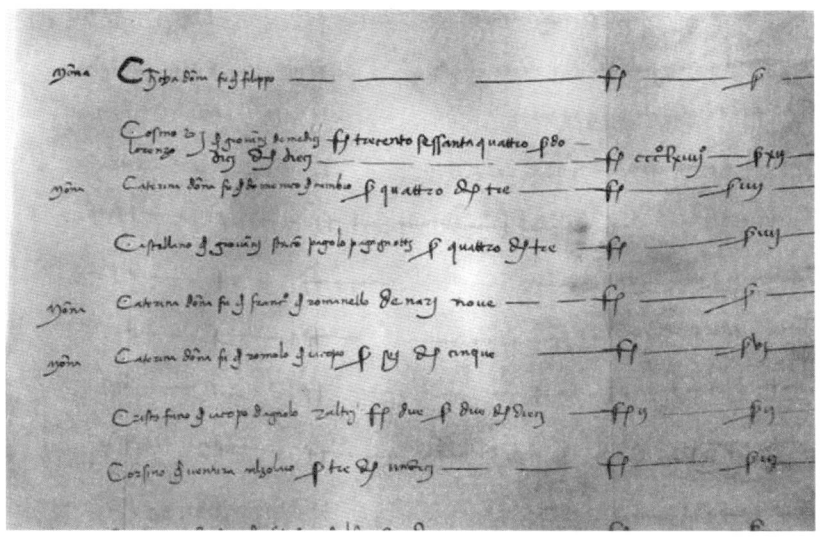

메디치의 비밀 장부.

다.[34] 이는 일정 부분 세심한 부기 덕분이기도 했다. 현대식 기준으로 보자면 허술한 구석이 없지 않다. 복식 부기가 이미 1340년대에 제노바에 전파됐지만, 메디치는 이를 체계적으로 활용하지 못했다.[35] 그렇지만 현대의 연구자들도 메디치 계좌의 간결하고 정돈된 모습에 감탄을 금치 못한다. 문서 보관소에는 초기 메디치의 수많은 대차대조표가 보관되어 있는데, 한쪽에는 부채인 예비금과 예금이, 다른 한쪽에는 자산인 고객 대출과 상업 어음이 정돈돼 있다. 메디치가 이 기법들을 고안해 낸 주체는 아닐지라도, 피렌체에서 유례없는 규모로 확대 적용한 세력임에는 틀림없다. 그렇지만 메디치 성공의 핵심 비결은 규모보다는 다각화에 있었다. 초기 이탈리아 은

---

* 이 용어는 특정한 합의 사항이나 중요 계약뿐 아니라 소득과 이윤을 기록했던 장부를 뜻한다. 이외에도 메디치가에는 소득과 지출을 기록한 장부(libro di entrata e uscita)와 채무자와 채권자를 기록한 장부(libro dei debitori e creditori)가 있었다.

행들은 단일한 사업체여서 채무 불이행이 단 한 건만 터져도 쉽사리 주저 앉은 반면, 메디치 은행은 정기적으로 협상하는 특별 계약을 통해 각 지점을 사실상 독립적으로 운영하였다. 지점장들은 단순한 직원이 아닌 하위 동업자로서, 이윤의 일정액을 보수로 지급받았다. 메디치 은행이 상당한 이윤을 끌어들인 배경에는 이러한 탈집중화된 경영이 있었다. 1402년 자본금 2만 플로린(중세 시대 피렌체의 금화 — 옮긴이)과 많아야 직원 17명을 유지했던 메디치는 1397년부터 1420년 사이에 15만 1820플로린을 벌어들여, 한 해 약 6326플로린이라는 32퍼센트의 수익률을 기록했다. 로마 지점 한 군데서만 30퍼센트가 넘는 수익을 올렸다.[36] 이렇게 성공한 경영 방식은 피렌체의 세금 기록에도 나온다. 기록장마다 조반니 디비치의 자산이 적혀 있는데, 그 총액은 무려 9만 1000플로린에 달한다.[37]

1429년 조반니는 후계자들에게 금융적 혜안을 견지하라는 간곡한 유언을 남기고 숨을 거두었다. 장례에는 메디치 일가 26명이 참석해, 자수성가한 거두에게 경의를 표했다. 1458년 피우스 2세(Pius Ⅱ)가 교황 자리에 오를 때쯤, 조반니의 아들 코시모 데 메디치는 사실상 피렌체 그 자체를 뜻했다. 당시 교황은 말했다. "정치 현안을 해결하는 장소는 그의 저택이다. 그가 선택한 인물이 공직을 거머쥔다. …… 평화와 전쟁을 결정하고 법을 좌지우지하는 사람도 그다. 사실 왕과 다를 바 없다." 외국의 통치자들은 피렌체에서 다른 이들에게 접근하느라 시간 낭비할 것 없이 코시모와 개인적으로 접선하라는 조언을 받았다. 피렌체의 역사가 프란체스코 구이치아르디니(Francesco Guicciardini)도 이렇게 기록했다. "로마가 멸망한 후 현재까지 그 어떤 시민도 누리지 못한 명성을 그는 누렸다." 보티첼리의 유명작 중 하나인 잘생긴 청년의 초상화 역시 실은 유명을 달리한 한 은행가에게 헌정하기 위한 작품이었다. 작품의 메달에 그려진 얼굴은 바로 코시모 데 메디치이며, 메달 가장자리를 따라 '조국의 아버지'라는 글귀가 새겨져 있다.

1469년 코시모의 손자 '위대한 로렌초'가 은행을 물려받을 때쯤, 소프라노스(Sopranos, 미국 드라마 「소프라노스(The Sopranos)」에 나오는 뉴저지의 마피아 조직—옮긴이)는 이제 콜레오네(영화 「대부」에 등장하는 마피아 일가—옮긴이) 위치에 올라섰다. 이 모두가 은행업을 통해 일군 성과였다.

다른 무엇보다도 보티첼리의 작품 「동방 박사의 경배」가 메디치 가문이 이룬 금융업의 위상 변화를 정확히 포착하였다. 이 작품을 자세히 들여다보면, 여기에 나오는 동방 박사 세 명 모두가 메디치가 사람들이다. 아기 예수의 발을 감싸 쥔 노인이 코시모이며, 그 아래 오른편에 그의 두 아들 붉은 옷을 입은 피에로와 하얀 옷을 걸친 조반니가 있다. 또 이 그림에는 옅은 푸른색 옷을 입은 로렌초와 칼을 쥐고 있는 줄리아노도 등장한다. 이 그림은 은행가 길드의 수장이 메디치 가문에 헌정하기 위해 의뢰한 작품이었다. 그렇다면 이 작품은 「메디치 가문에 대한 경배」로 불러야 할 듯싶다. 한때 빈축을 샀던 은행가들이 이제 신성한 반열에 오른 셈이었다.

피렌체 공화국이 극도로 부유한 금융 가문 하나에 좌지우지되자 이에 반대하는 세력이 출현했다. 1433년 10월부터 1434년 9월까지 코시모와 그 추종자들은 대거 피렌체에서 베니스로 추방당했다. 1478년에는 로렌초의 동생 줄리아노가 메디치의 통치를 뿌리 뽑으려던 파치(Pazzi) 가문의 잔인한 암살 계획에 희생된다. 은행 영업도 로렌조가 정치에 주력하고 사업을 등한시하는 바람에 휘청거렸다. 게다가 지점장이었던 아비뇽의 프란체스코 사세티(Francesco Sassetti)와 브뤼주의 토마소 프로티나리(Tommaso Portinari)가 감시가 소홀한 틈을 타 점점 권세를 키워 갔다. 은행업은 점차 예금을 끌어모으는 데 주력하였다. 외환 거래에서 얻는 수익이 안정적이지 못한 탓이었다. 게다가 값비싼 실책도 저질렀다. 브뤼주 지점은 부르고뉴의 공작인 대담공(大膽公) 샤를(Charles the Bold)에게, 또 런던 지점은 에드워드 4세에게 각각 대출해 주고는 전액을 돌려받지 못하였다. 회사를 유지하기 위해 로렌초는 지참금 펀드(Monte delle Dote, 시에서 관리하는 지참금 계로, 딸이 어릴 때부터 저축한 돈을 결혼식 때 남편에게 주는 제도 — 옮긴이)를 빼돌리게 된다.[38] 결국 1494년에 프랑스의 침공으로 혼란해진 상황에서 메디치 가문은 쫓겨나고, 재산 또한 모두 압수당하거나 처분되었다. 도미니크 수도회의 지롤라모 사보나롤라(Girolamo Savonarola) 신부는 메디치 가문이 불행을 몰고 왔다며 '허영의 불꽃'을 없애라고 목청을 높였고, 군중들은 메디치 궁전에 쳐들어가 은행 장부 기록을 불태워 이에 응했다.(남아 있는 기록 문서에서 검게 그을린 자국을 볼 수 있다.) 이를 예상이라도 한 듯 로렌초가 1470년대에 직접 작곡한 노래에는 이런 가사가 적혀 있다. "행복을 바란다면, 행복하게 살라. 내일은 장담할 수 없다네."

그렇지만 선동가 사보나롤라와 일반 대중을 메디치의 대안 세력으로 사고했던 피렌체의 부유한 엘리트들은, 이내 위대했던 이 가문을 그리워하기 시작했다. 1537년 코시모 데 메디치 2세는 17세의 나이로 피렌체로 다시 돌아와 투스카니 대공(大公) 자리에 앉았다. 공작 계보는 1743년까지 200년 이상 지속되었다. 현재는 메디치 가문의 문장(紋章)에 박힌 동전 모양의 구(球)를 통해 이 가문의 영화를 되새길 뿐이다.

메디치 이전에도 이들의 입지를 꿈꾼 자들이 없지 않았지만, 금융 분야에서 거둔 성공을 발판 삼아 세습적 지위와 권력을 누렸던 최초의 은행가는 바로 이들이었다. 메디치 가문은 이를 달성하는 과정에서 결정적인 교훈을 잊지 않았다. 바로 금융 분야에서 작은 규모는 탁월한 전략이 아니라는 점이었다. 이들은 과거 어느 금융 기관보다도 은행 규모를 키우고 다각화하는 방식으로 위험을 분산하는 요령을 터득했다. 또한 대출뿐 아니라 통화 거래에도 뛰어들어, 채무 불이행에서 생기는 타격을 완화했다.

북유럽 국가의 모델이 된 이탈리아의 은행 제도는 이후 네덜란드와 영국, 스웨덴 등에도 수세기 동안 커다란 상업적 성공을 안겨 주었다. 암스테르담과 런던, 스톡홀름 지역도 금융 혁신이라는 결정적인 흐름을 창출하면서, 곧 근대식 중앙은행의 선구자로 자리매김하였다. 17세기가 되자 사적 금융뿐 아니라 공적 금융이라는 역할 수행을 위해 각자 독특한 금융 제도를 마련하였다. 1609년에 세운 암스테르담 외환 은행(Wisselbank)은 네덜란드 연합주에서 유통됐던 다양한 통화가 상인들에게 실무적인 문제를 초래하자 그 해법으로 세운 은행이었다. 당시 네덜란드에는 서로 다른 조폐국이 14군데나 있었고, 유통 중이던 외국 통화액도 상당하였다. 암스테르담 외환 은행은 상인들이 표준화된 통화로 예금 구좌를 개설하도록 함으로써, 수표와 자동 이체 시스템 등 오늘날 당연시 여겨지는 제도의 선구자가 되었다. 이러한 장치들 덕분에 상업 거래는 점차 실물적인 주화 없이도 가능해졌다. 상인끼리 거래할 경우 은행 계좌의 차변과 대변 기입을 통해 간단히 결제 문제를 해결했다.[39] 암스테르담 은행이 예금에 대한 지급 준비금으로 귀금속과 주화를 100퍼센트 가까이 유지했다는 점 외에는 이 시스템에 아무런 제약이 없었다. 1760년 예금이 1900만 플로린에 가까웠을 때, 지급 준비금으로 비축한 귀금속은 1600만 플로린을 넘어섰다. 따라서 어떤 이유로든 예금자들이 현금을 동시에 요구해 온다 해도, 암스테르담 은행은 거의 모든 예금자에게 지급할 정도로 현금이 충분했으므로, 예금 인출 가능성은 사실상 없었다. 물론 이 덕분에 은행은 안전했지만, 오늘날 은행의 결정적 기능인 신용 창조를 수행하는 데에는 걸림돌이었다.

이 장벽이 무너진 시점은 50년 후 스톡홀름에 스웨덴 중앙은행인 리크스방크(Riksbank)가 들어서면서부터였다. 리크스방크도 암스테르담 은행과 동일한 기능을 수행하지만, 상업 결제 못지않게 대출 활동을 활발히 할 목적으로 세운 은행이었다. 이 은행은 금속 준비금을 초과해 대출 활동을 하여, 훗날 부분지급준비금(fractional reserve banking)으로 알려진 금융 관행의 선구자가 되었는데, 이는 예금된 돈을 빌려 줄 경우 이윤이 생긴다는 사실을 이용한 것이었다. 예금자들이 한데 몰려와서 돈을 요구하는 경우는 매우 드물었으므로, 어느 때고 예금액 중 일부만 준비금으로 보유하면 문제없었다. 따라서 예금(여기에 이자를 지불한다.)과 지급 준비금(여기에는 이자가 붙지 않는다.)은 은행의 부채가 되고, 대출(이자가 생긴다.)은 은행의 자산이 된다.

세 번째 대혁신은 17세기 런던에서 일어났다. 바로 1694년 잉글랜드 은행의 창설이었다. 주로 영국 정부의 전쟁 비용 조달을 위해(정부 빚의 일정 부분을 은행 몫으로 전환하는 방식) 창설된 이 은행은, 대신 특혜를 누렸다. 1709년 이후 잉글랜드 은행은 주식회사 형태로 운영하는 유일한 은행이 되었다.(3장 참조) 게다가 1742년부터는 이자를 물지 않는 약속 어음 형태의 은행권 발행을 부분적으로 독점할 수 있었는데, 이 덕분에 은행 계좌 없이도 거래가 원활히 이루어졌다.

하버드대 경영대학원의 MBA 1년차 학생들은 이 세 가지 혁신이 몰고 온 파급 효과를 이해하기 위해 간단한 돈놀이(money game)를 체험한다. 일단 가상의 중앙은행이 정부를 대신해 교수에게 100달러를 지급했고, 교수는 정부를 위해 수익이 그리 높지 않은 컨설팅을 했다고 하자. 교수는 학생 중 한 명이 운영하는 가상 은행에 이 은행권을 맡긴 뒤 예금 증서를 받는다. 단순화를 위해 이 은행의 지급 준비율이 10퍼센트라 가정하면(즉, 전체 부채 대비 10퍼센트를 지급 준비금으로 유지한다.), 이 은행은 중앙은행에 10달러를 예금하며, 나머지 90달러를 고객 중 한 명에게 대출해 준다. 대출받은 고객은 이 돈으로 뭘 할지 고심할 동안 다른 은행에 예금을 한다. 이 은행 역시 10퍼센트 지급 준비율을 준수하여, 중앙은행에 9달러를 예금하고 나머지 81달러를 또 다른 고객에게 대출해 준다. 여러 달이 지난 후, 교수는 학생들에게 통화 공급 증가량을 계산하라고 한다. 이를 통해 교수는 현대 통화 이론의 근간을 이루는 정의 두 가지를 설명한다. 하나는 중앙은행의 부채이다. 즉,

현금 그리고 민간 은행이 중앙은행에 맡긴 지급 준비금을 합한 M0(본원 통화 혹은 고성능 통화)이다. 다른 하나는 유통 중인 현금과 요구불 예금을 합한 '좁은 의미의 통화 M1(협의 통화)'이다. 세 학생이 서로 다른 은행에 예금하면, M0은 100달러이고 M1은 271달러이다.(100달러＋90달러＋81달러) 이는 매우 단순한 도식이긴 해도, 현대식 부분지급준비금 제도의 신용 창조 과정과 통화 창출 원리를 잘 설명해 준다.

다음으로 교수가 급작스럽게 첫 번째 학생에게 100달러를 내놓으라고 요구했다고 하자. 그러면 이 학생은 지급 준비금에서 인출을 하고 동시에 두 번째 학생에게 대출해 준 돈을 회수해야 하는데, 이는 순식간에 팽창했던 M1이 급격하게 줄어드는 도미노 효과를 낳는다. 이 과정은 바로 예금 인출 사태의 위험을 보여 준다. 예금자가 딱 한 명인 첫 번째 은행은 준비금보다 10배 큰 액수를 지급해야 한다. 첫 번째 은행이 살아남으려면 고객에게 대출해 준 돈을 회수해야 하며, 고객 역시 두 번째 은행에서 본인의 예금을 모두 인출해야 한다. 은행들은 대출할 때 회수가 수월한지 유념해야 하는데, 이는 본질적으로 대출금의 유동성과 관련된 문제이기 때문이다.

한 가지 명심해 둘 사항은, 통화 공급량의 정의가 어느 정도 임의적이라는 점이다. 어떤 M1 지표에는 여행자 수표가 포함된다. M2에는 저축성 예금과 MMDA(money market deposit accounts, 시장금리부 수시입출금 예금)가 들어간다. M3는 더욱 포괄적이어서, 역외 시장에 있는 유로 달러 예금, 은행과 다른 금융 중개 기관 사이의 환매 조건부 채권(repurchase agreements)까지 포함하기도 한다. 여기서 전문적인 내용까지 파고들 필요는 없겠다. 다만 서구에서 a) 현금 없이 은행끼리 혹은 은행 내부에서 거래가 발생했고, b) 부분지급준비금 제도가 정착됐으며, c) 중앙은행이 은행권 발행을 독점하면서 돈의 속성에도 매우 중요한 변화가 생겼다는 점을 이해하면 된다. 돈은 더 이상 스페인 사람들이 16세기에 이해한 방식대로 캐내고 녹여서 주조하는 대상이 아니었다. 이제 돈은 예금과 준비금이라는 은행 부채의 총합으로 나타났다. 아주 단순히 말해, 신용은 은행 자산(대출)의 총합이었다. 중앙은행 금고실에 귀금속 비중이 늘어났다 하더라도, 귀금속은 통화 중 일부만 차지했다. 반면 대다수 돈을 구성하는 것은 예금 계좌로만 존재하는 보이지 않는 돈이거나 법정 화폐(legal tender)로 통용되는 은행권 및 주화였다. 금융 개혁은 활력이 떨어지던 포토시의 은을 이용해 현대식 화폐 시스템의 초석을 마련하였고, 점차 다양한 기관이 채무자와 채권자를 '중개'하도록 유도했다. 이 기관의 핵심 역할은 이제 정보 수집과 위험 관리가 되었다. 은행은 예금 인출로 타격 입지 않을 만큼 준비금을 유지하면서, 부채 비용과 자산 수익의 격차를 최대로 키워 이윤을 얻었다. 은행의 능력에 대한 신뢰 위기가 발생하면 예금주 사이에 불신이 생기면서 예금 인출이 확산돼 은행은 파산하고 말았다. 말 그대로 은행이 망하는 경우이다.

한편 북유럽의 금융 중심지에서 이탈리아식 은행 기법이 꽃피던 와중에, 뜻밖에도 이 선진 은행 제도를 흡수하지 못한 나라가 있었다. 다름 아닌 스페인이었다. 귀금속이 풍부했던 탓인지 막강했던 스페인 제국은 정교한 은행 제도를 발달시키지 못했고, 대신 미래의 은을 담보로 안트베르펜 상인들에게 단기 자금을 빌렸다. 돈은 사실 신용일 뿐 금속이 아니라는 개념을 스페인 사람들은 전혀 이해하지 못했다. 실제 스페인 왕족은 1557년부터 1696년 사이에 자그마치 14배나 뛰어 버린 채무를 상환하지 못했다. 이러한 전적이 보여 주듯 포토시에 있는 은은 스페인 신용 위기의 돌파구가 되지 못했다. 이제 근대 세계에서 권력은 지불 불능자(bankrupts)에게서 벗어나 은행가(bankers)에게로 이동하였다.

은행업의 진화

17세기 이후 성장한 은행업은 18세기 후반 영국의 경제 성장에 촉매로 작용하였다. 이후 은행 제도는 서유럽으로 확산되었고, 북미와 오스트랄라시아(Australasia)에도 이 유럽식 제도가 대거 정착하였다. 이에 금융 역사가들은 은행업이 과연 얼마나 경제 성장에 기여했는지를 놓고 의견이 분분하다.[40] 금융 혁명이 산업 혁명보다 앞섰다는 사실에는 의심의 여지가 없다. 그렇지만 산업 혁명의 선봉이었던 직물 제조와 철강 산업 분야에서, 자금 마련의 결정적 돌파구는 은행이 아니었다.[41] 반면 유럽 대륙의 산업화 과정에서는 은행이 영국보다 더 중요한 역할을 담당했다. 사실 단순한 인과 관계로 바라보는 시각(더 고도화된 금융 제도가 성장을 일으켰다거나, 성장이 금융 발전에 박차를 가했다는 등)은 그다지 유용하지 못하다. 두 과정이 서로 의존하면서도 자체적으로 강화됐다고 보는 게 정확한 논리일 것이다. 두 과정이 순환 돌연변이(기술 혁신), 종 분화(새로운 종류의 기업 건설), 단절적 균형(살릴 기업과 퇴출 기업을 결정짓는 위기) 등 뚜렷하게 진화론적 특징을 보여 주었기 때문이다.

애덤 스미스(Adam Smith)의 말을 빌리자면 "은행을 현명하게 운영하는 방법은 금화와 은화 대부분을 …… 지폐로 대체해 …… 허공에다 일종의 도로를 세우는 것"이었다. 애덤 스미스가 『국부론(The Wealth of Nations)』(1776)을 발간한 세기에 금융 혁신이 폭발적으로 일어나면서, 유럽과 북미에 다양한 형태의 은행이 우후죽순처럼 생겨났다. 가장 오래된 것은 어음 할인 은행들로, 이들은 상인들끼리 발행한 환어음을 할인해 국내외 무역에서 자금이 융통되도록 지원했다. 애덤 스미스 시절에 런던은 이미 크게 성공한 여러 은행의 본고장이었는데, 이 중에는 대서양을 넘나들며 '상업 은행업무'(merchant banking, 고객의 예금을 바탕으로 한 대출 업무를 훗날 이렇게 불렀다.)를 펼친 베어링(Barings)사도 있었다. 당시 규제상의 이유로 대개 민간 합자 회사였던 영국 은행들은, 일부는 수세기 동안 런던 상업 금융의 중심지였던 시티(City)에서, 또 다른 부류는 토지 엘리트 사이에서 전문성을 발휘했다. 후자를 일컬어 '지방 은행(country banks)'이라고 하는데, 이들 은행의 흥망성쇠는 영국 농업과 밀접한 관련이 있다.

자연 진화와 금융 진화의 결정적인 차이는 소위 '지적 설계(intelligent design)'의 역할로, 금융의 경우 그 주체는 당연히 신이 아닌 인간이다. 잉글랜드 은행은 점차 시행착오를 거치면서, 1826년에 은행권 발행 독점을 재승인 받은 대신 공적 기능을 수행했고, 지역에 지점을 설립하면서 차츰 지방 은행의 은행권 발행 업무를 접수해 나갔다.* 잉글랜드 은행은 은행 간 거래에서도 중추적 역할을 담당해 갔다. 은행끼리 금액을 결제할 때 스레드니들가(街)에 자리 잡은 잉글랜드 은행을 거치는 사례가 늘어났다. 1833년 상업 어음 할인율을 제한했던 고리금지법(usury laws)이 마침내 폐지되면서, 잉글랜드 은행은 시티에서 가장 큰 덩치를 마음껏 이용할 수 있게 되었다. 할인율도 이른바 화폐 시장에서 치러야 할 최소한의 단기 이자율이라는 식으로 인식이 바뀌어 갔다.(단기 신용의 경우 대개 상업 어음 할인을 거쳤다.)

이후 40년 동안 은행 준비금과 유통 은행권 사이의 관계 설정에 대한 논란이 계속되었다. 1840년대에 잉글랜드 은행 이사를 지낸 홀슬리 파머(J. Horsley Palmer)는, 준비금 중 금화나 순금 비중이 3분의 1을 유지하는 한 할인 업무량을 바탕으로 준비금을 규제하면 된다는 입장이었다. 당시 영국 총리였던 로버트 필(Robert Peel)은 이 방침에 의구심을 표했는데, 은행권이 과다 발행될 경우 인플레이션이 생길 소지가 있다고 보았기 때문이

---

* 엄밀히 말해 독점은 18세기와 마찬가지로 런던의 100킬로미터 반경 안에서만 적용됐고, 민간 은행은 은행권 발급 금지 대상이 아니었다.

다. 1844년 필의 은행 조례(Bank Charter Act)가 도입되면서 잉글랜드 은행은 상업 업무 부서와 발권 담당 부서로 구분되었고, 발권부는 영국의 대외 무역 수지에 따라 조정 가능하도록 1400만 파운드의 유가 증권 그리고 구체적 양을 명시하지 않은 주화 및 순금을 보유하게 되었다. 소위 말하는 신용 지폐(fiduciary note)는 유가 증권과 금의 총액 이상으로 발행하지 못하게 하였다. 그러나 1847년과 1857년, 그리고 1866년 위기의 순간에 이 법안은 상당히 경직적으로 다가왔다. 위기에 처할 때마다 유동성이 완전히 붕괴되지 않도록 이 법안을 잠시 중단해야 했다.* 마지막 위기에서 오버엔드 거니(Overend Gurney) 은행을 파멸시킬 정도로 극적인 예금 인출 사태를 겪은 이후 《이코노미스트》의 편집장 월터 배젓(Walter Bagehot)은 위기 때 유동성 위기에 맞서려면 은행이 벌칙성 금리(penalty rate)를 부과해서라도 '최종 대부자' 역할을 해야 한다고 처방했다.[42]

그렇지만 빅토리아 시기에 모든 통화 문제를 배젓의 해법으로 풀 수 없었다는 점을 기억해 두자. 그 역시 다른 19세기의 걸출한 경제학 이론가들처럼, 아이작 뉴턴(Isaac Newton)이 조폐국 장관이던 시절에 세운 신성불가침한 이론, 즉 파운드 스털링은 금 1온스 당 3파운드 17실링 10.5다임의 비율에 따라 맞바꿔야 한다는 이론에 맞서지 못했다. 당시 금 본위제 논쟁을 살펴보면, 여러 가지 면에서 빅토리아 시대 사람들 역시 3세기 전 신대륙 정복자들 못지않게 귀금속에 얽매여 있었다. 런던 시티의 유명 인사였던 오버스톤 남작(Baron Overstone)은 다음과 같이 주장했다. "귀금속만이 화폐이

---

* 유동성 부족(illiquidity)은 기업이 자산 매각으로도 부채를 감당할 수 없을 때 발생한다. 자산이 적정 수준이어도 이를 사 줄 사람이 없어서 매각이 안 되는 경우이다. 지불 불능(insolvency)은 채무 가치가 자산 가치를 명백히 넘어서는 경우이다. 때로는 두 가지 상황을 구분하기가 쉽지 않다. 유동성 위기를 겪는 기업이 그 자산을 매각할 수 있을지라도, 지불 불능을 유발할 만큼 낮은 가격에만 가능한 경우도 있다.

다. 지폐가 화폐인 이유는 귀금속을 대신하기 때문이다. 그렇지 않을 경우, 지폐는 가짜이며 진짜를 사칭하는 셈이다. 예금자 중 일부만 귀금속을 얻을 수 있을 뿐 모두가 얻지는 못한다. 따라서 예금은 화폐가 아니다."[43] 만약 이러한 원칙을 고수한 채 영국 통화를 순수하게 잉글랜드 은행의 준비금이던 금화와 금괴의 양에 맞춰 공급했더라면, 영국의 경제 성장은 완전히 가로막혔을 것이다. 이는 19세기에 금의 발견이 가져온 팽창 효과를 감안해도 마찬가지이다. 잉글랜드 은행의 지폐 발행은 상당히 제한적이어서, 1890년대 중반부터 1차 세계 대전 시기까지 금괴 준비금이 유통 중이던 지폐의 가치를 사실상 초과했다. 예금 수취 은행 등 새로운 은행 형태가 확산되고 나서야, 통화 팽창이 가능해졌다. 1858년 이후에는 합자형 은행에 가해졌던 제약이 풀리면서, 소수의 대형 상업 은행이 출현하는 계기로 작용했다. 이 중에는 런던 앤드 웨스트민스터(London & Westminster, 1833년에 설립), 내셔널 프로빈셜(National Provincial, 1834), 버밍엄 앤드 미들랜드(Birmingham & Midland, 1836), 로이즈(Lloyds, 1884), 바클레이즈(Barclays, 1896) 은행 등이 있었다. 한편 벨기에의 소시에테 제네랄(Société Générale), 프랑스의 크레디트 모빌리에(the Crédit Mobilier), 독일의 다름슈타트 은행(the Darmstädter Bank) 등에서 출발한 산업 투자 은행의 경우, 영국에서 오버엔드 거니 은행이 파산한 이후 그다지 성공을 거두지 못했다. 사실 은행이 산업체의 주식을 다량 매입해 주는 일이 절실하지는 않았다. 정작 필요한 업무는 금융 기관들이 예금자를 끌어들여, 은행 대차대조표 한쪽에 신규 대출이라는 전례 없는 팽창의 기반을 마련하는 일이었다.

세기가 바뀔 무렵에 급증한 신규 저축 은행들이 이 과정에서 특히 중요한 역할을 맡았다. 1913년이 되자 영국의 저축 은행 예금액은 2억 5600만 파운드에 달해 영국 전체 예금액의 25퍼센트를 차지했다. 독일의 저축 은행은 유명 '대형 은행'이었던 다름슈타트, 도이치(Deutsche), 드레스드너

(Dresdner), 디스콘토-게젤샤프트(Disconto-Gesellschaft)보다 2.5배 이상 많은 자산을 보유했다. 1차 세계 대전 직전 무렵 영국 거주자의 예금 총액은 거의 12억 파운드에 달한 반면, 은행권 유통 총액은 겨우 4550만 파운드 수준이었다. 화폐는 이제 대부분 은행으로 흘러 들어가, 사람들의 인식에만 남은 채 시야에서 멀어졌다.

형태는 조금씩 달랐지만, 선진 경제권 대부분은 사실상 영국의 선례를 따라 독점적인 중앙은행에서 금 본위제를 관리하거나, 상대적으로 소수인 대형 기관에 예금 수취 업무를 집중시켰다. 방크 드 프랑스(Banque de France, 프랑스의 중앙은행)는 1800년에, 독일의 라이히스방크(Reichsbank)는 1875년에 설립됐으며, 일본 은행(Bank of Japan)은 1882년, 스위스 국제 은행(Swiss National Bank)은 1907년에 각각 생겨났다. 대륙 국가처럼 영국도 집중화 경향이 두드러졌는데, 1809년 755개로 절정에 달했던 지방 은행 수가 1913년에는 겨우 17개로 줄어들었다.

미국의 금융 진화는 사뭇 달랐다. 입법자들이 강력한 금융 기관에 대한 반발이 심해 초창기 중앙은행(1, 2차 미합중국 은행(Banks of the United States))이 두 차례나 무산되었고, 연방 준비 제도 창설 법안도 1913년에야 통과되었다. 그전까지 미국은 완전한 자유 은행 시기를 자연스럽게 경험했다. 그러다가 1864년 국법 은행법(National Bank Act)이 마련되면서 민간 은행의 설립 장벽이 상당히 완화되었고, 유럽에 비해 자본금 요건 기준도 낮게 책정되었다. 동시에 다른 주에 지점을 설립할 경우에는 제약을 받았다. 이러한 규정이 복합적으로 작용하여 19세기 후반부터 20세기 초반까지 국법 은행과 주 정부의 허가를 받은 주법 은행이 1899년 1만 2000개에서 1922년 절정기에 3만 개 넘게 속출했다. 이로 인해 자본금 미달인 은행이 많아지면서 미국은 금융 불안정에 시달렸고, 공황 역시 미 경제사의 주기적 특징이 되어 버렸다. 특히 대공황 시기가 극단적인 경우였는데, 15년 정도 활동한 통화 당국이 주요 은행 위기를 누그러뜨리기는커녕 더욱 악화시켰다. 1933년에 도입된 예금 보험 제도는 예금 인출 사태에 대비해 미국 은행의 취약점을 보완하는 데 큰 역할을 했다. 그렇지만 1976년 메인 주에서 처음으로 주간 은행 업무(interstate banking)를 합법화하기 전까지 은행업은 매우 분산된 형태였다. 또한 저축 대부 조합 위기(Savings and Loans crisis, 5장 참조) 이후 1993년에 이르러서야 국법 은행 수가 한 세기 만에 처음으로 3600개 이하로 떨어졌다.

1924년 존 메이너드 케인스(John Maynard Keynes)는 금 본위제를 '야만적 유산'이라 칭하며 거부했던 것으로 유명하다. 그렇지만 은행이 귀금속을 기반으로 화폐를 창출하는 일에서 벗어나기까지는 꽤 오랜 시간이 걸렸다. 금 본위제도 물론 나름의 장점이 있다. 환율이 안정적이므로 무역에서 가격 예측이 가능하고 거래 비용을 낮춰 주며, 장기적인 가격 안정성 덕분에 기대 인플레이션을 안착시키는 역할도 한다. 게다가 금에 의지하면 정부가 재정 정책과 통화 정책을 신중하게 추진하므로 정부의 차입 비용이 줄어드는 효과도 있다. 반면 환율을 하나의 본위(本位) 상품에 고정할 때 난점은 정책 입안자들이 자유로운 자본 이동과 독자적인 통화 정책 중 하나를 선택해야 한다는 사실에 있다. 두 마리 토끼를 모두 잡을 수 없다. 고정 환율제에서는 중앙은행이 자국의 통화 가격을 연동된 화폐에 맞춰 유지하기 때문에 단기 이자율이 불안정할 수도 있다. 또한 기축 통화 공급에 차질이 생길 경우(1870년대와 1880년대에 금 공급이 수요에 미치지 못했던 것처럼) 디플레이션이 발생하기도 한다. 게다가 고정 환율은 금융 위기를 전파하는 효과도 있다.(1929년 이후 금 본위제로 복귀하면서 일어난 사건이 그 예이다.) 이와 달리, 주로 은행 예금에 기반한 화폐 제도와 변동 환율제는 이러한 제약에서 자유롭다. 금 본위제는 오래전부터 빈사 상태였다. 1971년 8월 15일 리처드 닉슨

(Richard Nixon) 대통령이 이른바 금 '창구'를 폐쇄하고 특정 조건에서만 달러의 금 태환이 가능해지면서, 마지막 남은 금 본위제의 흔적마저 사라져 버렸지만, 이를 애도한 이는 찾아 보기 힘들었다. 그날 이후 수세기 동안 지속돼 왔던 금과 귀금속의 연관 고리는 깨져 버리고 말았다.

파산한 집단

테네시 주 멤피스는 「파란 가죽 신발(*blue suede shoes*)」(테네시 출신 가수 칼 퍼킨스(Carl Perkins)의 대표적인 히트곡 ― 옮긴이)과 바비큐, 그리고 파산으로 유명한 지역이다. 메디치의 후예 은행가들이 신용 불량 차입자가 초래한 신용 위기에 어떻게 대처하는지 알고 싶은 사람이 있다면 바로 이 멤피스 지역을 추천한다.

미국에서는 매해 평균 100만 건에서 200만 건에 달하는 파산이 발생하는데, 대개는 채무를 감당하지 못한 개인들이 파산을 선택한 경우이다. 테네시는 파산 건수가 압도적으로 많다. 또 파산 신청 과정이 비교적 수월하다. 16세기 베니스 혹은 오늘날 글래스고 같은 지역에 비해 손쉽다는 뜻이다. 멤피스에서는 곤경에 처한 차입자 대부분이 그 상황에서 벗어나거나 최소한 채무액을 줄일 수 있고, 또 낙인이나 물리적인 고통도 피할 수 있다. 정말 아리송한 일 한 가지는 세계에서 가장 성공한 자본주의 경제권이 경제적 파산 선고가 손쉬운 토대 위에 세워졌다는 점이다.

2007년 초여름 멤피스를 처음으로 방문했을 때, 손쉬운 대출과 용이한 파산 신청을 주변 어디서나 목격할 수 있다는 사실이 매우 뜻밖으로 다가왔다. 이를 확인하려면 시내 중심가 근처에 있는 대표 거리로 발걸음을 옮기기만 하면 된다. 쇼핑몰과 패스트푸드 매장이 몰려 있는 이 거리는 테네시 주 사람들이 주로 소비를 하는 공간이다. 그 바로 옆 우측으로는 현금이 부족한 저소득층 세금 공제 신청자를 돕는 '세금 자문가'가 있다. 자동차를 담보로 대출해 주는 사무실이 있는가 하면, 그 옆에는 2차 모기지 회사가 있다. 200퍼센트 금리로 급료를 담보로 돈을 빌려 주는 수표 현금화 사무실뿐 아니라, 백화점 크기만 한 전당포까지 있다. 재산을 모조리 저당 잡힌 사람들을 위해, 저렴한 가격에 가구와 텔레비전을 임대해 주는 렌트 센터도 있다. 그 옆에는 뭐가 있을까? 헌혈자에게 55달러를 내주는 헌혈 센터가 있다. 오늘날 멤피스는 '마지막 한 방울까지 짜내다.(bled dry)'라는 표현이 전혀 새로운 의미와 만나는 곳이다. 혈액 0.5리터는 살 1파운드만큼 내주기 힘들지는 않겠지만, 그래도 당혹스럽기는 매한가지이다.

그렇지만 멤피스에서는 채무를 갚지 못해도, 안토니오가 베니스에서 무릎써야 했던 생명의 위협만큼 심각한 결과를 겪지 않는다. 헌혈 센터에 이어, 나는 테네시 서부 지역 파산 법원에서 파산자에게 자문해 주며 생계를 꾸리는 변호사 조지 스티븐슨(George Stevenson)의 사무실에 들렀다. 내가 테네시 주를 방문했을 당시, 멤피스 한 곳에서만 연간 파산 신청자 수가 만 명 정도였으므로, 파산 법원은 당연히 북새통이었다. 이 시스템은 매우 원활하게 굴러갔다. 지불 불능 상태에 빠진 개인이나 부부가 변호사와 차례차례 상담하고, 변호사는 이들의 입장을 대변해 채권자와 협상을 한다. 더욱 빠른 파산 처리 절차도 있다. 비록 평균적으로 5명 중 3명 정도만 탕감받는 게 현실이었지만.(채권자와 합의점을 찾았다는 뜻이다.)

감당하지 못할 채무를 없애 주고 다시 새 출발할 자격을 주는 것은 미국식 자본주의의 특징 중 하나이다. 1800년대에 영국이 채무자를 몇 년 간 감옥에 보내던 시기에도 미국은 이들을 감옥살이시키지 않았다. 1898년 이후 모든 미국인들은 파산법 7장의 청산 절차나 13장의 자발적 개인 회생 절차를 신청할 수 있는 권리를 부여받았다. 부자든 빈자든, 미국인이면 누구나 파산 신청을 '생명, 자유, 행복 추구'와 버금가는 '양도할 수 없는 권리'로 여기는 듯하다. 미국 법률이 기업가 정신을 장려하기 때문이다. 즉, 새로운 비즈니스를 창출하도록 독려하는 게 이 법률의 취지이다. 이는 곧 사업 계획이 어긋났을 때 혹여 두 번째 실패라 해도 이들에게 한 번 더 기회를 줘서, 타고난 모험가들이 시행착오를 거쳐 성공하는 법을 깨우칠 때까지 지원한다는 뜻이다. 결국 오늘의 파산 신청자가 내일의 성공적인 기업가로 거듭날 수 있기 때문이다.

얼핏 보면 설득력 있는 논리이다. 미국에서 가장 성공을 거둔 사업가들은 대부분 초반에 실패를 거듭했다. 케첩 왕 존 헨리 하인즈(John Henry Heinz), 서커스의 대부 피니어스 바넘(Phineas Barnum), 자동차 업계의 거물 헨리 포드(Henry Ford)가 바로 그들이다. 이들 모두 결국 갑부가 되었지만, 도전하다 실패하고 또 재기할 기회를 얻었다는 점은 부인할 수 없다. 그렇지만 테네시의 현황을 자세히 살펴보면 다소 차이점이 있다. 멤피스 파산 법원에 온 사람들은 파산에 직면한 기업가가 아니다. 이들은 단지 고지서 요금을 부담할 수 없는 개인이거나, 엄청난 의료 비용을 떠안게 된 민간 의료 보험 비혜택자들이다. 파산은 기업가와 그 사업을 돕기 위해 고안된 제도이지만, 현재 파산 신청 건수의 98퍼센트는 비즈니스와 무관한 경우이다. 파산의 주요 동기는 기업가 정신이 아니라 단지 부채이다. 2007년 미국 소비자 채무는 2조 5000억 달러를 기록했다. 1959년 당시 소비자 채무는 개인 가처분 소득의 16퍼센트를 차지했다. 현재는 24퍼센트에 달한다.* 현재 금융 역사가에게 주어진 난제 중 하나는 가계 빚이 폭증하는 원인과 더불어, 만약 테네시 주처럼 파산률 증대가 불가피할 경우 그 파장이 무엇인지 밝히는 작업일 것이다.

---

* 같은 기간 동안 모기지 부채는 가처분 소득 중 54퍼센트에서 140퍼센트로 뛰어올랐다.

이 질문들에 적절한 답을 찾기에 앞서, 먼저 금융 시스템의 다른 핵심적인 구성 요인을 떠올릴 필요가 있다. 바로 채권 시장과 주식 시장, 보험 시장과 부동산 시장, 그리고 지난 20년에 걸쳐 발생한 이 모든 시장의 두드러진 세계화이다. 그렇지만 근본 원인은 분명 화폐와 은행의 진화에 있으며, 핵심 요인은 은행의 부채이다. 화폐 창출과 금속 간의 연관 고리를 끊어 낸 것은 불가피한 현실로, 이는 전례 없는 통화 팽창을 유도했다. 동시에 전 세계가 여태껏 경험한 적 없는 신용 팽창(credit boom)을 안겨 주었다. 산출 대비 광의의 통화(broad money) 비율*로 유동성을 측정했을 때, 1970년대 이후 그 비율은 뚜렷한 증가세를 보였다. 선진 경제권에서 광의의 통화 비중은 금 창구가 폐쇄되기 전 70퍼센트에서 2005년 무렵 100퍼센트 이상으로 뛰어올랐다.[44] 유로화 지역은 특히 증가세가 가팔라서, 1990년만 해도 60퍼센트를 조금 넘는 수준이었다가 현재는 90퍼센트를 약간 밑돌고 있다. 동시에 선진국에서 은행의 적정 자본 수준은 느리지만 꾸준히 감소하는 추세다. 유럽 은행의 자본금은 현재 자산 대비 10퍼센트 미만인데, 20세기 초에는 25퍼센트 정도였다.[45] 다시 말해, 은행들이 예금을 더 많이 받았을 뿐 아니라 이 예금을 더욱 많이 대출하면서 자본금을 최소화한다는 뜻이다. 현재 주요 경제권의 은행 자산(즉, 대출)은 이들 국가의 결합 국내 총생산 대비 150퍼센트 수준이다.[46] 국제 결제 은행(Bank for International Settlements)에 따르면, 국제적인 은행 업무 자산 총액은 2006년 12월 약 29조 달러로, 세계 국내 총생산의 63퍼센트가량을 차지한다.[47]

그렇다면 금 본위제 시기처럼 화폐 가치가 불안정하다는 불안감은 없을까? 지금 쓰는 달러 지폐의 도안은 1957년에 탄생했다. 그때 이후 달러 구

---

* 이 비율을 경제학자 앨프리드 마샬(Alfred Marshall)의 이름을 따서 마샬의 k라고 한다. 엄밀히 말해 k는 명목 국내 총생산(GDP) 대비 본원 통화(monetary base)의 비율이다.

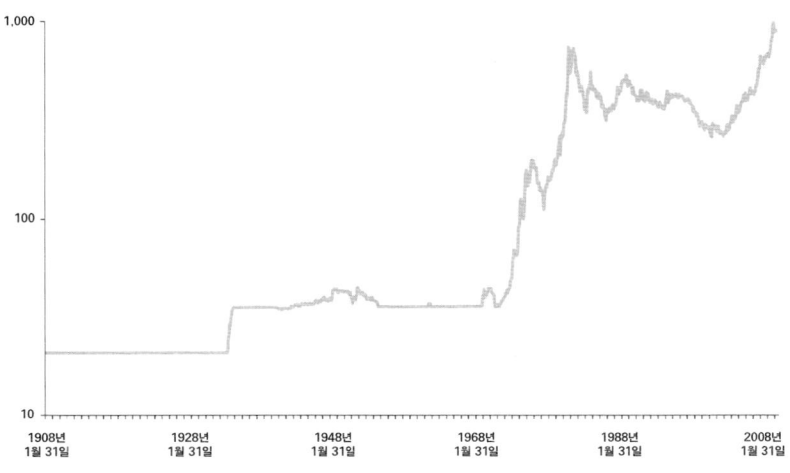

1908년~2008년 뉴욕장 금 종가(온스 당 달러, 로그 단위).

매력은 소비자 물가 지수에 비해 놀랍게도 8퍼센트가 하락했다. 이 기간 동안 연평균 인플레이션은 4퍼센트 이상으로, 포토시의 은 유입이 촉발한 이른바 가격 혁명기에 유럽이 겪은 인플레이션의 2배였다. 1970년에 예금 1000달러를 금과 바꾼 사람은 금 창구가 열려 있는 한, 26.6온스 조금 넘게 받았다. 이 글을 쓰는 현재 금 거래 가격은 1온스에 1000달러 정도로, 앞서 말한 사람이 2만 6596달러에 금을 팔 수 있는 상황이다.

화폐가 없다면 우리가 사는 세상은 현재보다 훨씬 끔찍해질 것이다. 셰익스피어 작품에 나오는 안토니오처럼, 대부자란 운 나쁜 채무자의 피를 빨아먹고 사는 거머리에 불과하다고 보는 것은 그릇된 생각이다. 그렇게 행동하는 고리대금업자도 물론 있겠지만, 메디치 이후 성장해 온 은행들은 (3대 로스차일드 경의 간단명료한 말마따나) '돈이 있는 A 지점에서 돈이 필요한 B 지점으로 자금이 순조롭게 이동하도록' 하는 역할을 하며 진화해 왔다.[48] 간단히 말해 신용과 채무는 경제 발전에 꼭 필요한 초석으로, 광업, 제조업 혹은 무선 통신 분야만큼 국부(國富) 창출에 중추적인 역할을 담당한다. 또 한편으로 빈곤의 원인을 금융업자의 탐욕으로 보는 것도 지나친 해석이다. 때로 가난은 은행의 존재가 아닌 금융 기관의 부재와 더 관련 깊었다. 글래스고의 이스트엔드 지역의 경우 차입자들이 효율적인 신용망에 접근할 수 있어야 고리대금업자의 마수에서 벗어나게 된다. 또 저축자들이 믿음직한 은행에 돈을 맡겨야 은행이 이 유휴 자금을 업계로 순환시킬 수 있다.

은행업의 진화는 따라서 화폐 부상의 첫 번째 필수 단계였다. 2007년 8월에 시작된 금융 위기는 은행의 전통적인 대출 업무나 실제 은행 파산과는 비교적 관련이 적었고, 은행권 파산의 경우에도 법 제도의 변화로 2007년에 사실상 줄어드는 추세였다. 사실 금융 위기의 주원인은 '대출의 증권화' 경향, 즉 은행이 대출 자산을 재구성해 판매한 활동과 관련 깊었다. 그리고 이러한 업무가 가능해진 시점은 은행의 부흥에 뒤이어 현대 금융 제도의 두 번째 주춧돌인 채권 시장이 등장하면서부터였다.

2 채권의 득세

빌 클린턴(Bill Clinton) 대통령이 부임하고 100일이 지날 즈음, 그의 대선 수석 전략가였던 제임스 카빌(James Carville)은 《월스트리트 저널》에 유명한 말을 남겼다. "전에는 환생을 한다면 대통령이나 교황 아니면 4할 타자가 되고 싶었다. 그렇지만 지금은 채권 시장으로 다시 태어나고 싶다. 모두를 쥐락펴락하는 게 채권이므로." 그도 예상 못했겠지만 채권 가격은 11월 대선 이후, 그러니까 연방 정부의 예산 적자를 줄이겠다는 대통령 연설이 있기 전부터 연일 오름세였다. 당시 미 재무 장관 로이드 벤슨(Lloyd Bentsen)은 말했다. "투자 시장에서 군중의 판단은 냉철하다. (대통령의) 노력이 신뢰할 만한가? 정부가 지속적으로 추진할 것인가? 대중들을 그럴 것으로 판단했다." 당시 연방 준비 제도 이사회 의장 앨런 그린스펀(Alan Greenspan)도 "만일 채권 가격이 계속 상승세를 보이면, 이는 단연코 가장 강력한 (경제적) 자극제"일 거라고 단언했다.[1] 그렇다면 한낱 정부의 차용 증서를 사고파는 시장이 대체 뭐이기에 정부 공직자들이 이에 대해 존경을 넘어 경외심까지 표하는 것일까?

채권의 탄생은 은행의 신용 창출에 이어 돈의 신분을 상승시킨 두 번째 혁명이었다. 정부와 대기업은 은행 이외에도 광범위한 사람들과 기관들로부터 돈을 빌리기 위해 채권을 발행한다. 10년 만기 일본 국채의 경우, 액면가 10만 엔에 고정 금리, 또는 '이표(利票, 쿠폰) 금리'로 1.5퍼센트를 지급한다. 이는 1980년대부터 누적된 838조 엔에 달하는 일본 공공 부채 중 극히 일부이다. 구체적으로 이 채권은 일본 정부가 채권 소지자에게 차후 10년 동안 10만 엔의 1.5퍼센트를 매해 지급하겠다는 약속이다. 이 채권을 처음 구입한 사람은 언제든지 시장 가격에 팔 권한이 있다. 이 글을 쓸 당시, 일본 채권 가격은 10만 2333엔이었다. 그 이유는 뭘까? 답은 막강한 채권 시장에 있었다.

약 800년 전, 북부 이탈리아 도시 국가에서 싹튼 근대적 채권 시장은 이후 굉장한 규모로 성장하였다. 현재 국제적으로 거래되는 채권의 총 가치는 18조 달러 정도이다. 일본 투자자들이 소유한 일본 채권 등 국내 거래 채권의 가치는 50조 달러로 압도적이다. 우리 모두 선호와 무관하게(대개 인식조차 못하지만) 두 가지 경로를 통해 채권 시장의 영향을 받는다. 첫째, 노후를 대비한 저축액 중 상당량이 채권 시장에 투자된다. 둘째, 채권 시장의 막대한 규모, 그리고 가장 신뢰받는 차입자인 거대 정부 덕분에 채권 시장은 경제 전체의 장기 이자율을 결정짓는다. 채권 가격이 떨어지고 이자율이 치솟으면, 차입자들은 모두 고통받는다. 그 원리는 다음과 같다. 어떤 사람이 10만 엔을 저축할 의향이 있다고 하자. 10만 엔짜리 채권을 사면 자본금이 안전할 뿐 아니라 주기적으로 일정액을 지급받는다. 정확히 말해 이 채권으로 1.5퍼센트 고정 이자 혹은 '이표 금리'를 받는다. 따라서 10만엔 채권은 매해 1500엔을 지급한다. 그렇지만 시장 이자율 혹은 직접 수익률(current yield, 단순 수익률)은 쿠폰 이자를 시장 가격, 현재의 경우 10만 2333엔으로 나눠 계산하므로 1500 ÷ 102333 = 1.47퍼센트가 나온다.* 이제 채권 시장이 일본 정부의

---

* 이 개념을 만기 수익률과 혼동해서는 안 된다. 만기 수익률은 채권을 발행한 정부가 액면

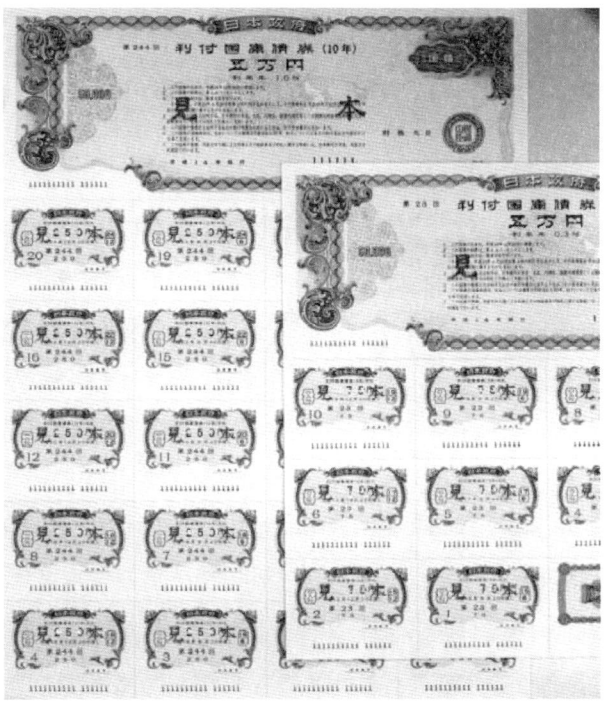

일본 정부의 10년 만기 채권. 쿠폰이 달려 있다.

막대한 빚을 우려한다고 가정해 보자. 투자자들이 일본 정부가 약속한 연간 이자를 걱정하기 시작했다. 혹은 투자자들이 채권에 표시된 통화이면서 동시에 이자 지급 통화인 일본 엔화의 건전성을 염려하기 시작했다. 이런 상황에서 불안해진 투자자들이 보유 채권을 팔아 치우면 채권 가격이 떨어진다. 그러면 채권 매입자들은 일본 정부의 채무 불이행이나 통화 가치 하락에서 오는 위험 증대를 보상할 만큼 낮은 가격을 접하게 된다. 채권 가격이 8만 엔으로 떨어졌다고 하면, 이 경우 수익률은 $1500 \div 80000 = 1.88$퍼

가로 상환할 때까지의 시간을 고려한다.

센트가 된다. 일본 경제 전반의 장기 이자율도 1.47퍼센트에서 1.88퍼센트로 0.4퍼센트 포인트 이상 곧바로 상승한다. 시장이 변동하기 전 은퇴에 대비해 채권에 투자한 사람들은 자본금이 채권 가격만큼 하락하므로 22퍼센트 손해를 본다.(10만 2333엔에서 8만 엔으로 하락하므로 ― 옮긴이) 게다가 시장에 변화가 생긴 후 모기지 신청을 한 사람들도 연리로 적어도 0.41퍼센트(시장 용어로 41베이시스 포인트(basis point, bp. 베이시스 포인트는 0.01퍼센트를 뜻한다. ― 옮긴이)) 이상을 지불해야 한다. 채권 투자 회사 핌코(Pacific Investment Management Company, PIMCO)에서 세계 최대의 채권 펀드를 운용하는 빌 그로스(Bill Gross)는 "채권 시장이 막강한 이유는 모든 시장의 기본 토대이기 때문이다. 신용 비용, (지표채(benchmark bond)) 금리뿐 아니라 궁극적으로 주식·주택을 비롯한 모든 자산의 가치를 결정한다."라고 말했다.

 정치가 입장에서 채권 시장이 강력한 이유 중 하나는, 채권 시장이 각국 정부에서 시행하는 재정 및 통화 정책에 대한 신뢰도를 매일같이 가늠해 주기 때문이다. 그렇지만 실제적인 힘은 정부의 차입 비용을 높여서 불이익을 준다는 사실에 있다. 0.5퍼센트 포인트만 상승해도 이미 높은 정부 지출에 원리금 상환액까지 증가해, 재정 적자 상태인 정부에게 타격을 주기 마련이다. 수많은 금융 관계처럼, 여기에도 순환 고리가 이어진다. 이자 지불액이 높아질수록 재정 적자가 더 커진다. 그러면 채권 시장에서 사람들의 우려도 커지면서 다시 채권을 내다 팔기 시작한다. 이자율이 다시 뛴다. 이런 식으로 상황이 맞물려 전개된다. 이때 정부에게는 세 가지 선택지 외에는 없다. 채무를 일부 불이행해서 채권 시장의 우려를 그대로 실현시키는 방법이 하나 있다. 아니면 채권 시장을 안심시키기 위해, 다른 부문의 정부 지출을 삭감해서 유권자나 기득권자의 반발을 사는 것이다. 이도 아니면 세금을 올려 적자액을 줄이는 것이다. 채권 시장은 정부 차입을 손쉽게 하려고 시작되었다. 그렇지만 위기 상황에서는 오히려 정부 정책을 뒤흔들어 놓는다.

그렇다면 어떻게 해서 이 '미스터 본드(Mr Bond)'는 작가 이안 플레밍(Ian Fleming)이 창조한 미스터 본드(Mr Bond)보다 훨씬 더 강력해졌을까? 또 어떻게 해서 두 본드 모두 살인 면허를 갖게 되었을까?

산더미 같은 빚

고대 그리스의 철학자 헤라클레이토스(Heraclitus)는 "전쟁은 만물의 아버지"라고 말했다. 분명 전쟁은 채권의 아버지였다. 피터르 반데르 헤이덴(Pieter van der Heyden)의 탁월한 판화 「화폐 난투극(The Battle about Money)」은 돼지 저금통과 돈주머니, 동전통 그리고 보물 상자들이 칼과 창으로 무장하고 서로 공격하는 아수라장을 담은 작품이다. 판화 하단에는 네덜란드의 한 시구가 쓰여 있다. "이 모든 전쟁은 화폐와 재물 때문에 벌어졌다." 그렇지만 다음과 같은 표현도 가능하지 않을까? '전쟁도 돈이 있어야 치를 수 있다.' 전쟁 자금 마련을 위해 시장에서 국가 부채로 재원을 조달하던 방법은 다른 금융사와 마찬가지로 이탈리아 르네상스 시기의 작품이었다.

피렌체, 피사, 시에나가 속했던 중세 도시 국가 투스카니(Tuscany)는 14세기와 15세기 내내 자기들끼리 때로는 다른 이탈리아 지역과 전쟁을 치렀다. 이는 사람뿐 아니라 돈을 투입해 치른 전쟁이었다. 각 도시는 끔직한 전쟁을 치르기 위해 자기네 시민이 아닌 용병을 고용해 군사를 일으킨 뒤, 상대국 영토를 빼앗고 보물을 약탈했다. 1360년대와 1370년대에 특출났던 용병이 한 명 있었다. 그가 진두지휘하는 모습은 피렌체 두오모 성당에서 찾아볼 수 있다. 이 작품은 피렌체 공화국이 그의 '독보적인 리더십'을 기리기 위해 제작했다. 놀랍게도 이 명장이 태어나 자란 곳은 영국 에식스의 서블헤딩엄(Sible Hedingham)이었다. 이탈리아를 위해 전쟁을 치른 존 호크우드

(John Hawkwood)는 기량이 매우 뛰어났던 인물로, '예리한 존'이라는 별칭까지 얻었다. 피렌체 외곽에 있는 카스텔로 디 몬테치오(Castello di Montecchio) 지역에는 피렌체가 그에게 하사한 드넓은 땅 일부가 있다. 그렇지만 호크우드는 밀라노, 파두아, 피사 등 도시 국가나 교황처럼 누구든 돈을 주는 자를 대신해 싸운 용병일 뿐이었다. 피렌체의 베키오 궁전에는 피사와 피렌체 군대가 1364년에 격돌한 장면이 눈부신 프레스코화에 담겨 있다. 당시 호크우드는 피사 편에서 싸웠다. 그렇지만 15년 후 그는 피렌체를 위해 싸웠고, 이후 군 경력도 이 도시 국가에서 쌓았다. 이유는 간단하다. 피렌체에서 돈을 받았기 때문이다.

끊임없는 전쟁의 비용을 대느라 이탈리아의 도시 국가들은 위기 상황에 빠졌다. 평화 시기에도 정부 지출은 세입의 두 배에 달했다. 호크우드 같은 용병에게 돈을 지불하느라 피렌체는 늘 적자에 허덕였다. 이탈리아 투스카니의 공문서 기록을 보면 이 도시 국가의 채무 부담액이 14세기 초 5만 플로린에서 1427년 무렵 500만 플로린으로 불어난 과정을 알 수 있다.[2] 말 그대로 산더미 같은 빚이었다. 그래서인지 피렌체 시의 공공 기금 이름도 몬테 코뮨(monte commune), 즉 공공 부채 더미(communal debt mountain)였다.[3] (이탈리아어로 monte는 기금과 산을 동시에 뜻하는데, 이름 탓인지 이 기금은 곧 산더미가 되었다. — 옮긴이) 15세기 초가 되자, 차입 금액이 도시 세입의 70퍼센트 이상을 차지했다. 그리고 이 '빚더미'는 피렌체 연간 생산의 절반을 넘어섰다.

그렇다면 누가 이토록 많은 자금을 피렌체에게 빌려 주었을까? 답은 자체 조달이다. 부유한 시민들은 재산세를 내는 대신, 도시 국가 정부에게 자금을 빌려 주어야 할 의무를 안고 있었다. 그래서 의무 공채인 프레스탄제(prestanze)를 구입하고 대신 이자를 받았다. 이는 의무였으므로 엄밀히 말해 고리대금업(앞서 살핀 기독교에서 금한 행위)은 아니었다. 따라서 이자 지급은 의무 투자에서 생기는 실질 비용 혹은 추정 비용을 보상(damnum emergens, 손

피터르 브뤼헐(Pieter Bruegel the Elder)의 영향을 받은 피터르 반데르 헤이덴의 「화폐 난투극」(1570년). 네덜란드어로 "이 모든 싸움과 다툼은 화폐와 물자 탓에 벌어졌다."라고 쓰여 있다.

해 발생에 대한 배상)하는 셈이었으므로 교회법과 충돌하지 않았다. 교회법학자 호스티엔시스(Hostiensis)는 1270년에 이런 기록을 남겼다.

> 만약 무역과 상업에 능하고 이로부터 이윤을 얻는 어떤 상인이, 돈이 몹시 필요한 주변 사람에게 자비심으로 사업 자금을 빌려 준다면, 나는 그에게 이자라는 은혜를 베풀겠다.(당시에 '이자'라는 용어를 쓴 점에 주목하라.)……[4]

피렌체의 제도는 결정적으로 채권 투자자가 현금이 필요하면 이 채권 증서를 다른 시민에게 팔 수 있도록 했다. 즉, 당시 채권 증서는 가죽으로 된 장부에 몇 줄 적은 것에 지나지 않았지만, 비교적 유동적인 자산이었다.

사실상 피렌체는 모든 시민을 주요 투자자로 만들었다. 14세기 초반 비록 자산가 수천 명의 투자액에 비하면 미미한 액수였지만, 전체 가구의 3분의 2가 공채를 구입해 자금 조달을 도왔다.[5] 또 '루올로 의무 공채(Ruolo delle prestanze)'에 참여한 메디치도 가문의 부유함뿐 아니라 도시 국가 재정에서의 기여도를 보여 주었다. 이러한 제도가 원활히 운영됐던 이유 한 가지는, 메디치를 비롯해 다른 소수 부유한 가문들이 도시 국가의 정치뿐 아니라 금융권까지 장악했기 때문이다. 이 과두적인 권력 구조 덕분에 채권 시장은 확고한 정치적 기반이 되었다. 채권자에게 지급 약속을 멋대로 어기던 무책임한 세습 군주와 달리, 피렌체의 대규모 채권 발행자는 대개가 채권 구입자이기도 했다. 그러므로 이들은 당연히 이자 지급에 관심이 높았다.

그렇지만 다소 비생산적인 전쟁을 이와 같은 방식으로 치르는 데에도 한계가 있었다. 이탈리아 도시 국가들은 부채가 커질수록 채권 발행을 더욱 늘려야 했다. 따라서 채권 이자 지급을 지키지 못할 위험도 커졌다. 베니스는 피렌체보다 훨씬 앞선 12세기 말에 공공 부채 시스템을 발전시킨 곳이었다. 부채 통합으로 유명한 몬테 베키오(monte vecchio, 오래된 산이라는 뜻) 채권은 14세기 베니스가 제노바나 다른 상대국과 전쟁을 치를 때 중요한 자금 마련 통로였다. 또 1463년부터 1479년까지 터키와 계속 전쟁을 치르면서, 새로운 빚더미인 몬테 누오보(monte nuovo)도 생겼다.[6] 투자자들은 연간 5퍼센트의 이자를 1년에 두 차례에 걸쳐 지급받았는데, 그 재원은 도시 국가가 소금 등 소비 품목에 부과한 다양한 세금이었다. 베니스에도 피렌체의 프레스탄제와 마찬가지 성격인 프레스티티(prestiti) 채권이 있었는데, 유통 시장에서 현금을 받고 다른 투자자에게 파는 게 허용되었다.[7] 그러나 15세기 말, 베니스의 전세가 계속 불리해지자 프레스티티 시장도 매우 취약해졌다. 베니스의 몬테 누오보 채권은 1497년 액면가의 80퍼센트 수준을 유지하다가 1500년에는 52퍼센트 정도로 뚝 떨어졌다. 1502년 말에는 102퍼센트로 가치를 회복하는가 싶더니, 1509년에 다시 40퍼센트 폭락하였다. 이 채권은 1509년과 1529년에 최저치를 기록해서, 당시 몬테 베키오와 몬테 누오보의 교환 비율은 3 대 10이었다.[8]

만약 전쟁이 격발한 상황에서 정부 채권을 구입했다면, 이는 그 나라가 이자 지급을 못할 수도 있는 위험을 무릅쓴 것이다. 한편 이자는 채권의 액면가에 대해 지급하므로, 5퍼센트 채권을 액면가의 10퍼센트에 구입했다면 50퍼센트라는 상당한 수익을 얻는다. 본질적으로 위험을 무릅쓴 만큼 높은 수익을 기대하기 마련이다. 동시에 앞서 살핀 대로 채권 시장은 경제 전체의 이자율을 결정한다. 만약 한 나라가 50퍼센트의 이자를 지급하는 상황이라면, 신용도 높은 상인 차입자라 하더라도 일종의 전쟁 프리미엄을 지불해야 했다. 1499년 베니스가 오스만 제국을 상대로 롬바르디아 등지에서 수륙전을 치를 때, 채권 가치가 폭락하고 이자율이 치솟으면서 심각한 금융 위기에 처한 것도 이런 연유에서였다.[9] 마찬가지로 1509년 채권 시장이 완전히 붕괴된 상황도 베니스 군대가 아그나델로(Agnadello)에서 패배했기 때문이다. 각 사례 모두 결과는 동일했다. 경제의 수레바퀴가 멈춰섰다.

채권 시장 부흥에 기여한 세력은 이탈리아 도시 국가만이 아니었다. 북유럽에서도 도시의 정치 조직들이 교회와 충돌하지 않으면서 재정 적자를 해소하기 위해 고심했다. 이곳의 해법은 조금 달랐다. 고리 금지법이 대부 이자를 금지했어도, 센서스(sensus)라고 불린 중세식 계약에는 적용되지 않았다. 이 계약은 해마다 꾸준히 대부 이자를 지급했다. 13세기에는 북프랑스의 두에와 칼레, 그리고 플랑드르 지방의 겐트에서도 이러한 연금을 발행하기 시작했다. 이 연금 제도는 두 가지 형태였다. 후손에게 대물림이 가능한 상속형 연금과 사망과 동시에 지급이 중단되는 종신형 연금이었다. 그리고 원금을 지급하고 사들이면 연금 회수도 가능했다. 16세기 중반 무렵 연금 판매는 홀란트 지방의 세입 중 7퍼센트를 차지할 정도로 증가했다.[10]

프랑스나 스페인 왕실도 같은 방식으로 돈을 모으려 했는데, 그러려면 둘 다 도시(town)의 손을 빌려야 했다. 프랑스의 경우 시청이 군주를 대신해 기금을 모았다. 유로스(juros)라는 스페인 국채도, 세금 징수권이 있던 채권 인수 은행인 제노바의 성 조르조 은행(Casa di Sna Giorgio)과 근대 주식 시장의 효시인 안트베르펜의 뵈르스(Beurs, 증권 거래소)를 통해 거래되었다. 그렇지만 투자자들은 왕실의 채무에 신중한 자세를 보였다. 과두 통치 체제와 지역별 부채가 있던 도시와 달리 절대 군주는 채무 이행에 충실하지 않았다. 1장에서 살펴본 것처럼 스페인 왕가는 16세기 후반과 17세기에 연달아 채무를 이행하지 않았다. 1557년, 1560년, 1575년, 1596년, 1607년, 1627년, 1647년, 1652년, 1662년에 부분적이든 전면적이든 채권자에게 이자 지급을 중단한 것이다.[11]

스페인이 금융 곤란을 겪은 이유 중 하나는, 북부 네덜란드 지방에 있던 반역 세력을 제압하려고 과도하게 지출을 일삼은 탓이었다. 스페인에 대항한 반란자들은 정치사뿐 아니라 금융사에서도 분수령이었다. 공화제 국가였던 네덜란드는 도시 국가의 이점과 민족 국가급 규모를 갖춘 곳이었다. 이들은 암스테르담을 온갖 신종 채권이 거래되는 곳으로 만들어 전쟁 자금을 마련하였다. 종신형 연금과 상속형 연금뿐 아니라 복권식 채권(확률은 낮고 수익은 높은 채권)도 매매되었다. 1650년 무렵 네덜란드에는 6만 5000명이 넘는 금리 생활자(rentier)가 있었고, 이들은 이런저런 채권 증서에 투자해 오래전부터 지속된 네덜란드 독립 전쟁에 자금을 대주었다. 네덜란드가 자기방어를 넘어 제국주의적 팽창을 꾀하자, 산더미 같은 빚도 높아만 갔다. 그 액수는 1632년 5000만 길더(guilder, 네덜란드의 화폐 단위 — 옮긴이)에서 1752년 2억 5000만 길더가 되었다. 반면 네덜란드 채권 수익률은 점차 떨어져서 1747년에는 2.5퍼센트에 머물렀다. 이는 네덜란드 공화국에 자본금이 풍부했을 뿐 아니라 투자자들이 국가 부도를 그다지 염려하지 않았다는 증

거였다.[12]

1688년에 네덜란드의 프로테스탄트교도인 오렌지 공(公)을 내세워 제임스 2세를 폐위한 명예혁명이 진행되면서, 여러 가지 새로운 제도가 암스테르담에서 영국 해협 너머 런던으로 전파되었다. 영국의 재정 시스템은 대륙의 군주제와 사뭇 달랐다. 왕실 소유 땅이 다른 어느 국가보다도 먼저 처분되었을 뿐만 아니라 스페인, 프랑스, 독일의 의회 권력이 약한 시기에도 영국 의회는 왕실 재정을 통제할 만큼 막강했다. 또한 공금 유용이 아닌 급료 지불을 토대로 직업적인 공직 개념이 뿌리내렸다. 명예혁명은 이러한 흐름을 확산시켰다. 이때부터 주기적인 채무 불이행은 더 이상 발생하지 않았다.(1672년 채무에 허덕이던 왕실이 '재정 중단 사태'를 일으켜 찰스 2세가 채무 지급을 중단했던 사건이 있었다. 이 일은 아직도 영국 투자자들 뇌리에 선명하게 남아 있다.) 특히 1717년 금 본위제를 택한 이후, 더 이상 주조 화폐의 가치가 떨어지지 않았다. 왕실 재정은 의회의 감시를 받았다. 더불어 스튜어트 왕조가 수년에 걸쳐 양산한 각종 채무를 정리하고자 꾸준히 노력했고, 이 같은 시도는 1749년 헨리 펠럼(Henry Pelham)이 통합 기금(Consolidated Fund)을 만들면서 정점에 달했다.*[13] 이러한 금융사는 주기적으로 채무 불이행을 겪던 프랑스와 대조적이었다. 프랑스에서 공직은 공무를 보는 자리가 아니라 돈을 버는 위치였다. 세금 징수는 민영화하거나 하청을 주었다. 정부 예산이 명확한 경우는 거의 없었다. 삼부회(프랑스의 신분제 의회) 소집은 중단됐다. 재무 장관은 돈을 모으려면 종신 연금인 랑트(rentes)와 톤틴(tontines)을 투자자에게 상당히 유리한 조건에 제시해야 했다.[14] 18세기 중반 무렵 런던 채권 시장은 번성했고, 이곳에서는 콘솔 공채가 압도적으로 많이 거래되었다. 이 채권들은 유동성이 높아(다른 말로, 팔기 쉬워) 외국인 투자자, 그중에서도 특

---

* 그 결과 '콘솔(consol)'이라는 이름이 영국 국채의 새로운 표준이 되었다.

히 네덜란드인에게 인기가 좋았다.[15] 반면 파리는 전혀 달랐다. 이곳은 중대한 정치적 사건 때문에 금융적 일탈 현상을 겪어야 했다.

영국의 콘솔은 여태껏 발행된 공채 중 가장 성공한 경우였다. 잠시 이 유명 공채를 살펴보고 가자. 18세기 후반 콘솔 공채는 두 종류였다. 바로 3퍼센트와 5퍼센트 쿠폰이었다. 쿠폰 이자율만 제외하면 둘은 확정 만기일이 없는 영구 채권이라는 점에서 동일했고, 시장 가격이 액면가이거나 그 이상일 경우에만 정부가 도로 매입하였다. 맞은편 사진은 전형적인 콘솔 공채로 투자액, 액면가, 투자자의 이름과 거래 날짜 등이 인쇄되거나 손 글씨로 적혀 있다.

1796년 1월 22일 애너 호위스 여사(Mrs. Anna Hawes)는 이 증서를 101파운드에 수취한다. 1785년 7월 6일에 통합된 이 채권은 원금 혹은 주식 자본 100파운드에 대해 연 5퍼센트 이자 혹은 배당을 약인(約因)한다. …… 잉글랜드 은행에서 양도 가능하다…….

100파운드짜리 콘솔을 101파운드를 주고 구입했으므로, 호위스 여사는 투자액에 대해 연 수익률 4.95퍼센트를 보장받았다. 사실 그다지 때를 잘 맞춘 투자는 아니었다. 그해 4월 코르시카 출신의 젊은 사령관 나폴레옹 보나파르트(Napoleon Bonaparte)가 이끈 프랑스 군대가 몬테노테에서 첫 승을 거두었기 때문이다. 이 여세를 몰아 그는 5월 로디 전투에서도 승전보를 울렸다. 이후 20년 동안 나폴레옹은 유럽의 평화는 물론이고 영국 제국의 안정과 금융 질서에 합스부르크 왕가나 부르봉 왕가보다도 더 위협적인 존재가 되었다. 그를 패퇴시키는 것은 또 다른 빚더미를 쌓는 일이었다. 게다가 빚더미가 높아질수록 콘솔의 유통 가격이 낮아져, 수익률이 30퍼센트까지 오

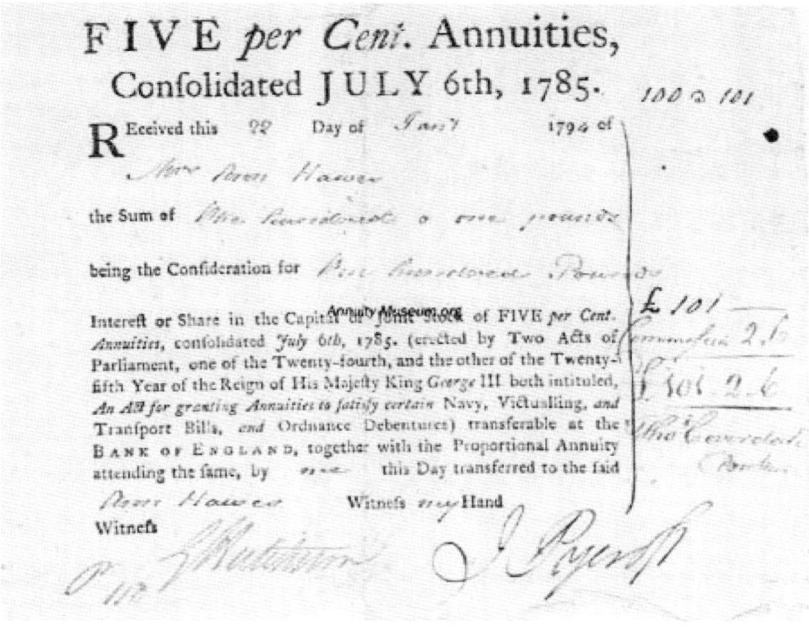

1796년 1월 애너 호위스가 구입한 5퍼센트 콘솔 공채.

를 정도였다.

　1796년 당시의 모든 호위스 여사들은 물론이고 그 누구도 혜성처럼 등장한 코르시카 출신의 왜소한 사내가 장차 유럽 대륙을 정복한 프랑스 황제가 되리라고 전혀 예상치 못했다. 게다가 거의 동시대에 이보다 훨씬 더 주목받은(그리고 오래도록 유지된) 사회적 이동이 있었다. 나폴레옹이 워털루 전투에서 패배하고 몇 년 지나지 않아, 프랑크푸르트의 음울한 유대인 집단 거주지에서 금융계의 나폴레옹이 등장했다. 사람들은 그를 일컬어 채권 시장계의 거두 혹은 유럽 정치계의 큰손이라고 했다. 그는 바로 네이선 메이어 로스차일드(Nathan Mayer Rothschild)였다.

금융계의 나폴레옹

어마어마한 자산가인 그는 자신이 전쟁과 평화의 중재자일 뿐 아니라, 한 나라의 신용도가 자신의 고갯짓 하나로 뒤바뀐다는 사실에 자부심을 느낀다. 도처에 그의 파견자들이 상주해 있다. 이들은 주권을 가진 군주보다, 그들의 밀사보다 한발 앞서 행동한다. 각국 장관들도 그의 돈에 놀아난다. 유럽 대륙 최고 권력자인 그는 영국에서도 통치하길 염원한다.[16]

이는 1828년 영국의 급진파 하원 의원 토머스 던스콤비(Thomas Dunscombe)가 한 말이다. 그가 언급한 인물은 바로 네이선 메이어 로스차일드로, 19세기 전반 세계 최대 은행의 런던 지점 설립자였다.[17] 로스차일드 가문은 채권 시장을 통해 부를 쌓았다. 유럽 전역에 대저택 41채를 지을 정도로 부유했는데, 그중 버킹엄셔에 있는 와데스던 매너(Waddesdon Manor)는 네이선 고손자의 아들인 로스차일드 4세가 그 휘황찬란한 영광을 재현한 곳이다. 로스차일드 4세는 자신의 저명한 선조를 이렇게 묘사했다. "작달막하고, 뚱뚱하며, 강박증이 있는 데다 매우 명민하고 집중력이 강했다. …… 그분은 선뜻 교제하고픈 인물은 결코 아니었다." 그의 사촌인 에블린 드 로스차일드(Evelyn de Rothschild)도 생각이 비슷했다. 그는 영국 스위던 레인 거리에 있는 로스차일드 사무실에서 네이선의 초상화를 응시하며 말했다. "대단한 야심가였다. 게다가 매우 단호했던 것으로 보인다. 허튼짓은 조금도 용인하지 않았을 것이다."

로스차일드 가문은 서신 교환을 왕성히 했으나, 네이선이 형제들에게 보낸 편지 중 현재까지 보존된 것은 비교적 적다. 그렇지만 그중 하나를 읽어 보면, 그가 어떤 인물이었는지가 선명히 드러난다. 다른 서신들과 마찬가지로 해독하기 어려운 유대 독일어(Judendeutsch, 독일어를 히브리어로 음역한 것)

로 쓴 이 편지는 이른바 유대인의 직업 윤리, 그리고 못미더운 형제들에 대한 그의 조급한 성미를 잘 보여 준다.

> 형님, 제 생각을 전하고자 의무감에 편지를 보냅니다. …… 형님이 보내신 편지는 아마 백 번은 족히 읽었을 겁니다. 형님도 능히 아시리라 봅니다. 전 보통 저녁 식사 후에는 일과가 없습니다. 독서도 안 하고, 카드놀이도 즐기지 않으며, 극장에도 가지 않습니다. 유일한 낙은 사업뿐이고, 그러다 보니 암셀 형님, 살로몬 형님 그리고 제임스나 칼이 보낸 편지를 읽게 됩니다. …… 칼이 보낸 편지(프랑크푸르트에 더 큰 저택을 구입한다는 내용)에 대해 말씀 드리면 …… 허튼소리 일색이더군요. 우리 사업이 번창하고 또 우리 집안이 부유한 한 다들 우리를 추켜세울 것이고, 또 이해관계가 없는 자들은 우리를 시샘할 테니까요. 우리 살로몬 형님은 너무 물러 터지고 귀가 얇아서, 아첨꾼이 접근해 온다 해도 모든 인간이 고매하다는 믿음을 버리지 못할 겁니다. 사실 사람은 누구나 사심이 가득한데 말이지요.[18]

형제들이 네이선을 '총사령관'이라고 부른 이유를 능히 짐작할 수 있다. "네가 보내는 글귀라고는 여기에 돈을 써라, 저기에 돈을 써라, 이걸 보내라, 저걸 보내라뿐이로구나." 1815년 살로몬은 지겹다는 듯 푸념하였다.[19] 그렇지만 프랑크푸르트 유덴가세(Judengasse) 출신의 무명인이 런던 채권 시장의 지배자로 등극한 배경에는 이렇듯 타고난 금융적 기질이 있었다. 하지만 금융 혁신은 다시 한번 전쟁으로 좌절되었다.

*

1815년 6월 18일 아침, 웰링턴 공작의 통솔 아래 영국, 네덜란드, 독일의 병력 6만 7000명이 워털루 벌판을 내려다보고 있었다. 브뤼셀에서 멀지 않은 이곳 맞은편에는 프랑스 황제 나폴레옹의 지휘 아래 비등한 수의 프랑스 병력이 대기 중이었다. 워털루 전투는 영국과 프랑스 사이에서 20년 넘게 간헐적으로 터진 갈등의 정점이었다. 그렇지만 이는 단순히 양측 군대가 치르는 전쟁이 아니었다. 각 금융 시스템의 대결장이기도 했다. 즉, 나폴레옹의 영향력 아래 약탈(정복지에서 거둔 세금)에 기반한 프랑스 금융과, 채무에 바탕을 둔 영국 금융 사이의 대결이었다.

전쟁 자금을 모으기 위해 역사상 가장 많은 채권이 발행되었다. 1793년부터 1815년까지 영국 국채는 3배 증가하여, 영국의 연간 산출액보다 2배가 넘는 7억 4500만 파운드를 기록했다. 그렇지만 채권 공급의 증가는 런던 시장에 엄청난 부담이었다. 1792년 2월 이후, 100파운드짜리 연리 3퍼센트 콘솔 공채 가격은 워털루 전투 직전 96파운드에서 60파운드 이하로 떨어졌고, 1797년 한때 50파운드 이하로 폭락하기도 했다. 이런 추세는 애너 호위스 여사들에게 악몽이었다.

로스차일드 가문에 관한 오랜 속설 중, 네이선이 워털루 전쟁 결과에 따라 움직이는 영구 채권 가격을 투기에 악용해 수백만 파운드를 치부했다는 이야기가 있다. 이에 따르면 워털루 전투를 직접 목격한 네이선은 공식 소식통이 웰링턴의 승전보를 런던에 알리기 전 위험을 무릅쓰고 영국 해협을 건너간다. 그러고는 채권 가격이 급등하기 전에 이를 사들여 적게는 2000만 파운드에서 많게는 1억 3500만 파운드까지 챙겼다는 내용이다. 이는 훗날 나치가 윤색한 일화였다. 1940년 요제프 괴벨스(Joseph Goebbels, 나치 정권의 선전 책임자—옮긴이)는 『디 로트실트(*Die Rothschilds*)』의 출판을 허락했는데, 이 책에서 간사스러운 네이선이 웰링턴 공작의 승리를 위해 프랑스 사령관을 매수했다는 대목이 나온다. 그런 다음 네이선이 런던에 고의로 역정보를 흘려 사람들이 미친 듯이 팔아 치우는 영국 채권을 헐값에 쓸어 갔다고 나온다. 그러나 실상은 정반대였다.[20] 로스차일드 가문은 웰링턴의 승리로 돈을 벌기는커녕 파산을 간신히 모면했다. 이들은 워털루 전투 덕분에 한몫 잡은 게 아니라 오히려 그러한 전쟁 와중에도 재산을 모은 인물들이었다.

별다른 성과 없이 여러 차례 중재가 오간 이후, 영국 부대는 1808년 8월부터 대륙에서 나폴레옹을 상대로 전투를 치렀다. 1808년, 훗날 웰링턴 공작 자리에 오른 중장(中將) 아서 웰즐리(Arthur Wellesley)는 바로 한 해 전에 프랑스의 침공을 받은 포르투갈로 파견 부대를 이끌고 들어갔다. 이후 6년 동안 이베리아 반도는 병력과 군수품 조달이 끊길 날이 없었다. 대중을 상대로 채권을 매각한 영국 정부는 상당한 현금을 끌어모았지만, 원거리에 있는 전쟁터에서 은행권은 무용지물이었다. 군대에 물자를 공급하고 영국의 대 프랑스 동맹군에게 전비를 지급하기 위해, 웰링턴은 보편적으로 통용되는 화폐가 필요했다. 결국 문제는 채권 시장에서 모은 자금을 금화로 바꾸고, 동시에 이를 필요한 곳에 보급하는 일이었다. 금화를 런던에서 리스본으로 보내는 일은 비용도 많이 들뿐더러 전시 상황에서 매우 위험했다. 그렇지만 포르투갈 상인들은 웰링턴이 제안한 환어음을 거부했으므로, 현금을 실어 나르는 일 말고는 대안이 없었다.

프랑크푸르트에서 꽤 성공한 골동품상이자 어음 중개업자를 부친으로 둔 네이션 로스차일드는, 영국에 발을 디딘 1799년 이후 10년이라는 세월 동안 영국 북부 신흥 산업 지대에서 구입한 직물을 독일에 실어 보내는 일을 하며 지냈다. 그는 런던에 계속 체류했지만 은행업에 손을 댄 시점은 1811년 이후였다. 그렇다면 어째서 영국 정부는 재정적으로 곤란한 시기에 그에게 도움을 청한 것이었을까? 그 답은, 나폴레옹이 영국을 고립시키기 위해 유럽 대륙에 봉쇄령을 내렸을 때, 이 틈을 뚫고 대륙으로 금 밀수를 해 본 경험자가 네이션 말고는 없기 때문이었다.(사실 이는 영국에서 금이 유출되면 영국의 전세가 약해진다고 단순하게 중상주의적으로 사고한 프랑스 당국의 묵인 때문에 가능했다.) 1814년 1월 재무 장관에게서 권한을 부여받은 병참 책임자 존 찰스 헤리스(John Charles Herries)는 "그 사람(네이선)을 고용해 비밀리에 독일, 프랑스, 네덜란드에서 프랑스 금화와 은화를 60만 파운드 미만으로 끌어모아, 앞으로 두 달 안에 조달하도록" 지시했다. 이렇게 모은 돈을 네덜란드의 헬레부츨라위스(Hellevoetsluis) 항구에 있는 영국 배로 운반한 다음, 프랑스로 통하는 피레네 산맥을 넘은 웰링턴에게 전달하였다. 이 막중한 임무는, 로스차일드 형제가 영국 해협 너머에 구축한 신용망과 막대한 규모의 금 수송 능력에 성패가 달려 있었다. 이들의 임무 수행 능력은 탁월했고, 웰링턴은 곧 '넉넉한 자금 공급'에 감사하다는 편지를 보내 왔다. 헤리스는 이렇게 표현했다. "이곳에서 로스차일드는 위임받은 여러 임무를 탄복할 만큼 제대로 수행하였다. 그는 유대인(!)이지만, 그에게는 상당히 믿음이 간다." 1814년 5월이 되자 네이선은 그가 애초에 지시받은 액수보다 두 배 많은 120만 파운드를 영국 정부에게 끌어다 주었다.

이렇게 막대한 양의 금을, 그것도 전쟁 막바지에 모으는 일은 두말할 나위 없이 위험했다. 그렇지만 로스차일드가 눈독 들인 대상은 위험을 감수한 것 이상의 막대한 수수료였다. 또 이들은 형제끼리 사전에 구축한 은행망이 있어서 이 일에 적임자이기도 했다. 런던에는 네이선이, 프랑크푸르트에는 암셀이, 파리에는 막내 제임스가, 암스테르담에는 칼이, 그리고 네이선이 필요하다고 본 장소라면 그 어디에든 살로몬이 있었다. 유럽으로 뻗어 나간 다섯 형제는 시장 간 서로 다른 가격과 환율 덕을 독점적으로 누렸는데, 이를 일컬어 차익 거래라고 한다. 이를테면 런던보다 파리에서 금 가격이 높을 경우 파리에 있는 제임스가 금을 팔아 환어음을 받은 뒤 이를 런던에 보내면, 런던에 있던 네이선이 이 환어음으로 더 많은 금을 구매했다. 헤리스를 대신해 이들 형제가 수행한 거래는 가격 격차를 유발할 만큼 규모가 상당해서, 사업의 이윤을 더욱 높여 주었다. 게다가 영국이 대륙 동맹국에게 지급한 상당량의 군사 원조금 일부도 로스차일드의 손을 거쳐 갔다. 1814년 6월 무렵 헤리스가 계산해 보니, 로스차일드 형제를 거친 지급액이 1260만 프랑에 달했다. 영국 수상 리버풀 경(Lord Liverpool)의 표현대로 "로스차일드는 매우 수완이 뛰어난 친구"가 되었다. 리버풀 경은 외무 장관 캐슬레이 경(Lord Castlereagh)에게 말했다. "그 친구가 없었다면 어찌 됐을지 암담하네……." 이쯤 되자 로스차일드 형제들은 네이선을 증권 거래의 귀재로 부르기 시작했다.

1814년 4월에 퇴위당한 나폴레옹은 이탈리아의 작은 섬 엘바(Elba)로 유배되었다. 그곳에서도 그는 작은 황제로 계속 군림했다. 그렇지만 그에게 엘바 섬은 너무 좁았다. 1815년 3월 1일, 유럽의 질서를 과거로 되돌리고자 소집한 비엔나 회의에서 군주와 장관들이 대경실색한 사건이 벌어졌다. 제국 부활이라는 야심을 품은 나폴레옹이 프랑스로 돌아온 것이었다. 위대한 군대의 노병들이 그의 군기(軍旗) 아래 모여들었다. 네이선 로스차일드도 이 '달갑지 않은 소식'에 대응하고자 재빨리 금 구입에 나섰다. 그리하여 다섯 형제는 손에 넣을 수 있는 모든 금괴와 금화를 사들인 뒤 헤리스가 웰링턴에게 전달할 수 있게 해 주었다. 로스차일드가 제공한 금화의 가치는 총 200만 파운드를 넘어섰다. 상자 884개와 커다란 포도주 통 55개를 가득 채운 양이었다. 동시에 네이선은 영국의 유럽 대륙 동맹에게 줄 군사 원조금 관리도 제안하여, 1815년 헤리스와 거래한 총액이 거의 980만 파운드 가까이 되었다. 이 모든 사업의 수수료가 2퍼센트에서 6퍼센트로, 나폴레옹의 귀환 덕분에 로스차일드 가문은 부를 만끽했다. 그렇지만 네이선이 과소평가한 위험 요소가 한 가지 있었다. 그는 상당량의 금을 맹렬하게 사 모으면서, 과거 나폴레옹이 일으킨 전쟁처럼 이번에도 장기전이 되리라고 전망했다. 이는 치명적인 오산이었다.

웰링턴은 워털루 전쟁을 "일생일대에 보기 드문 천신만고 끝에 이긴 전쟁"으로 칭한 것으로 유명하다. 하루 동안 가차 없는 공격과 반격, 격렬한 방어가 팽팽히 맞선 전투에서, 막판 등장한 프러시아의 군대는 결정적인 변수였다. 이 전쟁으로 웰링턴은 영광스러운 승리를 맛보았다. 그러나 로스차일드는 아니었다. 물론 발 빠른 밀사들의 움직임 덕분에 웰링턴의 공식 밀사인 헨리 퍼시(Henry Percy)가 내각에 소식을 전달하기 이틀 전에, 네이선 로스차일드의 귀에 이미 나폴레옹의 패전 소식이 들어왔다. 그렇지만 아무리 빠를지언정, 네이선의 입장에서 결코 달가운 소식이 아니었다. 그는 이렇게 빨리 결정적인 국면이 오리라고는 예상치 못했다. 이제 자신과 형제들은 아무도 거들떠보지 않는 현금 더미에 나앉은 꼴이었다. 이미 끝나 버린 전쟁에서 오갈 데 없는 자금들이었다. 평화 시기가 찾아오자 나폴레옹을 상대로 싸운 위대한 군대들이 흩어졌고, 동맹군도 해산하였다. 이는 곧 병사의 임금도, 영국의 전시 동맹군에게 지급할 군자금도 더 이상 필요 없다는 뜻이었다. 전쟁 기간 동안 치솟았던 금 가격은 뚝 떨어질 운명이었다. 네이선이 맞이한 현실은 속설처럼 상당한 이윤이 아니라 막대한 손실이었다.

그렇지만 탈출구가 없는 것은 아니었다. 로스차일드는 이 금덩이를 이용해 채권 시장에서 위험한 투기를 대규모로 감행하고자 했다. 1815년 7월 20일, 런던 《쿠리에(*Courier*)》 석간판은 네이선이 '상당량의 증권(stock)을 매입'했다고 보도했는데, 이는 다름 아닌 영국 국채를 뜻했다. 네이선은 영국이 워털루 전투에서 승리했으니 정부 차입이 감소하여, 영국 채권 가격이 치솟는다는 데 모험을 걸었다. 네이선은 국채를 더욱 사들였고, 때마침 콘솔채 가격이 오르기 시작하자 매입을 계속했다. 형제들이 팔아서 이윤을 남기라고 원성이었지만, 네이선은 1년 넘게 배짱을 부렸다. 결국 1817년이 끝나 갈 무렵 채권 가격이 40퍼센트 이상 오르자, 그제야 채권을 팔았다. 물가 상승률과 경제 성장을 감안해 스털링의 구매력을 따져 봤을 때, 당시 그가 번 이윤은 현재 가치로 6억 파운드(1조 원이 넘는 액수—옮긴이)에 이르렀다. 금융사에서 참으로 대담한 거래였다. 나폴레옹 패전이라는 사지(死地)에서 낚아 올린 금융의 쾌거였다. 승자의 입지는 패자와 확연히 구분되었다. 로스차일드의 강력한 라이벌인 베어링사의 한 경영자는 이런 말을 남겼다. "솔직히 말해 그들처럼 운영할 담력이 내겐 없다. 그들은 보통 치밀한 계획을 세워 명민하고 민첩하게 움직인다. 그렇지만 그가 돈을 번 것은 나폴레옹이 전쟁을 일으켰기 때문이다."[21] 오스트리아의 재상 메트르니히(Metternich)에게 로스차일드 가문은 진정한 금융계의 나폴레옹이었다.[22] 풍자적 색채가 없지 않지만, 이보다 더한 표현도 등장했다. 독일의 시인 하인리히 하이네(Heinrich Heine)는 1841년 3월 이렇게 단언했다. "돈은 우리 시대의 신이며, 로스차일드는 그 선지자다."[23]

*

지금까지도 놀라운 사실 하나는, 워털루 전쟁 이후 반세기가 지나는 동안에도 로스차일드 가문이 국제 금융에서 변함없이 위세를 떨쳤다는 점이다. 이는 당시 사람들에게 매우 보기 드문 사례였던지, 아주 신비스러운 전설로 포장되기도 했다. 1830년대부터 흘러나온 일설에 따르면, 로스차일드 가문이 부를 축적한 것은 신비로운 '히브리 부적'을 지녔기 때문이며, 이 부적 덕분에 로스차일드 런던 지점 설립자가 '유럽 화폐 시장의 리바이어던(leviathan)'이 되었다고 한다.[24] 비슷한 이야기들이 러시아의 유대인 정착 구역에서 1890년대까지 떠돌았다.[25] 그렇지만 앞서 살핀 대로, 나치들은 출세한 로스차일드 가문의 성공 비결을 증권 시장의 정보 조작과 여타 사기 행각들로 돌리고 싶어 했다. 이러한 속설은 현재에도 흘러 다닌다. 2007년 중국에서 발간한 송훙빙(宋鴻兵)의 베스트셀러 『화폐 전쟁(Currency Wars)』을 보면, 로스차일드가 연방 준비 제도에 영향력을 행사해 세계 통화 제도를 계

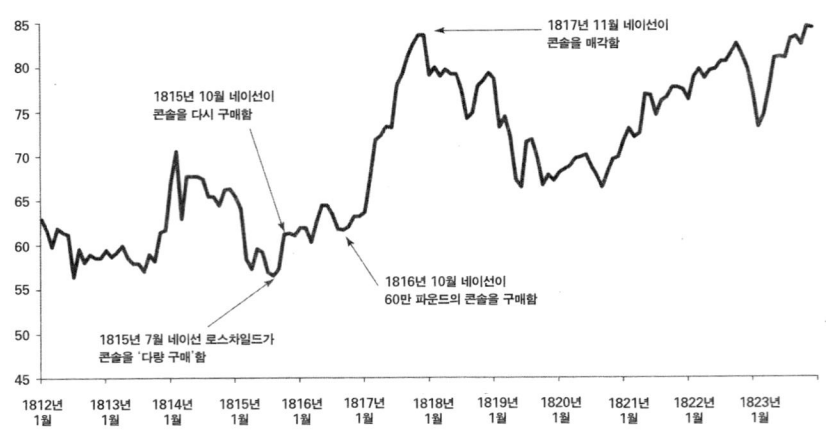

1812년~1822년 콘솔채(영국 영구 공채) 가격.

속 좌지우지했다는 대목이 나온다.[26]

아쉽게도 현실은 이런 이야기처럼 흥미롭지 못했다. 실상 로스차일드가 국제적인 런던 채권 시장에서 지배 세력으로 등극할 수 있던 것은 나폴레옹 전쟁 막바지에 다진 성공 덕분이었다. 이들의 수완은 가장 가까운 라이벌인 베어링사를 훨씬 압도한 자본금과 정보망이었다. 로스차일드 런던 지점은 1815년부터 1859년까지 모두 14종류의 국채(sovereign bonds)를 발행했는데, 그 액면가인 4300만 파운드는 런던의 모든 은행이 발행한 채권 총액의 절반을 넘었다.[27] 이들이 주로 거래한 것은 영국 국채였지만 프랑스, 프러시아, 러시아, 오스트리아, 나폴리, 브라질 채권도 판매하였다.[28] 게다가 1830년 이후에는 벨기에 정부의 채권 발행을 독점하다시피 했다. 보통 로스차일드는 신주 국채 발행분을 사들인 후 수수료를 받고 유럽 전역에 포진된 자신들의 브로커와 투자자들에게 이를 유포했다. 그런 다음 모든 구매자에게 분할 판매금을 다 받고 나서야 해당 정부에게 송금했다. 로스차일드가 국가 채무자에게 지급한 액수와 이들이 투자자에게 요구한 가격에는 보통 상당한 차이가 있었다.(채권 상장 이후 가격이 '급등'할 가능성도 있었다.) 물론 앞서 살펴본 대로 과거 제노바, 안트베르펜, 암스테르담 등지에서도 대규모의 국제 대출이 존재했다.[29] 그렇지만 1815년 이후 런던 채권 시장의 두드러진 특색은 로스차일드가 신규 차입자들에게 자국 화폐가 아닌 스털링화 표시 채권으로 발행할 것과, 런던 혹은 로스차일드 지점을 통해 이자를 지급할 것을 고집했다는 점이다. 이 새로운 기준안은 1818년 프로이센의 연리 5퍼센트 채권 공모 때 마련되었고, 그 결과(지난하고 우여곡절 많은 협상 끝에)* 런던뿐 아니라 프랑크푸르트, 베를린, 함부르크, 암스테르담에서도 이 채권을 발행하게 되었다.[30] 독일의 법률 전문가 요한 하인리히 벤더(Johann Heinrich Bender)는 자신의 책 『국채의 거래(On the Traffic in State Bonds)』(1825)에서 로스차일드가 이룬 가장 중요한 금융 개혁으로 이 사실을 꼽았다. "국채를 소지한 자는 누구나 …… 힘들이지 않고 본인 형편에 맞게 여러 지역에서 이자를 받을 수 있다."[31] 물론 로스차일드가 손댄 사업은 채권 발행만이 아니었다. 이들은 채권 거래, 통화 차익 거래, 금 거래, 민간 은행 운영뿐 아니라 보험, 광산, 철도 투자 등에도 손을 댔다. 그렇지만 이들이 가장 빼어난 기량을 발휘한 분야는 채권 시장이었다. 후발 경쟁자들과 달리 로스차일드는 오늘로 치

---

* 한번은 프로이센의 재무처 장관 크리스티안 로더(Christian Rother)가 차관 계약을 맺은 후 계약 조건을 변경하려 하자, 네이선이 펄쩍 뛰었다. "친애하는 장관님, 전 지금 신과 당신 국왕과 재무 장관 폰 로더를 걸고 제 소임을 다했으니, 베를린에 있는 제 자금이 모두 당신에게 갈 겁니다. …… 이제 당신의 의무를 다할 차례이니, 다른 일은 떠올리지 마시고 약속을 지키십시오. 제 자금을 인수하면서 확인하시겠지만 모든 사항은 우리끼리 합의한 상태 그대로 가야 하고, 이는 제가 바라는 바이기도 합니다. 도당 정치배들은 무기력할 뿐 돈과 힘과 권력을 가진 N.M.로스차일드와 적수가 안 됩니다. 그러니 프로이센의 왕과 우리 하르덴베르크 공 그리고 로더 장관께서는 로스차일드에게 만족감과 고마움을 느끼실 겁니다. 상당량의 자금을 보내드려 프로이센의 신용도를 높여드렸으니까요." 프랑크푸르트 게토에서 태어난 유대인 한 명이 프로이센의 공직자에게 이런 식으로 편지를 써 보낸 사실은, 네이선 로스차일드와 그 형제들이 일군 사회적 혁명을 여실히 보여 주었다.

면 소위 투자 등급 증권을 거래한다는 사실 하나만으로도 대단한 자부심을 보였다. 1820년대 이들이 발행한 채권 중 1829년까지 채무 불이행을 겪은 종류는 단 한 건도 없었다. 중간에 라틴 아메리카 채무 위기(여러 위기의 시발이었다.)가 터졌을 때도 이는 마찬가지였다.

성공은 더 큰 부를 몰고 왔다. 1836년 네이선이 사망했을 때, 그의 개인 재산은 영국 국민 소득의 0.62퍼센트를 차지했다. 1818년부터 1852년 사이에, 로스차일드의 다섯 지점(프랑크푸르트, 런던, 나폴리, 파리, 비엔나)의 총자본금은 180만 파운드에서 950만 파운드로 뛰어올랐다. 이미 1825년에 이들의 총 자본금은 베어링 브라더스(Baring Brothers)와 프랑스 중앙은행(Banque de France) 자본금보다 9배 많았다. 1899년에는 이 액수가 4100만 파운드로 늘어나, 독일의 5대 합자 은행 자본금을 모두 합친 액수보다도 많았다. 점차 이 기업은 대가족을 거느린 경영자들의 부를 관리하는 자산 운용 기관이 되었다. 세대를 거치면서 가족 구성원이 불어나자, 로스차일드가는 가문의 통합을 위해 다섯 지점 간 계약을 주기적으로 변경하고, 사촌끼리 혹은 삼촌과 조카끼리 근친혼을 맺었다. 네이선의 부친 메이어 암셀 로스차일드의 후손들이 1824년부터 1877년까지 맺은 혼인 중 직계 후손끼리 이뤄진 경우는 자그마치 15건이었다. 게다가 다른 유대 가문들이 종교를 버리거나 다른 종교 가문과 관계를 맺던 시기에도 로스차일드가는 '코카서스(유대계)의 고귀한 가문'으로서의 정체성과 목적의식을 통해 유대교 신앙심을 드높였다.

메이어 암셀은 나이가 들어서도 다섯 아들에게 거듭 충고했다. "사랑받지 못하겠거든, 두려운 존재가 되어라." 19세기 중반 채권 시장의 큰손으로 등장한 이들은 이미 사랑보다 두려움의 대상이었다. 보수 세력은 유럽 귀족 엘리트의 부동산보다 수익과 유동성이 높은 새로운 부의 등장을 애석해했다. 하인리히 하이네가 간파했듯이 로스차일드가가 창출한 금융 시스템은 매우 혁명적이었다.

종이로 된 유가 증권 시스템 덕분에 …… 인간은 어디든 원하는 지역에 거주할 자유를 얻었다. 채권 이자와 유동성 높은 자산 덕에 일하지 않고도 어디서나 살게 된 이들은 서로 한데 뭉치더니 주요 도시의 실세로 성장하였다. 이렇게 서로 다양한 에너지가 결탁하고, 식자층과 사회 권위자들이 하나로 뭉칠 때 어떤 일이 벌어질지 우리는 익히 알고 있다.

하이네의 눈에 이제 로스차일드는 리슐리외(Richelieu)와 로베스피에르(Robespierre)에 이어 '구세대 귀족 정치를 소멸시킬 세 번째 혁명의 대명사'였다. 리슐리외는 귀족의 권력을 내리눌렀다. 로베스피에르는 구시대 유물의 목을 베었다. 이제 로스차일드는 유럽에 새로운 사회 엘리트를 양산 중이었다. 그 방식은 이러했다.

국채 시스템을 최고 권력으로 끌어올리고 …… 화폐에 과거 토지가 지녔던 특권을 부여했다. 그는 분명 새로운 형태의 귀족 정치를 탄생시켰다. 그렇지만 이는 가장 믿을 수 없는 요소인 돈에 기반한 것이다. …… 돈은 물보다 유동적이고 대기보다 불안정하기 때문이다. ……[32]

한편 좌파 진영의 급진주의자들은 정부 재정, 나아가 대부분의 정책에 거부권을 행사함으로써 정치 영역에 등장한 새로운 권력에 불만을 표시했다. 오스트리아, 프러시아, 러시아에서 로스차일드 채권 발행에 성공한 이후 네이선은 유럽을 자유주의적 정치라는 화염에서 보호해 주는 '허울뿐인 동맹(Hollow Alliance)'의 보험 브로커로 풍자되었다.[33] 1821년 네이선은 '외세와 유착하고, 특히 유럽의 자유에 반하는 오스트리아 정부에 찬동하여 이들을 원조했다'는 이유로 목숨의 위협을 받기도 했다.[34] 자유주의 역사가 쥘 미슐레(Jules Michelet)는 1842년에 이런 기고문을 남겼다. "로스차일드는 유럽의 왕족 한 명 한 명과, 각지의 증권 거래소 하나하나를 모두 꿰고 있다. 그의 머릿속에는 증권 거래소 계좌와 각 왕실 계좌 등 온갖 기록이 다 들어 있다. 그는 문서를 뒤적이지 않고도 사람들에게 말한다. 가령 '그 장관을 임명하시면 적자로 돌아서겠군요.' 이런 식이다."[35] 충분히 예상됐던 일이지만, 로스차일드가 유대인이라는 사실 또한 반유대주의라는 뿌리 깊은 편견을 부추겼다. 로스차일드가가 1830년대에 미국 무대에 등장하자, 미시시피 주지사는 이들을 향해 "유다와 샤일록의 피가 흐르는 로스차일드 남작은 …… 두 선조의 기질이 한데 뭉친 인물이다."라고 비방했다. 훗날 같은 세기에 대중 추수주의적 작가 윌리엄 '코인' 하비(William 'Coin' Harvey)는 로스차일드 은행을, 전 세계를 향해 발을 뻗은 거대한 흑문어로 묘사했다.[36]

그렇지만 사람들이 가장 분노한 점은 전쟁을 제멋대로 좌지우지하는 듯한 로스차일드의 수완이었다. 일찍이 1828년에 독일의 귀족 퓌클러-무스카우(Pückler-Muskau)는 말했다. "로스차일드 없이는 현재 유럽의 어떤 세력도 전쟁을 일으키지 못한다."[37] 또 20세기 초 어느 평론가*는 다음과 같은 예리한 질문을 던졌다.

만약 로스차일드 가문과 그 유착 세력이 전쟁에 반대할 경우, 이를 무시한

---

* 그는 바로 『제국주의론(Imperialism: A Study)』(1902)을 쓴 홉슨(J. A. Hobson)이다. 지금도 제국주의론에 대한 초기 자유주의 비평가로 유명하지만, 홉슨 역시 금융에 대해 반유대주의적 적대감을 분명히 드러냈다. "상당량의 채권과 주식을 취급하고 회사 어음을 유통하며 오르내리는 주식 가치를 조작하면서, 증권 거래소의 거물들은 이득을 얻는다. 은행업, 중개업, 어음 할인업, 대출업, 회사 홍보업(company promoting) 등 이 위대한 사업들이 국제 자본주의의 중추를 형성한다. 이 분야는 매우 막강한 채권과 한 몸이며, 각 업무가 언제나 서로 빠르고 긴밀하게 연락을 주고받고, 모든 국가의 비즈니스의 중심에 자리한다. 유럽의 경우 수세기 동안 금융 경력을 쌓은 별난 인종 하나가 주로 이 분야를 좌우한다. 이 사업은 나라의 정책마저 통제하는 독특한 위치에 올랐다."

채 대규모 전쟁을 치를 만한 유럽 국가 혹은 대출받은 강대국이 과연 있을 것인가?[38]

로스차일드는 실제 전쟁을 원했을지도 모른다. 어쨌거나 네이선 로스차일드는 전쟁 덕분에 전무후무한 거래를 할 수 있었기 때문이다. 전쟁이 아니었다면 19세기 국가들에게 채권도 필요치 않았을 것이다. 그렇지만 앞서 살펴봤듯이 16세기 베니스의 경우처럼, 전쟁은 채무국이 패전하거나 영토를 잃을 경우 이자 지급을 못할 위험을 높이므로 기존의 채권 가격에 타격을 주기 마련이었다. 19세기 중반 무렵이 되자 로스차일드는 트레이더에서 펀드 매니저로 변모해, 자신들의 막대한 정부 채권 포트폴리오 관리에 신중을 기울였다. 이제는 전쟁을 통한 득보다는 실이 많아졌기 때문이다. 이런 이유로 로스차일드는 국가 통일을 이루려는 이탈리아와 독일의 노력에 시종일관 적대적이었다. 또 이 때문에 미국이 파멸적인 전쟁으로 치닫는 상황을 초조하게 바라보았다. 과거 로스차일드는 영국의 배후에서 금융적 영향력을 행사하며 나폴레옹 전쟁의 결과를 좌지우지했다. 이제 이들은 미국의 남북 전쟁에도 영향력을 끼치고 싶어 했다. 그러나 이번에는 전과 다른 방식이었다. 바로 방관자적 태도를 통해서였다.

남부 주의 몰락

1863년 5월, 미국이 남북 전쟁에 돌입한 지도 2년이 흘렀다. 미시시피 주 주도(州都)인 잭슨을 점령한 율리시스 그랜트(Ulysses S. Grant) 소장은, 존 펨버튼(John C. Pemberton) 중장이 이끄는 남부 동맹군을 압박해 서쪽에 있는 미시시피 강변 빅스버그(Vicksburg)로 퇴각시켰다. 후방에서 포함(砲艦)의 폭격을 받은 펨버튼 군대는 북부 연방군의 맹공을 두 차례나 격퇴하였지만, 포위 공격을 당하자 굶주림에 지쳐 굴복할 수밖에 없었다. 7월 4일 독립 기념일에 펨버튼은 항복을 선언했다. 이때부터 북군은 미시시피를 확고하게 장악하였다. 반면 남부 동맹군은 그야말로 둘로 쪼개지고 말았다.

보통 이 빅스버그 함락을 남북 전쟁의 중대한 전환점이라고 여긴다. 그렇지만 금융사적으로 볼 때는 그리 결정적 사건이 아니었다. 핵심 사건은 바로 1년 전 빅스버그에서 320킬로미터 떨어진 곳, 미시시피 강과 멕시코 만이 합류하는 지점에서 일어났다. 1862년 4월 29일 사령관 데이비드 패러거트(David Farragut)는 뉴올리언스를 장악하고자 잭슨 요새와 세인트 필립 요새에서 총포를 쏘아 올렸다. 빅스버그 포위 공격만큼 유혈이 낭자하거나 전투 기간이 길지 않았는데도, 이로 인해 남부 주는 막대한 피해를 입었다.

남부 동맹의 조달 자금은 미국 역사상 엄청난 규모를 기록했다.[39] 결국 군사적으로 볼 때 남부 주의 눈물겨운 노력을 무너뜨린 것은 산업 역량이나 노동 인력만큼 부족했던 현금이었다. 전쟁 초반, 중앙 집중식 세금 제도가 없었던 남부 동맹은 독립된 재무처를 통해 시민에게 채권을 팔아 각각 1500만 달러와 1억 달러라는 거액 대출 형태로 군비를 마련하였다. 그렇지만 남부는 자급형 농장과 소규모 마을이 많아서 유동 자산이 제한적이었다. 훗날 알려지기로는, 남부 동맹이 상황을 타개하고자 로스차일드에게 도움을 요청했다고 한다. 워털루 전쟁 때 웰링턴이 세계 최대의 금융 명가 덕분에 나폴레옹을 격파했던 것처럼 자신들도 이들의 도움을 빌어 북부를 패배시키겠다는 기대감 때문이었다.

이는 아주 현실성 없는 계획은 아니었다. 뉴욕에 있던 로스차일드의 대리인 오귀스트 벨몬트(August Belmont)는 남북 전쟁에 빠져드는 미국의 상황을 기겁한 채 바라보고 있었다. 민주당 전국 의장이었던 그는 1860년 대선에서 에이브러햄 링컨(Abraham Lincoln)의 맞수였던 스티븐 더글러스(Stephen

A. Douglas)의 주요 지지자였다. 벨몬트는 링컨을 향해 "사유 재산을 몰수하고 노예를 강제 해방시키는 치명적 정책"을 실시한다며 비난의 목소리를 높이기도 했다.[40] 제임스의 삼남인 살로몬 로스차일드도 남북 전쟁이 시작되기 전 편지를 통해 남부 주를 지지한다는 의견을 피력했다.[41] 일부 북부 평론가들도 로스차일드가 남부를 지원한다고 단정 지었다. 1864년 《시카고 트리뷴》은 "벨몬트, 로스차일드 가문, 그리고 유대인 모두가 …… 남부 동맹 채권을 사 모으고 있다."라며 비난을 퍼부었다. 어느 링컨 지지자는 "유대인, 제프 데이비스(Jeff Davis, 남부 동맹 의장)와 악의 무리들"이 북부 연방에 대적하는 사악한 삼위일체라며 비방했다.[42] 벨몬트는 1863년 런던을 방문한 자리에서 라이어넬 로스차일드(Lionel de Rothschild, 네이선의 아들—옮긴이)에게 "조만간 북부는 정복될 것"이라며 직접 의견을 피력했다.(이는 남부 동맹 국무 장관으로 영국을 남부의 대의명분에 끌어들여야 했던 주다 벤저민(Judah Benjamin)이 유대인 아니냐는 의혹을 크게 증폭시켰다.)

그렇지만 사실상 로스차일드는 남부를 지원하지 않았다. 그 이유는 무엇일까? 로스차일드가 노예제를 혐오했기 때문일 수도 있다. 그렇지만 이에 못지않게 중요한 사실은 남부 동맹의 신용도가 높지 않았다는 점이었다.(남부 동맹 의장 제퍼슨 데이비스는 상원 의원 시절, 주 채무의 지불 거부를 공공연하게 옹호한 사람이었다.) 이러한 불신은 유럽에도 널리 퍼져 있었다. 그래서 남부 동맹이 유럽 시장에서 종래의 채권을 팔려고 해도, 투자자들은 그다지 호응하지 않았다. 그렇지만 남부인에게는 한 가지 묘책이 있었다. 바로 남부 동맹 경제의 핵심이자 남부 최대의 수출품인 면화였다. 이들은 남부의 면화 작물을 수출 소득뿐 아니라 담보물로 이용해 신종 면화 보증 채권(cotton-backed bond)을 발행한다는 묘안을 짜냈다. 이름도 없던 프랑스의 에밀 에를랑제(Emile Erlanger) 은행은 면화를 담보로 남부 동맹 채권을 발행하기 시작했고, 런던과 암스테르담의 반응도 긍정적이었다. 7퍼센트 쿠폰에 20년 만기였던 이 스털링 채권은 면화 1파운드당 전쟁 전 가격인 6펜스와 맞바꿀 수 있다는 점이 무엇보다 매력적이었다. 남부 동맹의 군사력이 밀리는 상황에서도 투자자들이 이 채권을 계속 보유한 이유는 단 하나, 채권 담보물인 면화 가격이 전시 수요 증가로 계속 오름세였기 때문이다. 실제로 채권 가격은 남부 동맹이 게티즈버그와 빅스버그에서 패배한 상황에서도 1863년 12월부터 1864년 9월 사이에 2배로 뛰었는데, 이 역시 면화 가격이 치솟은 덕분이었다.[43] 게다가 남부는 면화 공급을 제한해 가격을 한층 높일 수 있는 유리한 입지에 있었다.

1860년 리버풀 항구는 빅토리아 시대 산업 경제의 대들보였던 영국의 섬유 산업에서 수입 면화의 핵심 공급처였다. 수입 면화 중 80퍼센트 이상이 미국 남부에서 흘러들어 왔다. 남부 동맹 지도자들은 이를 이용해 영국을 자기편으로 끌어들일 수 있다고 판단했다. 그래서 이들은 리버풀로 가는 모든 면화에 수출 금지령을 내려 압박을 가하기 시작했다. 그 여파는 상당했다. 면화 가격이 1파운드 당 6.25다임에서 27.25다임으로 폭등했다. 서부에서 들어오는 수입량도 1860년 260만 포대에서 1862년 7만 2000포대로 대폭 줄어들었다. 영국 맨체스터 남부 스티얼(Styal)에 있는 방적 공장은 보통 400명을 고용했지만, 랭커셔 전체로 보면 이 면업 왕국의 고용 인구는 30만 명에 달했다. 결국 면화가 없자 노동자들은 그야말로 할 일이 없어졌다. 1862년 말 무렵 노동자 절반 정도가 해고되었고, 랭커셔 인구 중 25퍼센트가 빈민 구제 대상자였다.[44] 사람들은 이를 면화 기근이라 불렀다. 그렇지만 이는 인재(人災)였다. 이 인재를 낳은 장본인들은 목적을 달성한 듯 보였다. 수출 금지로 잉글랜드 북부에 실업과 기아, 폭동을 초래했다. 게다가 면화 부족으로 면화 가격뿐 아니라 남부 주의 면화 공채 가치도 상승하여, 면화 공채는 영국의 핵심적인 정치 엘리트에게 상당히 매력적인 투자 상품이 되었다. 훗날 수상이 된 윌리엄 글래드스턴(William Gladstone)도 일부를 샀고, 《타임스》

의 편집장 존 딜레인(John Delane)도 여기에 투자했다.[45]

그렇지만 남부 주가 채권 시장을 조종하려면 결정적인 조건 한 가지가 있어야 했다. 남부 동맹이 이자를 지급하지 못할 경우 채권의 버팀목인 면화를 실제 손에 넣을 수 있어야 했다. 담보물은 채권자의 손에 들어와야만 의미가 있기 때문이었다. 이런 이유로 1862년 4월 뉴올리언스 함락은 미국 남북 전쟁에서 실질적인 전환점이었다. 남부의 주요 항구가 북부 연방의 손아귀에 들어가면서, 투자자들은 남부 면화를 손에 넣으려면 북부 연방 해군의 봉쇄를 한 번도 아니고, 들어오고 나가면서 두 번이나 뚫어야 했다. 북부 연방이 미시시피 인근에서 보여 준 막강한 군사력을 고려할 때, 이는 현실성 없는 일이었다.

남부 동맹이 뉴올리언스를 지켜 내고 수확한 목화를 유럽에 처분했더라면, 이들은 런던에서 목화 공채를 300만 파운드 이상 팔 수 있었을 것이고, 위험 기피적인 로스차일드도 중립적인 태도에서 벗어났을지 모른다. 그러나 현실은 그렇지 못했다. 로스차일드는 에를랑제 공채를 "본질상 매우 투기적이므로, 미쳐 날뛰는 투기꾼들을 모조리 끌어 모을 것이다. …… 우리는 존경스러운 인물 중 그 누구도 이 채권과 연관 있다는 얘기를 들어 보지 못했다."라며 무시했다.[46] 남부 동맹은 자신의 역량을 과신했다. 그래서 면화 수도꼭지(cotton tap)를 잠갔다가 다시 틀어 놓는 방법을 잊어버리고 말았다. 1863년 무렵 랭커셔 방적 공장은 중국, 이집트, 인도에서 새로운 면화 공급처를 찾아냈다. 그러자 투자자들은 남부 동맹의 면화 공채에 대한 신뢰를 순식간에 접어 버렸다. 그 결과 남부 동맹 경제는 파국을 맞이했다.

냉담한 국내 채권 시장, 그리고 얼마 안 되는 두 건의 차관과 마주한 남부 동맹은 전비와 기타 비용을 마련하기 위해 총 170억 달러에 달하는 불환지폐를 찍어 내야 했다. 사실 전쟁 때문에 양측 모두 화폐를 찍어야 했지만 북부 연방의 '그린백(greenback)'은 금 대비 50센트의 가치를 유지한 반면,

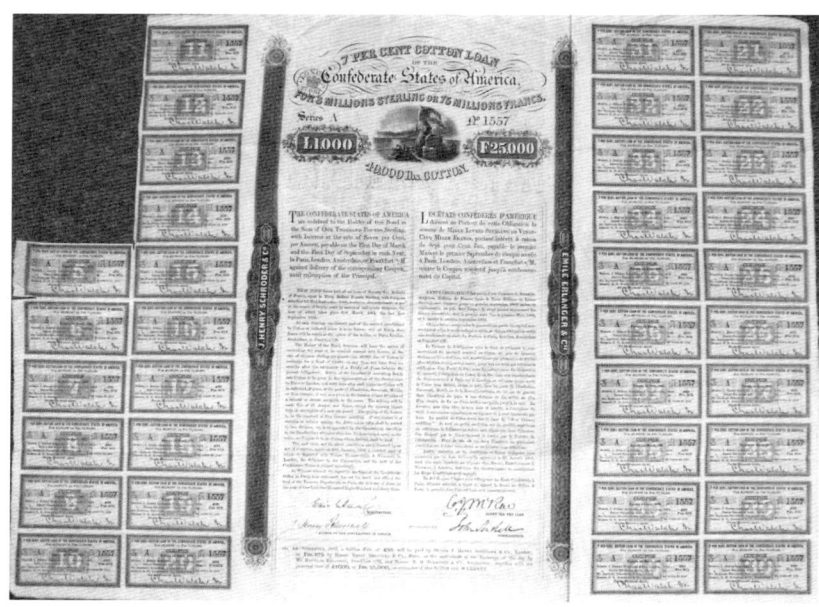

남부 동맹이 발행한 면화 보증 채권.

남부 동맹의 '그레이백(greyback)'은 1864년의 화폐 개혁이 무색할 정도로 그 가치가 1센트 정도에 불과했다.[47] 남부의 각 주와 지방 자치 단체에서 돈을 찍어 내자 사태는 더욱 심각해졌다. 화폐 위조도 횡행했는데, 남부 동맹의 지폐가 조잡하고 모조하기가 쉬웠기 때문이다. 갈수록 상품에 비해 지폐량이 증가하면서 인플레이션이 폭발하였다. 남북 전쟁 기간 동안 남부의 물가는 4000퍼센트 올랐다.[48] 반면 북부의 물가는 60퍼센트 상승에 그쳤다. 남부 동맹의 주요 군대가 항복하기 훨씬 이전인 1865년 4월부터 남부 경제는 초인플레이션으로 서서히 무너지면서, 명백한 패배 조짐을 드러냈다.

로스차일드의 판단이 옳았다. 남부 동맹에 투자한 이들은 빈털터리가 되고 말았는데, 승리한 북부에서 남부의 채무를 이행하지 않겠다고 입장을 분명히 했기 때문이다. 결국 남부 입장에서는 전쟁 비용 수습을 위해 돈을 찍는 방법 말고는 대안이 없었다. 역사상 채권 시장을 이용했다가 터무니없는 인플레이션과 군사적 굴욕만 겪고 끝난 사례는 남부 동맹 이후로도 여러 차례 등장했다.

금리 생활자의 안락사

남부 동맹 공채처럼 채권으로 무일푼이 된 사례는 19세기에 심심찮게 있었다. 남부 동맹 말고도 채권 소지자를 실망시킨 나라들이 있었다. 남부 주들은 다만 최북단 지역에서 채무를 불이행한 경우에 속했다. 리오그란데 강 남쪽 지역에서는 채무 불이행과 통화 가치 하락이 빈번하게 발생했다. 19세기 라틴 아메리카의 이런 경험은 여러 면에서 20세기 중반에 일반화된 문제의 전조였다. 일단 채권 투자를 할 만한 사회 계급, 즉 건전 통화(sound money, 가치나 통용력이 안정적인 화폐 — 옮긴이)로 이뤄지는 신속한 이자 지급에 관심 있는 자들이 그 어느 지역보다 취약해졌다. 또한 채권 보유자 상당수가 외국인일 경우 채무 불이행이 상대적으로 손쉽다는 사실을 라틴 아메리카 공화국들은 깨닫게 되었다. 일찍이 1826년부터 1829년 사이에 라틴 아메리카에 대규모 채무 위기가 처음으로 발생했을 때 페루, 콜롬비아, 칠레, 멕시코, 과테말라, 아르헨티나 모두가 불과 몇 년 전 런던에서 발행한 공채에 대해 상환 불능을 선언한 것은 단지 우연이 아니었다.[49]

여러 가지 점에서 채권 시장은 영향력이 컸다. 19세기 후반에 채무 불이행을 선언한 국가들은 경제적 제재나 외세의 재정 통치라는 위험 부담을 안아야 했고, 심지어 무력 개입이 발생한 경우도 최소 다섯 건에 이르렀다.[50] 믿기 어렵겠지만 1882년 글래드스턴은 이집트 정부가 자신을 비롯해 유럽의 채권 보유자에게 그 의무를 어길 조짐을 보이자, 이집트 침공을 명하였

루이지애나 주의 남부 동맹 5달러짜리 지폐.

다. '신흥 시장'을 영국 제국 아래 포섭하면, 투자자들이 우려하던 정치적 위험을 확실하게 없앨 수 있었던 것이다.[51] 제국에 속하지 않은 국가들도 채무를 이행하지 않을 경우 1902년 베네수엘라처럼 포함의 방문을 받아야 했다. 당시 베네수엘라는 영국, 독일, 이탈리아가 보낸 합동 해군 원정대 때문에 항구가 봉쇄됐다. 미국은 채권 소유자의 이해를 보호하기 위해 중앙아메리카와 카리브 해에서 두드러진 활약을 보였다.(실제 효과도 있었다.)[52]

그렇지만 채권 시장은 한 가지 중요한 점에서 취약했다. 19세기를 통틀어 세계 최대 국제 금융 시장이었던 런던 시티 투자자들은 그 부유함을 자랑했지만 다수는 아니었다. 19세기 초 25만 명에 못 미친 영국의 채권자는 전체 인구의 2퍼센트 정도였다. 그러나 이들의 자산은 영국 전체 국민 소득의 2배 이상이었다. 또 채권자들의 수입은 국민 소득의 7퍼센트였다. 1822년 이들의 소득(국가 부채에 대한 이자)은 전체 공공 지출의 절반에 달한 반면, 세수입의 3분의 2 이상은 간접세로 소비품이 그 세원이었다. 1870년에도 그 비중은 각각 3분의 1과 절반 이상이었다. 필수품에 세금을 부과하고 그 대부분을 극소수에게 이자로 지급하는 경우만큼 역행적인 재정 제도도 찾기 힘들었다. 이런 이유로 윌리엄 코벳(William Cobbett) 같은 급진주의자들은 분노에 치를 떨었다. 코벳은 그의 책 『농가 여행(Rural Rides)』(1830)에서 "국가 부채, 온갖 형태의 조세, 그리고 이와 관련된 투기 모두 …… 부를 한데 모아 소수를 이롭게 하는 경향이 있다."53)라고 잘라 말했다. 그는 또 정치 개혁을 하지 않으면, 결국 경제 전반이 "자금을 빌려 준 소수의 손아귀"에서 놀아나게 되며 "이 괴물 같은 제도, 채권 투자자, 주식 투기자, 유대인, 세금 먹는 족속들을 부양하게 될 것"이라고 경고했다.54)

이러한 격한 발언도 프랑스어로 랑티에(rentiers, 금리 생활자), 즉 프랑스의 랑트(rente) 같은 국채 이자로 살아가는 계급의 입지를 흔들지 못했다. 오히려 1830년 이후 10년이라는 기간은 유럽 랑티에의 전성기였다. 채무가 미지급되는 경우가 갈수록 줄어들었다. 금 본위제 덕분에 화폐는 점차 믿음직한 대상이 되었다.55) 선거권이 전반적으로 확산됐어도, 랑티에의 승리는 두드러졌다. 사실 저축 은행의 성장(때로 이들은 정부 채권을 주요 자산으로 보유해야 할 의무가 있었다.)으로 새로운 사회 세력 역시 채권 시장에 간접적으로 노출되어 동일한 이해관계를 갖게 되었다. 그렇지만 진정한 랑티에들은 로스차일드와 베어링, 글래드스턴 같은 엘리트 계층으로 사회, 정치, 그리고 무엇보다도 경제 면에서 한데 얽힌 사람들이었다. 이들의 지배를 멈추게 한 힘은 민주주의나 사회주의의 득세가 아니었다. 유럽 엘리트 본인들이 자초한 재정적, 화폐적 재앙이었다. 이 대재앙은 다름 아닌 1차 세계 대전이었다.

미국의 경제학자 밀턴 프리드먼(Milton Friedman)은 '인플레이션'에 대해 유명한 정의를 내렸다. "인플레이션은 언제 어디서나 화폐적 현상으로, 통화량을 산출량보다 더욱 빠르게 증가시키지 않는다면 결코 발생하지 않는다." 이는 1차 세계 대전 당시와 전후에, 참전국이 겪던 경제적 상황을 명쾌하게 설명했다. 높은 인플레이션은 본질적으로 다섯 단계를 거쳤다.

1. 전쟁으로 상품이 부족해진다.
2. 정부가 중앙은행에서 단기 차입을 한다.
3. 이 부채는 사실상 현금으로 전환되어, 통화 공급량이 늘어난다.
4. 이로 인해 대중들의 인플레이션 기대 심리에 변화가 생겨 현금 잔고(cash balances)에 대한 수요가 감소한다.
5. 그 결과 상품 가격이 상승한다.*

그렇지만 순수 통화 이론은 특정 국가가 다른 나라보다 훨씬 심각하고 급속한 인플레이션이 발생하는 이유를 설명하지 못하는 한계가 있다. 각 국가마다 인플레이션의 귀결이 서로 다른 이유도 설명하지 못한다. 1914년에서 1918년 사이 주요 참전국의 공공 지출 총계를 살펴보면, 영국은 독일보다 지출이 많았고 프랑스는 러시아보다 훨씬 많았다. 달러로 환산했을 때 1914년 4월부터 1918년 3월까지 영국, 프랑스, 미국은 독일보다 공채가 훨씬 많이 증가했다.56) 사실 1913년부터 1918년까지 유통 은행권은 영국(708퍼센트)이나 프랑스(386퍼센트)보다 독일에서 훨씬 더 증가했지만(1040퍼센트), 불가리아와 루마니아의 경우에도 그 수치가 각각 1116퍼센트와 961퍼센트에 이르렀다.57) 1918년 도매 물가는 1913년과 비교해 볼 때 독일보다 이탈리아, 프랑스, 영국에서 훨씬 더 상승했다. 1918년 베를린의 소비자 물가 지수는 전쟁 전보다 2.3배 높았다. 그렇지만 런던의 경우에도 2.1배로 크게 다르지 않았다.58) 그렇다면 1차 세계 대전 이후 왜 독일은 초인플레이션에 빠져들었을까? 어째서 마르크화는 무가치할 정도로 폭락하였을까? 그 답은 전시 채권 시장과 전후 금융의 역할에 있었다.

---

* 경제학 용어로 이 관계는 MV=PQ로 간단히 표기한다. M은 유통 화폐량이고, V는 화폐 유통 속도이며(거래 매개 횟수), P는 가격 수준, Q는 총 거래의 실질 가치이다.

모든 참전국들은 전쟁 동안 꾸준히 전쟁 채권을 매각하면서, 국채를 전혀 사 본 적도 없는 수천 명의 소규모 저축자에게 국채 구입이야말로 애국적 행위라고 설득하였다. 그렇지만 영국, 프랑스, 이탈리아, 러시아와 달리 독일은 전쟁 기간 동안 국제 채권 시장에 접근할 수 없었다.(초기 뉴욕 채권 시장에 활력을 불어넣었던 독일은 이후 접근을 차단당했다.) 연합국은 미국이나 자본이 풍부한 영국 제국을 통해 채권 판매가 가능했지만, 동맹국(독일, 오스트리아-헝가리, 터키)은 자체적으로 해결해야 했다. 베를린과 비엔나는 주요 금융 거점이었으나 런던이나 파리, 뉴욕만큼 활발하지 못했다. 게다가 독일과 동맹국들은 국내 투자자들이 채권에 영 반응을 보이지 않는 통에 채권 판매에 더욱 고전하였다. 그리하여 독일과 오스트리아 당국은 매우 이른 시기부터 중앙은행을 통해 영국보다 훨씬 많은 액수의 단기 융자를 받아야 했다. 중앙은행이 쥐고 있던 재무부 증권의 증가는 곧 인플레이션이 일어날 조짐이었다. 대중을 상대로 한 채권 판매와 다르게 채권을 맡기고 은행권을 가져가면서 통화 공급이 증가되었기 때문이다. 전쟁이 끝날 무렵, 독일 채무의 3분의 1은 '유동' 부채 혹은 단기 변제 부채(短期辨濟負債) 성격으로 통화가 상당량 과잉 공급된 상태였으며, 그나마 전시 가격 통제로 더 올랐어야 할 물가가 억제된 경우였다.

  패배의 대가는 어마어마했다. 양쪽 모두 납세자와 채권자들에게 적들이 보상해 줄 것이라고 안심시켰다. 이제 만기 어음은 베를린의 몫이었다. 전후 초인플레이션은 국가 파산의 한 형태로 해석 가능하다. 전쟁 채권을 구매했던 사람들은 승리를 전망하며 투자한 것이었다. 그러나 패전과 혁명은 국가 차원의 지불 불능 상태를 뜻했으며, 독일의 채권자들은 이 사태를 온몸으로 감내해야 했다. 패전 외에도, 1918년 11월부터 1919년 1월 사이에 터진 독일 혁명이 채권자들을 불안에 떨게 했다. 베르사유 평화 회의 역시 마찬가지였는데, 이를 통해 신생 바이마르 공화국은 구체적으로 명시하지도 않은 전쟁 배상금 부담을 떠안았기 때문이다. 1921년 배상금 총액이 확정되면서 독일은 명목 가치 1320억 '금마르크(gold marks)'(전쟁 전 마르크화)라는 막대한 신규 채무 부담을 떠안았다. 이는 독일 국민 총생산의 세 배를 뛰어넘는 액수였다. 이 신규 채무 전체에 당장 이자가 붙지는 않았지만, 확정된 배상금 액수는 1921년과 1922년에 독일 제국 지출액의 3분의 1 이상을 차지했다. 1921년 여름 독일의 상황을 살펴본 투자자라면 그 누구도 낙관적 전망을 내리기 힘들었고, 전쟁 이후 독일로 흘러들어 왔던 해외 자본은 투기성 자금, 즉 '핫' 머니(hot money)여서 상황이 심각해지자 곧장 떠나 버렸다.

그렇지만 1923년 초인플레이션을 단순히 베르사유 조약의 결과로만 본다면 곤란하다. 물론 독일은 이런 시각으로 해석하고 싶어 한다. 전후 내내 독일은 전쟁 배상금 때문에 경상 수지 적자가 감당 못할 만큼 커졌다고 주장했다. 따라서 배상금을 갚기 위해 마르크 지폐를 계속 찍어 내는 것 외에는 방법이 없다고도 했다. 이는 결국 당시 인플레이션의 직접적인 원인이 마르크화의 가치 하락이었다는 주장이다. 이 설명에는 당시 통화 위기를 초래한 국내 정치 상황이 빠져 있다. 바이마르의 세금 제도는 취약했다. 새로운 체제가 고소득 집단에서 그 정통성을 인정받지 못하면서 납세 거부를 당하기도 했다. 동시에 공적 자금이 공공 부문 노조와의 후한 임금 협상에 쓰이는 등 무분별한 지출도 있었다. 세금은 부족하고 지출은 과도한 상황이 맞물리면서, 승전국들이 배상금 청구서를 제시하기도 전인 1919년과 1920년, 독일은 엄청난 적자를 기록하였다.(국민 순생산의 10퍼센트를 초과하였다.) 1923년, 독일이 배상금 지불을 중단한 시기에 적자액은 더욱 커져 있었다. 게다가 1920년대 초 바이마르 공화국의 경제 정책 담당자들은 독일의 재정 정책과 통화 정책을 안정화하겠다는 의지가 거의 없었고, 1920년 중반에 안정을 꾀할 수 있는 기회가 찾아왔어도 그 태도에는 변함이 없었다.[59] 독일의 금융 엘리트 사이에는 통화 가치가 급락하면 연합국들이 배상금 문제를 다시 손보리라는 생각이 지배적이었다. 통화 가치가 급락하면 결국 독일 수출품이 미국, 영국, 프랑스의 제조품에 비해 저렴해지기 때문이었다. 이는 어느 정도 사실로, 마르크화 하락세 덕분에 독일은 수출 경기를 부양받기도 했다. 그렇지만 독일이 놓친 사실이 한 가지 있었다. 1920년부터 1922년까지 인플레이션이 유도한 경제 붐은, 당시 미국과 영국이 전후 불황에 빠진 상태라 수출보다 수입을 훨씬 더 자극했고, 따라서 독일이 내심 기대했던 경제적 압력은 무산되었다. 독일의 초인플레이션 현상 밑바탕에는 이러한 오판이 깔려 있었다. 한편 독일이 배상금 지불이라는 공식 서약에 불성실하게 임한다고 판단한 프랑스는, 무력으로라도 받아내겠다며 루르 지방을 점령하였다. 독일인은 이에 전면적인 파업('소극적 저항')으로 맞섰고, 그 결과 또다시 지폐를 발행해 자금을 조달하였다. 초인플레이션의 극치를 보여 준 셈이었다.

인플레이션은 밀턴 프리드먼의 말대로 화폐적 현상이다. 그렇지만 초인플레이션은 언제 어디서나 정치적 현상으로, 한 나라의 정치 경제가 근본적으로 오작동하지 않는 한 발생하지 않는다. 전후 독일의 줄어든 국민 소득에 대해 국내 채권자와 해외 채권자가 서로 엇갈리는 주장을 내세우기는 했지만, 그나마 덜 파괴적인 해법은 분명 존재하였다. 그렇지만 국내의 방해 세력과 외부를 향한 반발(독일 제국이 처절하게 무너졌다는 사실을 대다수 독일인이 수긍하지 못한 게 발단이었다.)이 중첩되면서 최악의 결과를 초래했다. 통화와 경제 자체가 완전히 붕괴된 것이다. 1923년 말, 유통 중인 마르크화는 대략 4.97×10^{20}이었다. 일상에서 200억짜리 마르크 지폐가 쓰였다. 연간 인플레이션율이 1820억 퍼센트로 최고조에 달했다. 평균 물가는 1913년에 비해 1조 2600억 배 뛰었다. 물론 잠시나마 혜택을 보기도 했다. 가속화된 인플레이션으로 저축을 단념시키고 소비를 조장하면서 1922년 마지막 분기까지 생산과 고용이 자극되었기 때문이다. 게다가 마르크화 가치 하락은 앞서 살핀 대로 독일의 수출을 이끌었다. 그렇지만 1923년 누적된 여파가 독일 경제를 더욱 처참하게 무너뜨렸다. 산업 생산은 1913년의 절반 수준으로 떨어졌다. 가장 극심했을 때 노조원의 25퍼센트가 실업자였고, 또 다른 25퍼센트는 단시간 노동자였다. 무엇보다 끔찍한 일은 이러한 경제 위기가 낳은 사회적·심리적 트라우마였다. "인플레이션은 엄밀히 말해 군중적 현상이다." 작가 엘리아스 카네티(Elias Canetti)는 젊은 시절 극심한 인플레이션에 시달리며 지낸 프랑크푸르트의 생활을 이렇게 회고했다. "그것은 통화 가치 절하라는 악마의 축제였다. 사람과 화폐 단위가 서로 강력하게 영향을 주고받았다. 서로가 서로를 상징했고, 사람들은 자신을 돈처럼 '저급한' 존재로 여겼다. 상황은 갈수록 심각해졌다. 양쪽 다 각자의 처분에 맡겼고, 똑같이 무가치하다고 느꼈다."[60]

무가치함은 초인플레이션의 주된 산물이었다. 돈뿐만 아니라 그 돈으로 된 모든 형태의 부와 고정 수입도 무가치하게 여겨졌다. 여기에는 채권도 포함되었다. 초인플레이션은 독일의 외채를 없애지 못했는데, 이는 전쟁 전 통화로 고정된 탓이었다. 그렇지만 전쟁 전후에 누적됐던 국내의 모든 빚은 청산이 가능했고 또 실제로 청산되면서, 경제적 대지진과 같은 빚더미를 깎아내렸다. 이는 세금과 비슷한 효과를 발휘했다. 채권자뿐 아니라 고정된 현금 소득으로 살아가는 이들 모두가 이 세금을 물었다. 이는 엄청난 평준화를 낳았는데, 주로 랑티에, 고위직 공무원, 전문직 종사자 등 중산층 이상의 사람들이 영향을 받았기 때문이다. 오로지 기업가들만 가격을 올리고 달러를 비축하고 집이나 공장 같은 '부동산'에 투자하며, 가치가 떨어진 은행권으로 빚을 갚는 식으로 불리한 위치를 벗어났다. 계속 이어진 초인플레이션의 경제적 유산은 끔찍했다. 은행은 취약해졌고, 상당한 인플레이션 리스크 프리미엄인 만성적인 고금리가 등장했다. 그렇지만 독일의 초인플레이션이 몰고 온 가장 극심한 여파는 사회와 정치 영역에 있었다. 영국의 경제학자 존 메이너드 케인스는 1923년 인플레이션을 통한 '금리 생활자의 안락사'가 디플레이션기의 대량 실업보다 낫다는 이론을 발표했다. "가난한 세계에서 실업을 양산하느니 금리 생활자에게 좌절감을 안겨 주는 게 낫다."라는 게 그 이유였다.[61] 그렇지만 4년 전에 케인스는 인플레이션의 부정적인 여파에 대해서도 생생하게 서술한 적이 있었다.

인플레이션이 지속되면, 정부는 자국 시민의 주요 재산 일부를 눈에 띄지 않게 몰래 압수할 수 있다. 정부는 이 방법으로 단순한 압수뿐 아니라 독단적인 압수도 감행한다. 이 과정에서 다수는 궁핍해지고 일부는 사실상 부유해진다. 이렇게 부를 임의로 재조정하면 기존에 분배받은 부가 안전하고 확실하다는 믿음이 깨진다. 이 시스템으로 횡재한 이들은 …… '부당 이득자'가 되어, 인플레이션으로 프롤레타리아와 비슷한 처지가 된 부르주아들의 증오를 받는다. 인플레이션이 진행되면서 …… 자본주의의 근본 토대인 채무자와 채권자 사이의 오랜 관계는 거의 무의미할 만큼 철저하게 뒤틀린다. ……[62]

케인스는 "화폐를 타락시키는 것만큼 사회의 기존 토대를 감쪽같이 확실하게 뒤집는 수단은 없다."라는 통찰을 레닌에게서 얻었다. 레닌이 이런 말을 했다는 기록은 전해지지 않으나, 그의 동료인 볼셰비키 예브게니 프레오브라젠스키(Yevgeni Preobrazhensky)*가 은행권 인쇄기를 "부르주아 시스템의 후방에 화염을 난사하는 금융 위원회(Commissariat of Finance)의 기관총"으로 묘사한 적이 있다.[63]

러시아의 사례를 보면, 1차 세계 대전 이후 초인플레이션으로 쑥대밭이 된 나라가 독일만이 아님을 알 수 있다. 오스트리아(이로부터 독립한 헝가리와

---

* 프레오브라젠스키의 특기는 안락사보다는 살인이었다. 그는 볼셰비키 지도자들 중 가장 앞장서서 니콜라스 2세와 그의 가족들을 처형하였다.

초인플레이션의 대가. 1923년 11월에 발행된 독일의 10억 마르크짜리 지폐.

폴란드도 마찬가지로) 역시 1917년과 1924년 사이에 이들 못지않게 심각한 통화 붕괴로 고생을 했다. 러시아의 경우 볼셰비키가 제정 러시아의 채무를 공공연히 이행하지 않으면서 초인플레이션이 찾아왔다. 2차 세계 대전 이후에도 독일, 헝가리, 그리스에서 통화와 채권 시장이 붕괴되면서 채권 보유자들은 비슷한 운명을 겪어야 했다.*

만약 초인플레이션이 세계 대전 패배에 따른 비용하고만 관련이 있다면, 이 현상은 상대적으로 이해하기가 쉬울 것이다. 그렇지만 수수께끼 같은 상황이 벌어진다. 최근 들어 많은 나라들이 훨씬 강도가 덜한 참사에서도 채무 불이행을 택한 것으로, 직접적으로 이자 지급을 중단하거나 간접적으로 채무에 표시된 화폐의 가치를 낮추는 방식을 통해서였다. 그렇다면 세계적 갈등이라는 망령과 더불어 초인플레이션의 망령이 여전히 맴도는 이유는 무엇일까?

---

* 역사상 인플레이션 최고치는 1946년 7월 헝가리에서 있었다. 당시 가격은 4.19퀸틸리언 (quintillion)퍼센트였다.(419 뒤에 0이 16개 붙는다.)

펌코사 사장 빌 그로스는 라스베이거스에서 블랙잭 도박사로 돈벌이 경력을 쌓기 시작했다. 그는 투자자가 채권을 구입할 때 도박적 요소가 있다고 보았다. 그 도박성이란 인플레이션이 급증하면 채권의 연금리를 잠식해 버린다는 점이었다. 그로스는 이렇게 설명했다. "인플레이션이 10퍼센트 상승했는데 고정 이자율이 5퍼센트 수준이라면, 채권 보유자는 인플레이션으로 5퍼센트 손해를 본다." 앞서 살핀 대로, 인플레이션이 상승하면 투자 자본과 이자의 구매력이 깎일 위험이 있다. 그렇기 때문에 인플레이션 상승 기류가 한번 불어오면, 채권 가격은 떨어진다. 비교적 최근인 1970년대에 전 세계적으로 인플레이션이 치솟는 동안 채권 시장보다는 네바다 카지노가 꽤 안전한 투자처로 보였다. 그로스는 두 자릿수로 치솟던 미국의 인플레이션이, 1980년 4월 15퍼센트를 육박하며 최고조를 기록했던 때를 생생하게 기억하고 있었다. "당시는 채권에 매우 불리했고, 그때가 …… 아마도 채권 시장이 가장 취약한 시기였는데 내 기억뿐 아니라 역사상으로도 그러했다." 정확히 말하자면, 1970년대 미 정부 채권의 연간 실질 수익률은 −3퍼센트로 세계 대전 때 겪은 인플레이션만큼 좋지 않은 상황이었다. 현재 짐바브웨를 제외한 극히 일부 국가만이 10퍼센트가 넘는 초인플레이션에 시달린다.* 그렇지만 1979년만 해도 적어도 7개 국가가 연 인플레이션율 50퍼센트를 기록했고, 영국과 미국을 비롯해 60개국 이상이 두 자릿수 인플레이션을 보여 주었다. 가장 최악인 상태에서 장기간 그 해악에 시달린 국가는 아르헨티나였다.

국명 자체가 '은의 나라'라는 뜻의 아르헨티나는 한때 번영 국가의 본보기였다. 수도 부에노스아이레스가 위치한 리우데라플라타(Rio de la Plata) 강도 '은의 강'이라는 의미이다. 사실 이 강물은 진흙빛이지만, 강 상류에 은

---

* 이 글을 쓴 당시(2008년 3월), 짐바브웨에서 장례를 치르려면 짐바브웨 달러로 10억이 든다. 이곳의 연간 인플레이션율은 10만 퍼센트이다.

퇴적물이 묻혔다고 여겨졌기 때문에 이런 이름이 붙었다. 최근 통계에 따르면 1913년 당시 아르헨티나는 세계적으로 부유한 나라였다. 영어권 국가를 제외했을 때, 아르헨티나보다 1인당 국내 총생산이 높은 국가는 스위스, 벨기에, 네덜란드, 덴마크뿐이었다. 1870년부터 1913년까지, 아르헨티나는 경제적으로 미국과 독일보다 빠르게 성장했다. 외국 자본 투자액은 캐나다와 비슷했다. 한때 해러즈 백화점(Harrods store, 영국 제1의 백화점 — 옮긴이)은 전 세계에 단 두 곳에 있었다. 런던의 나이츠브리지(Knightsbridge), 그리고 또 다른 곳은 바로 부에노스아이레스의 중심지인 플로리다 거리였다. 아르헨티나는 남반구에서 미국까지는 아니더라도 영국 정도는 꿈꿀 수 있었다. 1946년 2월, 새로 뽑힌 대통령 후안 도밍고 페론(Juan Domingo Perón) 장군은 부에노스아이레스의 중앙은행을 방문하고는 깜짝 놀랐다. 그는 "금이 이렇게나 많다니. 통로를 뚫고 걸어 다닐 수 없을 정도다."라며 감탄했다.

20세기 아르헨티나의 경제사는 금융을 허술하게 관리할 경우 세상의 모든 자원이 무가치해짐을 보여 준 타산지석이었다. 특히 2차 세계 대전 이후 아르헨티나는 줄곧 인근 국가나 나머지 국가보다 뒤쳐졌다. 일례로 1960년대와 1970년대에 비참할 대로 비참해진 이 나라는, 1988년 1인당 국내 총생산이 1959년과 같은 수준을 기록했다. 1998년이 되자 미국 국내 총생산의 34퍼센트, 1913년과 비교했을 때 72퍼센트 수준으로 주저앉았다. 싱가포르, 일본, 대만, 한국에게도 추월당했다. 가장 쓰라린 사실은 이웃 나라 칠레보다도 뒤쳐진 점이었다. 무엇이 잘못됐을까? 한 가지 답은 인플레이션이었다. 1945년부터 1952년, 1956년부터 1968년, 그리고 1970년과 1974년 사이에 인플레이션은 두 자릿수였다. 1975년부터 1990년까지는 세 자리 혹은 네 자릿수였고, 1989년에는 절정에 달해 연 5000퍼센트의 인플레이션을 기록했다. 채무 불이행도 한 가지 답이었다. 아르헨티나는 1982년, 1989년, 2002년, 2004년에 해외 채권자들의 신뢰를 저버렸다. 그렇지만 이런 답들로는 불충분하다. 아르헨티나는 과거 1870년부터 1914년 사이에도 적어도 8년간 두 자릿수 인플레이션에 시달린 적이 있었다. 또 같은 기간 동안 최소 두 번은 채무 불이행을 선언했다. 따라서 아르헨티나의 경제적 쇠퇴를 이해하려면, 다시 한번 인플레이션을 화폐적 현상 못지않게 정치적 현상으로 바라볼 필요가 있다.

지주들은 과두 정치를 통해 아르헨티나 경제를 영어권 국가 내에서 농산물 수출국으로 등극시키려 했지만, 이 모델은 대공황 기간 동안 대체로 실패하였다. 대규모 이민이 있었지만 북미처럼 농경지를 정착지로 풀지 않으면서 도시에 노동 계급 인구가 넘쳐났는데, 이들은 대중 추수주의적 동원 전술에 솔깃했다. 1930년 쿠데타로 집권한 호세 우리부루(José F. Jriburu) 정권을 시작으로 정치에 군사 개입이 반복되면서, 준 파쇼적인 새로운 정치 형태를 보여 준 페론 정권이 등장했다. 페론 정권은 노동자에게는 임금 인상과 더 나은 노동 조건을, 기업인에게는 보호 관세를 약속하는 등 모두를 솔깃하게 만들었다. 1955년(페론이 물러난 해)과 1966년에는 페론에 대항한 반노동 정책이 실시됐는데, 주로 농업과 산업 부문의 이해관계를 융화하고자 화폐 평가 절하라는 방식을 취했다. 1966년에 쿠데타로 들어선 또 다른 군사 정권은 기술 근대화를 약속했지만, 평가 절하를 추가로 단행해 인플레이션을 더욱 부추겼다. 1973년 페론의 재집권 역시 대실패로 끝이 났다. 당시 세계적으로 인플레이션이 치솟던 상황이었기 때문이다. 연간 인플레이션이 444퍼센트로 급등했다. 또 다른 군사 쿠데타가 아르헨티나를 국가 개조 계획이라는 폭력으로 몰아넣으면서, 수천만 명이 무작위로 구금당하거나 '사라졌다'. 경제적으로 볼 때 당시 정권은 아르헨티나인에게 급증하는 외채 부담을 안겨 주어, 1984년 무렵 그 수치가 국내 총생산의 60퍼센트를 넘어섰다.(그래도 이는 1900년대 초 역대 최고치를 기록한 채무액의 절반에 못 미쳤다.) 인플레이션 위기 중에 늘 그러하듯 전쟁도 한몫하였다. 내부적으로는 체제 전복 세력이, 외부적으로는 포클랜드 제도를 둘러싼 영국과의 무력 충돌이 있었다. 그렇지만 이 체제를 인플레이션으로 부채를 없애려다 실패한 사례로 봐서는 곤란하다. 아르헨티나의 인플레이션이 제어가 안 된 이유는 전쟁이 아닌 사회 세력의 단합 때문이었다. 과두 정치 세력, 군사 독재자, 생산자 이익 집단, 노동조합, 그리고 가난한 하층민인 데스카미사도 (descamizados, '헐벗은 사람들'이라는 뜻)가 바로 그 단합 세력이었다. 간단히 말해, 가격 안정에 이해를 둔 집단이 단 하나도 없었다. 자본가들은 재정 적자와 평가 절하에 이해관계가 있었다. 노동력을 파는 사람들은 임금-물가의 나선형 상승에 익숙해 있었다. 정부는 차츰 국내가 아닌 해외를 통해 재정 적자를 메웠는데, 이는 곧 외부에서 채권을 발행했다는 뜻이었다.[64] 아르헨티나 통화 안정화 계획이 연이어 실패한 까닭도 바로 이러한 배경과 무관하지 않다.

아르헨티나의 위대한 작가 호르헤 루이스 보르헤스(Jorge Luis Borges)는 그의 단편 「끝없이 갈라지는 길들이 있는 정원(The Garden of Forking Paths)」에서 지혜로운 중국인 취팽의 작품에 대해 이렇게 표현하였다.

> 모든 허구적 작품에서 독자는 매번 여러 가지 가능성과 마주하는데, 하나를 택하면 다른 하나는 사라집니다. 취팽의 소설에서 독자는 모든 가능성을 (동시에) 고릅니다. 이런 식으로 그는 다양한 미래, 다양한 시간을 만들어 내고, 이들은 다시 증식도 하고 갈라지기도 합니다. …… 취팽의 작품에서는 가능한 결말이 모두 일어납니다. 각각은 또 다른 갈림길의 출발점입니다. …… (취팽은) 단일하고 절대적인 시간을 믿지 않았습니다. 그는 무한하게 연속된 시간을, 현란한 거미줄처럼 뻗거나 수렴하고 또 평행선을 그으며 증식해 가는 시간을 믿었습니다.[65]

이는 과거 30년간 아르헨티나의 금융사에 대한 비유와 일맥상통한다. 베르나르도 그린스펀(Bernardo Grinspun, 라울 알폰신 정권 시절 1983년~1985년 경제 장관—옮긴이)이 채무 상환을 연기하고 케인스주의적 수요 관리 정책을 시도했다면, 후안 소르일레(Juan Sourrouille, 1985년~1988년 경제 장관—옮긴이)는 임금 및 가격 통제 정책과 더불어 아우스트랄 플랜(Austral Plan, 아우스트랄은 아르헨티나의 구화폐 단위—옮긴이)이라는 통화 개혁을 시도하였다. 그렇지만 그 어떠한 정책도 주요 이해 집단을 갈림길에서 끌어낼 수 없었다. 공공 지출은 계속해서 세입을 넘어섰다. 임금과 가격 통제를 빨리 끝내야 한다는 논쟁이 무성했다. 인플레이션은 잠시 안정되는가 싶더니 다시 재개됐다. 1989년, 이 갈림길들은 마침내 불행의 씨앗을 안고 한 지점에 뭉쳤다. 당시 동유럽이 기적의 해(annus mirabilis, 엄청난 변화와 영향을 끼친 사건이 중첩된 해를 가리킴. 1989년은 동유럽에서 폴란드, 동독, 체코슬로바키아 등 여러 공산주의 정권이 동시에 무너진 해임—옮긴이)를 맞이했다면, 아르헨티나는 끔찍한 해(annus horribilis)를 맛보았다.

1989년 2월 아르헨티나는 사상 최대의 더위를 겪었다. 부에노스아이레스 전력 시스템은 이에 대처하기 위해 진땀을 흘렸다. 사람들은 5시간씩 차단되는 전력에 익숙해졌다. 한편 정부는 환율 붕괴를 막기 위해 은행과 외환거래소에 문을 닫으라는 명령을 내렸다. 그러나 소용없었다. 단 한 달 만에 아우스트랄은 달러 대비 140퍼센트가 떨어졌다. 동시에 세계은행은 아르헨티나 정부가 비대해진 공공 부문 적자를 해소하지 못했다며, 아르헨티나에 대한 대출을 동결했다. 민간 부문 대출도 여의치 않았다. 투자자들은 인플레이션으로 며칠 만에 채권의 실질 가치가 떨어질 것을 우려하며 구매를 꺼렸다. 중앙은행의 준비금이 바닥나고 있다는 우려가 확산되면서 채권 가격이 급락했다. 절박해진 정권이 취할 수 있는 해법은 단 하나였다. 바로 돈을 찍어 내는 것이었다. 그러나 이마저 실패로 돌아갔다. 4월 28일 금요일, 아르헨티나는 그야말로 돈이 바닥났다. "이는 물리적인 문제이다." 중앙은행 부총재 로베르토 에일바움(Roberto Eilbaum)이 기자 회견에서 말했다. 조폐국은 말 그대로 종이가 떨어졌고 인쇄공은 파업에 들어갔다. "앞으로의 향방을 모르겠으나 월요일까지는 돈을 마련해야 한다." 그는 이렇게 실토했다.

6월, 월 인플레이션이 100퍼센트 이상 뛰어오르자 대중들의 불만은 터지기 일보직전이었다. 그 이전인 4월에 부에노스아이레스의 한 슈퍼마켓에 들른 고객들은, 매장 관리자가 모든 제품 가격이 곧 30퍼센트 오른다고 확성기로 공지하자 상품을 가득 담은 손수레를 엎어 버렸다. 6월에는 아르헨티나 제2의 도시 로사리오에서 격렬한 폭동과 약탈이 이틀 동안 발생해 14명이 넘는 인명 피해가 발생했다. 그렇지만 바이마르 공화국 때처럼 아르헨티나 초인플레이션의 주요 피해자는 일반 노동자가 아니었다. 이들은 가격 상승을 봉급 인상으로 보상받을 가능성이라도 있었다. 반면 고정 봉급을 받는 공무원이나 대학교수, 이자나 저축으로 살아가는 연금 생활자 등 고정된 현금 소득을 받는 이들이 큰 타격을 입었다. 한편 1920년대 독일처럼 주요 수혜자는 대형 채무자들로, 인플레이션 덕분에 채무가 사실상 탕감되었다. 수혜자 중에는 정부도 끼어 있었는데, 채무가 아우스트랄 화폐인 경우에 한해서였다.

그렇지만 아르헨티나의 모든 채무가 쉽사리 사라지지는 않았다. 1983년 아르헨티나의 미 달러 표시 외채는 460억 달러에 달해, 국내 생산의 40퍼센트와 맞먹었다. 아르헨티나 통화에 어떤 일이 벌어져도, 이 달러 표시 외채만큼은 그대로였다. 사실상 절박해진 정부가 달러를 더 많이 빌려 오면서 그 액수는 더욱 늘어났다. 1989년 아르헨티나의 채무는 650억 달러를 넘어섰다. 이후 10년간 외채는 계속 증가해 1550억 달러에 이르렀다. 국내 채권자들은 인플레이션으로 이미 손해를 본 상태였다. 채무 불이행 선언만이 아르헨티나의 채무 부담을 덜어 줄 수 있었다. 앞서 살펴본 대로, 아르헨티나는 이 경로를 과거에도 한 차례 이상 밟았다. 1890년 아르헨티나가 채무 불이행을 선언하자, 아르헨티나 채권(특히 부에노스아이레스 상하수도 회사의 채권)에 투자했던 베어링 브라더스는 파산 직전에 놓였다. 이때 베어링사의 오랜 라이벌인 로스차일드는 베어링사가 무너질 경우 "전 세계를 상대로 한 영국의 교역에 치명타"가 된다며 영국 정부가 100만 파운드의 구제 금융을 지원하도록 설득했는데, 이 액수가 1700만 파운드까지 늘어났다.[66] 또한 은행가 협회 의장직을 맡았던 로스차일드는 불안정한 아르헨티나에 개혁을 요구했다. 이에 추후 대출 시 독립적이고 단호한 통화 위원회를 통해 페소화를 금과 연결시키는 화폐 개혁을 단행해야 한다는 조건이 붙었다.[67] 그렇지만 1세기가 흐른 후, 로스차일드가 더욱 관심을 보인 대상은 아르헨티나의 채무가 아닌 포도밭이었다.(로스차일드 가문은 와인 사업에서도 한 획을 그었다. ─ 옮긴이) 그리하여 아르헨티나의 디폴트(default, 채무 불이행 상태 ─ 옮긴이)를 막아 보겠다는(아니면 그 여파라도 줄여 보겠다는), 별로 인정도 못 받는 이 고된 일을 떠맡게 된 주체는 바로 국제 통화 기금(International Monetary Fund, IMF)이었다. 다시 한번 처방책은 통화 위원회였고, 이번에는 통화를 달러와 연결했다.

 1991년 경제 장관 도밍고 카발로(Domingo Cavallo)가 태환 페소(peso convertible)를 새로 도입하였다. 이는 100년이라는 기간 동안 아르헨티나에서 여섯 번째로 등장한 통화였다. 그러나 이 처방 역시 실패작이었다. 사실 1996년 무렵 인플레이션은 0퍼센트로 내려갔다. 1999년에는 마이너스로 돌아서기도 했다. 그렇지만 실업률이 15퍼센트였고 소득 불평등은 나이지리아와 거의 차이가 없었다. 게다가 통화를 통제한다 해서 재정까지 통제되는 것은 아니었다. 중앙 정부나 지방 정부 모두 재정 균형을 맞추기보다 국제 채권 시장을 이용하면서, 정부 공채는 1994년 말 국내 총생산의 35퍼센트에서 2001년 말 64퍼센트로 뛰었다. 한마디로 통화를 고정하고 인플레이션도 낮추었지만, 카발로는 과거 수차례 통화 위기를 불러왔던 사회적·제도적 근본 요인을 바꾸는 데는 실패했다. 당시 국면은 아르헨티나에 또 한 차례의 디폴트와 또 다른 통화가 등장하는 데에 초석으로 작용했다. 1월과 5월, 각각 150억 달러와 80억 달러의 구제 금융을 제공했던 국제 통화 기금은 세 번째 생명줄은 내어 주길 거부했다. 2001년 12월 23일, 그해 말 1인당 국내 총생산이 뼈아프게도 12퍼센트 하락하자, 아르헨티나 정부는 810억 달러의 채권을 포함해 모든 외채에 대해 모라토리엄(moratorium, 지급 유예)을 선언했다. 명목 액수로 따졌을 때 역사상 최고 수준이었다.

아르헨티나의 역사는 채권 시장이 보기보다 강력하지 못함을 보여 주었다. 1880년대 아르헨티나 국채와 영국 국채 간의 스프레드인 295베이시스 포인트(스프레드는 신흥국과 선진국 국채의 수익률 격차를 뜻하며, 표현 단위로 베이시스 포인트를 사용한다.—옮긴이)는 위험을 무릅쓰고 아르헨티나에 투자한 베어링사를 비롯한 투자자들에게 아무런 보상이 되지 못했다. 마찬가지로 1998년에서 2000년 사이 아르헨티나 국채와 미국 국채의 평균 스프레드인 664베이시스 포인트 역시 카발로의 고정 통화가 무너지기 시작하면서 디폴트 위험을 상당히 낮춰 잡은 것이었다. 디폴트가 선언되자 스프레드는 5500베이시스 포인트로 치솟았고, 2002년 3월에는 7000베이시스 포인트를 넘어섰다. 우여곡절 끝에 기나긴 협상을 마친 후(서로 다른 여섯 종류의 통화로 표기되고, 여덟 곳의 통화 당국이 개입된 152종류의 관련 증서들이 있었다.) 50만 명에 이르는 채권자 대다수가 달러 당 35센트로 조정한 신종 채권을 받아들이기로 합의하면서, 채권 시장 역사상 가장 극적인 '삭감(haircuts)'을 기록했다.[68] 아르헨티나의 디폴트가 상당한 성공을 거두면서(이후 경제가 빠르게 성장했고, 채권 스프레드도 300베이시스 포인트에서 500베이시스 포인트 사이로 돌아갔다.) 대다수 경제학자들 머릿속에 앞으로 해외 채권자들에게 채무 이행을 지킬 나라가 과연 있겠는가라는 의구심을 심어 주었다.[69]

금리 생활자의 부활

앞서 살펴봤듯이 1920년대에 '금리 생활자의 안락사'를 예견한 케인스는, 결국 인플레이션이 국채에 돈을 맡긴 사람들의 종이 자산을 남김없이 삼켜 버릴 거라고 전망했다. 그렇지만 지금 우리는 채권자의 부활이라는 기적을 목격 중이다. 1970년대 대인플레이션(Great Inflation)을 겪은 이후, 지난 30년 동안 각 나라들이 잇따라 한 자릿수 인플레이션에 진입하였다.(심지어 아르헨티나도 공식 인플레이션율은 10퍼센트 미만이다. 그렇지만 멘도사와 산루이스 지역의 비공식 통계는 20퍼센트를 넘는다.)[70] 인플레이션이 떨어지면서, 채권 시장도 근래 들어 강세를 보이고 있다. 더욱 놀라운 점은 극적이었던 아르헨티나 디폴트에도 불구하고(그 이전인 1998년 러시아의 디폴트는 말할 것도 없고) 신흥 시장의 채권 스프레드가 점차 하락세를 보이면서 2007년 초에는 1차 세계 대전 이후 볼 수 없던 낮은 수치를 기록했는데, 이는 곧 경제 전망에 대한 확고한 신뢰를 의미했다. 결국 본드 씨 사망설은 낭설이었다.

인플레이션이 떨어진 이유 중 하나는, 옷부터 컴퓨터까지 우리가 구매하는 대다수 제품에서 기술 혁신을 이루고 또 아시아의 저임금 경제권으로 생산지를 옮겨 값이 저렴해진 덕분이었다. 또 다른 이유로 전 세계적인 통화 정책의 변화를 지적할 수 있다. 통화주의 기류가 불면서 1970년대 말과 1980년대 초 잉글랜드 은행과 연방 준비 은행이 단기 이자율을 올리기 시작했고, 중앙은행들의 독립성이 커지면서 1990년대에는 명시적 목표를 제시하기에 이르렀다. 아르헨티나의 경우가 보여 주듯, 인플레이션의 구조적 요인 중 일부가 취약해졌다는 점 또한 중요하다. 노동조합의 영향력이 전보다 약해졌고 계속 적자를 보던 정부 산업은 민영화되었다. 그렇지만 무엇보다도 중요한 배경은 채권의 실질 수익률에 관심을 갖고 구매하는 사람들이 늘어난 점이었다. 선진국에서 점차 사적 연기금 형태의 부가 늘어났고, 저축 기관들도 자산의 상당 부분을 정부 채권이나 여타 확정 이자부 유가 증권으로 구성하도록 요구받았다. 2007년 11개 주요 경제권에서 실시한 연기금 관련 조사에 따르면, 각국 자산에서 채권이 차지하는 비중은 25퍼센트 이상으로, 지난 몇 십 년에 비해 두드러지게 낮아지긴 했지만 여전히 큰 몫을 차지하고 있다.[71] 해가 갈수록 퇴직자 비중이 늘어나면서, 이러한 기금의 소득으로 살아가는 인구도 늘고 있다.

다시 채권 시장의 본고장인 이탈리아로 돌아가 보자. 1965년 대인플레이션이 터지기 직전, 이탈리아 인구 중 65세 이상은 10퍼센트였다. 현재는 그 두 배인 20퍼센트이다. 국제 연합(United Nations, UN)은 2050년 무렵이 되면, 그 수치가 3분의 1을 약간 밑돌 것으로 추산한다. 이러한 실버 사회에서는 확정 이자부 유가 증권에 대한 수요뿐 아니라, 이자의 구매력 유지를 위해 저인플레이션에 대한 요구 또한 상당하고 또 계속 증가할 것이다. 노동 인구에서 빠져나온 사람들이 갈수록 많아지면, 거듭되는 공공 부문 적자 탓에 채권 시장에서 신규 채권 물량이 부족하지는 않을 것이다. 게다가 이탈리아가 통화 주권을 유럽 중앙은행(European Central Bank)에 넘기면서 이탈리아 정치인이 돈을 찍어 악성 인플레이션을 촉발할 가능성도 없을 것이다.

그렇다고 채권 시장이, 제임스 카빌이 말한 의미에서 전 세계를 지배한다는 뜻은 아니다. 실상 그가 지적한 1990년대 채권 시장의 규율적 속성은 클린턴 대통령의 후임 조지 부시(George W. Bush) 정권 때 작동을 멈추면서 이목을 끌었다. 부시 대통령이 당선되기 바로 한 달 전인 2000년 9월 7일, 뉴욕 타임스퀘어 광장에 있는 미국의 부채 시계(National Debt Clock)가 멈췄다. 그날 찍힌 숫자는 '미국의 부채: 5676989904887달러. 각 가구당 몫: 73733달러.'였다. 3년 동안 예산 흑자를 본 이후, 양측 대선 후보는 토론에서 국채 갚기가 실행 가능한 것처럼 말했다. 당시 CNN 방송은 이렇게 보도했다.

민주당 대선 후보 앨 고어(Al Gore)는 2012년까지 채무를 없애겠다는 계획안을 제시했다. 텍사스 주지사이자 공화당 대선 후보 조지 W. 부시의 경제 자문들도 빚을 갚아 나간다는 원칙에는 동의했지만 언제까지 해소하겠다고 시기를 못 박지는 않았다.[72]

당시 부시 후보 측이 약속 날짜를 뺀 것은 일종의 복선이었다. 부시 정권이 백안관에 들어간 이래 임기 8년 중 7년은 재정 적자였다. 연방 채무는 5조 달러에서 9조 달러 이상으로 늘어났다. 의회 예산처(Congressional Budget Office)는 2017년까지 계속해서 12조 달러 이상 치솟을 것으로 전망했다. 그렇지만 채권 시장은 이런 방탕함에 불이익을 주기는커녕 오히려 유리하게 작용했다. 2000년 12월부터 2003년 6월까지, 재무부의 10년 만기 채권 수익률은 5.24퍼센트에서 3.33퍼센트로 하락했으며, 이 글을 쓰는 현재 4퍼센트를 조금 웃돌고 있다.

그렇지만 이 '수수께끼'(앨런 그린스펀은 잇따른 단기 이자율 상승에도 채권 시장 수익률이 오르지 않는 현상을 이렇게 표현했다.[73])는 채권 시장 하나만 독자적으로 연구해서는 풀리지 않는다. 따라서 우리는 이제 국채 시장에서 눈을 돌려 이보다 역사는 짧을지라도 여러 가지 면에서 역동적인 곳을 살펴보고자 한다. 바로 기업 주권(株券)이 거래되는 장소, 흔히 주식 시장이라고 부르는 곳이다.

3 거품 만들기

남미 대륙 서쪽을 따라 6400킬로미터 넘게 뻗어 있는 안데스 산맥은 구부러진 등뼈처럼 들쭉날쭉하다. 약 1억 년 전 페루 남부 도시 나스카 지각판이 남미 대륙 지각판 밑으로 느리면서도 거칠게 미끄러져 들어가 생긴 이 산맥은, 해발 6700미터가 넘는 아르헨티나의 아콩카과 산에서 정점을 이룬다. 칠레 쪽 아콩카과 산맥은 이보다 작지만 어슴푸레한 하얀빛을 발산하며 산티아고를 지키는 파수꾼이다. 그렇지만 안데스 산맥의 전체 규모는 볼리비아 고지대에 올라서야 비로소 파악된다. 라파스(La Paz, 볼리비아의 행정 수도—옮긴이)부터 티티카카 호수를 뒤덮은 비구름이 걷히면 산맥의 윤곽이 드러나는데, 마치 수평선 너머로 울퉁불퉁한 톱니가 지나간 것처럼 그 모습이 매우 인상적이다.

안데스 산맥을 바라보면, 이렇게 거대한 천연 장벽을 뛰어넘을 인류가 과연 있을지 궁금해진다. 그렇지만 미국의 한 회사에게 이 들쭉날쭉한 봉우리는 그 동쪽 편에 자리 잡은 빽빽한 아마존 열대 우림에 불과한 것이었다. 마침내 이 회사는 볼리비아 대륙을 가로질러 대서양 연안 브라질에 이르는 지역뿐 아니라, 세계에서 가장 긴 파타고니아 고원 정상부터 아르헨티나의 수도 부에노스아이레스에 이르기까지 가스 송유관을 건설하기 시작했다.

현대 자본주의의 솟구치는 야심을 보여 준 이 웅장한 사업 계획은, 현대 사회의 근간을 이루는 제도, 바로 주식회사를 고안하면서 가능해졌다. 주식회사 덕분에 수천 명의 재원을 모은 결과, 이윤이 실현되기 전 거액 투자가 필요한 모험적인 장기 사업도 자금 마련이 가능해졌다. 따라서 화폐 부상의 역사는 은행업의 도래와 채권 시장의 탄생에 이어 주식회사 혹은 유한 책임 회사의 성장으로 이어졌다. 회사의 자본을 다수의 투자자들이 공동으로 소유하기 때문에 합자 회사라고 부르기도 하고, 별개의 법인체들이 모험에 실패하더라도 투자자들이 재산을 모두 잃지 않도록 보호하기 때문에 유한 책임(limited-liability) 회사라고도 칭한다. 그 책임선은 회사의 주식 지분을 살 때 쓴 자금으로 한정한다. 운영 면에서 보면 규모가 작은 기업도 동업 회사 못지않았을 것이다. 그렇지만 대륙을 연결하려는 이들에게는 주식회사가 필요했다.[1]

그러나 주식회사가 세계 경제를 뒤바꾸기 위해서는 또 다른 혁신이 필요했다. 이론상 주식회사 경영진은 조심성 높은 주주들의 제재를 받는다. 즉, 주주들이 연례 회의에 참석하고 사외 이사(社外理事, 회사 경영진에 속하지 않는 이사—옮긴이)를 통해 직간접적으로 영향력을 행사한다. 그러나 사실상 주식회사의 주요 제재 수단은 주식 시장으로, 이곳에서는 개별 회사의 무한에 가까운 지분(스톡(stocks), 셰어(shares), 에쿼티(equities) 등 명칭이 무엇이든 간에)이 날마다 거래된다. 본질적으로 회사 지분에 대한 지불 의사 가격이 장차 그 회사의 수익 전망을 보여 준다. 결국 주식 시장에서는 상장 기업의 경영 실적, 기업 제품에 대한 선호도, 주요 시장 전망 등을 놓고 실시간으로 국민 투표를 하는 셈이다.

주식 시장도 나름의 생애 주기가 있다. 미래는 매우 불확실하므로, 기업의 장래 수익에 대한 평가 역시 다양할 수밖에 없다. 만일 사람들이 모두 계산기처럼 반응한다면, 이용 가능한 정보를 다들 동시에 취합해 동일한 결론에 이를 것이다. 그렇지만 우리는 인간이기에 근시안적이며 갈팡질팡하기 마련이다. 주가가 일제히 치솟으면, 투자자들은 으레 집단적인 행복감에 빠진다. 이를 일컬어 미 연방 준비 제도 전 의장 앨런 그린스펀은 비이성적 과열(irrational exuberance)이라는 인상적인 표현을 남겼다.[2] 반면 투자자들의 '동물적 직감'이 탐욕을 공포로 돌아서게 할 경우, 전에 누렸던 거품 같은 행복은 돌연 터져 버리고 만다. 주식 시장을 동물에 빗댄 묘사는 그것의 본질적 속성을 암시한다. 낙관적으로 전망해 주식을 사는 사람은 황소이고, 비관적으로 내다보고 주식을 파는 사람은 곰이다. 요즘 투자자들을 일컬어 '온라인 가축 떼(electronic herd)'라고도 표현하는데, 행복에 젖어 수익률을 만끽하다가도 어느 순간 놀라서 농가 마당으로 우르르 달아나 버리기 때문이다. 그렇지만 핵심은 주식 시장이 인간 심리를 반영하는 거울이라는 점이다. 호모 사피엔스처럼 주식 시장도 침체 상태에 빠진다. 완전히 만신창이가 될 때도 있다. 그렇지만 언제나 장밋빛 희망(혹은 건망증)이 끔찍한 경험을 압도하는 게 주식 시장의 속성처럼 보인다.

처음 주식 거래가 등장한 이후 400년 동안, 금융 거품은 계속해서 존재했다. 주가가 지탱하기 힘들 만큼 상종가를 치다가 바닥으로 추락하는 일이 되풀이됐다. 영악한 내부자가 순진한 초심자를 먹이 삼아 이윤을 취하는 사기 행각도 반복됐다. 이 익숙한 양상을 간추려 보면 다음과 같다.

 1. 변위 요인(變位要因) : 경제 여건에 변화가 생기면서 특정 기업에게 새로운 이윤 창출 기회가 열린다.

 2. 지나친 낙관 혹은 과잉 거래 : 높은 기대 수익이 피드백 과정을 거쳐 주가를 급등시킨다.

 3. 열광 상태 혹은 거품 : 자본 소득을 손쉽게 얻으려는 초기 투자자들이 몰려들고, 사기꾼들은 이들의 돈을 사취하려 든다.

4. 불안감 : 내부자들이 기대 이윤으로 터무니없이 높아진 주식 가격을 감당할 수 없음을 깨닫고는 주식을 팔아 이윤을 챙기기 시작한다.

5. 급변 : 주식 가격이 떨어지고 외부자들이 앞다투어 빠져나가면서, 거품도 모두 꺼져 버린다.[3]

또한 주식 시장 거품에는 되풀이되는 세 가지 속성이 있다. 첫 번째, 보통 비대칭 정보라고 불리는 상황이다. 외부자보다 월등히 많은 정보를 가지고 있는 내부자(거품 기업의 경영에 관계하는 자들)는 외부자의 돈을 노린다. 물론 이러한 비대칭 상황은 모든 사업에 잠재하기 마련이지만, 특히 거품 시기에 내부자들이 이를 부당하게 이용한다.[4] 두 번째, 국경을 넘나드는 자본의 역할이다. 거품은 나라 사이의 자본 이동이 자유로울 때 쉽게 생긴다. 주요 금융 중심지에 둥지를 튼 노련한 투기꾼은 내부자끼리 공유하는 정보는 사실 알지 못한다. 그렇지만 이들은 경험이 부족한 초기 투자자보다 시기(초반에 사서 거품이 터지기 전에 파는 시점)를 훨씬 잘 타는 경향이 있다. 바꿔 말해 거품 시기라고 모두가 이성을 잃지는 않는다. 열광자 무리 중 적어도 남들보다는 제정신인 사람들이 있다. 마지막으로 가장 중요한 속성은, 은행 문턱이 높으면 거품이 실제 발생하지 않는다는 점이다. 따라서 상당수의 거품은 중앙은행이 태만했거나 직권을 남용한 탓에 생겨난다.

계속 반복된 주식 시장 거품의 역사만큼 인간이 얼마나 역사적 교훈을 무시하는 존재인지 적나라하게 보여 주는 사례도 없다.《비즈니스 위크》독자들이 20년을 사이에 두고 접한 세상 동향을 살펴보자. 1979년 8월 13일판 잡지 표지에는 구겨 놓은 종이처럼 꼬깃꼬깃 접힌 주식 증서 사진이 실렸고, '주식의 사망: 인플레이션은 어떻게 주식 시장을 파탄 내는가'라는 표제가 붙었다. 독자들은 당연히 위기의 심각성을 인식하고 있었다.

대중들은 이미 오래전 주식 시장에서 선회하여 이보다 수익률이 높고 인플레이션으로부터도 안전한 투자처로 몰려갔다. 이제는 연기금(주식 시장의 마지막 희망)마저 주식과 채권을 떠나 부동산, 선물 거래, 금, 심지어 다이아몬드로 접근할 수 있게 되었다. 앞으로 주식 시장의 종말은 기정사실로 보인다.[5]

그날 오랜 전통의 미 주식 시장 지표인 다우존스 산업 지수는 875로 마감되었다. 이는 10년 전과 거의 변함없는 수치이자 최고점을 기록했던 1973년 1월 1052보다 17퍼센트 낮은 수준이었다. 10년간 내리 실망의 연속이었으니 비관론이 나올 법도 했다. 그렇지만 미국의 주식은 소멸하기는커녕 몇 년이 채 지나지 않아 상당한 상승 국면을 보여 주었다. 1982년 777로 바닥을 친 다우 지수는 계속 상승해 5년 만에 3배 이상 오르더니, 1987년 여름 2700을 기록했다. 1987년 10월 잠시 급락을 겪은 다우 지수는 다시 상승세를 재개했다. 1995년 이후 상승 국면은 더욱 활기를 띠었다. 1999년 9월 27일, 다우 지수는 10395에 가까운 수치로 마감했다. 이는 미국 주요 기업의 평균 가격이 단 20년 만에 12배 가까이 상승했다는 뜻이었다. 그날 《비즈니스 위크》 독자들은 흥분된 기사를 접했다.

제임스 글래스맨(James K. Glassman)과 케빈 하셋(Kevin A. Hassett)은 『다우 36000, 주식 시장 상승세와 새로운 전략(Dow 36000: The New Strategy for Profiting From the Coming Rise in the Stock Market)』에서 지금 같은 여건이면 다우 지수 36000은 충분하다고 말했다. 주식 시장은 이미 36000 수준이므로 주가 역시 투자자들의 전망대로 3년에서 5년 이내에 그 수치에 도달할 것이라고 주장했다. …… 주식 시장은, 주가 수익률이 30*이라 해도 현재 저평가된 상태다.

---

* 주식 가격을 배당금을 포함한 수익으로 나눈 비율. 1871년 이래 미국 주가 수익률의 장기

이들의 계산에 따르면 '한 치 오차 없이 합리적인 주식 가격'은 …… 수익의 100배이다.[6]

이 기사가 나온 지 넉 달이 채 지나지 않아 닷컴 거품이 꺼져 버렸다. 정보 기술 기업의 향후 수익을 과도하게 기대한 탓이었다. 2002년 10월 무렵 다우 지수는 1997년 후반 이후 최저치인 7286까지 내려갔다. 이 글을 쓰는 시점(2008년 4월)에도 다우 지수는 여전히 글래스맨과 하셋이 예측한 수치의 3분의 1 지점에서 맴돌고 있다.

미국 주식 시장 실적을 제대로 측정하려면 주식 배당을 전부 재투자한다고 가정하고 주식의 총수익을 정부 채권이나 상업 어음, 재무부 단기 채권 등 여타 금융 자산 총수익과 비교해 보아야 한다. 이 중 상업 어음이나 재무부 단기 채권은 엠엠에프(MMF, 미국의 단기 투자 신탁의 하나로, 투자 신탁 회사의 고객의 돈을 모아 단기 금융 상품에 투자하여 수익을 얻음―옮긴이)나 은행의 요구불 예금 같은 단기 증서의 대리 지표이다. 저자가 태어난 1964년을 시작 날짜로 해 보자. 우리 부모님이 얼마 안 되는 자금을 당시 미 주식 시장에 투자하고 매해 얻은 배당을 계속해서 재투자했다면, 초기 투자금은 2007년 무렵 거의 70배 올랐을 것이다. 1만 달러를 투자했다면 70만 달러로 불어나는 셈이다. 이와 달리 채권이나 어음에 투자했다면 수익률이 이보다 낮을 것이다. 미국의 채권 기금은 23배 정도 증가했다. 어음 포트폴리오 투자는 겨우 12배 늘었다. 물론 이 수치들은 생계비를 감안해 조정해야 한다. 필자가 살아온 세월 동안 생계비가 7배 정도 늘었으므로, 실물로 환산했을 때 주식은 10.3배 증가했다. 채권은 3.4배, 어음은 1.8배 늘었다. 만약 우리 부모님이

평균치는 15.5이다. 최대치는 1999년의 32.6이다. 현재는 18.6 선이다.(S&P 지수로 계산했고, 과거 자료는 글로벌 파이낸셜 데이터(Global Financial Data) 자료를 활용했다.)

1964년에 달러 지폐 1만 달러를 그냥 손에 쥐고 있었다면, 당신 아들의 밑천은 그 실질 가치가 85퍼센트 하락한다는 계산이 나온다.

장기적으로 볼 때 미국은 모든 주식 시장을 통틀어 가장 뛰어난 실적을 보여 주었다. 주식 시장의 장기 실질 수익률 통계에 따르면, 1920년대부터 1990년대까지 미 주식 시장의 연평균 수익률은 4.73퍼센트였다. 2위는 3.71퍼센트인 스웨덴, 그다음은 3.03퍼센트인 스위스였다. 영국은 2.28퍼센트로 10위권 내에 간신히 들었다. 조사 대상 27개국의 주식 시장 가운데 여섯 곳이 적어도 한 차례 이상 대규모 붕괴를 겪었는데, 보통은 전쟁이나 혁명 때문이었다. 열 곳은 장기 실질 수익률이 마이너스를 기록했다. 이 중 실적이 최악인 곳은 베네수엘라, 페루, 콜롬비아, 그리고 -5.36퍼센트로 최저치를 기록한 아르헨티나였다.[7] '장기 대비 주식 투자'가 어디서나 통하는 만병통치약은 아니었다.[8] 그럼에도 장기 자료가 확보된 대다수 국가에서 주식이 채권보다 실적이 좋았던 것은 사실이다. 20세기 동안 약 5배 정도 뛰어난 실적을 보여 주었다.[9] 이는 전혀 새삼스러운 일이 아니다. 2장에서 확인한 대로, 채권은 정부가 이자를 지급하고 특정 기간 안에 원금을 되갚는다는 약속이다. 그렇지만 디폴트나 평가 절하를 통해 이 약속을 지키지 못한 나라가 많았다. 반면 주식은 영리 추구 기업의 자본금 중 일부에 해당한다. 게다가 주식회사가 사업에 성공할 경우, 배당금을 받을 뿐만 아니라 자본 가치가 오를 가능성도 아주 높다. 물론 위험이 없지 않다. 주식 수익률은 전망하기가 쉽지 않을뿐더러, 채권이나 어음 수익률보다 변동성이 훨씬 크기 때문이다. 게다가 국가보다는 일반 기업이 파산 확률도 훨씬 높다. 또 기업이 파산했을 경우 채권이나 다른 형태의 부채 증서 소유자는 우선적으로 변제를 받지만, 주식 소유자는 아무것도 건지지 못할 수 있다. 이런 이유로 경제학자들은 월등한 주식 수익률에 '주식 위험 프리미엄'이 반영됐다고 본다. 물론 이렇게 위험을 무릅쓸 만한 경우는 일부에 불과했다.

주식회사의 출현

화려한 바로크 양식을 뽐내는 베니스의 산모이제(San Moise) 성당은 매해 수만 명이 찾아오는 관광 명소이다. 이들 관광객의 발밑에는 그다지 눈길을 끌지는 못하지만 주목할 만한 묘비명이 하나 있다.

HONORI ET MEMORIAL JOANNIS LAW EDINBURGENSES REGII
GALLIARUM AERARII PREFECTI CLARISSIMA

"프랑스 왕정의 뛰어난 재정가, 에든버러 출신의 존 로(John Law)를 기리며." 그렇지만 이 무덤은 주식 시장 거품을 만들어 낸 주인공에게 그다지 어울리지 않아 보인다.

살인자에 도박 중독자 그리고 결점 많은 금융 천재인 스코틀랜드 출신의 야심가 존 로. 그에 대해 사람들은 최초로 자산 가격 거품과 붕괴를 만들어 낸 인물이라고 말한다. 그뿐만 아니라, 구체제의 군주가 금융 개혁을 단행할 절호의 기회를 막아 프랑스 혁명을 유발한 자라고도 평가한다. 존 로의 일화는 그다지 알려져 있지 않지만, 금융사를 통틀어 단연코 매우 놀라운 사례에 속한다. 이는 또한 현시대와 매우 유사한 이야기이기도 하다.

1671년 에든버러에서 태어난 그는 성공한 금 세공인의 아들이자, 포스만(灣)이 내려다보이는 라우리스톤 성(Lauriston Castle)의 상속자였다. 1692년 런던으로 건너간 로는 이내 갖가지 투기 사업과 도박 등에 물려받은 유산을 탕진하기 시작한다. 2년 후 로는 한 여자를 사이에 두고 동료와 결투를 벌이다 상대를 죽이고 만다. 이 사건으로 그는 사형을 선고받았지만 감옥을 탈출해 암스테르담으로 달아났다.

로에게 암스테르담은 최상의 도피처였다. 1690년대 암스테르담은 금융 혁신의 세계적 수도였다. 앞장에서 살펴본 것처럼 16세기 후반 스페인을 상대로 독립 전쟁 중이던 네덜란드는 전쟁 자금이 필요했고, 이를 위해 이탈리아식 공공 부채 제도를 개선해 도입하였다.(특히 저축액을 정부 부채에 투자하는 복권식 채권을 들여왔다.) 네덜란드는 또 세계 최초의 중앙은행이라 불리는 암스테르담 은행을 세워 통화 개혁을 단행했다. 이를 통해 신뢰성 있는 은행 화폐를 발행해 경화(硬貨, hard currency. 국제 금융상 환관리(換管理)를 받지 않고 각국 통화로 언제나 바꿀 수 있는 화폐—옮긴이)의 가치 하락 문제를 해결했다.(1장 참조) 그렇지만 네덜란드의 독창적인 고안물은 다른 무엇도 아닌 주식회사였다.

  로가 도착하기 한 세기 전부터 출발한 주식회사는, 네덜란드 상인이 포르투갈과 스페인으로부터 이윤 높은 아시아의 향신료 무역 독점권을 빼앗는 과정에서 비롯되었다. 유럽인들은 계피, 정향, 메이스(mace), 육두구, 후추 같은 향신료를 갈망했다. 향신료는 음식의 풍미를 더해 줄 뿐 아니라, 부패를 방지하는 역할도 했기 때문이다. 수세기 동안 이 물품들은 향료 길(Spice Road)을 따라 아시아에서 유럽 대륙으로 건너왔다. 그러다가 포르투갈이 희망봉을 경유해 동인도로 가는 바닷길을 발견하면서, 누구나 탐내는 신종 사업의 포문이 열렸다. 암스테르담 역사 박물관에는 동인도를 넘나들던 네덜란드 선박을 묘사한 그림들이 가득하다. 이 중 초기 작품에는 다음과 같은 글귀가 새겨져 있다. "향신료를 얻으러 반탐(Bantam, 인도네시아 자바 섬 북서부 해안에 있는 도시—옮긴이)으로 간 배 네 척이 그곳에 교역소도 건설하였다. 그러고는 물자를 풍족하게 싣고 …… 암스테르담으로 돌아왔다. 1598년 5월 1일에 출항하여 1599년 7월 19일에 귀항하였다." 이 작품이 암시하듯이 왕복 무역에는 기나긴 세월이 걸렸다.(사실 14개월도 평균적으로 볼 때 매우 짧은 경우였다.) 또 향신료 무역에는 위험도 뒤따랐다. 1598년에 선박 22척이 출항했지만 무사히 귀환한 배는 12척에 불과했다. 이런 사정 때문에 상인들은 온갖 수단을 동원해야 했다. 1600년 무렵 네덜란드 주요 항구 여섯 곳에는 갓 설립한 동인도 회사들이 운영 중이었다. 그러나 각 업체는 미리 정한 특정 조건(보통은 항해 기간)에 따라 운영되었으므로, 계약 기간이 지나면 자본금을 투자자에게 돌려줘야 했다.[10] 또 이러한 사업 방식으로는 포르투갈과 그 동맹국인 스페인*이 침략해 올 경우 이에 맞설 군사 기지 및 요새 구축도 힘들었다. 이윤 동기 못지않게 전략적 계산이 작용한 결과, 네덜란드 의회는 기존의 동인도 회사를 단일한 개체로 통합하자고 제안하였다. 그리하여 탄생한 것이 네덜란드 동인도 회사(Vereenigde Nederlandsche Geoctroyeerde Oostindische Compagnie, VOC)였다. 1602년에 공식적으로 인가받은 이 기업은, 희망봉 동쪽과 마젤란 해협 서쪽에서 네덜란드 무역을 모조리 독점하였다.[11]

네덜란드 동인도 회사의 체계는 여러 가지 면에서 전과 달랐다. 물론 통합된 동인도 회사도 특허 기간이 21년으로 이전 회사들처럼 한시적이었다. 또 특허법 7항에 보면 대차대조표를 처음 작성하는 10년 말에 투자자에게 자금 회수 권한이 주어졌다. 그렇지만 이 동인도 회사는 규모 면에서 이전과 확연히 달랐다. 또 동인도 회사의 자본금 응모는 네덜란드 연합 주의 거주자 모두에게 개방되었고, 모금액에도 상한선이 없었다. 상인과 장인, 심지어 하인도 지분을 얻으려고 몰려들었다. 암스테르담 한 곳만 해도 주식 응모자 수가 1143명에 이르렀다. 이 중 80명 정도는 1만 길더 이상을, 445명은 1000길더에 달하는 액수를 투자했다. 총 모금액은 645만 길더였는데, 이는 네덜란드 동인도 회사가 당대 최대 기업으로 부상하기에 충분한 액수였다. 이들보다 2년 앞서 설립된 경쟁 업체인 영국의 동인도 회사는 단지 219명에게서 6만 8373파운드(약 82만 길더)의 자본금을 모았다.[12] 정부 후원 기업

---

* 1580년부터 1640년까지 스페인과 포르투갈 왕조는 합병한 상태였다.

이었던 네덜란드 동인도 회사는 각 지방끼리(특히 제일란트와, 가장 부유한 지역이던 홀란트 사이에) 싹튼 경쟁의식을 극복하기 위해 온갖 노력을 기울였다. 이에 동인도 회사의 자본금을, 똑같은 액수는 아니지만 6개 지역 의회(암스테르담, 제일란트, 엥크하위전, 델프트, 호른, 로테르담)에 고루 분배했다. 그리고 거액 투자자이기도 한 70명의 감독관을 의회에 파견하였다. 이들의 임무는 일종의 이사회인 17인 위원회에서 활동할 인물을 임명하는 것이었다. 암스테르담은 네덜란드 동인도 회사의 전체 자본금 중 57.4퍼센트를 차지했지만, 17인 중 8명만 배정받았다. 이 감독관 중 한 명이었던 디르크 바스(Dirck Bas)는 이윤 지향적 인물로 (그의 초상화로 짐작하건데) 궁색함과는 거리가 먼 부유한 인물이었다.[13]

동인도 회사의 소유권은 수많은 몫으로, 말 그대로 '한몫' 할 때의 그 몫으로 나뉘었다. 주식 대금은 1603년, 1605년, 1606년, 1607년에 분할 지급되었다. 발행 증서는 현대적 의미의 주식 증서라기보다 수령증에 가까웠다. 특허법에서 핵심 문서는 네덜란드 동인도 회사 주식 발행 기록증이었다. 이 문서에 모든 주주의 이름을 구입 시기에 따라 기록했다.[14] 유한 책임의 원칙도 나와 있다. 그래서 회사가 투자에 실패할 경우 주주들은 투자한 금액만큼 손해를 보았다.[15] 반면 수익은 장담할 수 없었다. 네덜란드 동인도 회사 특허법 17항에는 초기 자본금의 5퍼센트에 해당하는 이윤이 생기면 주주들에게 바로 지급한다고만 언급하였다.

사실 네덜란드 동인도 회사 설립 자체가 곧바로 상업적 성공은 아니었다. 무역망을 만들고 운영 방식을 정하고 안전한 무역 기지도 세워야 했다. 1603년부터 1607년까지 약 370만 길더의 비용을 들여 채비를 갖춘 22척의 배가 아시아로 출항했다. 초기 목적은 초석(硝石, saltpetre) 제련소, 직물 설비, 저장소 등 여러 채의 공장을 지은 후, 여기서 나오는 생산물을 향료와 교환하는 것이었다. 초반에는 포르투갈보다 우위를 점해, 벵골 만의 항구

도시 마술리파트남과 암보이나(오늘날의 암본 섬) 섬, 몰루카 제도(말루쿠 제도)에 성공의 발판을 다지는 듯했으나, 1606년 메이트리프(Matelief) 선장이 말레이시아의 항구 도시 말라카(믈라카)를 점령하는 데 실패하고, 스페인 함대의 성공적인 방해 공작으로 마키안 섬(Makian, 몰루카 제도의 섬) 공격도 좌절되고 만다. 육두구 최대 산지인 반다 섬의 반다 네이라(Banda Neira)에 요새를 세우려던 시도 역시 실패로 돌아갔다.[16) 1608년 스페인과 12년 휴전 조약을 맺기 전까지, 네덜란드 동인도 회사는 무역보다는 경쟁 세력의 함대 포획으로 벌어들인 돈이 더 많았다.[17) 거액 투자자였던 메노파(16세기 네덜란드 신학자 메노 시몬스가 창시한 재세례파 교회의 한 파로, 평화주의를 강조했다. ─ 옮긴이) 신도 피터 린트옌스(Pieter Lijntjens)는 동인도 회사의 호전적인 행동에 실망하여 1605년 투자를 취소했다. 또 다른 초기 감독관인 아이작 르메르(Isaac le Maire)도 동인도 회사의 운영 방식에 문제가 있다며 항의의 뜻으로 감독 자리를 사임했다.[18)

그렇다면 거액 주주들의 영향력은 어느 정도였을까? 거의 없었다고 보면 된다. 동인도 회사 감독자들이 1612년(투자자들에게 자본금 회수 선택권을 주기로 했던 시기)에 발표될 예정이던 10년짜리 회계 장부 공개 책임을 면제해 달라며 탄원하자 정부는 이를 받아들였고, 이에 장부 공개와 투자자들의 자본금 지급이 모두 연기되었다. 주주에게 돌아간 혜택이라고는 1610년에 17인 위원회가 그다음 해부터 지급하기로 한 배당금 정도였으며, 그것도 당시 동인도 회사가 현금 부족에 시달리던 터라 향신료로 지급됐다. 1612년 네덜란드 동인도 회사는 원래 계획과 달리 주식 현금화가 안 된다고 발표했다. 다시 말해 현금을 돌려받길 원하는 주주들은 보유 주식을 다른 투자자들에게 파는 것 말고는 대안이 없다는 뜻이었다.[19)

이리하여 주식회사와 주식 시장은 몇 년을 사이에 두고 탄생했다. 최초로 주식을 공모해 탄생한 공동 소유 회사가 등장하자마자 유통 시장이 싹트

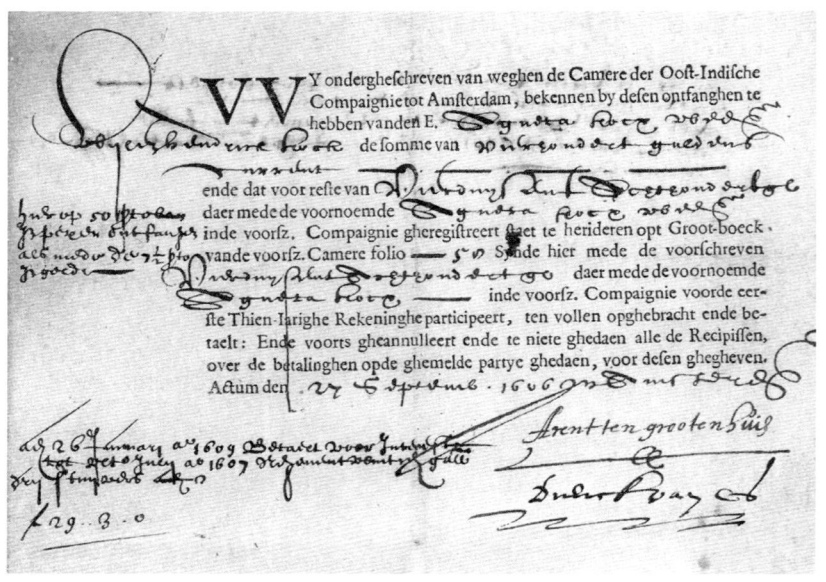

네덜란드 동인도 회사의 6번 주식 증서로, 가장 오래된 주식이다. 엄밀히 말하자면 주식 증서라기보다 수익 배당 영수증에 가까웠다. 1606년 9월 27일 암스테르담 회관에서 발행하고, 아렌트 텐 그로텐후이스(Arent ten Grotenhuys)와 디르크 반 오스(Dirck van Os)가 서명하였다.

기 시작했고, 바로 이곳에서 주식을 사고팔 수 있었다. 유통 시장은 매우 유동적이었다. 또 네덜란드 동인도 회사 주식은 회전율이 높았다. 1607년 무렵 동인도 회사 주식 중 3분의 1이 원 소유주 손을 떠났다.[20] 게다가 다소 드물지만 회사의 장부가 공개되자(공식적으로는 매출 상황을 다달이 혹은 분기별로 기록하였다.) 곧 활기 넘치는 네덜란드 동인도 회사 주식 선물 시장이 형성되면서, 이곳에서 선물 매매가 가능해졌다. 초기에는 바르모에 거리나 암스테르담 구교회 옆 노천 시장에서 비공식적으로 주식을 거래하였다. 그러다가 네덜란드 동인도 회사 주식 시장이 활발해지자 1608년 시청에서 멀지 않은 로킨(Rokin)에, 지붕을 얹은 뵈르스를 세우게 되었다. 사각형 건물과 주랑(柱廊, 기둥만 있고 벽이 없는 복도 — 옮긴이), 시계탑을 갖춘 세계 최초의 증권 거래소는 어느 모로 보나 중세풍의 옥스퍼드 대학이었다. 그렇지만 정오부터 2시 사이 개장 시간이 되면 이곳에서는 매우 혁명적인 일이 진행되었다. 당시 개장 시간이 끝날 무렵 객장 분위기를 기록한 글이 있다. "사람들은 악수를 나누고는 바로 언성을 높이거나 예의를 벗어던졌고 염치없이 굴거나 서로를 밀고 제쳤다." 황소와 곰의 싸움이었다. 초초해하던 한 투기꾼은 "손톱을 물어뜯고 손가락을 잡아당기며 눈을 감더니, 발걸음을 네 번 떼며 혼잣말을 네 번 했다. 치통이 있는 듯 손으로 뺨을 어루만지고는 의미를 알 수 없는 헛기침을 했다."[21)]

이 시기에 암스테르담 은행이 설립(1609년)된 것은 결코 우연이 아니었다. 주식 시장은 효율적인 통화 제도가 있어야 수월하게 굴러가기 때문이었다. 네덜란드 은행가들이 네덜란드 동인도 회사 주식을 채권 담보로 받아들이기 시작하면서, 주식 시장과 신용 공급의 유대 관계가 서서히 맺어졌다. 그다음 단계는 주식을 신용 구매할 수 있도록 은행이 대출해 주는 일이었다. 주식회사와 증권 거래소와 은행, 이 세 곳을 축으로 하여 새로운 경제 형태가 등장했다.

한동안 이 새로운 시장은, 네덜란드 동인도 회사를 못마땅하게 여긴 전 감독관 르메르의 주도 아래 그 비판자들이 동인도 회사의 감독관을 압박하는 수단처럼 보였다. 르메르와 그 동조자들은 네덜란드 동인도 회사의 주가를 떨어뜨릴 심산으로 초기 선물 시장에서 서로 합심해 공매(空賣, 주가 하락으로 생기는 차익금을 노리고 실물 없이 주식을 파는 행위—옮긴이)를 하였지만, 1611년에 주식 배당이 이뤄지면서 실패로 돌아갔다.[22)] 1612년, 1613년, 1618년에도 현금 배당이 있었다.[23)] 그렇지만 동인도 회사 비판자('이의 있는 투자자')들은 여전히 불만이었다. 1622년 발간된 『소통의 필요성(*Nootwendich Discours*)』이라는 소책자에서 어느 익명의 필자는 "일부 감독자의 자기 본위적 관리" 때문에 "모든 게 암흑 상태"라며 투명성 부족을 아쉬워했다. "우리가 그 존재를 짐작만 할 뿐인 회계 장부는 베이컨을 발라 개에게 먹이로 준 게 분명하다."[24] 반대자들은 감독관에게 고정 임기를 주고, 거액 주주들에게도 감독관 임명 권한이 있어야 한다고 주장했다.

네덜란드 동인도 회사 기업 지배 구조 개선이라고도 볼 수 있는 이 흐름은 풍성한 결실을 맺었다. 1622년 12월 동인도 회사 특허법이 갱신되면서, 내용이 상당 부분 바뀌었다. 감독관은 더 이상 종신 임명직이 아니었다. 한 번에 3년까지만 임무를 수행했다. 또 이때부터 '주요 참여자'(감독관만큼 보유 주식이 많던 이들)가 자체적으로 '9인회(Nine Men)'를 지명하도록 하였는데, 이들은 17인 위원회와 함께 '중요하고 막대한 사안'에 대해 의견을 나누었다. 또 주요 참여자들은 의회 6곳의 연간 회계 감사권뿐 아니라, 17인 위원회와 함께 차후 감독관 후보 지명 권한을 부여받았다. 게다가 1623년 3월 9인회는 17인 위원회 회의 참석권(투표권은 없었다.)과 연간 매입 장부 감사권을 부여받았다. 주요 참여자에게는 회계 감사관을 지명해 의회에 제출하는 회계 장부를 조사할 수 있는 권한도 있었다.[25] 1632년에는 배당을 12.5퍼센트로 정하면서 주주들의 만족도를 높였는데, 이는 동인도 회사의 차입 이자율보다 두 배 높은 수준이었다.* 이러한 정책을 취한 결과 동인도 회사의 순이익은 사실상 주주들에게 돌아갔다.[26] 게다가 주주들은 주가 희석화(稀釋化)도 방지할 수 있었다. 또 한 가지 놀라운 사실은 네덜란드 동인도 회사 운영 기간 동안 자본금에 본질적으로 변동이 없었다는 점이다.[27] 자본 지출이 필요할 경우 네덜란드 동인도 회사는 신규 주식 발행이 아닌 채권 형태로 부채를 발행해 자금을 모았다. 실상 동인도 회사는 1670년대까지 신용도가 좋아서 홀란트나 제일란트에서 200만 길더 대출도 가능했다.

물론 17세기 중반에 네덜란드 동인도 회사가 이윤을 내지 못했더라면 이

---

* 엄밀히 말해, 미래 배당에 대한 불확실성이 사라지면서 우선주나 채권 같은 속성이 생겨났다.

모든 규정들은 지탱하기 힘들었을 것이다. 그리고 네덜란드 동인도 회사의 수익은 상당 부분 상업과 권력의 유착을 냉철하게 사고했던 호전적 인물 얀 피터르스존 쿤(Jan Pieterszoon Coen)의 업적이기도 했다. 쿤은 말했다. "무역 없이는 전쟁이 일어날 수 없고 전쟁 없이는 무역이 불가능하다."[28] 그는 경쟁자를 다루는 데 무자비했던 인물로, 암보이나에서는 영국 동인도 회사 직원들을 죽이고 반다 섬 원주민들을 효과적으로 쓸어버렸다. 세력 확장에도 매우 뛰어났던 쿤은 1619년 5월 자바 섬의 자카르타 항구를 장악하고는 바타비아라 이름 지었다. 당시 그는 30세의 나이로 네덜란드 동인도 회사의 첫 총독 자리에 올랐다. 그와 그의 후계자인 안토니 반 디멘(Antonie van Diemen)은 이 지역에서 네덜란드 세력을 체계적으로 키워 나갔다. 반다 섬에서 영국을 내쫓았고, 테르나테 섬과 티도레 섬에서 스페인을, 말라카 섬에서 포르투갈을 각각 몰아냈다. 1657년이 되자 네덜란드는 실론 섬(현 스리랑카) 대부분을 통치했다. 이후 10년간 아대륙에 있는 말라바르 해안을 따라 셀레베스 섬(현 술라웨시 섬)으로 더욱 확장하였다. 코로만델 해안에도 네덜란드 교역 기지가 번성했다.[29] 바타비아에 있던 함선처럼 화력과 대외 무역이 결탁된 당시 모습은 현재 홀란트 연안에 있는 도시 렐리스타트(Lelystad)에 훌륭하게 재현해 놓았다.

이 공격적 전략으로 얻은 상업 이득은 상당했다. 1650년대 네덜란드 동인도 회사는 이윤이 높은 정향과 메이스, 육두구 수출을 독점했을 뿐 아니라(후추 생산지는 지나치게 분산된 상태라 독점하기가 힘들었다.), 코로만델에서 나오는 인도산 직물 수출품의 주요 중개자가 되었다.[30] 네덜란드 동인도 회사는 또한 아시아 쪽 교역의 중추로도 기능하여 인도산 직물을 일본산 은과 구리, 중국산 금이나 비단과 교환했다. 또한 인도산 직물을 태평양 섬에서 나오는 후추 및 향신료와 교역했고, 이를 통해 중동 지역에서 생산한 귀금속도 구입할 수 있었다.[31] 훗날 동인도 회사는 아시아에 있는 다른 유럽인에게 금융 서비스를 제공하기도 했다. 그중에 로버트 클라이브(Robert Clive)란 자가 있었는데, 벵골을 정복해 얻은 막대한 부를 바타비아와 암스테르담을 거쳐 런던으로 가져간 인물이었다.³²⁾ 세계 최초의 거대 기업 네덜란드 동인도 회사는 규모의 경제를 거래 비용 절감과 네트워크 외부 효과와 결합하였다. 경제학에서 말하는 네트워크 외부 효과란, 다수의 고용자와 중개자들이 정보를 모을 때 발생하는 이득을 뜻한다.³³⁾ 영국의 동인도 회사와 마찬가지로 네덜란드 동인도 회사가 고심한 과제 역시 주인-대리인(principal-agent) 문제였다. 이는 현장에서 일하는 사람이 자기 이해관계에 따라 무역을 하려는 경향으로, 거래를 망치거나 회사를 속이는 문제가 발생한다. 그러나 이러한 폐단을 일정 부분 차단해 준 특별 보상 체계가 있었다. 보수를 투자 및 판매와 연결하여 순이윤보다 총매출에 역점을 두는 제도였다.³⁴⁾ 사업은 번성하였다. 1620년대에 네덜란드 동인도 회사의 배 50척이 아시아에서 상품을 싣고 돌아왔다. 1690년대에는 그 수가 156척으로 늘었다.³⁵⁾ 1700년과 1750년 사이에는 희망봉을 돌아온 네덜란드 선박의 톤수가 2배로 늘었다. 1760년대까지도 이는 영국의 선적 물량보다 3배 정도 많았다.³⁶⁾

네덜란드 동인도 회사의 정치·경제적 상승세는 주식 가격에서도 드러났다. 물론 암스테르담 주식 시장은 끊임없이 요동치던 곳이었다. 투자자들이 전쟁이나 평화, 배 난파 소식에 반응하던 모습은 스페인계 유대인 조지프 펜소 데 라 베가(Joseph Penso de la Vega)가 제대로 이름 붙인 책 『혼돈(Confusión de Confusiones)』(1688)에 생동감 있게 담겨 있다. 그렇지만 동인도 회사의 장기 추세를 살펴보면, 설립 후 한 세기 이상 뚜렷한 상승세를 보여 주었다. 1602년에서 1733년 사이에 네덜란드 동인도 회사의 주식은 100에서 역대 최고치인 786으로 급등했는데, 1652년부터 1688년 명예혁명 때까지 영국의 호전적인 경쟁자들이 도전해 온 상황에서도 변함없었다.³⁷⁾ 이러한 자본 가치 상승은 주기적인 이익 배당과 안정적인 소비자 물가와 결합되어,* 디르크 바스 같은 거액 주주들을 엄청난 자산가로 변모시켰다. 일찍이 1650년에 총 배당금은 원 투자금의 8배, 연 수익률은 27퍼센트가 되었다.[38] 그렇지만 놀라운 사실은 네덜란드 동인도 회사에 거품 현상이 전혀 없었다는 점이다. 1636년에서 1637년 사이에 발생한 네덜란드의 튤립 선물 거품과 달리 네덜란드 동인도 회사의 주가는 한 세기 이상 점진적으로 상승했고, 급락한 시기도 있었지만 1794년 12월 120으로 주저앉기 전까지 60년 이상 상승세를 유지했다. 주가의 등락은 네덜란드 제국의 흥망과 궤를 같이했다. 반면 네덜란드 동인도 회사와 유사했던 또 다른 독점 무역 회사의 경우, 주가가 치솟았다가 단 몇 달 만에 곤두박질치는 전혀 다른 동향을 보여 주었다. 이제 그 내막을 알아보기 위해 존 로와 다시 만나 보자.

스코틀랜드 출신 탈주자에게 네덜란드의 금융은 뜻밖의 기회였다. 로는 동인도 회사와 네덜란드 은행, 증권 거래소의 역학 관계에 매료되었다. 늘 도박에 빠져 살던 로에게 암스테르담 뵈르스는 카지노보다 훨씬 흥미로웠다. 네덜란드 동인도 회사의 주가를 떨어뜨리려고 음해 소문을 퍼뜨리는 단기 공매 세력이나 주식을 소유하지 않고도 투기 거래에 나서는 바람 거래 (windhandel) 전문가들의 행태에 그는 감탄을 금치 못했다. 도처에서 금융 혁신이 진행 중이었다. 로 자신도 네덜란드의 복권식 채권 소유자들을 보호할 묘안이 머릿속에 떠다녔다.

그러나 로가 보기에 네덜란드 금융 제도는 완벽하지 못했다. 일단 사람들이 동인도 회사 주식에 열광하는 상황에서, 그 주식 수를 제한한 일은 부

---

* 암스테르담 은행의 성공 척도로 소비자 물가 상승률이 1550년부터 1608년까지 연 2퍼센트에서 1609년과 1658년 사이에 0.9퍼센트로 떨어졌고, 1659년부터 1779년까지는 0.1퍼센트를 유지했다는 사실을 들 수 있다. 따라서 거의 8배에 달하는 네덜란드 동인도 회사의 주가 상승은 현대 주식 시장에서의 물가 반영 실적으로 봐도 무리가 없다.

당해 보였다. 또한 암스테르담 은행의 보수적 태도도 의아스러웠다. 네덜란드 은행이 발행한 '은행 화폐(bank money)'는 성공적이었지만, 대개 은행 장부에 기입하는 숫자에 불과했다. 은행에 주화를 맡기던 상인에게 발급해 준 영수증을 제외한다면, 화폐는 물리적 형태를 띠지 않았다. 존은 전부터 이런 제도를 파격적으로 손보고 싶었다. 그의 구상은 독점적인 무역 회사의 속성과 잉글랜드 은행처럼 지폐를 발행하는 공공 은행의 성격을 결합하는 것이었다. 로는 국가에 대한 신뢰를 바탕으로, 전혀 새로운 제도를 시험해 보고 싶었다. 그렇지만 어디에서 그 뜻을 펼쳐 보일 것인가?

그가 처음 자신의 운을 시험해 본 곳은 제노바였다. 이곳에서 그는 외환과 유가 증권을 거래하였다. 낮에는 베니스에서 거래를 하고, 밤에는 도박을 하며 세월을 보냈다. 아일레이(Islay) 백작과 손잡은 그는 런던 주식 시장에서 상당액의 포트폴리오 투자를 하였다.(이는 로의 탄탄한 연줄을 보여 준다.) 그렇지만 로의 행실에 대한 평판은 좋지 않았다. 밴베리(Banbury) 백작의 딸 캐서린 놀스(Catherine Knowles)는 이미 다른 남자와 결혼한 몸이었지만, 로의 부인이자 두 자녀의 친모로 통했다. 1705년 로는 스코틀랜드 의회에 새로운 은행법안을 제출했고, 이는 훗날 『화폐와 무역(Money and Trade Considered)』 이라는 책자로 발간됐다. 그 핵심 개념은 은행이 주화를 대체할 화폐 성격의 이자부 어음 증서를 발행해야 한다는 것이었다. 그러나 의회는 이 구상안을 연합법(Act of Union, 스코틀랜드 왕국과 잉글랜드 왕국이 합병하기로 결의한 법—옮긴이)이 나오기 바로 직전에 기각하고 말았다.[39] 고국에 실망한 로는 이탈리아의 투린(Turin, 현 토리노—옮긴이)으로 건너가, 1711년 사보이(Savay, 현 사부아—옮긴이) 공작인 빅토르 아마데우스 2세(Victor Amadeus II)와 함께 자신의 지지자를 확보한다. 피에몬테 기념관에서 그는 지폐의 필요성을 다시 한번 역설했다. 로는 공공 신용의 토대는 신뢰 그 자체라고 주장했다. 즉, 신뢰만 있다면 은행권도 주화와 마찬가지로 기능할 수 있다는 얘기였다. "나는 현자의 돌이 가진 비밀을 알았습니다. 다름 아닌 종이로 금을 만드는 것입니다." 로는 동료에게 이렇게 말했다.[40] 이에 사보이 공작은 난색을 표하며 말했다. "난 내 신세를 망칠 정도로 부유하지는 않다네."

첫 번째 거품

왜 하필 프랑스가 로에게 금융 연금술을 허용했을까? 어쨌거나 로의 재능을 알아본 곳은 프랑스였다. 1708년 루이 14세의 외무 장관이었던 토르시 후작은 로를 전문 도박꾼에 스파이라고 여겼다. 문제는 프랑스의 재정 상태가 심각했다는 데 있었다. 전쟁을 치르던 루이 14세 때문에 과도한 공공 부채를 짊어진 프랑스 정부는, 한 세기가 지나기도 전에 세 번째 파산을 눈앞에 두고 있었다. 기존 왕실의 채무에 대한 점검이 필요했는데, 사실 부분적인 디폴트로 부채 중 상당 부분을 탕감하거나 줄인 상태였다. 그렇지만 이런 조치에도 불구하고 당시 재정 적자를 메우기 위해서는 2억 5000만 리브르에 달하는 이자부 단기 채권인 비예 데타(billets d'état)를 새로이 찍어야 했다. 그러나 금과 은의 순도를 줄이려는 시도로 사태가 더욱 악화되면서 결국 프랑스 경제는 침체에 빠지고 말았다.[41] 로는 이 모든 문제를 해결할 방법이 있다고 주장했다.

1715년 10월 로는 공공 은행이 은행권을 발행하는 안을 왕립 위원회에 처음으로 제출했다. 그러나 은행이 모든 세금을 징수해 왕실의 자금을 관리해야 한다는 로의 대담한 주장에 노아유 공작이 반대하면서, 이 제안은 무산됐다. 두 번째 제안은 순수 민간 은행에 대한 내용으로 훨씬 성공적이었다. 1716년 5월 로의 지시에 따라 방크 제너랄(Banque Générale, 일반 은행)을 세웠다. 이 은행은 정화(금이나 은)로 태환해야 하는 은행권을 20년간 발행할 수 있었다. 이 은행의 자본금은 600만 리브르(5000리브르 주식 1200개)였고, 그중 75퍼센트는 당시 다소 가치가 떨어졌던 비예 데타로 채웠다.(결국 유효 자본금은 285만 리브르 정도였다.)[42] 처음에는 무난한 계획 같았다. 그러나 언제나 원대한 계획이 샘솟았던 로는, 어린 루이 15세의 섭정이었던 오를레앙 공작을 설득하기 시작했다. 1717년 그는 한 단계 더 나아가, 모든 세금을 방크 제너럴 은행권으로 내도록 조치했다. 초반 일부 지역에서 반발이 일었지만 정부는 강행하였다.

로는 프랑스에 네덜란드식 공공 은행을 세워 경제적 신뢰를 회복하겠다는 야심을 품었다. 이때 한 가지 차이가 있다면, 프랑스 은행의 경우 종이 화폐를 찍어 낸다는 점이었다. 이렇게 은행이 돈을 관리하면 정부의 막대한 채무도 정리된다. 동시에 지폐로 프랑스의 무역뿐 아니라 경제적 힘도 되살린다. 로는 섭정에게 말했다. "이 은행은 제 구상 중 하나일 뿐, 더 원대한 포부가 있습니다. 전 유럽이 깜짝 놀랄 만한 변화를 일으킬 겁니다. 프랑스에 유익할 뿐 아니라, 인도 발견보다도 파급력이 큰 변화이지요……."[43]

로는 홀란트 공화국의 금융을 연구했지만, 절대 왕정을 갖춘 프랑스야말로 자신이 구상한 체계에 더 적합하다고 판단했다. 그는 이런 글을 남겼다. "통치를 아는 절대 군주야말로 신용의 확산을 가능하게 하므로, 권위가 제한적인 군주보다 낮은 이자에 필요한 자금을 모을 수 있다." 이러한 전제주의 금융 이론에는 "군사 기관이나 입법 기관처럼, 신용 역시 한 사람의 수중에서 절대 권력처럼 행사되어야 한다."라는 주장이 깔려 있었다.[44] 관건은 왕실이 위기 모면 식으로 전쟁 자금을 마련해 온 상황에서, 왕실에 대한 신뢰를 과거보다 높이는 일이었다. 로의 구상에 따르면, 군주가 자신에 대한 신뢰를 무역 회사에 위임하면 그 영토에서는 이 신뢰를 바탕으로 무역과 관련한 모든 요인이 순차적으로 이어지면서 하나로 통합된다. 그러면 로의 표현대로 나라 전체가 "무역업체가 되고, 이들이 왕실 은행의 현금을 소지

하면 자연스럽게 모든 상업과 화폐, 상품이 다시 결합"된다.[45]

네덜란드의 경우처럼, 로의 구상에서 핵심은 제국의 역할이었다. 그가 보기에 프랑스의 해외 속국은 거의 미개발 상태였다. 따라서 로는 루이지애나 지역을 개발해 프랑스 무역을 꽃피우고자 했다. 미시시피 삼각주부터 미 중서부 지방을 가로지르는 루이지애나는 현재 미국 땅덩이의 25퍼센트에 해당할 만큼 방대했지만, 당시에는 미개발 지역이었다. 1717년 새로 설립한 회사 '웨스트 컴퍼니(Company of the West)'는 25년간 루이지애나의 상업 독점권(그리고 식민지의 내정 통치권도)을 부여받았다. 이 회사의 자본금은 1억 리브르로 프랑스에서 전례 없는 규모였다. 웨스트 컴퍼니의 주식은 1주당 500리브르였다. 외국인뿐 아니라 프랑스인도 계급과 관계없이 주식을 (분납해) 살 수 있되, 비예 데타로 구입하도록 했다. 이 회수된 단기 채권은 4퍼센트짜리 랑트(영구 채권)로 전환되었다. 로의 이름은 감독관 명단 맨 위에 있었다.

물론 초반 로의 제도에 대한 반발이 없지 않았다. 통찰력 있는 생시몽 공작은 다음과 같이 지적했다.

> 이러한 제도가 그 자체로는 유익할지 모른다. 그러나 공화국이나, 영국 같은 군주제 국가에서만 도움이 될 뿐이다. 이들 국가에서는 금융 제공자가 금융을 통제하며, 본인 의사대로 금융을 제공한다. 반면 프랑스처럼 기반이 취약하고 변동이 극심한 절대주의 국가는 이러한 제도를 시행할 만큼 안정적이지 못하다. 그 이유는 왕이 …… 은행을 폐지할 수도 있기 때문이다. 그 유혹은 상당하며, 또 너무나 손쉽게 빠져들 수 있다.[46]

이를 마치 입증이라도 하듯, 재무 장관의 명령으로 주화 가치가 40퍼센트 하락하였다. 이에 1718년 초 파리 의회는 재무 장관 르네 다르장송(René

D'Argenson)과 로의 은행에 대해 맹공을 퍼부었다. 의회는 "도무지 감 잡을 수 없는 막막하고 극심한 혼돈"이라고 불평했다.[47] 그 사이 경쟁 회사인 파리 브라더스(Pâris brothers)는 로의 웨스트 컴퍼니보다 훨씬 성공적으로 투자자를 끌어모았다. 그런데도 진정한 전제주의자였던 섭정 오를레앙 공은 왕실의 특권과 그에 따른 이점을 거듭 강조하며 로를 흡족하게 해 주었다.(로는 "초반 제도에 낯설어하는 일부 세력이 거세게 저항하는 상황에서 전제 권력의 힘은 얼마나 막강한가!"라며 감탄을 표했다.)[48] 게다가 1718년 후반부터 정부는 한술 더 떠, 웨스트 컴퍼니에게 특권을 부여하는 식으로 주식의 인기를 끌어올렸다. 그해 8월 웨스트 컴퍼니는 담배 전매권을 획득했다. 12월에는 세네갈 컴퍼니(Senegal Company)의 특권도 접수하였다. 게다가 로의 입지를 더욱 탄탄하게 해 준 사건이 있었다. 1718년 방크 제너럴이 왕실의 인가를 받아, 사실상 프랑스 최초의 중앙은행인 방크 로얄(Banque Royale)로 승격되었다. 방크 로얄 은행권을 널리 퍼뜨리기 위해, 이를 (일정액의 은화를 나타냈던) 에퀴 드 방크(écus de banque) 또는 더 널리 쓰였던 리브르 투르누아(livres tournois, 계산 단위로 금과 은의 관계에 따라 가치가 변했다.)와 교환할 수 있도록 했다. 그러나 7월이 되자 에퀴 은행권은 회수돼 유통이 중단되었고,[49] 이듬해 4월 22일 은행권은 기존 은이 겪었던 주기적 '감가'가 없을 것이라는 법령이 선포됐다.[50] 프랑스가 주화에서 지폐로 이행을 시작한 순간이었다.

한편 웨스트 컴퍼니는 계속 확장해 나갔다. 웨스트 컴퍼니는 1719년 5월 동인도 회사와 중국 회사를 인수해 인도 회사, 즉 미시시피 회사로 더 잘 알려진 회사를 세웠다. 이어 7월, 로는 9년 동안 조폐 주조권을 독점했다. 8월에는 바로 1년 전에 간접세 징수 대행권을 얻은 경쟁 금융업체로부터 이 권한을 빼앗았다. 9월 미시시피사는 왕실에 12억 리브르를 빌려 주어 왕실의 빚 전액을 갚아 주었다. 한 달 후 로는 직접세 '징수' 책임을 맡았다.

로는 자신이 만든 체제에 자부심을 느꼈다. 그는, 전에 있던 제도들이

"수취하고 지불하는 방식"에 불과했지만, 이제는 "서로 맞물리는 생각들이 하나의 연결 회로를 이루어, 점차 그 근본 원리를 드러냈다."라고 기록했다.[51] 오늘로 치자면 로가 시도한 정책은 통화 재팽창(reflation) 정책이었다. 1716년 불경기였던 프랑스 경제는 로가 은행권으로 통화 공급을 늘리면서, 당시에 매우 절실했던 경기 자극이 가능해졌다.[52] 동시에 그는 모두에게 부담이었던 부실투성이 공공 부채를 (합리적이게도) 민간 세금 징수 기관이자 독점 무역업체였던 대형 회사의 주식으로 전환하려 했다.[53] 그가 성공을 거두면 프랑스 군주의 재정적 곤란이 해소되는 상황이었다.

그러나 로는 어디서 멈춰 서야 할지 몰랐다. 이제 비대해진 기업의 거대 주주가 된 그는, 자신이 세운 은행을 통해 통화를 팽창시켜 자산 가격 거품을 만드는 일에 몰두했는데, 이 경우 이득을 보는 자는 그 누구보다도 존 로 자신이었다. 이는 마치 미국 상위 기업 500개 업체와 미 재무부, 그리고 연방 준비 제도를 한 사람이 동시에 혼자 운영하는 격이었다. 이런 위치에 있는 자가 자신의 막대한 주식 포트폴리오 가치 하락을 무릅쓰고 기업의 세금이나 이자율을 올릴 리 만무했다. 게다가 로의 제도들은 거품을 일으키지 않으면 쓰러질 판국이었다. 다른 여러 회사와 세금 대행업체도 회사 이윤이 아닌 신규 주식 발행으로 인수해 온 터였다. 1719년 6월 17일, 미시시피사는 발행가 550리브르(액면가는 이전 웨스트 컴퍼니처럼 500리브르였다.)에 주식 5만 개를 발행하였다. 주식 발행을 성공적으로 이끌기 위해 로 자신도 개인적으로 인수했는데, 이는 불면의 밤을 자초한 전형적인 도박이었다. 게다가 로는 주가가 오를 경우 혼자 이득 본다는 비난을 면하고자, 기존 웨스트 컴퍼니 주주들에게 신규 주식 취득 독점권을 주었다.(이 주식은 '딸' 주식, 그 이전 주식은 '엄마' 주식이라고 불렸다.)[54] 1719년 7월 로는 세 번째 주식 발행분 5만 개('손녀')를 내놓았다. 왕실 조폐국에 지불해야 하는 돈 5000만 리브르를 모으기 위해 주식 가격을 1000리브르로 책정했다. 논리적으로 보자면 이렇게 기존 주식을 희석할 경우 개별 주가는 하락해야 한다. 그렇다면 로는 어떤 수법으로 발행 가격을 두 배나 높일 수 있었을까?

얼핏 보기에 주가를 더욱 높여 줄 '변위 요인'은 루이지애나에서 얻을 장래 수익에 대한 전망이었다. 이런 이유로 로는 식민지가 선량한 미개인들이 사는 에덴동산이 틀림없으며, 풍요의 뿔(어린 제우스에게 젖을 먹였다고 전해지는 염소의 뿔 — 옮긴이)과 같은 이국적인 상품을 프랑스에 가져올 수 있다는 희망을 심기 위해 음모를 꾸며야 했다. 이러한 교역을 수행하고자 미시시피 강변에 화려한 신도시를 세웠다. 도시명은 아부에 약한 섭정자의 이름을 딴 뉴올리언스였다. 물론 이러한 전망이 전혀 근거 없지는 않았을지라도, 아주 먼 미래에나 실현 가능했다. 라인 지방 출신의 가난한 독일인과 스위스와 알자스 지역 사람들 수천 명을 식민지 개척자로 모집했다. 그렇지만 이 운 없는 이주자들이 루이지애나에서 마주친 대상은 기승 부리는 무더위와 벌레가 들끓는 늪지대였다. 이주자 중 80퍼센트가 기아와 황열병 따위의 열대병으로 사망했다.*

단기적으로 이제 로가 지급해야 하는 40퍼센트 배당을 위해 여러 가지 변위 요인이 필요했다. 이는 지폐를 통해 이뤄졌다. 1719년 여름부터 '딸 주식'과 '손녀 주식'을 원한 투자자에게 방크 로얄은 아낌없이 지원을 해 주었다. 은행은 주주들에게 이 주식을 담보로 돈을 빌려 주었고, 그러면 주주들은 이 돈으로 더 많은 주식에 투자하였다. 그러면 예상대로 주가가 치솟았다. 최초의 '엄마 주식'은 8월 1일 2750리브르였다가 8월 30일 4100리브르, 9월 4일에는 5000리브르가 되었다. 이에 자극받은 로는 새로운 시장 가격에 10만 주를 더 발행하였다. 9월 28일과 10월 2일에 같은 수만큼 추가로 발행

---

* 생존자들의 자취는 세인트 찰스 패리시, 세인트 제임스 패리시, 세인트 존 더 밥티스트 패리시 등 아카디아 패리시(미국 루이지애나 주에 있는 자치주 — 옮긴이)에서 찾아볼 수 있다.

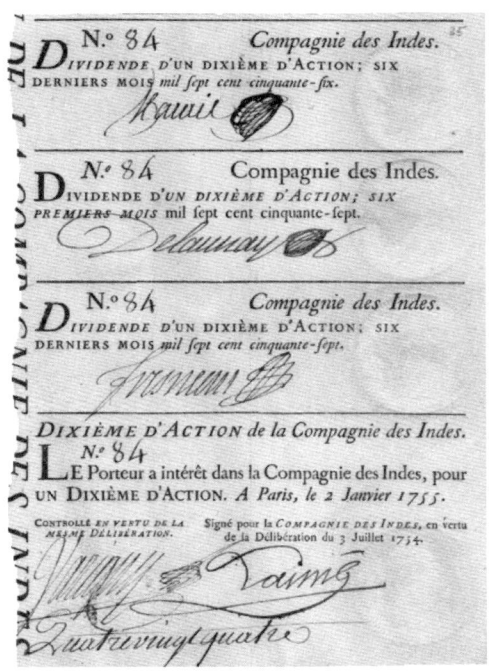

10분의 1로 액면 분할한 인도 회사(혹은 미시시피 회사로 알려진 곳)의 주식.

했고, 이틀 후에는 조금 줄여 2만 4000주를 발행했다.(이 주식은 공모하지 않았다.) 1719년 가을 주가가 9000리브르를 돌파했고, 12월 2일에는 1만 25리브르라는 신기록을 세웠다. 1720년 5월, 비공식 선물 시장 거래가가 1만 2500리브르에 달했다. 이제 분위기는 낙관에서 열광으로 돌변했다.[55]

그러나 일부 낌새를 눈치챈 사람들이 있었다. 1719년 볼테르(Voltaire)는 제농빌(M. de Génonville)에게 이런 글을 적어 보냈다. "파리 사람들 모두가 정신이 나갔단 말인가? 이 혼란스러운 상황을 난 도무지 이해 못하겠네……."[56] 아일랜드 출신 은행가이자 경제학자로, 로의 체제가 무너질 것을 확신한 리처드 캉티용(Richard Cantillon)은 주식을 모두 팔아 치운 뒤 1719년 8월 초에 파

3 거품 만들기 147

리를 떠났다.⁵⁷⁾ 영국에 있던 대니얼 디포(Daniel Defoe, 『로빈슨 크루소』 등을 저술한 영국의 작가 — 옮긴이)도 부정적으로 관망했다. 그는 프랑스가 단지 "정교하게 만든 허공에 뛰어든 꼴"이라고 지적했다. 또 로의 생애를 비꼬며 인생에서 성공하는 비법을 소개했다.

칼을 차고 있다가 멋쟁이 귀족을 한둘 찔러 죽이고 뉴게이트(Newgate, 런던의 유명 교도소 — 옮긴이)로 간다. 교수형을 선고받은 다음, 능력이 된다면 탈옥하라. 그리고 명심해 둘 것은 낯선 나라로 건너가 주식 중개인으로 변신해야 한다. 그리고 미시시피 주식회사를 세운 후 나라 전체를 거품 상태로 만들라. 그러면 금세 위인이 된다. 단, 운이 대단히 좋아야 한다…….⁵⁸⁾

그렇지만 부유한 파리 시민들 상당수는 로에게 홀려 있었다. 자신이 만든 화폐를 잔뜩 거머쥔 그는, 그 돈으로 밀린 연금을 지급하거나 선지급 했다. 이런 식으로 그는 특권층의 지지를 확실하게 얻었다. 1719년 9월 무렵에는 수백 명이 생마르탱 거리와 생드니 거리 사이의 좁은 통행로, 즉 미시시피 회사의 주식 발행 사무실이 있던 켕캉푸아(Quincampoix) 거리로 떼지어 갔다. 어느 영국 대사관 직원은 이 광경을 이렇게 묘사했다. "이른 아침부터 늦은 밤까지 대공과 공작과 귀족 등, 한마디로 프랑스에서 위대하신 분들 모두가 출두했다. 다들 재산을 팔고 보석을 저당 잡혀 가며 미시시피 주식을 샀다."⁵⁹⁾

1719년 파리를 방문한 여류 시인 메리 워틀리 몬터규(Mary Wortley Montagu)는 이렇게 기록했다. "기쁘도다. …… 잉글랜드 사람(정확히는 브리튼 사람)을 다른 곳도 아닌 파리에서 만나다니. 이 작자 미스터 로는 공작과 귀족에게 매우 무례하게 구는데도 이들에게 극도로 공손한 대접과 존경을 받는다. 가련한 영혼들이여!"⁶⁰⁾ 백만장자(millionaire)라는 단어가 처음 등장한 때도 바로 이 열광의 시기였다.(기업가(entrepreneurs)라는 단어와 마찬가지로 백만장자도 프랑스에서 나왔다.)

　12월 10일, 존 로가 미사에 난생처음 모습을 드러냈다. 전혀 뜻밖의 일은 아니었다. 공직자가 되려면 가톨릭으로 전향해야 했기 때문이다. 게다가 그는 조물주에게 감사할 일이 너무 많았다. 아니나 다를까, 그다음 달 재무 장관으로 임명받은 로는 성공의 정점에 올라섰다. 이제 그가 맡은 책임은 아래와 같았다.

　　프랑스의 모든 간접세 징수
　　프랑스의 국가 부채 전액
　　프랑스의 금·은화를 생산하는 조폐소 26군데
　　루이지애나 식민지
　　담배 수입 및 판매 독점권을 지닌 미시시피 회사
　　캐나다를 대상으로 한 프랑스 모피 교역
　　아프리카, 아시아, 동인도를 대상으로 한 모든 프랑스 교역

　다음은 로의 개인 재산 목록이다.

　　리슐리외 거리에 있는 느베르 호텔(현 국립 도서관)
　　미시시피 회사 사무실이 있는 마자랭 궁전
　　방돔 광장(당시 루이 르 그랑 광장)에 있는 건물의 3분의 1
　　12개국 이상에 산재해 있는 부동산
　　루이지애나에 있는 플랜테이션 농장
　　미시시피 회사의 주식 1억 리브르[61]

1719년 켕캉푸아 거리의 광경.

프랑스의 루이 14세가 '짐이 곧 국가'라고 하면, 존 로는 '내가 곧 경제'라고 화답할 만했다.

사실 존 로는 기도보다는 도박이 적성에 맞았다. 일례로 1719년 3월, 그는 부르봉 공작을 상대로 그해 겨울과 이듬해 봄에 얼음이 얼지 않는다는 내기에 신종 금화 1000루이도르(louis d'or)를 걸었다.(결과는 로가 졌다.) 또 한번은 주사위 6개를 동시에 던져서 지정된 숫자가 나올 수 없다는 데에 1만 대 1의 확률로 내기를 걸었다.(이 내기는 로가 이겼을지 모른다. 그 반대 확률이 6^6분의 1, 즉 46656분의 1이기 때문이다.) 그렇지만 그가 내건 가장 큰 내기는 바로 본인이 만든 체제였다. 1719년 8월 영국의 한 외교관이 로의 '일상 담화'

150 금융의 지배

를 불편한 심경으로 전하였다. "프랑스를 과거 어느 때보다도 높은 반열에 올리고, 전 유럽을 프랑스에 복종시키겠다고 한다. 또 영국과 홀란트의 교역과 신용을 언제든 본인이 내킬 때 망쳐 놓을 수 있다고 장담했다. 마음만 먹으면 영국의 은행이나 동인도 회사도 몰락시킬 수 있다고 큰소리쳤다."[62] 한번 내뱉은 말은 실제 행동으로 보여 주었던 로는, 런던데리의 백작인 토머스 피트(Thomas Pitt, 영국 수상 윌리엄 피트(william pitt)의 조부)와 앞으로 1년 후 영국의 주가가 떨어진다는 내기를 걸었다. 그래서 로는 액면가로 10만 파운드에 해당하는 동인도 회사 주식을 1720년 8월 25일 18만 파운드(한 주당 180파운드로 액면가보다 80퍼센트 높은 가격)에 팔겠다고 공언했다.(1719년 8월 말 주가가 194파운드였으므로, 로는 14파운드가 떨어진다고 예측한 셈이었다.)[63]

그러나 로가 보여 준 자신감의 근원인 신용 사기는 영원할 수 없었다. 로가 재무 장관으로 임명되기 이전부터, 거품 주기 5단계 중 네 번째인 불안 국면이 고개를 들었다. 1719년 12월부터 미시시피사 주가가 떨어지기 시작하더니 12월 14일에는 7930리브르로 주저앉았다. 로는 현상 유지를 위해 여러 가지 인위적인 편법을 동원했다. 우선 방크 로얄에 담당 부서를 설치해 이 주식들을 최저 9000리브르에 사고팔도록 조치하였다. 1720년 2월 22일에는 사태를 간단히 수습할 심산이었는지 미시시피사가 방크 로얄을 인수하겠다고 발표했다. 또한 로는 1000리브르를 내면 6개월 후에 1만 리브르에 주식 매입이 가능한 옵션(프라임)도 만들었다.(예탁금과 행사 가격을 합한 1만 1000리브르는, 1월 8일에 기록한 최고가 1만 100리브르보다 900리브르 높은 액수였다.) 1월 중순까지는 이런 조치들로 주가를 9000리브르 이상 유지할 수 있었다.(가격이 바닥을 치는 바람에 옵션은 무용지물이 됐다. 그러자 로는 너그럽게도 옵션 10개를 미시시피 주식 1개와 맞바꾸어 주었다.)

그렇지만 주식 시장 밖에서는 인플레이션이 놀라운 기세로 치솟고 있었다. 1720년 9월 정점에 달한 파리 물가는 2년 전보다 약 2배 뛴 상태였고, 대부분 바로 전 11개월 동안 상승한 물가였다. 이는 로가 은행권을 엄청나게 유통시킨 탓이었다. 1년이라는 짧은 기간 동안 그는 지폐량을 2배 이상 늘렸다. 1720년 5월이 되자, 리브르로 환산한 총 통화 공급량(일반인이 보유한 은행권과 주식을 뜻하는데, 주식의 경우 언제든지 현금 전환이 가능했기 때문이다.)은 전에 금과 은 주화를 사용한 시기보다 4배 이상 많았다.[64] 당연히 은행권의 가치 하락을 예상해 다시 금과 은으로 되돌아가려는 사람들이 나타났다. 언제나처럼 전제주의자 로의 초반 대응은 강제력을 띠었다. 은행권을 법화로 만들었다. 금과 은 수출을 금지했고, 이를 재료로 한 물품의 생산 및 판매도 금지했다. 1720년 2월 27일에는 시민들이 금속 주화를 500리브르 이상 소지하지 못하게 하는 법령을 발표했다. 관계 당국은 시민들의 집을 색출할 권한까지 부여받아 이 정책을 강행하였다. 볼테르는 이에 대해 "지금까지 시행된 칙령 중 가장 불합리"하며, "전제주의의 부조리성을 보여 주는 극치"라고 비난했다.[65]

동시에 로가 은행권의 금·은 교환 비율을 임시변통으로 손본 결과, 1719년 9월부터 1720년 12월까지 금과 은의 공식 가격이 각각 28번, 35번 변경됐다. 이 모두가 주화보다 은행권을 선호하도록 하기 위한 노력이었다. 그러나 때로 모순적으로 보이는 조치들이 이어지면서 사람들은 당황스러워 했고, 그 결과 전제주의 체제가 자기 편의대로 경제 규칙을 바꾼다는 인상만 심어 주었다. 어느 평론가는 훗날 이렇게 회상했다. "매우 신비로운 주문에 홀린 것처럼, 몇 마디 말이 뭉쳐 아무도 이해하지 못하는 칙령이 되었고, 대기는 모호한 생각과 망상들로 가득했다."[66] 어떤 날은 금·은 수출이 자유로웠다가도, 그다음 날은 아니었다. 인쇄기를 최대한 가동시켜 은행권을 빠르게 찍어 내다가도, 이튿날이면 은행권 공급을 120만 리브르로 제한하였다. 미시시피사 주식도 전날에는 하한가가 9000리브르였다가도 다음 날이 되면 또 변경되었다. 2월 22일, 하한가를 없애자 주식은 예상대로 폭락했다. 2월 말 주식은 7825리브르로 떨어졌다. 5월 5일, 섭정의 압력을 받았던지 로는 또다시 방침을 바꿔, 하한가를 9000리브르로 정하고 이 가격에 매수하는 담당 부서를 다시 설치했다. 이러한 조치들은 결국 '은행권은 가치가 고정된 화폐'이며, 120만 리브르를 공급 상한으로 한다는 약속을 무색하게 만들었다.[67] 각 주식을 현금 9000리브르와 맞바꾼 발 빠른 투자자들은 안도의 한숨을 쉬었다. 1720년 2월과 5월 사이에 민간 보유 은행권은 94퍼센트 늘어났다. 그 사이에 민간의 주식 보유분은 전체 발행 수의 3분의 1 이하로 뚝 떨어졌다. 머지않아 모든 주식이 처분될 게 뻔했고, 이 경우 은행권은 더욱 홍수를 이뤄 인플레이션이 치솟을 판국이었다.

  5월 21일, 로는 필사적으로 대폭락을 막고자 섭정을 설득하여 통화 수축 포고령을 내리도록 하였다. 미시시피사 주식의 공식 가격을 한 달간 9000리브르에서 5000리브르로 내리고, 동시에 유통 중인 은행권을 절반으로 줄였다. 또한 그는 은행권의 가치를 낮추어, 가치 안정을 장담했던 이전의 공약을 무색하게 만들었다. 이때부터 로 체제의 기반이었던 왕실의 전제주의가 돌연 한계를 보이기 시작했다. 흥분한 대중들의 외침에 정부는 이 조치들을 엿새 만에 취소했지만, 체제에 대한 불신은 돌이킬 수 없었다. 초반 소강 상태를 보이던 주식 가격이 5월 16일 9005리브르에서 5월 31일 4200리브르로 주저앉았다. 성난 군중들이 은행 주변에 운집했고, 은행은 은행권 수요를 맞추느라 진땀을 흘렸다. 돌멩이가 날아다녔고, 창문이 깨졌다. 영국의 어느 평론가는 말했다. "계급과 지위를 막론하고 모든 프랑스 국민이 엄청난 손해를 보았다. 다들 얼마나 놀랐던지, 넋이 나간 사람들 표정을 묘사할 말이 떠오르지 않을 정도였다. 귀족이나 지체 높은 사람들도 매우 흥분하여 언성을 높였다."[68] 로는 의회 비상회의 석상에서 호된 비난을 받았다. 5월 21일, 섭정은 한발 물러나 포고령을 취소했다. 섭정에게 사임 의사를 비쳤던 로는 5월 29일 공직에서 완전히 쫓겨났다. 그러고는 가택연금에 처했

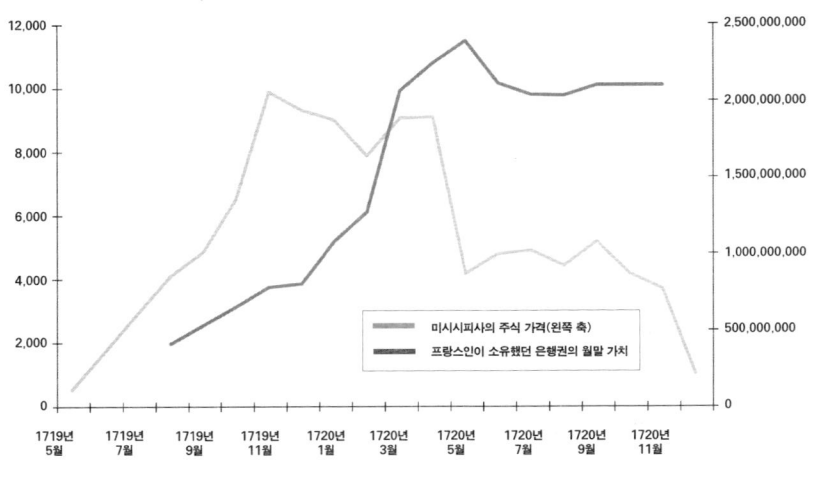

미시시피사의 거품. 화폐와 주식 가격(단위: 리브르).

다. 로에게 적의를 품은 사람들은 그를 감옥에 보낼 태세였다. 로는 생애 두 번째로 감옥에 갇히거나 사형까지 당할 위기에 처했다.(발 빠른 조사 위원회는 로가 월권을 행사해 은행권을 발행했다는 증거를 찾아내 기소 근거를 마련하였다.) 방크 로얄도 폐쇄되었다.

사기꾼 존 로는 탈옥의 명수이기도 했다. 어쨌거나 본인 손으로 만든 금융 시스템이 완전히 붕괴될 상황에서, 이를 막아 낼 사람은 자신 말고는 없어 보였다. 그를 권력(그리 지위가 높지 않은 상업 총책임자)에 다시 끌어들이자 주식 시장이 자극을 받았다. 그렇지만 일시적 해법에 불과했다. 10월 10일 정부는 금과 은을 국내 거래에 다시 사용하도록 지시하였다. 미시시피사 주가는 곧 하락세를 재개하더니 9월에 2000리브르, 12월에는 1000리브르로 떨어졌다. 본격적인 패닉 상태를 더 이상 막을 도리가 없었다. 사람들에게 비난받고 언론에서 풍자되던 로는 마침내 프랑스를 떠났다. 떠나기 전 그는 오를레앙 공작과 '측은한 작별 인사'를 나누었다. "공작 님, 제가 엄청난 실수를 저질렀다는 사실을 인정합니다. 저도 한낱 인간이기에 실수를 했고,

모든 인간은 실수할 여지가 있으니까요. 그렇지만 단언하건데, 이 모든 게 악의라든가 사기 칠 생각에서 한 행동이 아니었으므로, 그런 의도는 제 행동 어디서도 찾아볼 수 없을 것입니다."[69] 그럼에도 로의 아내와 딸은 그에 대한 조사가 진행될 동안 프랑스에 볼모로 잡혀 있었다.

송곳에 찔리기라도 한 듯 미시시피 거품이 터져 버렸고, 새어 나간 공기의 파열음은 유럽 전역에 울려 퍼졌다. 어느 네덜란드 투자자는 매우 분노한 나머지 중국에서 특별 제작한 접시에다 이 상황을 풍자했다. 접시에는 이런 글귀가 새겨져 있다. "신께 맹세코, 내 주식은 모두 휴지 조각이다!" 훨씬 노골적인 글귀도 있다. "똥을 나누어 갖고 바람을 거래하다." 암스테르담 투자자들이 보기에, 로의 회사는 바람을 거래한 것과 다를 바 없었다. 네덜란드 동인도 회사는 향신료나 의류 등 실제 상품을 교역했기 때문이다. 네덜란드의 풍자 만화 중에 이런 구절도 있다.

> 이곳은 불가사의한 미시시피 땅,
> 주식 거래로 유명해진 이곳에서
> 사기와 사악한 행동 때문에
> 숱한 재산들을 날렸다네.
> 제아무리 주식이라 우긴다 한들
> 실은 바람과 연기였을 뿐.

익살스러운 비유를 담은 판화도 제작돼 「어리석음의 장관(壯觀)」이라는 이름을 달고 세상에 나왔다. 이 작품은 알궁둥이를 내놓은 주식 브로커가 동전을 먹으면서 미시시피사 주식을 배설하는 모습을 담고 있다. 정신 나간 투자자들이 켕캉푸아 거리에서 미쳐 날뛰다가 정신 병원으로 끌려가는 장면도 있다. 또 마차를 타고 태평하게 성을 지나가던 로가 행색이 남루하고

동전을 미시시피사 주식과 바람으로 바꾸는 브로커들. 「어리석음의 장관」.

분노에 찬 두 명의 사내에게 봉변당하는 모습도 있다.[70]

    로 역시 금융적 타격에서 예외가 아니었다. 그는 거의 무일푼 상태로 프랑스를 떠났다. 런던데리 백작에게 영국 동인도 회사 주식이 180파운드로 떨어진다고 내기를 건 탓이었다. 1720년 4월 그 주식 가격은 235파운드로 올랐고, 투자자들이 파리 시장을 빠져나가 상대적으로 안전해 보인 런던으로 도피하면서 주가는 계속 올라갔다.(당시 남해사 거품(South Sea Bubble)은 투기가 덜하다고 보았다.) 6월이 되자 주가는 420파운드가 되었고 8월에는 345파운드로 조금 하락했는데, 이때가 바로 로가 건 내기의 완료 시점이었다. 로의 런던 은행가 조지 미들턴(George Middleton) 역시 고객의 채무를 이행하느라 거덜 난 상태였다. 그렇지만 프랑스가 입은 손해는 금융적 측면만이 아니었다. 로가 만든 거품 경제와 그 붕괴는 프랑스의 금융 발전에 치명타를

베르나르 피카르, 「후세에 바치는 기념비적 작품」.

입혔고, 그 결과 프랑스인은 지폐와 주식 시장을 여러 세대 동안 멀리하게 되었다. 프랑스 군주는 재정 위기 문제를 해결하지 못했다. 루이 15세의 남은 통치 기간과 그 후계자인 루이 16세의 재임 기간 동안 왕실은 간신히 버텼고, 불발에 그친 이런 저런 개혁들로 위태로운 모습을 보이다가 마침내 파산하면서 혁명을 맞이하게 되었다. 이 재앙적 사태의 파장을 뛰어나게 포착한 작품이 있다. 바로 베르나르 피카르(Bernard Picart)의 정교한 판화 「후세에 바치는 기념비적 작품(*Monument Consecrated to Posterity*)」(1721)이다. 이 작품 왼편에는 무일푼이 된 네덜란드 투자자들이 침울한 표정을 지은 채 요양원과 정신 병원, 빈민 수용소로 떼 지어 들어가고 있다. 한편 오른쪽에 묘사된 파리 사람들은 훨씬 종말론적 모습이다. 벌거벗은 운명의 여신 포르투나(Fortuna)가 켕캉푸아 거리에서 군중들에게 미시시피 주식과 옵션을 비처럼

3 거품 만들기 157

뿌리고 있고, 인도인들이 이끄는 거대한 괴물 같은 운명의 수레바퀴가 회계장부를 짓뭉개며, 그 앞에서는 두 남자가 몸싸움을 벌이고 있다.[71]

반면 비슷한 시기 영국 남해사 거품은 상당히 작은 규모로 훨씬 적은 이들에게 피해를 끼쳤다. 그 이유 중 하나는 남해 회사의 경우, 로가 방크 로얄을 통제했던 식으로 잉글랜드 은행에 통제력을 행사하지 못했기 때문일 것이다. 그렇지만 본질은 같았다. 영국판 존 로인 존 블런트(John Blunt)의 남해 계획은, 스페인 계승 전쟁 때문에 생긴 각종 정부 부채를 남미의 스페인 식민지와의 독점 무역을 허가받은 회사 주식으로 전환하는 것이 골자였다. 연금 및 여타 채무 증서의 전환 가격에 합의한 남해 이사진은, 기존의 정부 연금 보유자들이 자사 주식을 높은 시장 가격에 사들이면 대중에게 추가로 주식을 팔아 이윤을 남길 수 있었다.[72] 이런 식으로 이들은 파리의 로와 유사한 편법을 써서 성공을 거두었다. 주식은 대중을 상대로 네 차례에 걸쳐 내놓았고, 주가는 1720년 4월 주당 300파운드에서 6월 1000파운드까지 뛰었다. 할부 구입도 허용했다. 주식 덕분에 채무가 해결됐다. 배당도 후하게 지급되었다. 때가 무르익자 지나친 낙관에서 열광 상태로 넘어갔다. 영국의 시인 알렉산더 포프(Alexander Pope)는 "(희망이 샘솟고 황금 산이 눈앞에 있는 지금) 모험을 감행하지 않는다는 건 안타까운 일"이라고 표현했다.[73]

그렇지만 로와 달리 블런트와 그 일당은 잉글랜드 은행과 경쟁해야 했고, 이런 이유로 은행은 연금 수급자에게 더 나은 조건을 제시해야 했다. 또 로와 달리 이들은 의회에서 휘그당을 비롯한 정치적 반대 세력과도 맞서야 해서, 유리한 법안을 위해 뇌물도 바쳐야 했다.(재무 장관이 주식 옵션으로 24만 9000파운드를 벌기도 했다.) 게다가 이들은 주식 시장과 신용 시장에서 독점적인 위치를 차지할 수도 없었다. 독점은커녕 1720년에 자본금을 모으려는 신규 회사들이 190개나 몰려들면서, 남해 이사진은 의회에 있는 우호 세력이 신규 회사 설립을 제한하는 거품법(Bubble Act)을 통과시키도록 압력을 넣어야 했다.* 또한 남해 회사의 세 번째 주식 공모로 현금 수요가 화폐 시장의 재원을 넘어선 상황에서도, 이사진은 유동성을 추가로 주입할 수가 없었다. 게다가 남해 회사의 거래 은행인 스워드 블레이드사(Sword Blade Company)가 9월 24일 파산을 맞기도 했다.(잉글랜드 은행이나 방크 로얄과 달리 이 은행의 은행권은 법화가 아니었다.) 5월과 6월에 열광 단계를 거친 후 7월에 불안 시기를 잠시 겪더니(이때 내부자와 해외 투기꾼이 각자 이윤을 챙겼다.), 8월 패닉 단계에 빠져들었다. 당시 불운하고 가난했던 조너선 스위프트(Jonathan Swift, 『걸리버 여행기』등을 쓴 영국의 작가 — 옮긴이)는 한탄스러워 했다. "다들 이런 날이 오리라 예감했겠지만, 이에 대비한 자는 아무도 없었다. 모두의 예상을 깨고 느닷없이 죽음이 찾아오듯 한밤중 도둑처럼 찾아왔다."[74]

그렇지만 거품 붕괴가 낳은 피해는 해협 건너편 나라만큼 치명적이지 않았다. 액면가와 최고가의 격차를 살펴보면, 남해사 주식의 경우 9.5배인 반면, 미시시피사 주식은 19.6배였다. 다른 주식(잉글랜드 은행과 동인도 회사)은 대체로 이보다 적게 올랐다. 런던의 경우 주가가 현실로 돌아왔을 때, 거품법 제정으로 이후 주식회사 설립을 제약한 점 외에는 금융 시스템 전반에 지속적으로 입힌 피해가 없었다. 남해 회사 자체도 존속했다. 정부 부채 전환도 유지되었다. 해외 투자자들 역시 영국의 유가 증권을 외면하지 않았다.[75] 결국 존이 일으킨 인플레이션으로 프랑스는 나라 전체가 몸살을 앓은 반면, 남해사의 추락은 영국 영토에 그다지 큰 영향을 끼치지 못했다.[76] 두 가지 거품 사건에서 쓰라린 시절을 맞은 쪽은 단연 프랑스였다.

---

* 거품법은 법적 허락 없이는 신규 회사 설립을 못하게 했고, 기존 회사들도 허가받지 않은 행동은 할 수 없도록 못 박았다.

황소와 곰

1929년 10월 16일, 예일 대학 경제학과 교수 어빙 피셔(Irving Fisher)는 미국의 주식 가격이 "영원히 하락하지 않는 고원에 도달했다."라고 주장했다.[77] 그러나 8일 후인 '검은 목요일(Black Thursday)'에 다우 산업 지수는 2퍼센트 하락했다. 사실 주식 시장은 9월 초부터 미끄러지기 시작했고 10월 23일에는 이미 6퍼센트나 급락했지만, 통상 이때부터 월 스트리트 붕괴가 시작됐다고 본다. 10월 28일 '검은 월요일(Black Monday)'에도 주가가 13퍼센트나 떨어졌다. 그다음 날에는 12퍼센트 더 추락했다. 이후 3년 동안 미국 주식 시장은 놀랍게도 89퍼센트나 하락하더니, 1932년 7월 최저점에 도달했다. 주가 지수는 1954년 11월까지 1929년 당시 최고치를 회복하지 못했다. 더욱 참담한 일은 이러한 자산 디플레이션(asset price deflation, 주식이나 채권 같은 금융 자산과 토지, 주택 등의 실물 자산 가격이 계속 하락하는 현상―옮긴이)이 실제 그 원인은 아닐지라도, 역대 최악의 불황과 맞물려 일어난 점이었다. 미국의 생산량이 기존의 3분의 1 수준으로 무너져 내렸다. 노동 인구의 4분의 1이 실업자였는데, 현재 기준으로 보면 3분의 1이 실업자였던 셈이다. 미국만큼 심각한 경제 불황을 겪은 나라는 독일 정도였지만 거의 모든 경제권에서 가격과 산출량이 하락했으므로, 이는 전 세계적인 재앙이었다. 각 나라가 무익하게도 관세 장벽과 수입 할당제를 내세우면서 세계 무역이 3분의 2 수준으로 줄어들었다. 국제 금융 제도는 채무 불이행과 자본 통제, 통화 가치 하락이라는 소용돌이 속에서 산산조각이 났다. 오로지 소비에트 연방만이 자급 경제와 계획 경제 덕분에 이 여파를 피해 갔다. 왜 이런 일이 생겨났을까?

일부 금융 참사의 원인은 뚜렷하다. 1914년 7월 말 주식 시장이 훨씬 심각하게 붕괴한 적이 있었다. 당시 1차 세계 대전이 터지면서 주식 시장이

1202년에 발간된 피보나치의 『리베르 아바치』의 한 페이지.
인도와 아랍의 수 체계와 계산법을 이자 계산 같은 금융 문제에 적용하였다.

▲ 보티첼리의 작품 「동방 박사의 경배」. 놀랍게도 성서의 한 장면에 메디치 가문의 구성원을 그려 넣어 존경받는 은행가 가문의 탄생을 알렸다.

◀ 네이션 메이어 로스차일드. '금융계의 나폴레옹'이자 19세기 초 채권 시장 지배자.

'로스차일드'. 프랑스 풍자잡지 《르 리르(Le Rire)》의 1898년 반 유대주의 만평.

남북 전쟁의 동력. 미시시피 강 빅스버그 전투에서 포함으로 공격해 온 북부 연합.

제국의 무역 거점. 초기 동인도 회사 지도에 묘사된 네덜란드 제국.

에마누엘 데 비테(Emanuel de Witte)의 「암스테르담 뵈르스(Beurs van Amsterdam)」(1653년). 최초의 진정한 증권 거래소로, 동인도 회사의 주식도 이곳에서 사고팔았다.

존 로의 초상화. 살인자이자 화폐 이론가 그리고 세계 최초로 주식 시장 거품을 설계한 자.

루이지애나 지도. 미시시피사가 돈을 벌어들이려 한 풍요의 땅.

미시시피사의 투자자들을 사로잡았던 루이지애나 풍경.

두 장의 네덜란드 접시에 미시시피 거품 붕괴에 대한 내용이 새겨져 있다. "신께 맹세코, 내 주식은 모두 휴지 조각이다!"라고 적힌 첫 번째 접시와, "똥을 나누어 갖고 바람을 거래하다."라고 적힌 두 번째 접시.

대폭락하자, 뉴욕을 비롯한 세계 주요 주식 시장은 문을 닫아야 했다. 그리고 이 상태는 1914년 8월부터 그해 말까지 계속되었다.[78] 따라서 당시 금융 시장을 청천벽력처럼 내리친 것은 바로 세계 대전이었다.[79] 반면 1929년 10월의 주식 시장 붕괴는 설명하기가 훨씬 어렵다. 검은 목요일 하루 전날 《뉴욕 타임스》 1면을 장식한 기사는 프랑스의 아리스티드 브리앙(Aristide Briand) 내각 소식과 수입 화학 물질 관세를 둘러싼 미 상원 표결 결과였다. 역사가들은 독일의 1차 세계 대전 배상금 문제가 교착 상태에 빠지고 미국의 보호무역주의가 점차 거세지면서 대공황의 방아쇠를 당겼다고 보기도 한다. 또 당시 신문 1면에는 전날 동부 해안을 강타한 극심한 강풍에 대해 적어도 네 개의 기사가 실렸다.[80] 따라서 역사가라면 월 스트리트 붕괴를 악천후 탓으로 바라볼 수도 있다.(이는 억지스러운 주장이 아니다. 런던 시티의 전문가들은 1987년 10월 19일, 허리케인급 강풍이 영국 남동부를 휩쓴 그 이튿날에 터진 검은 월요일 사건을 아직도 기억한다.)

당시 사람들은 위기와 관련해 심리적 차원에도 문제가 있다고 보았다. 프랭클린 루스벨트(Franklin Roosevelt) 대통령은 취임 연설에서, 미국인은 '두려움 자체'를 두려워해야 한다고 주장했다. 존 메이너드 케인스도 '심리라는 보이지 않는 장치의 실패'에 대해 언급한 적이 있었다. 두 사람 모두 위기의 한 요인으로 금융 과실을 암시한 것이었다. 루스벨트는 월 스트리트의 '괘씸한 환전상'을 겨냥했다. 케인스는 자신의 저서 『일반 이론(General Theory)』에서 주식 시장을 카지노에 비유했다.

대공황은 부분적으로 과거 1914년 위기에서 생긴 세계 경제 혼란 탓으로도 볼 수 있다. 1차 세계 대전 동안, 비유럽 국가의 농업 및 산업 생산이 확장되었다. 평화가 찾아오면서 유럽이 생산 활동을 다시 시작하자 만성적인 과잉 생산이 생겨났고, 이는 1929년 훨씬 이전부터 농산물 가격을 하락시켰다. 이런 상황에서 대외 전쟁 채무가 막대한 나라들(빚더미에 앉은 독일을 비롯하여)은 경화 벌이가 더욱 힘들어졌다. 또한 전쟁으로 대다수 참전국에서 노동 조합의 힘이 세지면서, 고용주들은 가격 하락을 임금에 반영하기가 더욱 곤란해졌다. 이윤 마진이 실질 임금 상승으로 압박받는 상황에서, 기업들은 노동자를 해고하지 않으면 파산에 직면할 수밖에 없었다. 그럼에도 위기의 진원지였던 미국은 대공황이 강타했을 때 여러 가지 면에서 경제 지수가 양호했다. 양 대전 사이의 시기에 생산성을 드높인 기술 혁신도 부족함이 없어서 듀퐁(Dupont)의 나일론, 프록터 앤드 갬블(Procter & Gamble)의 세제, 레블론(Revlon)의 화장품, RCA의 라디오, IBM의 계산기 등이 쏟아져 나왔다. 예일 대학의 어빙 피셔는 "미국이 전례 없을 정도로 과학과 발명품을 산업에 응용하고 있으므로, 기대 소득이 더 커질 것으로 전망한다."라고 말했다.[81] 또 제너럴 모터스(General Motors)의 앨프리드 슬론(Alfred Sloan) 같은 이들 덕분에 경영 방식에도 혁명이 일어났다.

그렇지만 최초로 변위 요인을 낳고 전통적인 주식 시장에 붕괴를 몰고 온 주범은 바로 이러한 역동성이었다. 피셔를 비롯한 경제 평론가들은 미국 가계들이 할부 신용으로 구입이 손쉬워진 자동차와 내구 소비재를 열망하면 할수록, 주가는 끝없이 상승한다고 보았다. 1920년대의 기술 주인 RCA의 주가는 1925년과 1929년 사이에 무려 939퍼센트 증가했다. 주식 시장이 정점이었을 때 주가 수익률은 73이었다.[82] 지나친 낙관으로 신주공모(IPOs)가 쇄도했다. 1929년에 발행한 주식 가치는 60억 달러에 달했고, 이 주식 물량 중 6분의 1을 9월 한 달 동안 발행했다. 주식 시장 붐을 이용한 금융 제도인 투자 신탁이 급증했다.(골드만삭스는 1929년 8월 8일에 골드만삭스 트레이딩 코퍼레이션이라는 자사 확장 계획을 발표했다. 만약 이 업체가 독립적이지 않았다면, 뒤이은 붕괴로 골드만삭스 자체가 무너지고도 남았을 것이다.) 동시에 어빙 피셔를 비롯한 소액 투자자 대부분이 주식 매입을 위해 차입 자본에 의존했다. 이는 브로커를 통해 대출을 받아(보통 은행보다는 주식회사를 통해 이뤄졌다.) 신용으로 주식 거래를 하는 것으로, 매입 가격 중 극히 일부만 본인 돈으로 결제했다. 1719년처럼 1929년에도 내셔널 시티 은행(National City Bank)의 찰스 미첼(Charles E. Mitchell)이나 제너럴 모터스의 윌리엄 크레이포 듀랜트(William Crapo Durant) 같은 부도덕한 내부자와 그루초 막스(Groucho Marx) 같은 순진한 외부자가 있었다.[83] 또 1719년과 마찬가지로 금융 시장을 떠돌며 그 충격을 확대 전파한 핫머니가 있었다. 게다가 1719년처럼 거품이 꺼지던 순간에 그 규모와 사태의 심각성을 결정지은 주체인 통화 당국이 존재했다.

매우 탁월한 미국 경제사 집필자 밀턴 프리드먼과 안나 슈워츠(Anna Schwartz)는, 1929년 위기를 대공황으로 확대시킨 주요 책임자가 다름 아닌 연방 준비 제도라고 주장했다.[84] 이들에 따르면 주식 거품 자체는 연준의 탓이 아닌데, 뉴욕 연방 준비 은행의 벤저민 스트롱(Benjamin Strong)이 복구된 금 본위제 유지라는 미국의 국제 의무와 가격 안정이라는 국내 의무를 균형감 있게 해냈다고 보기 때문이다. 사실 연준은 미국으로 들어오는 대량의 금을 불태화하여(유입된 금이 통화 팽창으로 이어지는 것을 막는 조치) 거품이 더욱 커지는 것을 차단하였다. 또한 뉴욕 연준은 1929년 10월 공황 당시에도 대규모로(그리고 임의적으로) 공개 시장 조작 정책(금융 부문에서 채권을 매입하는 것)을 수행하여 시장에 유동성을 주입하는 식으로 적절히 대응하였다. 그렇지만 1928년 10월 스트롱이 결핵으로 사망한 이후 워싱턴의 연방 준비 이사회가 통화 정책을 주도하면서 끔찍한 결과를 초래하고 말았다. 첫째, 은행 파산이 야기한 신용 수축을 완화하기 위한 조치를 찾아보기 힘들었다. 이 문제는 주식 시장 붕괴가 있기 수개월 전, 당시 8000만 달러 이상의 예금을 보유하고 있던 상업 은행들이 예금 지급을 중단했을 때 이미 수면 위로 올라온 것이었다. 결정적 순간은 1930년 11월과 12월이었다. 당시 608개의 은행이 파산하면서 총 예금 손실액이 5억 5000만 달러에 이르렀다. 이 중에는 예금 손실액의 3분의 1 이상을 차지했던 미합중국 은행도 있었다. 은행 구제를 위한 합병 논의가 실패로 돌아간 것도 대공황 역사에서 결정적 사건이었다.[85] 둘째, 1913년 연준 창설 이전에 이런 종류의 위기를 맞이했다면 당시 시스템은 은행 예금의 금 태환에 제동을 걸었을 것이다. 반면 연준은 (1930년 12월부터 1931년 4월까지) 미회수 여신(credit outstanding)의 규모를 낮추면서 사태를 더욱 악화시켰다. 이 조치로 은행들이 허둥지둥 유동 자산 마련을 위해 자산을 매각해, 채권 가격이 내려갔고 상황은 전반적으로 악화되었다. 1931년 2월과 8월 사이에 이어진 은행 파산 물결로 상업 은행 예금액은 총액의 9퍼센트인 27억 달러가 하락했다.[86] 셋째, 영국이 1931년 9월 금 본위제를 단념하고 해외 은행들이 보유 달러를 금으로 전환하는 일이 속출했을 때, 연준은 할인율을 두 차례에 걸쳐 3.5퍼센트로 늘렸다. 이 조치로 금 유출은 막아 냈지만, 미국 은행들을 다시 한번 위태롭게 만들었다. 1931년 8월부터 1932년 1월까지 1860개의 은행이 파산하면서 예금 손실액은 14억 5000만 달러에 달했다.[87] 그러나 연준의 금은 바닥날 위험이 없었다. 파운드화가 금 본위제를 이탈하기 직전 미국의 금 보유액은 세계 비축량의 40퍼센트인 47억 달러로 최고 수준이었다. 그해 10월 최저치인 상태에서도 연준의 금 보유고는 법정 기준치보다 10억 달러 이상 많았다.[88] 넷째, 1932년 4월에 이르러서야 강력한 정치적 압박이 가해진 결과, 처음으로 유동성 위기를 막기 위한 중대 조치가 단행됐다. 그러나 이러한 조치로도 1932년 마지막 분기에 터진 은행 파산 물결을 막기에는 역부족이었고, 그 결과 주 전체의 모든 은행이 일시적으로 문을 닫는 '은행 영업 정지(bank holidays)' 사태를 최초로 맞게 되었다.[89] 다섯째, 새로 들어선 루스벨트 행정부가 달러를 평가 절하 한다는 소문이 돌면서 국내외 투자자들이 달러에서 금으로 이탈해 가자, 연준은 또다시 할인율을 올렸다. 이로써 루스벨트는 취임 이틀 후인 1933년 3월 6일 전국적인 은행 영업 정지를 선언하게 되는데, 이후 다시

는 영업을 재개하지 못한 은행이 2000개에 이르렀다.[90]

연준이 무능력하게도 총 1만 개에 달하는 은행 파산을 막지 못한 점을 결정적 국면으로 보는 까닭은, 그것이 예금을 잃은 소비자나 주식을 잃은 주주에게뿐만 아니라, 통화 공급과 신용 규모에도 폭넓게 영향을 주었기 때문이다. 1929년부터 1933년까지 일반인의 현금 보유액은 31퍼센트나 늘었다. 상업 은행 준비금에도 거의 변동이 없었다.(실제로 살아남은 은행들은 초과된 상태였다.) 반면 상업 은행에서 예금은 37퍼센트, 대출은 47퍼센트 감소하였다. 이 절대적인 수치야말로 '대수축'의 치명적인 역학 관계를 보여 준다. 12억 달러라는 대중의 현금 보유액 증가는 은행 예금이 156억 달러 감소하고 은행 대출이 196억 달러 하락한 대가로 얻은 것으로, 이는 1929년 국내 총생산의 19퍼센트에 달하는 수치였다.[91]

역사학자들은 역사에서 교훈을 얻어야 한다고 유독 강조했다. 이 주장에 경제학자들은 선뜻 공감하지 못했지만, 대공황의 재현을 막고자 두 세대에 걸쳐 그 원인을 고심해 왔다. 이러한 노력이 낳은 결실 중에 가장 중요한 가르침이 있다. 바로 자산 가격이 급락하는 시점에서 시행되는 부적절하고 유연하지 못한 통화 정책은 일시적인 조정 국면을 경기 후퇴로 만들며, 더 나아가 불황으로 빠져들게 한다는 사실이다. 프리드먼과 슈워츠에 따르면, 연준은 1929년 이후 은행 시스템에 유동성을 주입하기 위해, 대규모 공개 시장 조작을 하거나 재할인 창구를 통해 대출을 확대하는 등 적극적인 노력을 기울여야 했다. 또한 이들은 금 유출에 지나치게 신경 썼다는 지적도 잊지 않았다. 최근에는 양 대전 사이의 금 본위제 자체가 문제였고, 이를 통해 위기가 세계로 전파되었다(1931년 유럽의 은행 위기 및 통화 위기처럼)는 주장도 나왔다.[92] 따라서 역사의 두 번째 교훈은, 환율 안정에서 얻는 혜택이 국내 디플레이션이라는 대가를 치를 만큼 그렇게 중요하지 않다는 사실이다. 역사의 교훈이 미심쩍은 사람은 학계의 저술과 현 연방 준비 제도 의장의 최

근 행보를 한번 비교해 보기 바란다.[93]

두꺼운 꼬리 이야기

가장 중요한 역사적 사건은 실제 일어나지 않은 사건이기도 하다. 이 사실을 깨달았던 경제학자 하이만 민스키(Hyman Minsky)는 다음과 같이 정확한 지적을 했다. "2차 세계 대전 이후 가장 중요한 경제적 사건은 발생하지 않은 일, 즉 장기에 걸친 깊은 불황이 없었다는 점이다."[94] '검은 요일들(Black Days, 주가가 대폭락한 날—옮긴이)'이 없던 것도 아니었기에 이는 더욱 놀라운 일이다.

주가 지수 동향이 사람의 신장처럼 통계적으로 분포한다고 가정했을 때, 검은 요일들은 매우 드문 경우에 해당한다. 대부분은 평균 근처에 모여 있고, 극단적으로 오르내리는 경우는 극히 적기 때문이다. 즉, 우리 중 키가 120센티미터를 밑돌거나 240센티미터를 넘는 사람이 드문 것과 같다. 만약 내 금융사 수업을 듣는 남학생들의 신장 히스토그램을 빈도수에 따라 그려 보면 전통적인 종 모양의 곡선이 나올 것이고, 거의 대부분이 미국인 평균 키인 178센티미터에서 표준편차 ±12센티미터 범주 안에 모여 있을 것이다. 그렇지만 금융 시장은 이러한 모양새가 아니다. 다우 지수 동향을 도표로 매달 빠짐없이 그려 보면, 큰 폭의 오름세나 내림세 때문에 평균보다는 양끝을 중심으로 분포한 모양이 나올 것이다. 이를 통계학에서 '두꺼운 꼬리(fat tails)'라고 부른다. 만약 주식 시장 동향이 사람 키처럼 '정규 분포'나 종 모양을 따른다면, 연간 10퍼센트 이상의 주가 하락은 500년마다 한 번 꼴로 발생하는 사건일 것이다. 그런데 이런 일이 다우존스에서는 5년마다 한 번씩 터진다.[95] 더구나 20퍼센트 이상의 주가 폭락도 전례 없는 경우인데

(키가 30센티미터인 사람이 존재하는 것처럼) 현실에서는 지난 세기에만 해도 아홉 번이나 이런 붕괴를 겪어야 했다.

1987년 10월 19일 '검은 월요일', 다우 지수는 놀랍게도 23퍼센트나 하락하여 단 하루 개장으로 주가가 10퍼센트 이상 하락한 네 번째 사건으로 기록됐다. 다음 날《뉴욕 타임스》는 "1987년, 1929년의 재현인가?"라는 질문으로 일면을 장식했다. 주가가 정점 대비 거의 3분의 1이 폭락하면서 미국인은 1조 달러를 손해 보았다. 당시 주가 붕괴의 원인을 놓고 치열한 논쟁이 오갔다. 사실 연준은 그 전달에 이자율을 5.5퍼센트에서 6퍼센트로 올렸다. 니컬러스 브래디(Nicholas Brady)를 수장으로 둔 공식 전담반은 "포트폴리오 보험 전략을 구사하는 (소수의) 기관 투자자와 환매에 대응하려던 소수의 뮤추얼 펀드 그룹이 가격을 무시한 채 기계적으로 매도"하고, "공세적인 투자 전문 기관들이 주식 시장이 더욱 하락할 것으로 예상해 매도(하려) 했던 일"을 언급하며 이들에게 책임을 물었다. 뉴욕 증권 거래소의 전자 거래 시스템이 무너지고, 선물과 옵션 시장의 급락을 차단해 주는 '매매 거래 중단 장치(circuit breakers)'가 없는 상태에서 사태는 더욱 심각해졌다.[96)] 그렇지만 놀라운 점은 그 이후에 일어난 일, 아니 일어나지 않은 일이었다. 리스 모그(Lord Rees-Mogg, 런던《더 타임스》편집장으로 열렬한 통화주의자였다. — 옮긴이)를 비롯한 사람들이 불길한 예감을 느꼈는데도, 1990년대에 대공황은 전혀 발생하지 않았다.[97)] 1988년에는 경기 후퇴도 없었다.(1990년에서 1991년 사이에 한 번 정도 잠시 겪었을 뿐이다.) 검은 월요일 이후 1년도 채 지나지 않아, 다우 지수는 붕괴 이전 수준을 회복했다. 이 성과 중 일부는 분명 중앙은행가들, 그중에서도 두 달 전 폴 볼커(Paul Volcker)에게 직무를 넘겨받은 연방준비 제도 신임 의장 앨런 그린스펀 덕택이었다. 그린스펀은 검은 월요일 붕괴 사건에 신속하고도 적절히 대응했다. 10월 20일 그가 "연준은 유동성 공급으로 경제 및 금융 시스템을 지원할 채비를 갖추었다."라며 확신에 찬

한마디를 던지자, 뉴욕 은행과 시장은 이를 사태가 나빠질 경우 구제 금융이 발동된다는 신호로 받아들였다.[98] 공개 시장에서 적극적으로 정부 공채를 사들인 연준은 당시 시스템에 절실했던 현금을 주입했고, 16일 동안 연준에서 조달하는 차입 비용도 2퍼센트 가량 낮추었다. 월 스트리트에 다시 숨통이 트였다. 민스키가 말한 '그 일'은 터지지 않았다.

패닉이 한번 진정된 후, 그린스펀은 다음번에 또 사건이 터지면 패닉 상태를 원천 봉쇄하기 위해 사전 조치를 취해야 하는지를 놓고 딜레마에 빠졌다. 이 딜레마는 1990년대 중반 전통적인 주식 시장 붕괴가 모습을 드러내면서 표면화됐다. 당시 변위 요인은 개인 컴퓨터와 인터넷이 결합해 생긴 기술과 소프트웨어 산업의 폭발적인 혁신이었다. 그렇지만 역대 모든 거품처럼, 협조적인 통화 정책 역시 중요한 역할을 했다. 연방 기금의 목표 금리*는 1995년 6월 최고점인 6퍼센트에서 1996년 1월과 1997년 2월 사이에 5.25퍼센트로 떨어졌다. 1997년 3월에는 5.5퍼센트로 오르더니, 1998년 9월과 11월에 점차 떨어져 4.75퍼센트로 하락했다. 그 후 1999년 5월, 다우 지수 10000을 돌파하는 순간까지 이 수준에 머물렀다. 금리는 1999년 6월까지 상승하지 않았다.

왜 연준은 1990년대에 지나친 낙관의 고삐를 풀어 준 것이었을까? 그린스펀은 1996년 12월 5일 다우 지수가 6000선을 넘어선 직후 주식 시장의 '이상 과열'을 직접 경고한 적이 있었다.** 그렇지만 1997년 3월 0.25포인

---

* 이 금리는 은행들이 연방 준비 은행에 보유한 잔액을 다른 은행에 통상 하루 만기로 빌려 줄 때 적용하는 이자율이다. 연방 공개 시장 위원회는 연방 준비 제도 이사 7명과 12개 지역 연방은행 총재로 구성된 모임으로, 정기 회의에서 목표 금리를 정한다. 공개 시장 조작을 통해 이 금리의 효력을 발휘하도록 하는 업무는 뉴욕 연방 준비 은행이 맡는다.(뉴욕 시장에서 채권을 매매하는 방식을 쓴다.)
** 그는 애매한 말투로 말했다. "분명 저인플레이션은 미래에 대한 불확실성이 약하다는 뜻이며, 위험 프리미엄(risk premiums)이 낮을수록 주식 가격은 높아진다. …… 그렇다면 이상

트 상승한 이자율은 이상 과열을 잠재우기에 턱없이 부족했다. 그린스펀과 그 동료들이 기술 거품의 여세를 다소 과소평가한 점도 한 가지 이유일 것이다. 일찍이 1995년 12월 다우 지수가 5000선을 통과했을 때, 연방 공개 시장 위원회 위원들은 주식 시장이 정점에 달했다고 예상했다.[99] 아니면 연준이 신경 쓸 대상은 자산 가격 인플레이션이 아닌 소비자 물가 인플레이션이라는 그린스펀의 견해가 일부 작용했을지도 모른다. 그는 당시 상황은 기술 붐이 초래한 엄청난 생산성 향상에서 비롯됐다고 판단했다.[100] 주식 시장 거품이 으레 그렇듯, 국제적인 압력(이 경우에는 1998년 8월 러시아의 채무 불이행이 촉발한 위기) 때문에 상반된 조치를 취한 것인지도 모른다.[101] 그린스펀과 그의 동료들이, 파티 분위기가 달아오를 때 술잔을 없애는 게 연준의 역할이라던 전임 의장 윌리엄 맥체스니 마틴 주니어(William McChesney Martin Jr.)의 말을 더 이상 신봉하지 않은 탓일 수도 있다.[102] 그린스펀은 분명 '적시(適時) 통화 정책'을 통해 주식 시장 붕괴를 막아 낸 공로가 있다. 1930년대 같은 파국을 막아 냈을 뿐 아니라, 자산 거품을 터뜨린 중앙은행의 의식적인 노력으로 80퍼센트의 주가 급락과 10년간의 경제 침체를 겪은 일본의 경험을 재현하지도 않았다. 그렇지만 이러한 전략이 치러야 할 대가가 있었다. 주식 시장 역사에서 거듭 확인되듯, 자산 가격 거품은 이상 과열뿐 아니라 부정 행각을 잉태한 최적의 조건이었다.

1990년대를 초조하게 지켜보던 일부 평론가 눈에 이 시기는 「포효하는 20대(Roaring Twenties)」(금주령 시대를 배경으로 한 단편영화 — 옮긴이)의 재방이라도 보는 듯 비정상적인 모습으로 비쳤다. 실제로 1990년대 주식 시장의 궤

과열이 자산 가치를 과도하게 올리는 경우, 그 시점을 어떻게 알아내는가? …… 우리는 중앙은행으로서 금융 자산 거품 붕괴가 실물 경제를 손상할 정도가 아니라면, 이에 신경 쓸 필요가 없다. …… 그렇지만 자산 시장과 경제의 복잡한 상호 관계를 과소평가한다거나 이에 무관심한 태도를 보여서도 안 된다."

도는 1920년대 상황과 흡사했다. 그렇지만 여러 가지 면에서 이는 1720년대의 재방이었다. 존 로의 미시시피사가 18세기를 여는 거품을 일으켰다면, 또 다른 회사는 20세기를 마감하는 거품을 일으켰다. 이 회사는 투자자들에게 기대 이상의 부를 약속했다. 또 금융 시스템 전반을 다시 설계했다고도 주장했다. 강세 시장에서 줄곧 선두를 달리기 위해 정계 유착을 철저히 이용한 회사이기도 했다. 《포춘》이 선정한 가장 혁신적인 기업에 6년 연속(1996년~2001년) 오르기도 한 이 회사는 바로 엔론(Enron)이었다.

2001년 11월, 명망 높은 상을 받은 앨런 그린스펀은 미하일 고르바초프, 콜린 파월, 넬슨 만델라에 이어 명예로운 목록에 자신의 이름을 올렸다. 이 상은 탁월한 공로자를 기리는 엔론 상(Enron Prize)이었다. 그린스펀도 분명 수상 자격이 있었다. 1995년 2월부터 1999년 6월까지 그는 미국의 이자율을 단 한 번 올렸다. 증권 거래자들은 연준의 그린스펀이 증권 시장의 '풋(put)' 옵션(미래에 흡족한 가격으로 주식을 파는 선택 거래)과 비슷하다는 뜻에서 '그린스펀 풋(Greenspan put, 위험을 상쇄시키는 풋옵션과 비슷하다는 비유─옮긴이)'이라는 용어를 쓰기 시작했다. 그러나 2000년 1월 중반 이후 미국 주식 시장이 폭락세를 보이면서, 이상 과열을 지적했던 그린스펀의 초기 경고는 뒤늦게 현실로 드러났다. 1987년과 같은 검은 요일은 없었다. 사실 연준의 단계적 조치로 이자율이 6.5퍼센트에서 2001년 8월 3.5퍼센트로 낮아지면서, 미국 경제는 연착륙하는 듯 보였다. 기껏 해야 경기 후퇴를 아주 짧게 겪었을 뿐이었다. 그때, 아무런 예고도 없이 뉴욕에서 검은 요일이 등장했다. 금융 추락이 아닌 두 건의 계획적인 비행기 추락으로 인한 것이었다. 전쟁에 대한 논란과 1914년 식 시장 중단에 대한 두려움이 한창이던 와중에도, 그린스펀은 이자율을 3.5퍼센트에서 3퍼센트로 다시 내리더니 계속 낮추어 2003년 6월 사상 유래 없이 낮은 수준인 1퍼센트에 맞추었다. 9·11 이후 맨해튼에 있던 모든 소방차가 뿜어낸 물줄기보다 연준이 퍼낸 돈 줄기가 더욱 거셌다. 그렇지만 엔론을 구제하기에는 역부족이었다. 2001년 12월 2일, 그린스펀이 엔론 상을 받은 지 단 2주 만에 엔론은 파산 신청을 하고 말았다.

미시시피 거품의 가해자 존 로의 업적과, 엔론 회장 케네스 레이(Kenneth Lay)의 행적은 얼핏 봐도 놀랄 만큼 유사하다. 존 로는 현자의 돌을 믿고 '종이로 금을 만들려고' 했다. 로의 계획은 프랑스 정부의 재정에 혁명을 낳았다. 레이의 계획 역시 세계적인 에너지 사업에 혁명을 일으켰다. 수년 동안 이 업계는 물리적으로 에너지를 공급하거나(가스를 퍼서 전기를 일으켰다.) 소비자에게 에너지를 파는 대형 공익 설비 회사가 주를 이루었다. 컨설팅 업체 맥킨지(McKinsey)의 제프리 스킬링(Jeffrey K. Skilling)으로부터 고무받은 레이의 원대한 꿈은 일종의 에너지 은행을 통해 공급자와 소비자를 중개하는 것이었다.[103] 미주리 주의 가난한 목사 아들로 자란 레이는 로와 마찬가지로 지역에서 기반을 닦았다. 엔론도 원래는 네브래스카 주 오마하에 있는 작은 가스 회사로 출발했다. 이 회사의 이름*을 바꾸고 본사를 텍사스 주 휴스턴으로 옮긴 사람은 레이였다. 또한 로와 마찬가지로 레이 역시 요직 인사와 친분이 있었다. 게다가 텍사스 에너지 산업에 오랫동안 몸담아 왔던 조지 부시(George H. W. Bush) 대통령이 1992년에 에너지 산업 규제를 풀고 정부의 가격 통제를 없애는 법안을 지지했다. 2000년 대선에서 레이와 그의 아내가 바친 35만 5000달러를 비롯해 엔론사의 정치 자금 660만 달러 중 75퍼센트가 공화당에 들어갔다. 상원 의원 필 그램(Phil Gramm)도 1996년 엔론사 선거 자금의 두 번째로 큰 수혜자로, 캘리포니아 에너지 산업 탈규제

---

* 원래 회사 이름을 엔테론(Enteron)으로 하려다가 《월 스트리트 저널》이 '엔테론'은 창자를 뜻하는 그리스어에서 유래했다고 지적하자 이름을 바꾸었다.

앨런 그린스펀과 케네스 레이.

를 앞장서서 지지한 인물이다.

  2000년 말 무렵, 엔론은 미국의 네 번째 거대 기업이 되어 고용 인구만 21만 명에 달했다. 엔론사는 미국 천연가스 사업의 25퍼센트를 좌우했다. 에너지 부문 민영화라는 세계적 흐름을 타고, 엔론사는 전 세계에서 자산을 낚아챘다. 라틴 아메리카만 해도 콜롬비아, 에콰도르, 페루, 볼리비아 등이 엔론사와 관계된 곳이었다. 이곳에서 엔론은 브라질 대륙을 가로지르는 송유관을 설치했다. 아르헨티나에서도 엔론사는 레이와 개인적 친분이 있던 조지 부시(George W. Bush)의 중재로 세계 최대의 천연가스 송유관 네트워크에서 압도적인 지분을 사들였다. 그렇지만 결국 엔론이 거래한 대상은 에너지뿐만이 아니라 땅, 물, 불, 바람이라는 고대의 모든 원소였다. 엔론은 심지어 인터넷 통신 대역(bandwidth)도 거래가 가능하다고 주장했다. 영화 「스팅(Sting)」에 나오는 한 장면처럼, 금융 분석가들이 가짜 객장으로 안내를 받으면 그곳에서 고용된 사람들이 컴퓨터 앞에 앉아 광대역(broadband) 거래를 하는 척 연기를 했다. 미시시피사의 완벽한 재현이었다. 게다가 1719년과 흡사하게 투자자들은 매우 매력적인 보상을 받았다. 1997년 이후 3년 사이에, 엔론 주가는 주당 20달러 미만이던 것이 90달러 이상으로 거의 5배가 올랐다. 스톡 옵션으로 두둑한 '격려금을 받던' 엔론 임원들은 더 어마어마한 보수를 받았다. 엔론사 마지막 해에 고위급 간부 140명은 평균 530만 달러(약 65억 원)를 챙겼다. 최고급 자동차 매출이 하늘을 찔렀다. 휴스턴의 최고급 주택가 리버 오크스(River Oaks)의 부동산이 들썩였다. 1997년 엔론사 운영 총책임자였던 스킬링은 말했다. "여러 번 고심해 봐도 결국 중요한 건 돈이더군요. …… 충성심도 돈으로 사잖아요. 서로 부대끼며 정을 쌓아도 돈만 못하지요. 돈에서 실적이 나오거든요."[104] 내가 휴스턴의 엔론 본사 외곽에서 셰론 와킨스(Sherron Watkins, 회계 부정을 고발한 엔론사 전 부사장—옮긴이)를 만났을 때, 그녀는 이렇게 회상했다. "엔론사 임원들은 연봉의 몇 배에 해당하는 금액을 보너스로 받았습니다. 그래서 기본급의 75퍼센트에 해당하는 성과급을 받으면 열등감을 느꼈죠. 성과급을 받는다 해도 그 몇 배를 갈망했으니까요. 연봉의 두서너 배를 원했지요."[105] 1999년 4월 휴스턴 애스트로스(Houston Astros, 미 프로야구 메이저리그 소속 구단—옮긴이)는 과도한 낙관에 빠져 야구장 이름을 엔론 구장으로 고치기도 했다.

  존 로의 경우처럼 엔론의 '시스템' 역시 시장과 회계 장부 조작에 기반한 정교한 사기에 불과했다. 2004년에 공개된 테이프를 들어 보면, 엔론 증권 거래자들이 가격 유지를 위해 전력 공급 업체 엘 파소(El Paso)에 생산량을 줄이라고 요청한 대목이 나온다. 또 어떤 거래는 "캘리포니아에서 빈곤하게 사는 할머니들 쌈짓돈을 갈취한 것"이라는 얘기도 흘러나온다. 이러한 음모 덕분에 엔론은 원하는 대로 가격을 높였고, 소비자들은 정전을 겪어야 했다. 탈규제법이 시행된 지 단 여섯 달 만에, 캘리포니아는 자그마치 38번의 순차 정전을 겪었다.(또 다른 테이프를 들어 보면 텔레비전으로 캘리포니아 산불 보도를 지켜보던 증권 트레이더들이, 전기탑이 부서지고 무너지자 "타라, 타, 그렇지!"라고 외치는 소리도 확인할 수 있다.) 시세 조작으로 엔론의 자산과 이윤은 상당히 부풀려진 상태였고, 부채와 손실은 이른 바 특수 목적 법인(special-purpose entities, SPEs)이라는 곳에 숨겨서 엔론의 연결 재무제표상에는 드러나지 않았다. 매 분기마다 엔론 간부들은 실제 손실을 어마어마한 이윤으로 둔갑시키기 위해 갈수록 교묘한 속임수를 활용해야 했다. 스킬링은 그 정점에 서서 시가평가(mark-to-market, 자산의 가치를 매입가가 아닌 시가로 평가하여 장부에 계상—옮긴이) 회계와 부채 증권화 같은 새로운 금융 기법을 이용했다. 재무 총책임자 앤드루 패스토(Andrew Fastow)는 손실을 이윤으로 끝임없이 조작했는데, 특히 추코(Chewco, 에너지 개발 합작 투자사 제다이에서 생긴 손실을 은폐하기 위해 세운 회사로, 스타워즈의 캐릭터 추바카(Chewbacca)에서 그 이름을 따왔다.—옮긴이) 투자사 같은 특수 목적 법인을 이용해 자신과 다른 간부들의 호주머니를 채웠다. 엔론의 국제 사업 분야는 1990년대 중반 무렵 인도의 마하라슈트라 주에서 대형 전력 사업이 폐기되면서 특히 큰 출혈을 겪었다. 최초의 웹 기반 상품 거래 시스템인 엔론 온라인(EnronOnline)의 경우 높은 매출을 보여 주었다. 그렇다면 수익은 어떠했을까? 휴스턴에서 과도한 낙관이 자취를 감추면서 내부자들은 불안한 징후를 느꼈다. 패스토의 특수 목적 법인에 랩터(Raptor, 맹금)I, 탈론(Talon, 맹수) 같은 점차 불길한 이름이 붙었다. 그와 동료들은 회사가 문제없이 돌아가는 동안 엔론 주식 9억 2400만 달러를 몰래 처분하였다.

투자자들은 엔론의 주가가 조만간 100달러를 친다고 확신했다. 그러나 2001년 8월 14일 스킬링이 ('개인적인 이유'로) 돌연 사임한다고 발표하자, 주가는 40달러 밑으로 뚝 떨어졌다. 같은 달, 셰론 와킨스가 레이에게 엔론은 "회계 스캔들로 주저앉을 것"이라며 우려 섞인 편지를 전달했다. 이 말은 현실이 되었다. 10월 16일, 엔론은 삼사분기 손실이 6억 1800만 달러이며 주가가 12억 달러 하락했다고 보고했다. 8일 후 증권 거래 위원회(Securities and Exchange Commission)의 조사를 받는 과정에서, 패스토가 운영 총책임자 자리에서 물러났다. 11월 8일 엔론은 과거 5년 동안의 자사 이윤을 정정해야 했다. 그동안 부풀린 액수가 5억 6700만 달러로 밝혀졌기 때문이다. 12월 2일 엔론이 파산 신청을 했을 때 대차대조표 감사에서, 장기 채무를 250억 달러만큼 축소한 것으로 드러났다. 결국 장기 부채는 130억 달러가 아닌 380억 달러였다. 불안 심리는 충격으로 돌변했고, 공황 상태는 회복될 기미가 보이지 않았다. 2001년 말 엔론 주가는 고작 30센트였다.

2006년 5월 레이는 불법 공모, 허위 진술, 증권 사기, 금융 사기 등 총 10개 혐의에 대해 유죄 판결을 받았다. 스킬링은 27가지 항목 중 18개에 대해 그 혐의가 인정됐다. 그러나 레이는 콜로라도의 애스펀(Aspen)에서 휴가를 보내던 중 형 선고를 앞두고 사망했다. 스킬링은 24년 4개월의 징역형을 선고받았고, 엔론에 투자한 연기금 업체에게 2600만 달러를 갚아야 했다. 현재 이에 대한 항소가 진행 중이다. 종합해 보면 엔론 사태 관련 혐의로 16명이 유죄 판결을 받았고, 이외에 (현재까지) 5명이 배심원으로부터 유죄 평결을 받았다. 엔론의 회계 감사를 맡았던 회계 법인 아서 앤더슨(Arthur Andersen) 역시 이 스캔들로 치명타를 입었다. 그렇지만 주요 손해자는 평직원과 소액 주주들로, 과거 미시시피사 붕괴로 수백만 리브르가 '바람'이 돼 버린 것처럼 이들의 저축 역시 연기처럼 홀연히 날아가 버렸다.

정확히 400년 전에 고안된 주식회사와 유한 책임 회사, 그리고 회사의 소유권을 사고파는 주식 시장은 실로 경이로운 제도였다. 그러나 금융사를 살펴보면, 비이성적인 시장처럼 부정직한 회사들이 있어 왔다. 사실 이 두 가지는 나란히 존재했다. 황소들이 활개 치는 시기가 가장 사기당하기 쉬운 때였다. 그렇지만 핵심적인 역할은 거의 언제나 이 황소 무리를 관리하던 카우보이, 즉 중앙은행가들이었다. 방크 로얄이 없었다면 로는 분명 그런 일을 저지를 수 없었다. 마찬가지로 1990년대에 연준이 통화 완화 정책을 펼치지 않았더라면 케네스 레이와 제프리 스킬링은 엔론 주식을 90달러로 올리기 위해 상당히 고심해야 했을 것이다. 이와 달리 대공황은 주식 시장 붕괴기에 펼친 과도한 긴축 통화 정책의 위험성을 뼈저리게 각인시켰다. 이러한 대공황의 재현을 막는다는 목적이 때로는 모든 수단을 정당화하는 듯하다. 그렇지만 최초의 주식회사였던 네덜란드 동인도 회사의 역사를 살펴볼 때, 암스테르담 은행이 주식 시장 거품과 붕괴를 피해 간 배경에는 건전 통화의 공급이 있었다.

결국 금융 시장의 진로는 우리의 바람대로 순탄하지 않을 것이다. 미래에 대한 인간의 기대가 지나친 낙관에서 과도한 비관으로(탐욕에서 공포로) 돌아서는 한, 주식 가격도 기복을 타기 때문이다. 실로 안데스 산맥의 들쭉날쭉한 산봉우리와 크게 다르지 않은 모습일 것이다. 그리고 투자자라면 누구나 도취라는 봉우리에서 내려와야 할 때, 가파른 낭떠러지가 아닌 완만한 스키 슬로프를 바랄 것이다.

그렇다면 실제적이든 비유적이든 이러한 폭락에서 보호받을 방법은 없는 것일까? 4장에서 살펴보겠지만, 18세기에 초라하게 등장한 보험은 점차 진화하면서 이 질문에 여러 가지 답을 들려주었다. 그리고 각각의 해법은 가파른 낭떠러지와 금융사의 두꺼운 꼬리로부터 어느 정도 보호 수단이 되어 주었다.

4 위험의 도래

 금융 충격은 기본적으로 미래에 대비하기 위해 발생한다. 미래는 예측할 수 없기 때문이다. 우리가 사는 세상은 안전하지 않다. 우리 중 큰 사고 없이 인생을 헤쳐 나가는 사람은 그리 많지 않다. 팔자가 험난한 사람도 있다. 때로 이런 불운은 장소나 시기를 잘못 택한 문제처럼 보인다. 일례로 2005년 8월 마지막 주 미시시피 삼각주에는 허리케인 카트리나가 한 번도 아니고 두 번이나 들이닥쳤다. 처음에 태풍은 시속 225킬로미터로 울부짖으며 지역 일대의 목조 가옥을 날려 버리고는 콘크리트까지 쓸어버렸다. 2시간 뒤에는 9미터 높이의 해일이, 폰차트레인 호수와 미시시피 강의 범람을 막고자 쌓은 제방 세 군데를 무너뜨리더니 수백만 갤런에 달하는 물을 도시에 쏟아부었다. 비운의 장소이자 비운의 날이었다. 2001년 9월 11일 세계 무역 센터도 그랬다. 2003년 미국의 침공을 받은 바그다드도 예고 없이 이런 일을 겪었다. 샌프란시스코 역시 언제 산안드레아스 단층을 따라 대규모 지진이 발생할지 모를 일이다.

 "막는다고 될 일이 아니다." 전 미 국방장관 도널드 럼즈펠드가 사담 후세인 축출 이후 이라크 수도에서 무법천지처럼 약탈이 일어나자 무심하게 내뱉은 말이다. 그 이유가 기후 변화 때문이건 아니면 실패로 끝난 미 외교 정책의 역풍으로 테러리즘이 득세한 탓이건 간에, 일각에서는 속수무책인 일들이 예전보다 더 잦아졌다고 주장한다. 그렇다면 우리가 던져야 할 질문은 이것이다. 미래의 위험과 불확실성을 다루는 방법은 무엇인가? 재난 방지 책임을 개인이 져야 할까? 사태가 심각할 때 의지할 대상은 인류의 자발적인 동포애인가? 아니면 홍수가 터졌을 때 주 정부(달리 말해 납세자들의 강제적인 기부금)에 손을 내밀어 구제를 받아야 할까?

위험 관리의 역사는 오래전부터 재정 안전, 이를테면 스코티시 위도우(Scottish widow, 스코틀랜드 최초의 생명 보험 회사 — 옮긴이)가 말하는 안전한 방책이라는 헛된 바람과 단일한 미래는 없다는 냉엄한 현실 사이의 오랜 투쟁이다. 어디로 튈지 알 수 없는 다양한 미래가 있을 뿐이며, 이 미래는 언제나 우리를 불시에 덮치곤 한다.

더 이상 안락하지 않은 곳

서구권에서 어린 시절을 보낸 나는 유령 도시에 매우 흥미를 느꼈다. 미개척자들이 잠시 정착했던 이 지역은 급격한 변화와 함께 버림받은 장소였다. 허리케인 카트리나가 짓밟고 간 뉴올리언스를 방문했을 때, 내 눈에는 미 최고의 유령 도시로 꼽아도 손색없을 광경이 들어왔다.

'빅 이지(Big Easy, 일자리를 얻기 쉽고 분위기가 편안하다고 하여 음악인들이 붙인 뉴올리언스의 별칭 — 옮긴이)'에 대한 기억이 흐릿했다면, 마음이 그렇게 무겁지 않았을 것이다. 대학에 들어가기 전 십 대 시절, 내가 난생처음 자유를 맛본 곳은 미국에서 유일하게 미성년자도 맥주 주문이 가능한 이곳 뉴올리언스였다. 맥주 탓이었던지 프리저베이션 홀(Preservation Hall)에서 나이 지긋한 재즈 뮤지션들이 연주하던 음악 소리는 무척이나 감미로웠다. 그로부터 25년 후, 2년 전 태풍이 휩쓸고 간 이 지역은 예전의 그 도시가 아니었다. 뉴올리언스 지역 중 일부인 세인트버나드 패리시(Saint Bernard Parish)는 특히 폭풍의 피해가 극심했다. 물에 잠기지 않은 가구는 2만 6000가구 중 단 다섯 곳에 불과했다. 카트리나로 목숨을 잃은 미국인은 모두 1836명이었는데 이 중 압도적으로 많은 피해자가 루이지애나에서 나왔다. 세인트버나드 한 곳만 해도 사망자 수가 47명에 달했다. 시신이라도 나올 듯한 버려진 집 문간에는 아직도 그 흔적이 고스란히 남아 있다. 그 흔적들을 보니 흑사병이 덮쳤던 중세 잉글랜드 지역이 떠오르기도 했다.

2007년 6월 내가 뉴올리언스를 방문했을 때 시의원 조이 디패타(Joey DiFatta)와 세인트버나드의 지방 정부 직원들은, 홍수가 집어삼킨 예전 사무실 건물 뒤편에 마련된 임시 사무실에서 일을 보고 있었다. 디패타는 폭풍이 몰아칠 동안 책상에서 자리를 지키다가 결국 지붕으로 피신해 물이 차오르는 광경을 지켜봤다고 한다. 그곳에서 그와 직원들은 사랑하는 이웃 주민들이 흙탕물에 잠기는 모습을 무력하게 지켜볼 수밖에 없었다. 이들은 무능력한 연방 재난 관리청(Federal Emergency Management Agency, FEMA)의 대응에 분노했고, 잃어버린 대상을 되찾기로 마음먹었다. 그때부터 이들은 번듯했던 예전 지역 사회 모습을 재건하기 위해 부단한 노력을 기울였다.(디패타를 비롯해 지역 주민 대부분이 카나리아 제도에서 루이지애나로 건너와 정착한 이들의 후손이었다.) 그렇지만 수천 명의 난민에게 세인트버나드로 돌아오라고 설득하는 작업은 쉽지 않았다. 2년 후 세인트버나드 패리시의 인구는 카트리나가 들이치기 전 인구의 3분의 1 수준이었다. 대부분 보험이 걸림돌이었다. 현재 세인트버나드나 뉴올리언스의 다른 저지대에 사는 가구는 보험 가입이 사실상 불가능하다. 그리고 건물 보험이 안 되면, 주택 담보 대출도 그림의 떡이다.

이 도시 전체 주택 중 75퍼센트가 카트리나로 파괴되면서, 생존자 거의 대부분이 재산 피해를 입었다. 재산 및 인명 피해 청구 건수가 자그마치

175만 건에 달하고 보험 손실액 추정치가 410억 달러를 넘어서면서, 카트리나는 현대 미국사에서 피해 규모가 가장 큰 대참사로 기록되었다.[1] 그렇지만 카트리나는 뉴올리언스를 침몰시키기만 한 게 아니었다. 보험 체계의 허점을 수면 위로 드러내 보이기도 했다. 1965년에 덮친 허리케인 베시(Betsy)를 계기로 도입된 보험 체계는 그 보장 책임이, 풍해 피해를 보장해 주는 민간 보험 회사와 수해 피해를 보장하는 연방 정부로 각각 양분되었다. 2005년 재난 이후, 수천 개의 보험 회사에서 파견된 보험 감정사들이 루이지애나와 미시시피 해안선을 따라 흩어졌다. 거주민의 진술에 따르면 이들은 피해 입은 보험 계약자를 돕기 위해 나온 게 아니었다. 보험금 지급을 회피하려고 바람이 아닌 홍수로 인한 재산 피해임을 확인하러 파견된 사람들이라고 했다.* 그렇지만 이 보험사들은 보험 가입자 중에 전직 미 해군 조종사이자 유명 변호사로 한때 불법의 제왕(King of Torts)으로 이름을 날린 리처드 스크러그스(Richard F. Scruggs)가 있다는 사실을 미처 알지 못했다.

'디키(Dickie)' 스크러그스는 1980년대에 처음 유명세를 탔다. 당시 그는 석면 노출로 폐에 끔찍한 손상을 입은 조선소 노동자들을 변호해, 합의금으로 5000만 달러를 받아 내며 승소했다. 그렇지만 이는 훗날 그가 담배 회사

---

* 걸프 연안 주택 소유자들이 가입한 일반 보험의 허리케인 공제 특별 약관(Hurricane Deductible Endorsement)에 따르면 "바람, 돌풍, 우박, 강우, 토네이도, 그리고 허리케인에서 생긴 사이클론 등에서 비롯된 직접적인 인명 피해나 재산 피해에 대해 청구할 경우 모두 비례 공제를 받는다."라고 되어 있다. 그렇지만 이런 조항에는 대개 예외가 있기 마련이다. "다음과 같은 보험 제외 사건으로 생긴 손실에 대해서는 …… 보상하지 아니한다. …… 이를테면 '홍수, 표층수, 파도, 밀물과 썰물, 해일, 세이시(seiche, 호수에서 일어나는 물결), 수역 범람, 그리고 바람 때문이든 아니든 이런 재해들로 생긴 물보라인 경우이다." 게다가 "다음의 경우에는 보상하지 않는다. (a) 보험 제외 사건이 원인인 경우 (b) 여타 손해가 원인인 경우 (c) 보험 제외 사건과 동시에 혹은 연달아 생긴 사고가 원인인 경우 (d) 사고가 갑자기 혹은 서서히 진행된 경우……." 이는 보험 가입자들이 선뜻 알아차리지 못하게 보험 회사의 책임을 낮춘 전형적인 단서 조항이다.

카트리나가 휩쓸고 간 뉴올리언스, 보험이 실패한 곳.

에서 받아 낸 액수에 비하면 약과였다. 미시시피를 비롯한 45개 주에서 담배 관련 질환으로 생긴 메디케이드(Medicaid, 저소득자를 위한 의료 보험 — 옮긴이) 비용에 대한 보상액으로 담배 회사로부터 2000억 달러를 받아 냈기 때문이다. 이 사건(영화 「인사이더(The Insider)」로도 제작됐다.) 덕분에 스크러그스는 돈방석에 앉았다. 담배 회사 집단 소송 당시 그의 수임료는 14억 달러로, 그의 법률 회사는 시간당 2만 2500달러(약 2800만 원)를 받았다고 한다. 그는 이 돈으로 미시시피 주 옥스퍼드 사무실에서 가까운 거리(물론 개인 제트기로)에 있는 패스커굴라(Pascagoula) 해안 대로에 별장을 마련했다. 그러나 카트리나에 휩쓸린 후 남은 것이라고는 처참하게 으깨져서 불도저로 파내야 하는 콘크리트 바닥과 벽들뿐이었다. 그의 보험 회사는(현명하게도) 보험료를 지급했다. 그렇지만 다른 가입자들이 겪은 보험 처리 소식에 스크러그스

4 위험의 도래 181

는 기가 막혔다. 그는 여러 사람에게 변호를 제안했다. 그중에는 처남이자 전 공화당 상원 원내 총무를 지낸 트렌트 로트(Trent Lott), 그리고 그와 친구 사이인 미시시피 주 하원 의원 진 테일러(Gene Taylor)도 있었다. 두 사람 모두 카트리나로 집을 잃었는데도 보험 회사는 나 몰라라 식으로 나왔다.[2] 연이은 보험 가입자 대변 소송에서 스크러그스는 보험 회사들(주로 스테이트팜(State Farm)과 올스테이트(All State))이 계약 의무를 어기려 한다고 주장했다.[3] 그와 더불어 '스크러그스 카트리나 집단'은 면밀한 기상 조사를 실시하여 패스커굴라를 비롯한 지역들이 대부분 홍수가 들이닥치기 몇 시간 전에 풍해를 입었음을 증명하였다. 또한 스크러그스에게 내부 고발을 하며 접근해 온 보험 사정인들도 있었다. 이들은 자신들이 몸담았던 보험 회사가 피해 상황을 바람이 아닌 홍수 탓으로 돌리기 위해 보고서를 조작했다고 털어놨다. 2005년과 2006년 이 보험 회사들의 기록적인 수익은 스크러그스의 배상액 탐욕을 더욱 자극했다.* 그는 지금은 황폐해졌지만 예전 본인의 집이 있던 곳에서 나와 만나 이렇게 말했다. "이 마을은 50년 동안 제 고향이었습니다. 전 이곳에서 가정을 꾸렸지요. 제게 자랑스러운 곳이기도 하고요. 그랬던 곳을 이렇게 보고 있자니 감정이 북받쳐 옵니다." 그 무렵 스테이트팜은 애초 지급을 거절했던 청구 건 중에서 스크러그스가 대변인으로 나선 640건에 대해 8000만 달러(약 1000억 원)를 지급하기로 했다. 그리고 다른 3만 6000건에 대해서도 재검토하기로 합의했다.[4] 보험 회사가 한발 물러서는 듯 보였다. 그러나 스크러그스의 반격은 2007년 11월로 끝나고 말았다. 당시 그와 아들 재커리(Zachary), 그리고 동료 세 명이 카트리나 소송 관련 수임료 소송 건에서 주 법원에 뇌물을 바친 혐의로 기소당했기 때문이다.** 현재 스크

---

* 미국의 재산 보험사와 재해 보험사의 세후 소득은 2005년의 경우 430억 달러, 2006년에는 640억 달러였던 반면, 이전 3년 동안은 평균 240억 달러 미만이었다.

** 스크러그스의 동료 티머시 발두치(Timothy Balducci)가 판사 래키(Lackey)에게 4만 달러

러그스는 최대 징역 5년을 눈앞에 두고 있다.[5]

이 이야기는 미 남부 지역의 도덕적 방종, 즉 불법으로 흥한 자, 불법으로 망함을 보여 주는 사례로 들릴지도 모르겠다. 그렇지만 스크러그스가 선량한 동지에서 추악한 범죄자로 추락한 것과 무관하게, 스테이트팜과 올스테이트는 멕시코 만의 대다수 지역을 '보험 거부' 지역으로 선포하고 나섰다. 자연 재해가 잦을 뿐 아니라, 보험 처리 과정에서 디키 스크러그스 같은 자와 맞붙어야 하는 지역에서 보험 계약을 갱신하고 싶은 보험사가 있을 리 없었다. 이제 패스커굴라와 세인트버나드 같은 지역의 거주자들은 더 이상 민간 보험 혜택을 기대할 수 없게 되었다. 반면 미 입법자들은 자연 재해로 늘어난 공적 보험 부담에 대해 만반의 채비를 갖추지 못한 상태다. 2005년 허리케인으로 생긴 모든 비보험 피해액에 대해 연방 정부가 재해 사후 보조금으로 최소 1090억 달러, 세금 공제로 80억 달러를 부담할 확률이 높은데, 이는 추정 보험 손실액의 약 3배에 달하는 액수이다.[6] 나오미 클라인(Naomi Klein, 캐나다의 저술가이자 반기업 운동가 — 옮긴이)은 이를 일컬어 사적 이윤은 일부에게 돌아가고, 재해 비용은 납세자에게 물리는 '재난 자본주의 복합체(Disaster Capitalism Complex)'의 역기능이라고 표현했다.[7] 이렇게 터무니없이 세금 고지서를 남발하는 상황에서, 어떤 게 올바른 방향일까? 보험이 안 될 경우 사실상 모든 자연재해를 국가가 책임지는 것, 다시 말해 끝없이 막대한 채무를 정부가 부담하는 것만이 유일한 대안일까?

를 건넨 것으로 드러났다. 발두치는 래키에게 이렇게 말을 건넸다. "당신을 제외하고 이 일을 논한 사람은 이 세상에 나와 딕(Dick)뿐입니다. 말씀드린 대로, 이 사실을 아는 사람은 세상에 단 세 명뿐입니다. …… 그중 두 사람은 이 자리에 앉아 있고, 다른 한 명은, 음, 스크러그스입니다. …… 알다시피 그와 나는, 음, 그러니까 지난 5, 6년 동안 벌어진 스캔들을 알고 있지요." 2007년 11월 1일 발두치는 스크러그스에게 전화를 걸어 판사가 "사실 관계와 기소 건에 대해 좀 더 알기 원하는 눈치다."라고 전하면서 스크러그스에게 다른 조치를 더 하겠는지, 즉 '10 정도 더' 건네겠는지를 물었다. 이에 스크러그스는 "내가 알아서 하겠다."라고 답했다.

생명체는 언제나 위험에 둘러싸여 있다. 전쟁이나 전염병, 기근처럼 허리케인도 언제나 존재해 왔다. 재난은 크게 보면 공적인 일이지만, 작게 보면 개인사이기도 하다. 날마다 남녀노소를 막론하고 누구나 병에 걸리거나 다치며, 돌연 일을 못하게 되는 경우도 있다. 우리 모두 나이가 들면서 나날이 밥벌이하는 능력도 쇠퇴해 간다. 자력으로 살아갈 힘조차 없는 불운한 이들도 있다. 우리 모두 언젠가 죽을 운명이며, 딸린 가족을 한둘 이상 남기고 가는 경우도 있다. 중요한 사실은 이러한 재난 중 무작위 사건은 드물다는 점이다. 허리케인도 질병이나 사망처럼 뚜렷한 규칙성을 보인다. 1850년대 이후 초대형 허리케인(풍속 110엠피에이치(mph)에 2.4미터 높이의 해일을 동반하는 태풍)은 매 10년마다 미국을 한 차례에서 열 차례까지 강타했다. 허리케인을 열 차례나 맞이해야 했던 1940년대의 기록이 근 10년 안에 깨질지는 미지수이다.[8] 현재 확보한 150년 사이의 자료를 토대로, 허리케인 급 규모의 태풍을 예측하기도 한다. 미 육군 공병단은 허리케인 카트리나를 396년에 한 번 일어나는 태풍으로 규정했는데, 이는 곧 특정 해에 이런 대형 태풍이 미국을 강타할 확률이 0.25퍼센트라는 뜻이다.[9] 리스크 매니지먼트 솔루션(Risk Management Solutions)이라는 회사는 조금 다르게 해석했다. 이 회사는 카트리나가 오기 바로 몇 주 전, 카트리나 급 허리케인은 40년에 한 번씩 도래한다는 자료를 내놓았다.[10] 이렇게 서로 다르게 평가한 사실은 허리케인이 파악하기 손쉬운 위험이 아니라, 지진이나 전쟁처럼 불확실한 대상임을 보여 준다.* 사람들이 주로 접하는 다른 위험들은 더 빈번하게 발생하기 때문에, 그만큼 더욱 정확한 통계 산출이 가능하여 통계 패턴도 쉽게 파악된다. 일반 미국인이 일생 동안 온갖 종류의 자연재해를 비롯해 천재(天災)로 사망할 위험은 3288번에 1번꼴이다. 또 건물 화재로 사망할 확률은 1358번

---

* 둘 사이의 핵심적 차이는 344~345쪽에서 더 자세히 논했다.

중 1번이다. 또한 314명 중 1명이 총에 맞아 죽는다. 그렇지만 자살할 확률은 119명 중 1명이고, 치명적인 교통사고로 죽을 확률은 이보다 높은 78명 중 1명이며, 암으로 죽을 확률은 5명 중 1명으로 사망 요인 중 가장 높다.[11]

전근대 농업 사회는 전쟁은 물론이고 조기 사망이나 영양 부족으로 거의 모든 이들이 상당한 위험 요인에 둘러싸여 있었다. 당시 사람들은 후세대가 누린 예방 조치도 써 보지 못했다. 대신 이들은 기근이나 전염병, 침략을 신이 결정한다고 보고, 신을 달래기 위해 온갖 정성을 쏟았다. 그러다가 점차 일기, 수확량, 전염병을 주기적으로 측정하는 일이 중요함을 깨닫게 되었다. 그렇지만 아주 뒤늦은 18세기와 19세기에 들어서야 강우량, 수확량, 사망자 수를 체계적으로 기록하기 시작하면서, 이때부터 확률 계산도 가능해졌다. 그래도 체계적으로 기록하기 훨씬 이전부터 사람들은 비축의 지혜를 깨닫고 있었다. 속담에 있다시피 (농경 사회에서는 말 그대로) 폭우가 퍼붓는 날을 대비해 돈을 모으는 것이었다. 원시 사회는 음식과 여타 식료품을 비축해 곤궁기에 대비했다. 부족민들도 일찍부터 자원을 모아 두는 게 합리적임을 직관적으로 깨달았다. 많이 모을수록 실로 안전했기 때문이다. 우리 선조들이 오랜 세월 동안 무방비 상태로 살아온 점을 고려해 볼 때, 보험의 초기 형태는 아마 매장 풍습이 있던 사회에서 나왔을 것이다. 자원을 비축해 두어야 남부럽지 않은 매장이 가능했을 것이기 때문이다.(동아프리카 일부 빈곤 지역에서는 이것이 유일하게 남은 금융 제도 형태이다.) 보험의 기본 원리는 재난에 대비해 사전에 저축하는 것으로 사망이나 노화, 질병, 사고를 막론하고 그 원리는 동일하다. 이때 얼마만큼 저축하고, 또 모은 저축액을 어떻게 운용할 것인지 요령 있게 파악하는 일이 필수이다. 카트리나에 휩쓸린 뉴올리언스 꼴이 되지 않으려면, 재난 비용을 감당할 만큼 적립금이 충분해야 하기 때문이다. 이를 위해서는 무엇보다 검소하고 치밀해야 한다. 이는 보험의 역사적 기원을 알려 주는 중요한 실마리이다. 그렇다면 보험의 탄생지는 어디일까? 다름 아닌 아름다운 스코틀랜드 지방이다.

보험에 들다

스코틀랜드 사람은 비관적이라고들 한다. 아마 늘 음울하고 비가 올 듯한 날씨 때문인지 모르겠다. 오랜 세월 동안 스포츠 경기에서 이겨 본 기억이 없는 것도 한 가지 이유이겠다. 아니면 우리 가족을 비롯한 저지대 거주자들이 종교 개혁 시기에 받아들인 칼뱅주의 탓일 수도 있다. 전지전능한 신이 천국에 갈 사람('선택받은 자')과 지옥에 떨어질 사람(제법 많은 수의 구제 불능 죄인)을 이미 정해 놓았다는 운명 예정설이 이치에 맞다 해도, 삶에 의욕을 불어넣는 신앙 조목은 분명 아니었다. 그 이유가 무엇이든 보험 기금은 250년도 더 전인 1744년에 탄생했으며, 이를 사실상 최초로 고안해 낸 사람은 바로 스코틀랜드 교회의 목사 두 명이었다.

사실 보험 회사는 그 이전에도 존재했다. 모험대차(冒險貸借, 상선이나 선박 화물에 대한 보험)에 기원을 둔 보험은 상업의 한 갈래로 시작됐다. 최초의 보험 계약을 14세기 이탈리아에서 찾기도 하는데, 당시 상업 문서에 세쿠리타스(securitas, 안전 보장을 뜻하는 라틴어 — 옮긴이) 지급에 대한 내용이 나오기 때문이다. 그렇지만 이러한 계약은 (고대 바빌론처럼) 상인에게 내어 준 조건부 대부여서, 현대적 의미 같은 보험 증서가 아니라 사고 발생시 취소되는 형태였다.[12] 셰익스피어의 희곡 「베니스의 상인」에 나오는 안토니오의 '상선들' 역시 보험에 들지 않았고, 그 때문에 샤일록의 살인 계획에 휘말리게 된다. 진정한 보험 계약은 1350년대에 이르러 출현하였다. 당시 보험료는 보험금액의 15퍼센트에서 20퍼센트였다가 15세기 무렵에 10퍼센트 아래로 떨어졌다. 전형적인 보험 계약은 중세 이탈리아의 상인 프란체스코 다티니(Francesco Datini, 1335년~1410년)의 기록물에 나온다. 이를 보면 보험에 든 물품이 목적지에 안전하게 도착하는 순간까지 "포장이나 통관 수속을 제외하고 신, 바다, 군함, 화재, 위기시 투하 행위, 군주나 타인에게 억류된 경우, 보복, 체포, 모든 형태의 손실, 위험, 액운, 방해물, 재앙 따위"에서 비롯된 위험을 보험업자가 떠맡기로 합의한 내용이 나온다.[13] 이러한 계약은 수세기를 거치면서 점차 표준화되었고, 이후 상인법에도 포함되었다. 그렇지만 이 보험업자들은 전문 종사자가 아닌 자기 부담으로 무역업을 병행하는 상인들이었다.

17세기 후반 이후 런던에서 좀 더 보험 시장다운 형태가 등장했다. 그 계기는 1만 3000채 이상의 가구를 파괴시킨 1666년 런던 대화재였다.* 14년 후에는 니컬러스 바본(Nicholas Barbon)이 최초로 화재 보험 회사를 차렸다. 이 무렵 런던 탑거리(훗날 롬바르드 거리)에 있던 에드워드 로이드(Edward Lloyd) 커피점은 해양 보험 전문 시장을 같이 운영했다. 1730년부터 1760년까지 로이드 매장에서 관례적으로 정보 교환을 하다가, 1774년 이후 왕립 거래소에 로이드 조합(Society of Lloyd's)이 등장하면서 보험 중심지가 옮겨 갔다. 이 조합은 가입비 15파운드를 받고 초기 종신 회원 79명을 끌어모았다. 이전의 독점 무역 회사와 비교해 소박한 형태를 띠었던 로이드 조합은 사실상 시장 참가자들이 모인 비법인 단체에 지나지 않았다. 서명을 한 보험업자(underwriters, 말 그대로 보험 계약서에 본인 이름을 기재한 사람들을 뜻하며, 로이드의 네임스(Lloyd's Names, 영업 회원)라고도 알려졌다.)들이 무한 책임을 졌다. 그리고 당시 보험 협정은 오늘날 '부과 방식(pay-as-you-go)'으로 불리는 형

---

* 소 읽고 외양간 고치는 인간의 성향은 화재 보험의 역사에서 잘 드러난다. 미국의 각 주들은 1835년 뉴욕 화재 이후 보험 회사에 적정 보험 준비금을 유지해 달라고 당부하기 시작했다. 또한 1842년 함부르크 화재가 발생하고 나서야 보험 회사들은 대형 재난의 위험을 공동 부담하기 위한 방편으로 재보험(reinsurance)을 개발했다.

태로 운영되었는데, 어느 때든 당해 연도의 보험금을 부담하고도 이윤이 남도록 보험료를 충분히 끌어모으는 게 목적이었다. 유한 책임제가 보험 업계에 도입된 시점은 선 보험 회사(Sun Insurance Office, 1710)와 화재 보험 전문가들이 등장하면서, 그리고 10년 후(남해사 거품이 한창일 때) 생명 및 해상 보험에 주목했던 왕립 보험 법인(Royal Exchange Assurance Corporation)과 런던 보험 법인(London Assurance Corporation)이 들어서면서부터였다. 그렇지만 세 회사 모두 여전히 부과 방식으로 운영됐다. 런던 보험 법인의 실적을 보면 보통은 보험금 지급 액수보다 보험료 수입이 많았으며, 프랑스와 전쟁을 치르던 기간에는 두 항목 모두 급격히 상승했다.(이는 특히 1793년 이전 런던의 보험업자들이 프랑스 상인을 상대로 활발하게 보험을 판매했기 때문이다.[14]) 평화 시기에도 이러한 영업이 재등장했으며, 1차 세계 대전 직전에는 독일 상선 대부분이 로이드 보험에 가입하기도 했다.[15])

중세 시대에는 생명 보험도 존재했다. 피렌체의 상인 베르나르도 캄비(Bernardo Cambi)의 회계 장부를 보면 교황 니콜라스 5세(Nicholas V), 베니스의 공작 프란체스코 포스카리(Francesco Foscari), 아라곤의 왕 알폰소 5세(Alfonso V) 등의 생명 보험에 대한 언급이 나온다. 그렇지만 이 보험들은 경마 내기와 다를 바 없었다.[16](당시 유럽에는 자신과 관계없는 인물을 대상으로 보험을 들고 그가 사망하면 보험금을 타는 생명 보험이 유행했다. 이 때문에 유명 인사를 살해하는 사건도 발생했다. — 옮긴이) 가장 세련됐던 선박 보험을 비롯해 사실상 이런 형태의 보험은 모두 일종의 도박이었다. 또 당시에는 피보험 대상의 위험을 평가하는 적절한 이론적 기반도 없었다. 그러다가 1660년경 지적 혁신이 눈에 띄게 일어나면서, 그 이론적 기반을 갖추게 되었다. 본질적으로 새로운 전기를 마련해 준 결정적 이론은 다음의 여섯 가지였다.

1. **확률**. 프랑스의 수학자 블레즈 파스칼(Blaise Pascal)은 (저서 『사유의 기술

(Ars Cogitandi)』에 서술했듯이) 포르루아얄(Port Royal)의 수도사 덕분에 다음과 같은 통찰력을 얻었다고 했다. "손해에 대한 두려움은 손해의 정도뿐 아니라 사건의 발생 확률에도 비례한다." 수 년 동안 파스칼과 그의 친구 피에르 드페르마(Pierre de Fermat)에게 확률 문제란 일종의 놀이였지만, 보험의 발전 측면에서 보자면 이는 중대한 전환점이었다.

2. **평균 수명**. 『사유의 기술』이 출판된 1662년에 존 그랜트(John Graunt, 영국의 사회 통계학자 — 옮긴이)의 『사망표에 관한 자연적·정치적 고찰(Natural and Political Observations Made upon the Bills of Mortality)』 역시 세상에 나왔다. 이 책은 런던의 공식 사망 통계를 바탕으로 특정 원인으로 사망할 확률을 추정하였다. 그렇지만 그랜트의 자료에는 사망 시 나이가 빠져 있어서, 이 자료로는 합리적 추론이 어려웠다. 대신 영국 왕립 학회(Royal Society)의 동료 연구자였던 에드먼드 핼리(Edmund Halley)가 프러시아의 브레슬라우(오늘날 폴란드의 브로츠와프)에서 얻은 자료를 활용해 중요한 전기를 마련해 주었다. 핼리의 생명표(life table, 한 나라 인구를 연령별, 성별, 직업별 따위로 분류하여 생존율, 사망률, 평균 남은 수명 따위를 나타낸 통계표 — 옮긴이)에는 탄생자 1238명과 사망자 1174명의 기록과 더불어 특정 해의 생존 확률도 담겨 있다. "20살 남성이 특정 해에 죽을 확률은 100분의 1이고 50살 남성은 38분의 1이며……." 라는 식으로 기록된 이 자료는 보험 통계학의 초석 중 하나가 되었다.[17]

3. **확실성**. 스위스의 수학자 야코프 베르누이(Jacob Bernoulli)는 1705년 "조건이 유사할 경우, 어떤 사건의 발생(혹은 비발생)은 과거에 관찰된 패턴과 동일하게 일어난다."라고 주장했다. 그의 대수의 법칙은, 이를테면 두 종류의 공이 든 단지 안에서 무작위로 공을 꺼낼 때 표본을 토대로 어느 정도 확실하게 공의 비율을 추론할 수 있다는 주장이다. 이 덕분에 근대적 확률 공식은 통계적 유의성에 대한 기본 개념과 신뢰 구간으로 구체화되었다.(예를 들어 표본 비율이 40퍼센트이고 표준 오차가 2.5퍼센트일 때, 모비율에 대한 95퍼센

트의 신뢰도를 가진 신뢰 구간은 40±5퍼센트, 즉 35퍼센트와 45퍼센트 사이에 있다.)

4. **정규 분포**. 프랑스의 수학자 아브라함 드무아브르(Abraham de Moivre)는 반복해서 도출한 결과들이 평균 주위에 분산 또는 표준편차에 따라 곡선 형태로 분포한다는 사실을 보여 주었다. 1733년 드무아브르는 이렇게 기록했다. "우연은 불규칙한 결과를 낳지만, 시간이 지남에 따라 신이 설계한 자연스러운 질서가 출현하면서 불규칙성이 사라질 확률은 무한대가 된다." 우리가 3장에서 언급한 종 모양이 바로 정규 분포를 나타낸 그림이며, 여기서 결과의 68.2퍼센트는 평균에서 표준편차 1단위 이내에 존재한다.

5. **효용**. 1738년에 스위스의 수학자 다니엘 베르누이(Daniel Bernoulli)는 어떤 물건의 가치는 가격이 아닌 그로부터 얻는 효용에 달려 있으며, 부가 조금 증가했을 때 생기는 효용은 이미 소유한 상품 수량에 반비례한다고 주장했다. 다시 말해 100달러는 헤지펀드 매니저보다는 중위 소득 계층에게 더 가치 있는 법이다.

6. **추론**. 영국의 수학자 토머스 베이즈(Thomas Bayes)는 그의 저작 『확률 이론과 문제 해결 방법(*Essay Towards Solving a Problem in the Doctrine of Chances*)』에서 다음과 같은 문제를 해명했다. "미지의 사건이 일어난 횟수 혹은 일어나지 않은 횟수를 알고 있을 때, 한 번의 시도로 그 사건이 일어날 가능성은 어떻게 나오는가? 이는 확률적으로 두 가지 차원에 달려 있다. 즉, 어떤 사건의 확률은 그 사건 발생에 따른 기댓값과 그 사건의 발생 가능성 사이의 비율이다." 즉, 기대 효용은 어떤 사건의 발생 확률과 사건 발생 시 받는 보상액을 곱해서 얻는다는 현대의 공식을 발견한 것이다.[18]

요약하자면, 현대 보험의 진정한 선구자는 상인들이 아닌 수학자였다. 그렇지만 이 이론을 실제 현실에 적용한 자는 성직자였다.

영국 에든버러 올드타운 중심부에 있는 그레이프라이어스(Greyfriars) 교회 묘지. 이곳은 주인의 무덤을 떠나지 않았던 충견 보비(Bobby) 이야기와, 19세기 초 무덤을 파서 에든버러 대학에 해부용 시체를 공급했던 '도굴꾼' 일화로 유명하다. 그렇지만 금융사에서 그레이프라이어스가 중요한 이유는, 이 교회 목사였던 로버트 월리스(Robert Wallace)와 그의 동료이자 톨부스(Tolbooth) 교회 목사였던 알렉산더 웹스터(Alexander Webster)가 남긴 수학적 업적 때문이다. 이들은 에든버러 대학 수학과 교수였던 콜린 매클로린(Colin Maclaurin)과 더불어 정확한 보험 통계와 금융 원리에 따라 현대식 보험 기금을 최초로 고안해 냈는데, 그 업적들은 분명 상인의 도박과는 다른 형태였다.

월리스와 웹스터는 특유한 냄새로 유명했던 스코틀랜드 수도 아울드 리키(Auld Reekie, 묵은 연기라는 뜻. 오래전부터 석탄과 나무로 난방을 해 온 탓에 도시 전역이 굴뚝 연기로 자욱하다 해서 붙은 에든버러의 별칭—옮긴이)에 살았던 탓인지, 인간의 허약한 건강 상태에 관심이 많았다. 이들은 각각 74살과 75살까지 장수를 누렸다. 반면 매클로린은 겨우 48세의 나이로 세상을 떴다. 1745년 자코뱅 반란 시기에 이들을 피해 달아나다 말에서 떨어진 후 위독한 상태로 방치된 탓이었다. 18세기 중반 에든버러 거주자를 위협한 것은 교황 절대주의를 신봉한 고지대인(Highlanders)의 침략만이 아니었다. 이들은 1800년대까지 출생 시 평균 수명이 37세로 잉글랜드인과 비슷했다. 18세기 후반에는 더 형편없어져 런던과 비슷한 23세를 기록했다. 스코틀랜드 수도의 불결한 위생 상태를 고려한다면 이보다 더 심각했으리라 예상된다.[19] 월리스와 웹스터는 조기 사망에 특히 무방비인 집단이 있다고 생각했다. 1672년 제정된 앤 법(Law of Ann)에 따라 스코틀랜드 교회의 목사가 사망할 경우 부인과 자녀들은 당해 연도 연금의 절반만 지급받았다. 이후 유가족들은 가난에 시달려야 했다. 1711년 에든버러 주교가 보완책을 마련했지만, 종래처럼 부과 방식에 따른 정책이었다. 월리스와 웹스터는 이것만으로는 부족하다고 생각했다.

보통 스코틀랜드 성직자라고 하면 신중함과 근검절약이 몸에 밴 사람, 온갖 사소한 종교적 죄악에 천벌이라도 받을 것처럼 전전긍긍하는 사람으로 보는 경향이 있다. 그렇지만 수학 천재 로버트 월리스는 란켄 술집의 란케니안 클럽(Rankenian Club, 급진적인 신학 대학 학생들의 사교 모임 — 옮긴이)에서 술친구들과 어울리며 클라레(claret, 보르도산 붉은 포도주 — 옮긴이)를 즐겨 마시던 애주가였다.* 알렉산더 웹스터의 별명도 밑 빠진 술독이었다. '웬만해서는 술기운으로 이성이 마비되거나 사지가 떨리지 않았기 때문'이다. 그렇지만 이들은 수명만큼은 누구보다도 멀쩡한 정신으로 계산해 냈다. 웹스터와 월리스가 짜낸 독창적인 계획안은 칼뱅주의 종교 개혁과 그 후 이어진 18세기 스코틀랜드 계몽 운동에 크게 영향받았다. 이들은 목사들이 매년 낸 보험료를 사후 처자식에게 지급할 뿐만 아니라, 이 보험료로 기금을 조성하여 이윤 투자를 해야 한다고 주장했다. 이 경우 유가족은 보험료뿐 아니라 투자 수익까지 지급받게 된다. 이 계획안을 실행하려면 장차 수혜자의 숫자와 필요한 기금 액수를 정확히 예측해야 했다. 당시 웹스터와 월리스는 오늘날 보험 회계사들도 혀를 내두를 만큼 정확한 계산을 해냈다.[20] 월리스는 계획 초안에 "남편이 죽은 후 과부가 지급받는 금액은 목사의 경력과 정확한 계산에 따라 책정해야" 하겠지만, "초기에는 남편이 생전에 (해마다) 낸 돈의 세 배로 해야 한다……."라고 적었다. 다음으로 월리스와 웹스터는 스코틀랜드 전역에 있는 장로회를 통해 자금 마련이 가능한지를 살펴보았다. 결과적으로 '현역 목사 숫자는 늘 930명 수준'을 유지하는 듯했다.

…… 20년 전 상황을 보니, 매해 (930명의) 목사 중 27명이 세상을 떴다.

---

* 월리스는 또한 에든버러 철학 학회 회원이기도 했다. 그는 여러 가지 면에서 토머스 맬서스(Thomas Malthus)의 『인구론(Essay on the Principle of Population)』보다 앞섰던 자신의 저작 「고대와 현대 인구수에 대한 논문」을 이 모임에 헌정했다.

보험의 참뜻. 에든버러에서 설교하는 알렉산더 웹스터.

이 중 18명에게 아내가 있었고, 5명은 아이만 있었으며, 2명은 아내와 더불어 재혼 전에 낳은 16살 미만의 아이들이 딸려 있었다. 그리고 과부 전체를 살펴보면, 연금 수혜자 중 3명이 16살 미만의 아이를 남긴 채 죽거나 재혼했다.

원래 월리스가 한 계산으로는 특정 기간에 생존해 있는 과부가 총 279명이었다. 그러나 매클로린은, 과부들이 모두 동갑은 아니므로 이들의 사망률을 일정하게 가정하는 것은 잘못이라며 이 수치를 수정했다. 핼리의 생명표를 참고하여 수정해 보니 더 높은 수치가 나왔다.[21]

시간이 흐를수록 계산이 맞았는지 가늠해 볼 수 있었다. 최종 계획안에 따르면, 목사들은 연간 보험료로 2파운드 12실링 6다임(약 75만 원)에서 6파운드 11실링 3다임(약 190만 원) 사이를 내야 했다.(선택 가능한 보험료는 네 등급이었다.) 보험료 수입은 이윤을 목표로 한 투자 기금 조성에 쓰였는데(초기에는 젊은 목사들에게 대출을 했다.), 이때 투자 수익금은 새로 과부가 된 이들에게 보험료 등급에 따라 10파운드(약 290만 원)에서 25파운드(720만 원)의 연금을 지급하고도 기금 운영비를 충당할 만큼 넉넉해야 했다. 달리 말해 '스코틀랜드 교회 목사의 유가족을 위한 예비 기금'은 수익 극대화 원칙에 따라 이자와 보험금이 최대 연금액과 추후 발생 비용을 메우고도 충분할 만큼 자본금을 적립했던 최초의 보험 기금이었다. 만약 이들의 예측이 틀릴 경우, 기금은 액수를 초과하거나 아니면 필요액에 못 미쳐 문제가 더 커질 수 있었다. 적어도 다섯 차례에 걸쳐 기금 증가율을 계산한 월리스와 웹스터는 1748년 처음 1만 8620파운드이던 기금이 1765년에 5만 8348파운드로 증가한다고 예측했다. 이들의 예상은 단 1파운드만 빗나갔다. 1765년 실제 여유 자금은 5만 8347파운드였다. 월리스와 웹스터 모두 본인들이 해낸 정확한 계산을 확인하고 눈을 감을 수 있었다.

1930년 독일의 보험 전문가 알프레트 마네스(Alfred Manes)는 보험에 대해 다음과 같이 정확하게 정의를 내렸다.

> 확률 계산이 가능한 사건에서 수요 발생 시 기금을 공급할 목적으로 상호성의 원리에 따라 만든 경제 제도.[22]

스코틀랜드 목사들의 과부 기금은 바로 이러한 성격을 지닌 최초의 기금이었고, 그 설립은 분명 금융사에서 획기적인 사건이었다. 또한 이 기금은 스코틀랜드 성직자뿐 아니라 조기 사망에 대비하려는 모든 이들에게 하나의 전형으로 자리 잡았다. 그리하여 이러한 기금 운영이 온전한 형태를 갖추기 이전부터 에든버러, 글래스고, 세인트앤드루스 대학들도 기금 가입에 동참했다. 이후 20년 만에 전 세계 영어권 국가에서 동일한 형태의 기금들이 싹트기 시작했다. 그중에는 스코틀랜드 장인(匠人)의 과부에게 지급하는 '세인트메리 교회 합동 법인'(1768년)을 비롯하여 '필라델피아 장로교 목사 기금'(1761년), 영국의 '에퀴터블사(Equitable Company)'(1762년) 등이 있었다. 1815년 무렵에는 보험이 더욱 확산되어, 나폴레옹 전쟁에서 목숨을 잃은 사람들도 혜택을 누리게 되었다. 그리하여 4명 중 1명이 사망한 워털루 전투에서도 보험에 든 병사들은 아내와 자식이 길거리로 나앉지 않는다는 사실에 안도하며 숨을 거둘 수 있었다. 그러다 19세기 중반이 되자, 보험 가입은 일요일에 교회 나가는 일처럼 품위의 상징이 되었다. 보통 건전한 재정 상태와 거리가 멀다고 보는 소설가들도 보험 가입이 가능해졌다. 월터 스콧(Walter Scott, 스코틀랜드 출신의 시인이자 소설가 — 옮긴이)[23] 역시 자신이 사망하더라도 빌린 돈을 문제없이 갚을 수 있음을 보이려고 1826년 보험에 가입했다.* 원래 몇 백 명 남짓한 성직자들의 과부를 지원하고자 탄생했던 이 기

---

* 스콧은 라틴 아메리카의 첫 번째 채무 위기(2장 참고)로 촉발된 금융 위기의 희생자였다. 혹은 부동산에 대한 욕심에 희생되었는지도 모른다. 그는 애보츠포드(Abbotsford) 지역에 애착을 느껴 이곳에 집을 마련하려고, 자신의 책을 출간한 제임스 발렌타인 회사(James Ballantyne and Co.)와 존 발렌타인 연합 출판사(John Ballantyne & Co.) 등에서 익명의 사원으로 일하기도 했다. 직접 차린 출판사 아치볼드 컨스터블(Archibald Constable)의 투자자이기도 했던 그는, 주식 지분 수익이 종래의 인세 수입보다 낫다고 보았다. 그는 사업에 대한 관심을 비밀에 부쳤는데, 이 일들을 법원 서기나 주 장관 직위와 병행할 수 없다고 보았기 때문이다. 1825년 발렌타인사와 컨스터블사가 사업에 실패하자, 스콧은 11만 7000파운드에서 13만 파운드에 달하는 빚을 지게 되었다. 스콧은 애보츠포드를 팔지 않고 채무를 갚기 위해 다시 저술 활동에 몰두했다. 결국 빚은 갚았지만, 건강을 지나치게 해친 나머지 1832년에 죽

금은 점차 일반 보험 및 연기금을 취급하더니, 현재는 우리가 알고 있는 스코티시 위도우 보험사로 탈바꿈했다. 1999년 로이즈 은행에 합병된 스코티시 위도우는 지금은 숱한 금융 서비스 제공업체 중 하나에 불과하지만, 매우 성공적인 광고 효과 덕분인지 아직도 칼뱅교도의 검약 정신을 보여 주는 모범 사례로 널리 인식된다.*

  1740년대에, 보험 회사 및 이와 유사한 연기금들이 가입자를 꾸준히 확보하여 현재처럼 세계 금융 시장을 지배하는 세계적 규모의 기관 투자자가 되리라고 예상한 이는 아무도 없었다. 보험 회사들은 2차 세계 대전 이후 주식 시장 투자가 허용되자, 1950년대 중반 무렵 영국 주요 기업의 3분의 1을 차지할 정도로 영국 경제에서 훌쩍 커 버렸다.[24] 현재 스코티시 위도우 한 곳만 해도 운영 자금이 1000억 파운드가 넘는다. 선진 경제권에서는 보험료가 국내 총생산에서 차지하는 비중이 꾸준히 늘어난 결과, 1차 세계 대전 직전 약 2퍼센트에서 현재 10퍼센트로 급등했다.
  250년 전 로버트 월리스의 깨달음처럼 보험은 규모가 관건이다. 가입자가 늘어날수록 평균의 법칙에 따라 매해 지급하는 보험금 예측이 수월해지기 때문이다. 비록 보험 회계사가 개인별 사망 날짜를 미리 알 수 없다 해도, 개인이 모인 거대 집단의 평균 수명은 월리스와 웹스터, 매클로린이 처음 적용한 원리를 이용해 놀랍도록 정확하게 계산해 낼 수 있다. 보험 회사는 가입자의 수명 외에도 보험 기금의 투자 수익을 알고 있어야 한다. 그렇

고 말았다. 그의 사망 시기가 좀 더 일렀더라면, 스콧의 채권자들은 스코티시 위도우 보험의 혜택을 누렸을지도 모른다.
* 1986년 첫 선을 보인 광고는 데이비드 베일리(David Bailey)가 영화배우 로저 무어(Roger Moore)의 딸 데보라 무어(Deborah Moore)를 촬영한 작품으로, 여기에서 데보라는 비현실적일 만큼 매혹적인 스코틀랜드 과부로 출연했다.

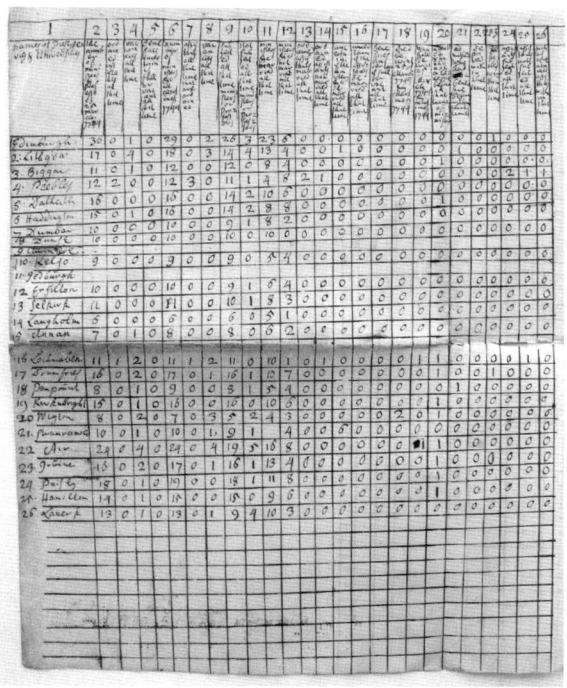

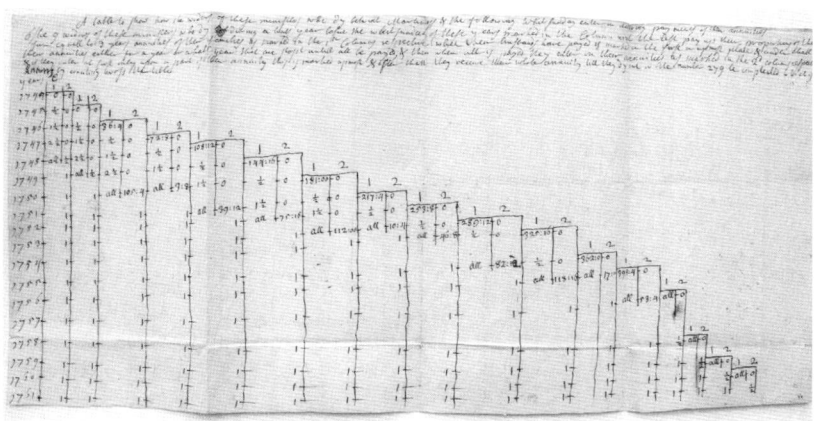

최초의 보험인 스코틀랜드 목사 과부 기금의 계산 과정.

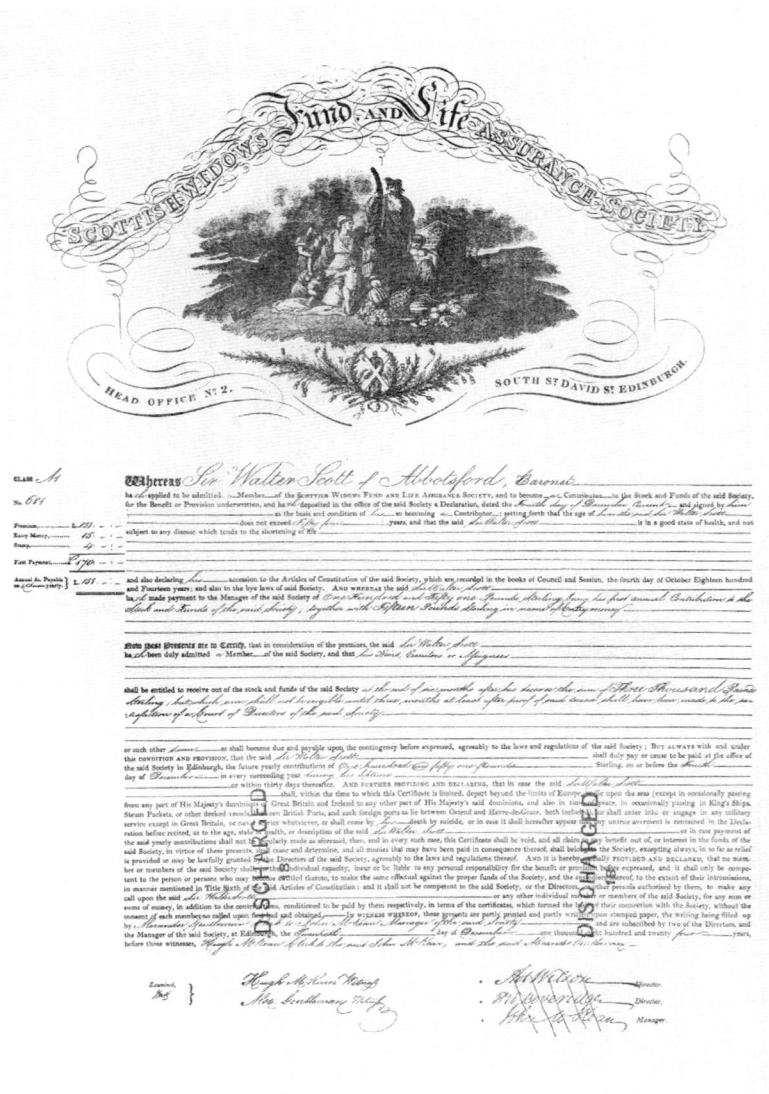

월터 스콧의 생명 보험 증서.

다면 보험 회사는 가입자가 낸 보험료로 어떤 금융 상품을 구입해야 할까? 빅토리아 시대 런던 보험 법인의 보험 회계 책임자였던 베일리(A. H. Bailey) 같은 권위자의 권고대로, 상대적으로 안전한 채권에 투자해야 할까? 아니면 위험하더라도 수익률이 높은 주식을 사야 할까? 어찌 보면 보험은 일상에서 겪는 위험 및 불확실성이, 금융 분야의 위험 및 불확실성과 마주하는 영역이다. 보험 통계학 덕분에 보험사는 보험 가입자보다 처음부터 유리한 위치에 있다. 과거 보험업자들이 노름꾼이었다면, 근대 확률 이론이 나오고부터 이들은 카지노 도박사가 되었다. 디키 스크러그스가 실추하기 전에 맡았던 소송 사건처럼, 돈을 맡긴 보험 가입자들은 점점 불리한 위치로 내몰리고 있다. 그렇지만 오래전에 미국의 경제학자 케네스 애로(Kenneth Arrow)가 지적했듯이, 사람들은 대개 약간의 이득(보험료가 없는 경우)을 보면서 확률적으로 낮은 막대한 손실(재난 후 아무런 지급도 못 받는 경우)을 입기보다, 약간의 손실(연간 보험료)을 보면서 확률적으로 낮은 큰 이득(재난 후 지급받는 보험금)을 보길 원한다. 이런 이유로 기타 연주자 키스 리처즈(Keith Richards)가 손가락 보험에, 가수 티나 터너(Tina Turner)가 다리 보험에 가입을 한다. 만약 보험사들이 가입자에게 예정대로 보험금을 지급하지 못한다면, 스코틀랜드식 검소함이라는 오랜 명성은 사라지고 대신 인색하고 양심 없다는 평판만 듣게 될 것이다.

한편으로 수수께끼 같은 문제가 있다. 영국의 보험료 지출 액수를 보면 국내 총생산 대비 12퍼센트 이상으로, 미국인보다 3분의 1, 독일인보다 2배가 많다.[25] 영국이 근대적인 보험을 고안한 나라임을 떠올려 볼 때, 피보험자 수치가 세계적으로 높다는 사실은 당연해 보일지 모른다. 그렇지만 다시 생각해 보면 꼭 그렇지만도 않다. 미국과 달리 영국은 극단적인 기상 이변이 드물다. 내가 가장 최근에 겪은 허리케인도 1987년 10월에 온 태풍이었다. 영국 도시들은 샌프란시스코와 달리 단층선에 놓여 있지도 않다. 스코티시 위도우가 생긴 이래 영국의 정치사는 독일과 비교해 기적에 가까울 만큼 안정적이었다. 그렇다면 도대체 왜 그렇게 많은 영국인이 보험에 가입하는 것일까?

그 답은 또 다른 위험 대비 장치인 복지 국가의 흥망과 관련이 있다.

전쟁에서 복지로

제아무리 스코티시 위도우 같은 민간 펀드가 우후죽순 생겨나도, 보험의 혜택에서 제외된 자들이 있기 마련이었다. 이들은 몹시 가난하거나 무능력하여 유사시에 대비하지 못했다. 민간의 자선 행위나 구빈원 같은 엄격한 제도에 의지해야 하는 이들의 운명은 가혹했다. 런던의 노섬벌랜드 거리에 있던 규모가 큰 매릴레번 구빈원(Marylebone Workhouse)은 궁핍기가 다가오면 '불구에 늙고 허약하며 앞 못 보는 가난한 이들'을 1900명까지 수용하였다. 혹독한 날씨에 일자리도 부족하고 음식마저 귀해지면, 남녀 구분 없이 '부랑자들' 모두가 이 감옥 같은 시설에 넘겨졌다. 1867년 《그림으로 보는 런던 뉴스(Illustrated London News)》에는 다음과 같은 글이 실렸다.

수감자들을 비누로 문질러 뜨거운 물과 찬물로 씻긴 후, 이들에게 저녁으로 170그램짜리 빵과 0.5리터 오트밀 죽을 배급했다. 이들이 입던 옷은 세탁하고 소독했다. 수감자들에게 따뜻한 양모 잠옷을 입히고 잠자리로 안내했다. 성서 읽어 주는 사람들이 주기도문을 읽었다. 집단 기숙사에는 밤새 엄격한 규율과 침묵이 감돌았다. …… 침대에는 코이어(coir, 야자 껍질에서 뽑은 섬유─옮긴이)를 가득 채운 매트리스와 솜 베개, 덮개가 있었다. 여름에는 아침 6시, 겨울이면 7시에 기상해서 일하러 가야 했다. 여자들은 수용소를 청소하거나 뱃밥(배에 물이 스며들지 않도록 판자 틈을 메우는 물질 — 옮긴이)을 만들었고, 남자들은 돌을 캐야 했다. 전날 저녁과 똑같은 식단에 똑같은 양의 아침을 먹은 후 일을 하되, 네 시간 이상 하는 법은 없었다. 수감자들은 소독으로 기생충을 없앤 옷을 아침에 돌려받았다. 낡은 옷을 수선할 사람에게는 바늘과 실, 용도에 맞는 헝겊을 주었다. 아픈 사람은 구빈원의 보건 담당자가 돌보았다. 움직일 수 없을 만큼 병세가 심각하면 진료소로 보냈다.

글쓴이의 결론을 이러했다. "'순수한 부랑자'라면 불만거리를 찾아볼 수 없을 것이다. …… 선한 사마리아인들도 이렇게까지 못한다."[26] 19세기 후반 무렵에는 인생의 낙오자들에게 더 좋은 여건을 마련해 줘야 한다는 인식이 퍼져 나갔다. 위험에 대해서도 새로운 접근 방식이 싹트기 시작했고, 이는 복지 국가라는 결실로 나타났다. 근본적으로 규모의 경제를 활용한 국가 차원의 복지 제도는 모든 시민들을 그야말로 태어나서 죽을 때까지 보호하는 장치였다.

보통 복지 국가를 영국이 만들었다고 보는 경향이 있다. 또한 복지 국가를 사회주의자나 자유주의자의 고안물로 보기도 한다. 그렇지만 실제로 국가 차원의 강제적인 건강 보험과 노령 연금 제도가 처음으로 도입된 곳은 독일이었으며, 영국은 20년 이상이 지나서야 독일의 선례를 따랐다. 또한 이 제도는 좌파의 산물도 아니었다. 오히려 그 반대였다. 1880년 오토 폰 비스마르크(Otto von Bismarck)는 말하길, 사회 보험법의 목적은 "연금 자격자들이 느끼는 보수적인 심리 상태를 수많은 무산자들로부터 끌어내는 것"이라고 하였다. 그는 "노령 연금이 있는 사람은 …… 그렇지 못한 사람보다 훨씬 다루기가 쉽다."라고 말했다. 게다가 이 제도는 "국가 사회주의적 개념"이며 "일반 국민이 무산자를 책임지고 지원해야 한다."라고 공개적으로 말해, 자유주의 성향을 지닌 그의 정적들을 놀라게 했다. 그렇지만 그의 동기는 전혀 이타적이지 않았다. 그는 말했다. "누구든 이 개념을 포용하는 자가 권력을 잡는다."²⁷⁾ 영국은 1908년에 비스마르크를 뒤따랐다. 당시 자유당 출신 재무 장관 데이비드 로이드 조지(David Lloyd George)는 70세 이상 노인을 상대로 소득 조사를 실시하여 일정 규모의 국가 연금제를 도입했다. 1911년에는 국민 건강 보험법(National Health Insurance Act)이 이어졌다. 좌파 쪽 인물이긴 했어도 로이드 조지 역시 비스마르크의 통찰력, 즉 이러한 조치가 선거권이 빠르게 확산되는 상황에서 득표 수단이 되어 준다는 점에 동의했다. 부자보다는 빈자가 압도적으로 많기 때문이었다. 로이드 조지가 국가 연금을 위해 직접세를 인상하자 그의 1909년 예산안에는 '인민 예산(The People's Budget)'이라는 꼬리표가 붙었고 그는 만족감을 표했다.

그렇지만 복지 국가가 착상된 곳이 정치였다면, 성숙한 곳은 전쟁터였다. 1차 세계 대전으로 정부의 행동 반경은 거의 모든 영역으로 뻗어 나갔다. 독일 잠수함들이 해저로 775만 9000톤에 달하는 상선을 보내면서, 전쟁 위험 부담은 전적으로 민간 해상 보험업자의 몫이 되었다. 로이드 보험은 사전에(1898년) 표준 약관을 수정하여 '적대적 행위나 군사적 행동에 따른 결과'를 보험 대상에서 제외하였다.(소위 포획 및 나포 부담보 약관(f. c. s. 'free of capture and seizure')이었다.) 이러한 제외 조항을 삭제한 보험들도 막상 전쟁이 터지면 이를 취소했다.²⁸⁾ 미국은 국가가 개입하여 해운업을 사실상 국유화했고,²⁹⁾ 이 덕분에 보험 회사들은 (예상대로) 1914년과 1918년에 선박에 생긴 그 어떤 손해든 전쟁 때문이라고 주장할 수 있게 되었다.³⁰⁾ 평화 시기가 도래하자 영국 정치인들은 동원 해제가 노동 시장에 미칠 충격을 누그러뜨리려고, 1920년 실업 보험안(Unemployment Insurance Scheme)을 서둘러 도입했다.³¹⁾ 이 과정은 고스란히 2차 세계 대전 기간과 전후에 되풀이됐다. 영국판 사회 보험은 1942년 경제학자 윌리엄 베버리지(William Beveridge)가 주도한 「사회 보험과 관련 서비스에 관한 정부 부처 간 위원회 보고서」를 통해 빠

1902년 런던 구빈원의 모습. 낡은 대마 밧줄은 이를 풀어낸 뒤 배를 만들 때 쓰는 뱃밥으로 재활용했다.

매릴레번 구빈원에서 식사하는 사람들. 수감자들은 신의 자비와 은총을 실감하기 어려웠을 것이다.

르게 퍼져 나갔다. 이 보고서는 '궁핍, 질병, 무지, 불결, 나태'의 척결을 위해 국가 차원의 다양한 사업 계획을 밀어붙이라고 권장했다. 1943년 3월 처칠은 방송을 통해 그 내용을 다음처럼 요약했다. "모든 계급이 요람에서 무덤까지 누릴 수 있는 강제적인 만능 보험을 국가가 제공하는 것, 정부 정책으로 실업을 근절하고 상황에 따라 성장 발전에 균형 잡힌 영향력을 행사하는 것, 국가 소유권과 국영 기업의 범위를 확장하는 것, 공공 주택 공급을 더욱 늘리는 것, 공교육 개선과 건강 및 복지 서비스를 전면 확대하는 것."[32]

국가 보험에 관한 주장은 단순한 사회 형평성을 넘어서는 것이었다. 첫째, 국가 보험은 민간 보험 회사가 발들이기를 꺼리는 영역에 개입할 수 있었다. 둘째, 보편적이고 때로는 강제적인 가입 제도 덕분에 값비싼 광고와 판촉 활동을 펼칠 필요가 없었다. 셋째, 1930년대에 어느 권위자가 남긴 말처럼 "통계적 경험상 다수가 모일수록 평균은 안정적이다."[33] 다시 말해 국가 보험은 규모의 경제를 누린다는 뜻이다. 그러니 될 수 있는 한 가입 대상을 포괄적으로 넓혀야 했다. 베버리지 보고서는 비단 영국뿐 아니라 전 세계 도처에서 열광적으로 환영받았고, 이 때문에 복지 국가를 '영국 작품'이라고 생각하는 경향이 생겨났다. 그렇지만 세계 최초로 복지를 일으킨 초강대국이자, 복지 이념을 퍼뜨려 크게 성공을 거둔 나라는 영국이 아닌 일본이었다. 그리고 일본만큼 복지 국가와 전쟁 국가 사이의 밀접한 관계를 뚜렷이 보여 준 사례도 찾기 힘들다.

일본은 20세기 전반기 내내 재난에 시달린 국가였다. 1923년 9월 1일, 대형 지진(리히터 규모 7.9)이 간토 지방을 덮치면서, 요코하마와 도쿄가 초토화됐다. 완전히 무너져 내린 가옥이 12만 8000채가 넘었고, 절반가량 파괴된 가옥도 이와 비슷했다. 900명이 바닷물에 휩쓸려 갔고, 45만 명이 지진 직후 터진 화염에 불타 버렸다.[34] 그렇지만 일본인에게는 보험의 혜택이 있었다. 전무했던 일본의 보험 산업은 1879년과 1914년 사이에 경제의 활력소로 부상했다. 30개가 넘는 회사들이 해상, 사망, 화재, 징병, 운송 사고, 강도 등 서로 다른 보험 13종류를 제공하였다. 일례로 지진이 터진 1923년에 일본인은 6억 9963만 4000엔(3억 2800만 달러)에 달하는 신규 생명 보험에 가입했고, 평균 보험 금액은 1280엔(600달러)이었다.[35] 그러나 당시 지진으로 생긴 총 손실액은 46억 달러였다. 6년 후 대공황이 덮치자, 일부 농촌 지역은 아사 직전이었다.(당시 인구의 70퍼센트가 농업에 종사했고, 농업 종사자 중 70퍼센트가 평균 1.5에이커 정도밖에 안 되는 밭을 경작했다.)[36] 1937년 일본은 결과적으로 무익하고 값비싼 대가를 치른 정복 전쟁을 중국에서 일으켰다. 이어 1941년 12월, 일본은 세계적인 경제 대국 미국과 담판을 지으려다 결국 히로시마와 나가사키 두 지역을 값비싼 희생물로 바치게 된다. 일본은 제국을 향한 파멸적인 시도로 약 300만 명에 이르는 인명 피해 외에도, 1945년 미국의 폭탄 투하로 온갖 자산이 사라지는 상황을 맞이해야 했다. 미 전략 폭격 조사(US Strategic Bombing Survey)에 따르면, 60개가 넘는 도시 시가지가 적어도 40퍼센트 이상 파괴되었다. 가옥 250만 개가 사라졌고, 830만 명이 집을 잃었다.[37] 피해를 비껴간 도시(피해가 전혀 없지는 않았지만)는 교토 한 군데였다. 옛 수도 교토는 전근대 일본의 기풍을 여전히 간직한 도시로, 현재 전통 목조 가옥을 찾아볼 수 있는 유일한 지역이다. 미닫이문과 창호지, 나무 기둥과 돗자리로 구성된 길고 가는 전통 가옥의 내부를 살펴보면, 일본의 도시가 왜 그렇게 화재에 취약했는지를 잘 알 수 있다.

대다수 참전국처럼 일본이 얻은 교훈 역시 분명했다. 세상은 몹시 험난하므로 민간 보험 시장이 이를 모두 부담하기에는 벅차다는 사실이었다.(미 연방 정부도 전쟁 피해 공사(War Damage Corporation)를 세워 전쟁 위험을 90퍼센트 이상 떠맡았지만, 역사상 미국 본토에서 전쟁 피해가 발생한 일이 단 한 번도 없던 관계로 이윤이 매우 높은 공공 부문에 속하게 되었다.)[38] 백방으로 노력한들 일개 개인이 미 공군 폭격으로부터 자신을 보호할 수는 없는 노릇이다. 해법은 언제나처럼 정부가 떠맡는 것, 사실상 국가가 위험을 책임지는 형태였다. 1949년 일본이 보편적 복지 제도를 고안하기 시작했을 때, 일본 사회 보장 자문 위원회는 영국의 사례를 참고했다고 인정했다. 보편적 복지를 굳게 믿었던 일본의 경제학자 분지 곤도가 보기에, 당시는 일본판 베버리지를 도입하기에 적기였다.[39] 그렇지만 일본은 베버리지보다 한 걸음 더 나아갔다. 자문 위원회가 보고서에서 밝혔듯이 그 목적은 질병, 상해, 분만, 장애, 사망, 노령화, 실업, 대가족을 비롯해 여타 궁핍함을 낳는 요인들에 대한 경제적 보장책을 정부 지출로 마련하고, 빈민들이 최소한의 생계 수준을 유지할 수 있도록 국가 지원 제도를 창출하는 것이었다.[40]

이제 복지 국가는 모든 예측 불허의 사건에서 현대인을 보호하는 존재가 되었다. 병든 몸으로 태어나면, 국가가 지원한다. 교육을 받을 수 없어도, 국가가 지원해 준다. 일자리를 얻지 못해도 국가가 지원한다. 일을 못할 만큼 쇠약해져도 국가가 지원한다. 은퇴한 경우에도 국가가 책임진다. 최종적으로 사망한 경우에도 국가가 유족을 부양한다. 이는 분명 전후 미군의 일본 점령기 때 목적, 즉 '봉건 경제를 복지 경제로 대체하는 노선'과 궤를 같이 하였다.[41] 그렇지만 (대다수 전후 논평자의 지적처럼) 일본판 복지 국가를 '대부분 외세의 강요에 따른 것'으로 파악해서는 곤란하다.[42] 실상 일본은 자체적으로 복지 국가를 세웠고, 2차 세계 대전이 끝나기 훨씬 이전부터 이 작업에 매달려 왔다. 사실 그 추진력은 사회적 이타주의가 아니었다. 이들의 복지 국가는 20세기 중반, 신체 건장한 젊은 병사와 노동자를 갈망했던 국가의 탐욕에서 비롯되었다. 미국의 정치학자 해럴드 라스웰(Harold D. Lasswell)에 따르면 일본은 1930년대에 병영 국가(兵營國家)가 되었다.[43] 그렇지만 이는 '전쟁 복지 국가(warfare-welfare state)'라는 계약을 통해서만, 즉 군사적 희생이 있어야만 사회 보장이 제공되는 형태였다.

1930년대 이전부터 일본에는 일부 기본적인 사회 보험 제도가 있었다. 바로 공장 재해 보험과 건강 보험이었다.(1927년 공장 노동자들에게 도입되었다.) 그렇지만 이 보험 혜택을 누린 산업 노동 인구는 40퍼센트 미만이었다.[44] 1937년 7월 9일 일본 정부는 일본 후생성(Japanese Welfare Ministry) 설립을 승인했고, 의미심장하게도 그로부터 바로 두 달 뒤에 중일 전쟁이 터졌다.[45] 후생성은 첫 번째 조치로 산업 고용 인구에게 기존 정책을 보완한 보편적인 건강 보험 제도를 도입했다. 1938년 말부터 1944년 말 사이에 이 제도로 보호받는 시민은 50만 명에서 4000만 명으로 거의 100배 가까이 늘어났다. 정책의 목표는 분명했다. 대중이 건강할수록 제국의 군대도 튼튼해진다는 것이다. '전 국민은 병사다.'라는 전시 슬로건은 차츰 '전 국민은 보험에 가입해야 한다.'로 바뀌었다. 보편적인 보험 혜택을 위해 의료직과 제약 산업을 사실상 국가에 귀속시켰다.[46] 전시에도 선원과 노동자를 위한 강제 연금안이 도입되었다. 이는 국가가 비용의 10퍼센트를 내고, 고용주와 고용자들이 임금의 5.5퍼센트를 부담하는 제도였다. 공공 주택 마련을 위한 대규모 계획안도 마련됐다. 전후 일본의 사업은 상당 부분 전쟁 복지 국가의 연장이었다. 이제 '전 국민은 연금이 있어야' 했다. 그리고 비용 절감기에도 노동자를 고용하던 과거 온정주의 관행이 사라지고 대신 실업 보험이 자리를 잡았다. 일본 일각에서는 복지를 평화 시기 국가의 자기 증대 전략이라며 국가주의적으로 바라보기도 했다. 사실 일본 정부는 영국식 권고안을 담은 1950년 보고서를 기각했다. 그러다가 미국의 통치가 종결되고 한참이 지난 1961년에서야 그 권고안의 대부분을 채택했다. 1970년대 후반, 일본의 정치인 나카가와 야스히로는 일본이 서구식 모델과 다른 (그리고 우월한) 제도를 도입한 덕분에 '복지 초강대국'이 되었다며 자랑스러워했다.[47]

사실 일본식 시스템은 독창적 제도가 아니었다. 요람에서 무덤까지라는 보편적 혜택은 대다수 복지 국가의 목표이기도 했다. 그런데도 일본식 복지 국가는 기적 같은 효과를 보여 주었다. 평균 수명이 세계적으로 앞섰고, 교육 역시 선도적이었다. 1970년대 중반 일본 전체 인구의 90퍼센트가량이 중학교를 졸업한 데 비해 영국은 32퍼센트 정도에 머물렀다.[48] 일본은 또한 스웨덴 한 곳만 제외했을 때, 서구보다 훨씬 평등한 사회였다. 게다가 세계 최대의 연기금을 보유하고 있어서, 은퇴한 일본인은 누구나 (보통 다소 긴) 은퇴 기간 동안 정기 소득뿐 아니라 후한 보너스까지 기대할 수 있었다. 복지 초강대국은 또한 경이로울 정도로 근검절약했다. 1975년 국민 소득의 단 9퍼센트만 사회 보장비로 지출됐는데, 스웨덴의 경우는 31퍼센트였다.[49] 세금과 사회 복지비 부담은 영국의 절반 정도였다. 이렇게 운영된 복지 국가는 매우 완벽해 보였다. 일본은 모든 면에서 안전을 달성(위험을 제거)했을 뿐 아니라, 동시에 경제도 빠르게 성장하여 1968년 무렵에는 세계 2위로 우뚝 올라섰다. 그보다 한 해 전에 미국의 미래학자 허먼 칸(Herman Kahn)은 2000년 무렵이면 일본의 1인당 국민 소득이 미국을 넘어설 것이라고 전망했다. 실제 나카가와 야스히로는 복지 혜택을 감안했을 때 "일본 노동자의 임금이 실상 (이미) 미국의 3배를 넘어섰다."라고 주장했다.[50] 일본은 전쟁으로는 최강국에 오르지 못했어도 복지 분야에서는 성공 가도를 달렸다. 그 핵심은 해외 제국 건설이 아닌 국내 안전망 건설이었다.[51]

그렇지만 전후 복지 국가 구상안에는 치명적인 약점이자 함정이 숨어 있었다. 복지 국가는 1970년대 일본에서 매우 순탄하게 작동했을지 모른다. 그렇지만 서구 세계에서는 동일한 평가를 내릴 수 없었다. 일본과 영국은 언뜻 지리나 역사가 비슷해 보여도(유라시아 대륙에서 떨어져 나온 섬나라, 제국주의적 과거, 수구적 태도) 문화 면에서 매우 달랐다. 게다가 이들의 복지 시스템은 세금으로 조달해 종래의 부과 방식으로 운영하는 국가 연금, 획일적인 퇴직 연령, 보편적인 건강 보험, 실업 수당 지급, 농가 보조, 매우 경직된 노동 시장 등 외면적으로 흡사해 보이나, 그 운영 방식은 전혀 달랐다. 일본에서는 평등주의가 정책의 주요 목표였으며, 일본 사회의 순응주의 문화는 국민이 이러한 규율을 따르도록 이끌었다. 반면 영국의 개인주의 정서는 이 제도에 냉소를 보냈다. 일본에서는 기업과 가족이 복지 시스템에 상당한 뒷받침을 했다. 고용주는 복리 후생 급여를 추가로 제공했고 노동자 해고도 꺼렸다. 1990년대만 해도 64살 넘은 일본인 중 3분의 2가 자녀들과 함께 살았다.[52] 반면 영국의 고용주들은 어려운 시기가 오면 주저 없이 임금을 삭감했고, 자식들은 국민 건강 서비스(National Health Service)를 믿고 부모 곁을 떠났다. 복지 국가는 일본을 경제 강대국으로 변모시킨 반면, 1970년대 영국에서는 상반된 효과를 낳았다.

영국의 보수주의자들은 초기 국가 보험으로 시작한 제도가 국가 차원의 동냥과 세금 징수로 퇴보해 경제적 유인을 심하게 왜곡했다고 평가했다. 1930년부터 1980년 사이에 영국에서 사회 이전 소득은 국내 총생산 대비 2.2퍼센트에서 출발해 1960년에는 10퍼센트, 1970년에는 13퍼센트, 1980년에는 거의 17퍼센트까지 차지했다. 이는 일본보다 6퍼센트가 높은 수치였다.[53] 정부 총지출액 중 보건 의료와 사회 복지 사업, 사회 보장 제도는 방위비보다 3배 높았다. 그런데도 결과는 참담했다. 영국의 복지비 지출 증대는 저성장뿐 아니라 선진국 평균을 훨씬 웃도는 인플레이션을 초래했다. 특히 만성적인 저생산성(1960년과 1979년 사이에 고용 인구 1인당 실질 국내 총생산은 겨우 2.8퍼센트 증가해 일본의 8.1퍼센트와 대조적이었다.)[54]이 문제였는데, 이는 영국 노동조합의 삐딱한 단체 교섭 전술과 밀접한 관련이 있었다.(노골적인 '파업' 대신 '태업'을 선호했다.) 한편 소득이나 자본 이득이 높을 경우 부과된 100퍼센트를 넘는 한계 세율(限界稅率)도 전통적인 저축과 투자의 발목을 잡았다. 영국의 복지 국가는 자본주의 경제를 굴러가게 만드는 유인, 즉 노력하는 자에게는 돈이라는 당근을, 태만한 자에게는 궁핍이라는 채찍을 제거한 듯 보였다. 그 결과 성장은 정체되고 인플레이션은 치솟는 '스태그플레이션'이 찾아왔다. 미국 경제 역시 비슷한 문제에 시달렸다. 미국도 건강, 의료, 소득 안정, 사회 보장에 쏟은 지출액이 1959년 국내 총생산의 4퍼센트에서 1975년 9퍼센트로 증가해, 처음으로 방위비 지출을 앞지르고 말았다. 또한 생산성이 좀처럼 늘지 않았고 스태그플레이션이 만연했다. 이런 상황에서 어떤 조치가 필요했을까?

한 인물과 그 후학들은 답을 안다고 자부했다. 이들이 끼친 막대한 영향력 때문인지, 지난 25년 동안 매우 두드러진 경제 흐름 중 하나는 서구 복지국가의 해체였다. 그 결과 사람들은 벗어난 줄 알았던 예측 불허의 괴물, 즉 위험에 또다시 노출되고 말았다.

대한파

1976년 체구가 왜소한 시카고 대학 교수 한 명이 노벨 경제학상을 수상했다. 바로 밀턴 프리드먼이었다. 그가 경제학자로서 얻은 명성은 상당 부분 과도한 통화 공급에서 인플레이션이 생긴다는 견해를 복원한 덕분이었다. 앞서 언급했듯이 그는 미국 통화 정책을 다룬 독보적인 책을 공동 집필하면서, 대공황이 연방 준비 제도의 실책 때문에 초래되었다고 단호하게 비난했다.[55] 그렇지만 1970년대 중반 들어 그가 몰두한 의문은 이것이었다. 복지 국가는 왜 실패했을까? 1975년 3월, 밀턴 프리드먼은 이 질문에 답하기 위해 시카고에서 칠레로 날아갔다.

정확히 18개월 전인 1973년 9월, 탱크가 칠레의 수도 산티아고를 깔아뭉개고는 마르크스주의자 살바도르 아옌데(Salvador Allende) 정부를 전복하였다. 칠레를 공산주의 국가로 만들려던 아옌데의 시도는, 경제가 혼수 상태에 빠지고 의회에 발목이 잡히면서 결국 군사 혁명으로 귀결되고 말았다.

공군 제트기가 대통령 관저인 모네다 궁(Moneda Palace)에 폭탄을 투하했고, 아옌데의 적수들은 근처 카레라(Carera) 호텔 발코니에서 이 광경을 지켜보며 샴페인으로 자축했다. 궁 안에 있던 대통령은 그의 역할 모델이었던 피델 카스트로(Fidel Castro)가 선물한 총 AK47로 무장한 채 승산 없는 저항을 시도하였다. 탱크가 자신을 향해 진격해 오던 순간 아옌데는 모든 게 끝났음을 직감했고, 벼랑 끝에 몰린 자신에게 총을 겨누었다.

당시 쿠데타는 전후 복지 국가가 직면한 전 세계적 위기를 보여 준 전형적인 사례로, 쿠데타 세력은 서로 경쟁 관계에 있는 경제 시스템 중 하나를 단호히 선택해야 했다. 생산이 크게 줄어들고 인플레이션이 만연한 상황에서, 칠레의 일반 복지와 국가 연금 시스템은 사실상 파산 상태였다. 아옌데에게 그 해법은 마르크스주의를 전면에 내세워, 모든 경제 영역을 소비에트식으로 완전히 탈바꿈하는 것이었다. 군사 정권과 그 지지자들은 이에 반대했다. 그렇지만 현상 유지조차 힘든 상황에서 이들의 현실적인 대안은 무엇이었을까? 밀턴 프리드먼이 여기에 개입했다. 그는 칠레에서 한창 강연과 세미나를 하면서 신임 대통령 피노체트(Augusto Pinochet)와 많은 시간을 함께했고, 나중에는 칠레의 경제 상황을 평가한 서신을 보내 재정 적자를 줄이라는 조언도 해 주었다. 프리드먼이 보기에 연간 900퍼센트에 달하던 칠레의 지독한 인플레이션의 주범은 바로 재정 적자였다.[56] 프리드먼이 방문한 지 한 달 후, 칠레 군사 정권은 "어떤 희생을 치르더라도" 인플레이션을 막겠다고 공포하였다. 당시 정권은 정부 지출을 27퍼센트 줄이고 은행권 다발에 불을 질렀다. 그렇지만 프리드먼의 제안은 그의 전매특허인 통화주의 충격 요법에 그치지 않았다. 시카고 대학으로 돌아온 그는 피노체트에게 "이 인플레이션 문제는 40년 전 시작된 사회주의 흐름에서 생긴 것으로, 아옌데 체제에서 필연적으로 (그리고 끔찍할 만큼) 절정에 달했다."라고 적어 보냈다. 훗날 그는 이렇게 회상했다. "칠레가 겪는 현재의 난관은 거의 전적으로 지난 40년간 집단주의, 사회주의, 복지 국가를 지향해 온 탓이라고 본다."⁵⁷⁾ 그리고 그는 피노체트에게 다음과 같은 확신을 심어 주었다. "인플레이션이 끝나면 자본 시장이 급속히 팽창할 것이며, 이는 아직 정부 손아귀에 있는 기업 및 활동 분야가 민간 부문으로 빠르게 이행하도록 하는 촉매제가 될 것이다."⁵⁸⁾

프리드먼은 이러한 조언을 건넸다는 이유로 미국 언론으로부터 비난을 받았다. 어쨌거나 그는, 실제 공산주의자였거나 혹은 그런 의심을 받은 자들을 2000명 가까이 처형하고 3만 명 이상을 고문했던 군부 독재자의 조언자 노릇을 자처했기 때문이다. 《뉴욕 타임스》는 이렇게 지적했다. "칠레에서 시카고학파의 순수 경제 이론을 펼치기 위해 그 희생양으로 칠레인을 억압했다면, 그 이론의 창시자 역시 일정 부분 책임을 느껴야 하지 않겠는가?"*

새로운 체제에서 시카고학파의 역할은 밀턴 프리드먼의 한 차례 방문에서 그치지 않았다. 1950년대 이후, 산티아고 가톨릭 대학과의 교환 프로그램을 통해 젊고 총명한 칠레 경제학자들이 시카고 대학에 연구하러 가는 등 정기적인 교류가 있었다. 이들은 균형 재정과 엄격한 통화 공급, 무역 자유화의 필요성 등을 확신하고는 고국으로 돌아갔다.⁵⁹⁾ 이들이 바로 소위 말하는 '시카고 아이들(Chicago Boys)', 즉 프리드먼의 보병들이었다. 칠레 재무 장관과 훗날 '초강력' 경제부 장관을 역임한 호르헤 카우아스(Jorge Cauas), 그의 계승자인 금융 장관 세르히오 데 카스트로(Sergio de Castro), 노동 장관과 이후 중앙은행장을 지낸 미구엘 카스트(Miguel Kast), 그 외 적어도 8명이 시카고 대학에서 공부하고 정부에서 일했다. 이들은 아옌데가 몰락하기 이전부터, 두꺼운 책자 탓에 '벽돌(El Ladrillo)'이라고 알려진 세부 개혁 프로그

---

* 프리드먼은 1988년 중국 정부의 인플레이션에 대해서도 매우 유사한 조언을 해 줬으나, "칠레의 군사 정권보다 중국 정부가 그때나 지금이나 훨씬 억압적인데도 이에 대해서는 악한 정권에게 (자신이) 조언을 해 줬다며 항의가 쇄도한 일이 전혀 없었다."라고 말했다.

밀턴 프리드먼.

램을 고안했다. 그렇지만 가장 급진적인 조치는 시카고 대학이 아닌 하버드 대학을 택한 가톨릭 대학생 손에서 나왔다. 그가 염두에 둔 정책은 한 세대 동안 이뤄진 복지 국가를 향한 도전 중 가장 근본적인 것이었다. 그는 대처와 레이건보다도 한발 앞섰다. 결국 복지에 대한 반동이 처음 시작된 곳은 다름 아닌 칠레라 할 수 있다.

당시 24살의 청년이던 호세 피네라(José Piñera)는, 권력을 접수한 피노체트로부터 하버드에서 칠레로 돌아오라는 초청을 받고 딜레마에 빠졌다. 그는 피노체트 체제에 대해 아무런 환상도 갖고 있지 않았다. 그렇지만 동시에 하버드 대학이 있는 뉴잉글랜드 지방에 온 이후 내내 구상한 계획을 펼쳐 보일 호기이기도 했다. 그가 보기에 핵심은 단순히 인플레이션을 낮추는 게 아니었다. 재산권과 정치적 권리 사이의 연계를 다지는 작업 역시 필요했는데, 이는 자본주의적 민주주의가 성공적으로 정착한 북미 사례의 핵심이기도 했다. 피녜라는 이를 위해서는 복지 국가를 뿌리부터 손보는 일만큼 확실한 방책은 없다고 생각했고, 그 첫 수술 대상은 국가 연금과 다른 복지 혜택의 재원 마련에 기여해 온 부과 방식이라고 지적했다. 그는 다음과 같이 생각했다.

> 처음 출발은 거대한 보험 제도였으나 이제는 한낱 세금 제도로 전락하였다. 그래서 오늘 거둔 보험료를 장래를 대비한 기금으로 적립하는 대신 당장의 사회 보장비로 쓰고 있다. 이러한 '부과 방식' 때문에 검약의 원리가 사라지고 대신 자격 부여 관행이 들어섰다. …… (그러나 이러한 방식은) 인간의 행동 방식에 대한 잘못된 인식에서 나왔다. 개인에게서 기여와 혜택의 연결 고리를 파괴했기 때문이다. 다시 말해 노력과 보상의 관계를 끊어 놓았다. 어느 곳에서든 장기에 걸쳐 이런 일이 대대적으로 발생한다면, 그 최종 결과는 암담할 것이다.[60]

1979년과 1981년 사이에, 노동부 장관으로서(그리고 훗날 광업부 장관을 지낸) 피녜라는 급진적인 새 연금 제도를 고안해 냈다. 이는 모든 노동자에게 국가 연금 제도에서 빠져나올 선택권을 주는 것이었다. 지불급여세(payroll tax)를 내는 대신 개인 퇴직 계좌(Personal Retirement Account)에 일정액(봉급의 10퍼센트)을 예치하면, 이 기금을 연금 관리 회사(AFPs)라고 하는 민간 경쟁 업체들이 관리하였다.[61] 퇴직 연령에 이르면 가입자는 이 계좌에서 인출한 돈으로 연금을 구입한다. 그리고 원할 경우 계속 일하면서 돈을 모을 수도 있다. 이 계획안에는 연금 외에도 장애 및 생명 보험료에 대한 내용도 담겨 있었다. 그 기본 구상은 비축한 돈이 실상 본인들의 자본금이라는 인식을 칠레 노동자에게 심어 주자는 것이었다. 에르난 부치(Hernán Büchi, 피녜라의 사회 보장법 초안 작성과 의료 보건 개혁 실행을 도운 인물)는 이런 말을 남겼다. "사회 보장 계획에는 개인들이 노력하도록 하고, 또 차츰 본인의 운명을 책임지도록 유인하는 내용이 담겨야 한다. 사회적 기생을 조장하는 사회 보장법은 참으로 측은한 제도이다."[62]

피네라의 도박이 시작되었다. 그는 노동자에게 선택권을 넘겼다. 기존의 부과 방식을 고수하든가, 아니면 새로운 개인 퇴직 계좌를 선택하든가 둘 중 하나였다. 그는 텔레비전에 주기적으로 나와 노동자들에게 "(기존 국가 기구에서 받았던) 당신 조모의 연금 수표를 그 누구도 뺏어 가지 않는다."라며 설득했다. 그는 노조원들의 연금 관리 회사 선택권을 개별 노동자가 아닌 노동조합에 맡겨야 한다는 의견에도 냉소적인 태도를 보이며 단호히 거부했다. 결국 1980년 11월 4일 개혁안이 승인됐고, 그다음 해 국제 노동절인 3월 1일부터 피네라의 모험스러운 제안이 시행되었다.[63] 대중의 반응은 열광적이었다. 1990년까지 70퍼센트가 넘는 노동자들이 민간 제도로 이동했다.[64] 저마다 보험료와 투자 수익금이 기록된 반들반들한 새 보험 증서를 받아 들었다. 2006년 말이 되자 칠레인 770만 명이 개인 퇴직 계좌를 갖게 되었다. 노동자들이 국가 건강 보험 제도 대신 민간 업자를 택하도록 허용한 예방 의학 기구(ISAPRE, Instituciones de Salud Previsional, 칠레의 민간 의료 기관—옮긴이) 시스템에 따라 개인 건강 보험을 택한 노동자도 270만 명에 달했다. 이 제도는 시카고학파에게 영감을 받아 피노체트 체제가 실행한 다른 개혁안들과 더불어 마르크스주의자 아옌데가 1973년에 계획했던 제도 못지않게 혁명적이었다. 더군다나 이 개혁이 도입된 시기는, 인플레이션이라는 괴물이 잠잠해 보이던 1979년 신중치 못하게도 칠레 화폐를 달러와 연동한 탓에 경제적 불안이 극심해진 때였다. 곧이어 미국의 이자율이 오르자 디플레이션 압력을 받은 칠레 경제는 불황에 빠졌고, 시카고-하버드 특급 열차는 완전히 탈선할 위험에 처했다. 1982년 경제가 13퍼센트 수축하자, 프리드먼식 '충격 요법'을 비난하던 좌파 쪽 목소리에 힘이 실렸다. 1985년 말 무렵에야 위기가 사실상 종료되었다. 1990년, 결국 이 개혁은 성공작으로 평가받았다. 복지 개혁안이 전체 정부 지출에서 차지하는 비중이 국내 총생산의 34퍼센트에서 22퍼센트로 절반가량 줄었기 때문이다.

그렇다면 이는 유의미한 개혁이었을까? 살인과 고문을 일삼는 군 독재자와 동침한 시카고와 하버드 아이들이, 도덕성을 내걸고 택한 이 대형 도박은 그만한 가치가 있었는가? 그 답은 이러한 경제 개혁이 칠레 민주주의 회복에 얼마나 기여했는가에 달려 있다. 1980년 쿠데타가 일어난 지 정확히 7년째 되던 해, 피노체트는 민주주의를 10년 뒤로 퇴보시킨 제도들을 용인하였다. 1990년에는 집권 연장을 묻는 국민 투표에 패배하여 대통령 직에서 물러났다.(그렇지만 이후 8년간 군 책임자로 있었다.) 이어 민주주의가 회복되었고, 당시 경제 부활에 기여한 경제 기적도 그 무렵에 진행되었다. 연금 개혁 덕분에 퇴직 밑천을 갖게 된 새로운 자산 소유자들이 탄생했다. 게다가 그 여파로 저축률이 껑충 뛰면서 칠레 경제에 상당한 활력소로 기능했다.(저축액이 1989년 국내 총생산의 30퍼센트로 라틴 아메리카에서 최고였다.) 칠레는 애초부터 연금 관리 회사가 새로운 연기금의 6퍼센트 이상(나중에는 12퍼센트 이상)을 칠레 외부에 투자하지 못하도록 상한선을 그었다.[65] 이는 새로운 저축 자원이 자국의 경제 발전에 쓰이도록 하기 위함이었다. 2008년 1월 당시 내가 산티아고 칠레 은행을 방문했을 때, 브로커들이 노동자 연기금을 자국 주식 시장에 정신없이 투자하던 모습을 확인할 수 있었다. 그 결과는 인상적이었다. 10퍼센트를 넘는 개인 퇴직 계좌의 연 수익률은 1987년 이후 18배 성장한 칠레 주식 시장의 뛰어난 실적을 그대로 반영하였다.

물론 이 제도에는 어두운 구석도 있다. 제도 유지를 위해 행정 비용이나 국고 지출이 때로는 상당히 높았기 때문이다.[66] 모든 경제 인구가 정규직은 아니었으므로, 모두가 이 제도에 가입한 상태도 아니었다. 자영업자는 개인 퇴직 계좌에 돈을 낼 의무가 없었고, 임시직도 마찬가지였다. 그 결과 연금 혜택을 전혀 못 받는 인구도 상당했다. 그들 중 많은 이들이 한때 피노체트 체제에 대한 대중 저항의 산실이자, 지금도 담벼락에 페인트칠이 된 체 게바라(Che Guevara)의 얼굴을 찾아볼 수 있는 라 빅토리아(La Victoria) 지역에 살고 있다. 한편 정부는 최소한의 연금 지출도 벅찰 만큼 저축이 적은 이들을 위해, 적어도 20년간 노동한 자에 한해 그 부족분을 메워 주는 정책을 추진 중이다. 또한 이러한 자격도 안 되는 이들을 위해 기초 연금제(Basic Solidarity pension)를 마련하였다.[67] 한편 무엇보다도 시카고 아이들의 개혁이 시작된 이래 칠레의 경제 성과에 대해서는 논쟁의 여지가 없다. 프리드먼이 방문하기 전 과거 15년간 칠레의 성장률은 0.17퍼센트이었다. 방문 이후 15년간 성장률은 3.28퍼센트로 거의 20배가 올랐다. 빈곤율을 살펴보면, 라틴 아메리카의 다른 지역이 40퍼센트인 데 비해, 칠레는 15퍼센트로 눈에 띄게 줄었다.[68] 현재 산티아고는 안데스의 빛나는 도시이자, 남미 대륙에서 가장 성공을 거둔 매력적인 도시가 아닐까 싶다.

칠레의 연금 개혁안은 대륙 전체, 그리고 사실상 전 세계가 모방한다는 점에서 확실하게 성공을 거두었다. 볼리비아, 엘살바도르, 멕시코가 칠레의 계획안을 그대로 본 땄다. 페루와 콜롬비아도 국가 연금제의 대안으로 민간 연금제를 도입했다.[69] 카자흐스탄 역시 칠레의 사례를 따랐다. 심지어 영국의 국회 의원들도 국회 의사당을 뒤로하고 피네라에게 달려갔다. 재미있는 사실은 칠레 개혁안이 자유 시장 경제의 심장부인 미국이 시도한 그 어떤 정책보다 급진적이었다는 점이다. 그리고 이 복지 개혁은 사람들의 의지와 무관하게 북미로 흘러들어 갔다.

허리케인 카트리나가 뉴올리언스를 강타했을 때, 이 사건은 대다수 미국인이 애써 무시하려 했던 미국 시스템의 현실을 그대로 드러냈다. 미국은 분명 복지 국가이다. 그렇지만 실상은 그렇지 않다. 레이건과 클린턴 행정부는 실업 수당을 줄이고 청구 기간을 단축하는 등 급진적인 복지 개혁을 단행했다. 그러나 아무리 개혁을 실시해도 미국 인구 노령화와 치솟는 민간 의료비의 여파는 피해 갈 수 없었다.

미국의 복지 제도는 독특하다. 사회 보장제로 모든 퇴직자에게 최소한의 국가 연금을 제공하면서, 동시에 메디케어(Medicare, 65세 이상 노인 대상 의료 보험―옮긴이)로 노인과 장애인의 모든 의료 비용을 보장한다. 생계 보조와 여타 의료비 지출은 연방의 복지 계획 총비용을 늘려 국내 총생산의 11퍼센트까지 차지한다. 그러나 미국의 건강 보험은 거의 전적으로 민간 부문 소관이다. 최첨단 제도이나 저렴함과는 거리가 멀다. 퇴직 이전에 연금을 받기 원한다면, 민간 보험에 들어야 한다. 민간 보험에 가입하지 않은 미국인은 4700만 명 정도인 것으로 추정되는데, 이에 가입하려면 정규직이어야 하기 때문이다. 결국 미국의 복지 제도는 포괄적이지 못하고 유럽보다 재분배 기능도 훨씬 떨어지는데도 비용만큼은 상당하다. 1993년 이후 사회 보장 비용은 국가 안전 보장비를 훨씬 넘어섰다. 교육 부문 공공 지출은 국내 총생산 대비 5.9퍼센트로 영국, 독일, 일본보다 높았다. 공공 보건비 지출은 국내 총생산의 7퍼센트 정도로 영국과 비슷하다. 그렇지만 민간 의료비 지출은 훨씬 높다.(영국의 경우 1.1퍼센트에 불과하나, 미국은 8.5퍼센트나 차지한다.)[70]

이러한 복지 제도는 급증하는 연금 청구 건을 감당하기에는 역부족이다. 그러나 이는 바로 미국이 직면해야 하는 현실로, 2차 세계 대전 이후 태어난 소위 '베이비 부머(Baby Boomer)' 세대가 이제 곧 은퇴하기 때문이다.[71] 국제 연합에 따르면, 미국 남성의 평균 수명은 현 75세에서 2050년 80세로 늘어나고, 65세 이상 미국 인구는 전체 인구의 12퍼센트에서 21퍼센트로 늘어난다고 한다. 안타까운 현실은 퇴직 임박자 대다수가 은퇴 후 삶을 제대로 준비하지 못했다는 점이다. 2006년 은퇴 대비 현황 조사(Retirement

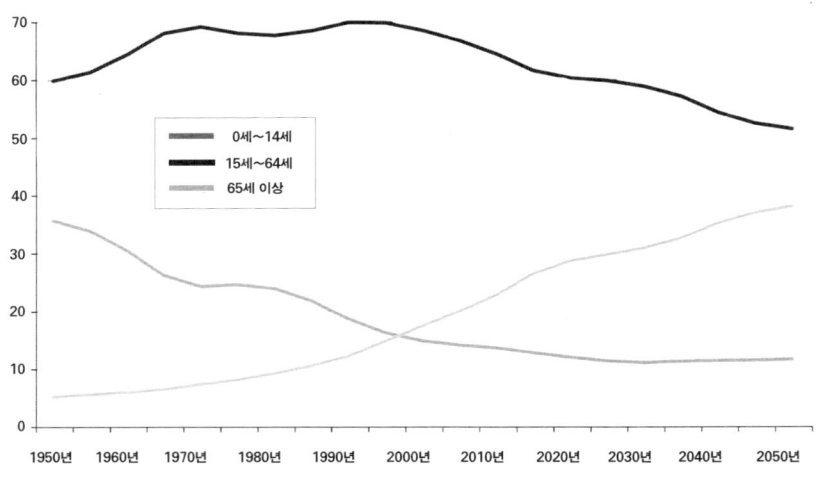

1950년~2050년 일본의 인구 통계. 복지의 위기를 보여 준다.

Confidence Survey)에 따르면, 미국인 10명 중 6명이 퇴직에 대비해 저축 중이고, 10명 중 4명만이 실제 필요한 저축액을 계산해 봤다고 한다. 저축액이 부족한 사람들은 대개 더 오래 일해서 채울 수 있다고 내다봤다. 사람들은 보통 65세까지 일할 계획이라고 했다. 그렇지만 실제 퇴직 연령은 62세로 나타났다. 실제로 미국인 10명 중 4명이 애초 계획보다 일찍 직장을 떠난다.[72] 이런 상황은 결국 연방 예산과 직결되는데, 계산에 착오가 있는 사람들은 어떤 식으로든 납세자에게 부담을 안겨 주기 때문이다. 현재 퇴직자들이 사회 보장 제도, 메디케어 제도, 메디케이드(Medicaid, 65세 미만 저소득 및 신체 장애자 대상 의료 보험 — 옮긴이) 제도를 통해 지급받는 액수는 한 해 총 2만 1000달러에 달한다. 여기에 현재 3600만 노인 인구까지 중첩되면서, 이 정책들은 연방 세수에서 이미 상당한 비중을 차지하고 있다. 게다가 앞으로 그 비중이 더 늘어날 것으로 보이는데, 퇴직자 수가 증가하고 있을 뿐만 아니라 메디케어 수혜 비용이 물가 상승률보다 2배로 급등해 통제가 힘들어졌기 때문이다. 2003년에 메디케어의 보장 범위를 처방약으로까지 확장하면서 사태는 더욱 심각해졌다. 메디케어 수탁 위원회 토머스 세이빙(Thomas R. Saving)의 예측에 따르면, 2019년 무렵 메디케어 항목 하나가 연방 세수의 24퍼센트를 가져갈 것이라고 한다. 또한 이 수치들은 재원 마련이 어려운 연방 정부 부채가 공식 자료에 드러난 것보다 훨씬 많음을 보여 준다. 미 정부 감사원(Government Accountability Office)은 재원 마련이 어려운 사회 보장 제도와 메디케어에서 암묵적으로 '드러난' 비용을 따져 본 결과 34조 달러에 이를 것이라고 밝혔다.[73] 이는 연방 공식 채무의 4배에 달하는 규모이다.

아이러니하게도 인구 노령화 문제로 미국보다 경제적으로 심각한 나라가 딱 한 군데 있다. 바로 일본이다. 1970년대 일본인 평균 수명은 세계 최고였다. 그러나 출생률이 떨어지고 65세 이상 인구가 이미 21퍼센트 이상 차지하면서 일본은 세계 최고의 장수 국가가 되었다. 나카마에 국제 경제 연구소에 따르면, 2044년 무렵이면 일본에서 노령 인구와 경제 활동 인구가 비등해진다고 한다.[74] 결과적으로 일본은 장수 사회를 고려하지 못한 복지 제도로 심각한 구조적 위기와 맞닥뜨려야 한다.[75] 퇴직 연령이 높아지고 있지만 일본 정부는 아직 국가 연금 문제 해법을 내놓지 못했다.(일부 유명 정치인을 비롯해 대다수 자영업자와 학생들이 의무적인 사회 보장 분담금을 내지 않는 현실도 문제 해결을 어렵게 한다.) 한편 공공 보험 업체들은 1990년 초반 이후 적자 상태이다.[76] 일본의 복지 예산은 현재 세수의 75퍼센트에 달한다. 그리고 그 채무액은 국내 총생산의 170퍼센트인 1000조 엔을 넘어섰다.[77] 민간 부문 업체라고 해서 상황이 더 나은 편도 아니다. 생명 보험사들은 1990년 주식 시장 붕괴 이후 고투 중이다. 1997년과 2000년 사이에는 대형 보험 회사 세 군데가 문을 닫았다. 연기금도 마찬가지로 곤경에 빠져 있다. 선진국 대부분이 비슷한 행보를 보이면서, 1980년대 팝송 「일본인이 되어 가는 듯(turning Japanese)」에는 전과 다른 의미가 생겨났다. 세계 최대 규모의 연기금

(일본 정부와 네덜란드 정부의 연기금, 캘리포니아 공공 부문 노동자 펀드)의 자산은 2004년부터 2007년 사이에 60퍼센트 증가해 현재 10조 달러를 넘어섰다.[78] 그렇다면 이들의 부채는 이렇게 막대한 액수로도 감당이 안 될 만큼 눈덩이처럼 불어나게 될 것인가?

장수는 개인에게는 축복이지만, 유권자를 설득해 개혁을 단행해야 하는 복지 국가나 정치인의 입장에서는 골치 아픈 문제이다. 더 암담한 점은 세계 인구가 점차 노령화되는 상황에서 세상이 점점 위험한 곳으로 돌변하고 있다는 사실이다.[79]

헤지 하는 사람들, 헤지 못하는 사람들

알 카에다(Al Qaeda)가 대량 살상 무기를 계속 찾는 상황에서, 만약 국제 테러가 더 빈번하고 치명적으로 발생한다면 어떤 일이 벌어질까? 사실 이런 우려에는 그만한 이유가 있다. 2001년 테러 공격의 여파가 비교적 제한적이었음을 감안할 때, 알 카에다가 '핵무기 테러'를 감행할 동기는 충분하다.[80] 이 조직의 대변인도 이런 사실을 부인하지 않았다. 오히려 공개적으로 "미국인 400만 명이 죽고(그중 200만 명은 아동) 그 2배에 달하는 이들이 망명자 신세가 될 것이며, 수십 만 명이 다치거나 불구가 될 것"이라며 본인들의 야심을 공개적으로 떠벌렸다.[81] 이는 단순히 허세로 넘길 문제가 아니다. 하버드 대학 벨퍼 센터(Belfer Center) 책임 연구원인 그레이엄 앨리슨(Graham Allison)은 "미국과 다른 정부들이 지금처럼 계속 처신할 경우, 아마도 2014년 무렵에는 대도시에서 핵무기 테러 공격이 터질 것"이라고 말했다. 수소 폭탄 개발자 중 한 명인 리처드 가윈(Richard Garwin)은 지난해 3월 미 의회에서 "매해 미국과 유럽 도시에서 핵폭발이 일어날 가능성은 20퍼센트"라고 주장했다. 또 앨리슨의 동료 매튜 번(Matthew Bunn)이 조사한 통계에 따르면, 10년 동안 핵 테러 공격이 일어날 가능성은 29퍼센트이다.[82] 핵폭발 장치는 평범한 미국 도시에서 폭발할 경우 12.5킬로톤이라는 적은 양으로도 8만 명의 목숨을 앗아 갈 수 있다. 수소 폭탄 1메가톤이 터지면 190만 명이 사망한다. 탄저균 포자를 이용한 생물학 테러 공격이 성공할 경우에도 매우 치명적이다.[83]

지구 온난화가 자연재해 발생 가능성을 높이면 어떻게 될까? 여기에도 안심하지 못할 근거들이 가득하다. 기후 변화에 관한 정부 간 협의체 IPCC(Intergovernmental Panel on Climate Change) 전문가들에 따르면 "인간이 초래한 지구 온난화로 대부분의 지역에서 폭우 발생률이 증가했다." 또한 "1970년대 이래 북대서양에서 열대성 사이클론이 더 극심해졌다는 관측 증거"도 있다. IPCC의 전망대로 해수면이 상승하면 카트리나 같은 태풍이 야기할 홍수 피해도 여지없이 늘어난다.[84] 물론 과학자들 모두가 (앨 고어가 영화 「불편한 진실(An Inconvenient Truth)」에서 주장한 대로) 미국 대서양 연안을 따라 허리케인 활동이 증가한다고 전망하지는 않는다. 그렇지만 취약 지대에서 주거지 건설이 계속 증가하는 현실을 감안할 때, 이를 사실이 아니라고 보는 것은 분명 경솔한 판단이다. 전례 없는 복지 집행으로 이미 과부하가 걸린 정부들에게, 대참사의 규모와 빈도마저 증가한다면 재정적으로 상당한 치명타일 것이다. 9·11 테러로 늘어난 보험(그리고 재보험) 손실은 최소 300억 달러에서 최대 580억 달러 정도로, 카트리나로 생긴 보험 손실액과 비등하다.[85] 두 사건 모두에서 미 연방 정부는 민간 보험 업체가 의무를 다하도록 개입해야 했다. 그래서 9·11 공격 피해에 따라 연방 차원의 테러 보험을 긴급히 제공하고, 멕시코 만 연안 주변의 긴급 구호와 재건 비용의 상당 부분을 부담했다. 다시 말해 보험 업체가 우왕좌왕하자 세계 대전 기간 때처럼 복지 국가가 개입한 형국이었다. 그렇지만 이러한 개입이 자연재해와 관런해 엉뚱한 결과를 낳기도 했다. 실상 상대적으로 안전한 지역에 사는 납세자들이 허리케인이 빈번한 지역에 살기로 작정한 사람들을 보조하는 꼴이 되었기 때문이다. 이러한 불균형을 바로잡는 방법 한 가지는 연방 재보험 프로그램을 고안해 대형 참사 피해를 보상하는 것이다. 납세자들이 대형 참사 비용을 부담하게 하기보다, 보험업체들이 보험료를 차등적으로 부과하고(허리케인 지대와 인접한 거주자들이 더 많이 내도록), 정부가 재보험사 역할을 하여 또 다른 카트리나 위험을 막아 내는 것이다.[86] 그렇지만 이외에도 또 다른 방법이 있다.

*

보험과 복지 말고도 미래의 충격에 대비하는 방지책이 있다. 그 현명한 방법은 바로 헤지(hedge, 현물의 가격 하락으로 생기는 손해를 막기 위해 현물을 선물로 파는 것 — 옮긴이)이다. 현대인이라면 누구나 한 번쯤 시카고에 있는 케네스 그리핀의 시타델 투자 회사에 대해 들어 봤을 것이다. 시타델 투자 그룹은 세계 20위권 규모의 헤지펀드 중 하나로, 현재 설립자 그리핀의 자산 운용 규모는 160억 달러에 이른다. 이 중에는 부실 자산도 섞여 있는데, 이는 그리핀이 엔론 등 파산 기업을 헐값에 사들였기 때문이다. 그리핀이 위험을 선호한다고 해도 과언은 아닐 것이다. 그는 불확실성과 호흡하며 산다. 하버드대 학부생 시절부터 전환 사채 거래를 시작한 그는 '두꺼운 꼬리'를 가지고 즐기는 사람이다. 시타델의 주요 역외 펀드(외국의 자산 운용 회사가 국내에서 자금을 모아 외국에 투자하는 펀드 — 옮긴이)는 1998년 이후 연간 21퍼센트에 달하는 수익을 냈다.[87] 2007년 다른 금융 기관들이 신용 경색으로 수십 억 달러를 잃고 있을 때, 그는 혼자 10억 달러 넘게 벌어들였다. 북미 시간 애비뉴에 있는 그의 펜트하우스는 예술품으로 꾸며 놓았는데, 이 중에는 8000만 달러를 주고 산 제스퍼 존스(Jasper Johns)의 「잘못된 출발(*False Start*)」과 6000만 달러짜리 세잔(Cézanne)의 작품도 있다. 그리핀은 결혼식도 베르사유에서 올렸다.(일리노이 주에 있는 동명의 작은 마을이 아닌 프랑스의 성에서 열었다.)[88] 헤징(hedging)은 분명 위험한 세계에서 쏠쏠한 사업이다. 그렇다면 이는 정확히 어떤 사업이고 또 어디에서 유래했을까?

헤징의 기원은 농업이다. 작물을 심는 농부에게는 수확 작물을 시장에 내다 팔 때의 가격이 무엇보다 중요하다. 그렇지만 이 가격은 농부의 예상보다 낮기도 하고 높기도 하다. 수확물이 시장에 나올 때 파종 시 약정한 가격으로 사게끔 상인들과 계약을 맺어 두면, 농부는 자신을 보호할 수 있다. 만약 인도 날짜에 시장 가격이 예상보다 떨어지면, 농부는 보호를 받는다. 농부와 계약을 맺은 상인은 당연히 가격이 오르길 원하는데, 그래야 이윤이 남기 때문이다. 미국의 대초원은 사람들이 땅을 갈고 씨앗을 뿌리면서 또 운하와 철도가 이 지대를 북동쪽의 주요 산업 도시와 연결하면서, 미국의 곡창 지대가 되었다. 그러나 수요와 공급, 그리고 이에 따른 가격은 변동이 극심했다. 1858년 1월부터 1867년 5월까지 부분적으로 남북 전쟁의 영향을 받아 밀 가격이 부셸당 55센트에서 2.88달러로 치솟더니, 1870년 3월에는 77센트로 뚝 떨어졌다. 초기 농부들이 짜낸 보호 대책은 선도 계약(forward contract)이었는데, 이는 단순하게 판매자와 구매자가 서로 합의한 약속이었다. 진정한 선물 계약(futures contract)은 선물 거래소에서 표준화된 증서를 발행하고 이를 거래하는 형태였다. '다가올(to arrive, 이행 날짜가 아직 다가오지 않았다 하여 처음에는 to arrive contract라고 불렀음 — 옮긴이)' 선물 계약이 표준화된 형태로 발전하고, 결제 규칙에 이어 효율적인 어음 교환소까지 생겨나면서, 진정한 선물 시장이 처음으로 등장했다. 탄생지는 바람의 도시 시카고였다. 1874년 상시적인 선물 거래소가 생기면서(오늘날 시카고 상업 거래소(Chicago Mercantile Exchange)의 전신인 시카고 농산물 거래소(Chicago Produce

Exchange)) 미국 상품 시장은 '헤징'의 본고장이 되었다.[89]

순수한 헤지는 가격 위험을 완전히 없앤다. 이때 위험을 짊어질 상대 투기자가 필수다. 그렇지만 실상 헤지 거래자는 대부분 어느 정도 투기를 목적으로, 다시 말해 향후 가격 변동에서 이윤을 얻을 속셈으로 뛰어든다. 대중이 이 방식을 불안하게 느낀 탓인지(선물 시장이 카지노와 다를 바 없다는 생각) 통화와 이자율에 대한 선물 거래는 1970년대 이후에야 이뤄졌고, 또 주식 선물 거래도 1982년에 들어서야 가능해졌다.

그리핀은 시타델에 수학자, 물리학자, 공학자, 투자 분석가를 한데 규합했고, 고도의 컴퓨터 기술까지 확보하였다. 이들의 작업 중 일부는 고도의 금융적 수완을 필요로 한다. 그렇지만 기본 원리는 간단하다. 선물 계약은 모두 기초 자산의 가치에서 유래한 것이므로, 모든 선물 계약은 일종의 '파생' 상품이다. 금융 거래 중 선물과 다르지만 밀접한 형태로 옵션(options)이 있다. 본질적으로 콜옵션(call option)을 산 사람은 옵션 판매자(writer, 매도자)로부터 특정 상품이나 금융 자산을 약정한 만큼 특정 일자(만기일)에 특정 가격(행사 가격)으로 살 수 있는 권리를 갖는데 의무 사항은 아니다. 상품 가격이나 기초 자산 가격이 장차 오른다고 보는 이들이 콜옵션을 구매한다. 현 시장 가격이 약정한 행사 가격을 추월할 경우, 이 옵션은 '내가격(in the money, 현시점에서 권리 행사를 하면 매수자에게 이익이 생기는 옵션 — 옮긴이)'이 된다. 따라서 이를 구매해 둔 사람은 수지맞게 된다. 풋옵션(put option)은 정반대이다. 풋옵션을 구입한 사람은 약정한 대상을 옵션 판매자에게 팔 권리를 가지는데, 이 역시 의무 사항은 아니다. 세 번째 파생 상품은 스왑(swap)이다. 예를 들면 미래의 이자율 흐름을 놓고 두 당사자끼리 사실상 내기를 하는 것이다. 이자율 스왑은 당사자끼리 금리를 서로 맞바꾸어 지급한다. 예를 들어 고정 금리로 자금을 조달해 변동 금리로 자금을 운용하는 사람의 경우, 금리 하락에 대비해 변동 금리를 지급하고 고정 금리를 받는 스왑을 체결한다. 한편 신용 디폴트 스왑(credit default swap, CDS)은 특정 회사채의 부도 위험에 대비하는 계약이다. 그렇지만 아마 가장 호기심을 자극하는 파생 상품은 자연재해 채권 같은 날씨 관련 파생 상품일 것이다. 이는 보험 회사들이 페르마 캐피탈(Fermat Capital) 같은 헤지펀드에 이른바 '꼬리 위험(tail risk, 가능성은 희박하나 발생할 경우 파괴적 결과를 몰고 오는 위험 — 옮긴이)'을 팔아, 극단적인 온도 변화나 자연재해의 여파를 상쇄하게 해 준다. '대재해 채권(cat bond, cat은 대재해를 뜻하는 catastrophe의 줄임말 — 옮긴이)'을 산 사람은 사실상 보험을 판 셈이다. 즉, 채권에 명시한 재해가 발생하면 구매자는 약정한 금액을 물어 주거나 자신의 자본금을 잃게 된다. 대신 채권 판매자는 매력적인 이자율을 지급한다. 2006년 날씨 파생 상품의 명목 가치는 총 450억 달러에 달했다.

한때는 이러한 파생 상품 대부분이 날씨 파생 상품 시장의 선구자 격인 시카고 상업 거래소 등을 통해 표준화된 상품으로 제공되었다. 그러나 지금은 상당수가 '장외 거래(over-the-counter, OTC)' 시장에서 맞춤형으로 제공되며, 때로는 은행이 만족할 만한 수수료를 받고 이러한 서비스를 제공한다. 국제 결제 은행에 따르면, 장외 파생 상품 계약(당사자끼리 정한 기준)의 총 명목 거래 잔액이 2007년 12월 596조 달러에 달할 정도로 어마어마하며, 총 시장 가치는 14조 5000억 달러를 조금 넘는다고 한다.* 전통적인 투자자 워런 버핏(Warren Buffett)이 파생 상품을 금융계의 대량 살상 무기라고 칭했다는 유명한 일화가 있지만(그럼에도 그 역시 이를 이용했다.), 세계 경제 시스템은 시카고 상업 거래소만 한 돌발 사건 대비소를 찾아내지 못했다.

그럼에도 여전히 남는 문제는 금융 혁명이 세계를 사실상 두 부분으로,

---

* 모든 파생 상품의 결제가 이뤄지면 명목 거래 잔액은 추산한 파생 상품 시장 가치의 약 4.5배이다.

즉 헤지하는(혹은 가능한) 사람들과 헤지하지 않는(혹은 불가능한) 사람들로 나뉬었다는 점이다. 헤지를 하려면 돈이 필요하다. 헤지펀드는 최소한 여섯 자리에서 일곱 자리 투자를 원하며 운용 보수로 적어도 투자금의 2퍼센트(시타델은 그 4배)를, 수익금의 20퍼센트를 요구한다. 이는 결국 예기치 못한 금리나 환율, 상품 가격 증가에 대비해 대형 기업들이나 헤지가 가능하다는 소리다. 만약 원할 경우 이들은 미래의 허리케인이나 테러 공격에 대해서도, 대재해 채권과 여타 파생 상품을 팔아 헤지할 수 있다. 이와 달리 일반 가정들은 전혀 헤지할 수 없고 하고 싶어도 그 방법조차 알지 못한다. 우리같이 능력 없는 사람들은 상대적으로 미약하고 때로는 값비싼 보험 증권에 기대 인생의 얄궂은 사건에 대비하는 수밖에 없다. 아니면 복지 국가가 구제해 주길 기다려야 한다.

물론 훨씬 더 간단한 세 번째 방법이 있다. 만일을 대비해 저축하는 전통적인 방법이다. 아니면 차입을 해서 재난을 완화시켜 줄 미래 가치가 있는 자산을 사는 것이다. 최근 들어 대다수 가정들이 불확실한 미래의 대비책으로 매우 단순한 형태의 주택 투자를 하고 있는데(보통은 차입 자본, 즉 부채를 이용한다.), 이 주택 가치가 부양자의 은퇴 시점까지 계속 증가한다고들 전망한다. 그래서인지 연금이 부족해도 신경 쓰지 않는다. 건강 보험이 바닥나도 당황해하지 않는다. 언제나 집, 안락한 집은 있게 마련이므로.

그러나 보험 증서나 연금처럼 이러한 전략에도 매우 뚜렷한 허점이 있다. 아무런 위험 회피 수단도 없이 주택 시장 한 곳에서 일방향 투자가 벌어지기 때문이다. 다음 장에서 살펴보겠지만, 애석하게도 주택과 건물은 안전한 투자처와 거리가 멀다. 그리고 이 사실은 굳이 뉴올리언스에서 고생스럽게 살아 보지 않아도 알 수 있다.

5 절대 안전 자산

영어권 국가에서 사랑받는 경제 게임이 하나 있다. 바로 부동산 게임이다. 부동산만큼 대중의 상상력에 침투한 경제 현실도 없다. 또 부동산만큼 저녁 만찬에서 자주 오르내리는 화젯거리도 없다. 부동산 시장이 단연 독보적이다. 성인이라면 누구나 제아무리 경제에 무지하다 해도 각자 나름의 전망을 펼쳐 보이기 마련이다. 심지어 아이들도 직접 돈벌이하기 훨씬 전부터 부동산이라는 사다리에 오르는 법을 전수받는다.* 그리고 이 아이들을 가르치는 방법은 그야말로 부동산 게임이다.

현재 모노폴리(Monopoly)로 알려진 이 게임은 1903년 엘리자베스 필립스(Elizabeth Phillips)라는 미국 여성이 처음 고안했다. 미국의 급진적인 경제학자 헨리 조지(Henry George)를 열렬히 신봉했던 그녀는 단일 토지세라는 유토피아를 꿈꿨다. 원래 이 게임을 만든 동기도 소수의 지주가 소작료를 징수해 이윤을 얻는 사회적 폐단을 드러내기 위해서였다. 모노폴리의 원조 격인 이 지주 게임(Landlord's Game)은 친숙한 요소들(죽 이어진 직사각형 길, 감

---

* 이는 실현 불가능한 기대감을 불어넣기도 한다. 1975년부터 2006년 사이 영국의 집값이 15배 뛰면서, 부모의 재정 지원을 바라볼 수 없는 이들에게 내 집 장만의 꿈은 멀어져 갔다.

옥으로 가는 코너 등)을 갖추었지만, 너무 복잡하고 다분히 설교적이어서 대중적 인기는 얻지 못했다. 실제로 초기에 이 게임을 활용한 사람은 몇몇 괴짜 교수들이었다. 와튼 스쿨의 스콧 니어링(Scott Nearing)과 컬럼비아 대학의 가이 터그웰(Guy Tugwell)이 이 게임을 변형해 수업 시간에 썼다. 이 게임의 상업적 잠재력을 알아본 이는 실직자 신세였던 배관공 찰스 대로(Charles Darrow)였다. 그는 뉴저지의 휴양 도시인 애틀랜틱시티 버전 게임을 친구를 통해 알게 되었다. 대로는 이 보드 게임의 디자인을 다시 손보았다. 각 부동산 구역에 밝은 색깔 테두리를 입혔고, 게임자들이 획득한 구역에 지을 작은 집과 호텔도 손수 만들었다. 대로는 손재주도 뛰어났지만(8시간에 게임 한 세트씩 만들어 낼 정도였다.) 세일즈맨 특유의 '투지' 또한 있었다. 그는 필라델피아 지역에 백화점을 연 존 워너메이커(John Wanamaker)와 장난감 도매상인 슈워츠(F. A. O. Schwartz)를 설득해, 1934년 크리스마스 철을 겨냥해 자신이 만든 게임을 사도록 했다. 곧 대로의 게임은 자체 제작 물량을 넘어설 정도로 불티나게 팔렸다. 1935년에는 보드 게임 회사 파커 브라더스(Parker Brothers)가 이 게임의 판권을 사들였다.(그 전에 나온 지주 게임의 판권 역시 이들이 사들였다.)[1]

대공황기에 부동산 소유 게임을 선보이기란 쉽지 않았을 것이다. 그렇지만 모노폴리의 형형색색 가짜 돈다발은 매우 매력적이었다. 파커 브라더스는 1935년 4월 게임에 대해 아래와 같이 설명했다.

게임 이름이 암시하듯 참가자들은 부동산, 철도, 공공 설비를 사들여 독점권을 얻은 후 다른 참가자로부터 지대를 받는 게 목적이다. 주택 담보 대출, 세금, 사회 사업을 위한 공동 모금, 옵션, 임대료, 이자, 미개발 부동산, 호텔, 아파트, 전력 회사, 여타 상거래 등 익숙한 문제와 마주할수록 재미가 고조되는데, 그때마다 돈을 지급받기 때문이다.[2]

게임은 경이로운 성공을 거두었다. 1935년 말까지 모두 25만 개가 팔려 나갔다. 불과 4년 만에 영국(내가 처음 해 본 것은 워딩톤(Waddington)사가 만든 런던판 게임이었다.), 프랑스, 독일, 이탈리아, 오스트리아에서 각국 버전이 출시되었다. 파시스트 정부는 어느 모로 보나 자본주의적 색채를 띤 이 게임에 대해 모호한 태도를 보일 뿐이었다.[3] 2차 세계 대전 당시 이 게임은 매우 보편화되어서, 영국 정보 기관은 모노폴리 보드에 탈출 장비(지도와 진짜 유럽 통화)를 담은 뒤 적십자사를 통해 독일 수용소에 있던 영국 전쟁 포로들에게 몰래 전달하기도 했다.[4] 실직 상태에 있던 미국인과 포로 신세였던 영국인이 모노폴리를 즐긴 이유는 동일했다. 현실은 고달플지라도 모노폴리에 빠져든 순간만큼은 번화가를 모두 접수하겠다는 꿈을 꿀 수 있었다. 게임은 원 개발자의 의도와는 정반대로 부동산 소유가 현명하다는 교훈을 던져 주었다. 소유 대상이 늘어날수록 돈도 더 많이 벌었다. 특히 영어권 국가에서는 주택과 건물만 한 투자처도 없었다.

'집처럼 안전하다.(safe as houses)'라는 이 표현 한마디에 전 세계 사람들이 내 집 마련을 갈망하는 이유가 압축적으로 담겨 있다. 그렇지만 이보다는 금융계의 현실을 정확히 반영한 표현에 가까운 듯하다. 즉, 부동산을 담보로 돈을 빌려 주는 일만큼 안전한 대출은 없기 때문이다. 왜 그럴까? 만약 채무자가 채무를 갚지 못할 경우, 저당 잡힌 집을 손에 넣을 수 있기 때문이다. 사람은 도망쳐도 집은 도망가지 못하기 때문이다. 독일식 표현대로, 땅과 건물은 '꼼짝 못하는' 자산이다. 그렇기에 미국의 신규 기업가에게 가장 중요하고도 독보적인 자금원은 바로 주택 담보 대출이다. 금융 기관들은 그 어느 때보다도 부동산 구입자를 대상으로 한 대출에 적극적이었다. 1959년 이후 미국의 주택 담보 대출 부채 총액은 75배 늘어났다. 미국에서 모든 실소유 거주자의 채무액은 2006년 말 기준으로 미 국내 총생산의 99퍼센트에 달하는데, 50년 전만 해도 이 수치는 38퍼센트였다. 이렇게 급증한 대출이 주택 투자에 붐을 일으키면서, 2005년에는 50년 만에 최고치를 기록했다. 한동안 주택 소유에 가속도가 붙어서 신규 공급이 이를 따라잡지 못할 정도였다. 2005년 전반기 미 국내 총생산 성장의 절반은 이러한 주택 분야 성장 덕분이었다.

영어권 국가는 부동산에 대한 열정이 높았던 탓에 정치적인 실험장이 되기도 했다. 즉, 자가 거주율이 65퍼센트에서 83퍼센트에 이르면서 세계 최초로 사유 재산에 토대한 진정한 민주주의가 탄생했다.* 다시 말해 유권자 대다수가 부동산 소유자였다. 혹자는 이를 전 세계가 채택해야 할 모델이라고 보았다. 실제로 최근 몇 년 동안 이 모델이 빠르게 퍼진 결과 '앵글로스피어(Anglosphere, 공통어인 영어를 중심으로 정치, 경제, 군사적으로 서로 뭉친 영어권 국가를 뜻함—옮긴이)'인 호주, 캐나다, 아일랜드, 영국, 미국뿐 아니라 중국, 프랑스, 인도, 이탈리아, 러시아, 한국, 스페인에서도 주택 가격이 폭등했다. 2006년에는 명목 주택 가격 상승률이 경제 협력 개발 기구(OECD) 소속 18개국 중 8개 국가에서 10퍼센트 이상 치솟았다. 사실상 미국이 2000년과 2007년 사이에 겪은 주택 가격 거품은 예외적 현상이 아니었다. 네덜란드와 노르웨이에서는 더욱 급등했기 때문이다.[5]

그렇다면 부동산은 정말 집처럼 안전한 자산인가? 아니면 부동산 게임에 나오는 카드로 만든 집에 불과한가?

---

* 전체 가구 중 83퍼센트가 본인 소유의 집이 있던 아일랜드가 이 분야의 선두였고, 호주와 영국(두 곳 모두 69퍼센트), 캐나다(67퍼센트), 미국(65퍼센트)이 그 뒤를 이었다. 일본의 경우 60퍼센트, 프랑스는 54퍼센트, 독일은 43퍼센트였다. 그렇지만 이 수치는 2000년 상황이다. 그 이후로 미국의 수치는 68퍼센트 이상으로 늘어났다. 또한 지역적 편차도 고려해야 한다. 미 중서부와 남부 사람들은 72퍼센트로 서부와 북동부에 사는 이들보다 훨씬 높다. 중서부와 남부 지역은 주택 접근이 훨씬 수월하기 때문이다. 그 결과 서부 버지니아 주 사람들은 78퍼센트가 집이 있는 반면, 뉴욕 주 사람들은 46퍼센트 정도밖에 되지 않는다.

부동산 소유 귀족 정치

현재 주택 소유 흐름이 예외적인 곳은 영국 글래스고의 이스트엔드 지역이나 미국 디트로이트의 이스트사이드(East Side) 지역뿐이다. 그렇지만 역사적으로 보면 거의 대부분의 시기에 주택 소유는 귀족 엘리트만의 특권이었다. 아버지가 아들에게 사유 재산뿐 아니라 명예로운 직함과 정치적 특권까지 함께 물려주었다. 그 외 사람들은 지주에게 지대를 바치는 소작인 신세에 불과했다. 본래는 선거 투표권조차 재산을 토대로 했다. 15세기에 통과된 법령에 따르면, 1832년 이전 영국 시골 지역에서는 매년 최소 40실링의 토지 수입을 거두는 자유 보유농에 한해 선거권을 부여했다. 따라서 잉글랜드와 웨일스에서는 많아야 43만 5000명 정도가 복잡한 연고를 바탕으로 부유한 지주가 될 수 있었다. 1800년대 초반 잉글랜드와 웨일스를 대표하는 영국 하원 의원 514명 중 약 370명을 선출한 주체도 이들과 연고가 깊은 180명의 토지 소유자였다. 그리고 하원 중 20퍼센트 이상이 귀족의 아들이었다.

어찌 보면 그때 이후로 영국에는 큰 변화가 없는 듯싶다. 6000만 에이커 중 4000만 에이커가 겨우 18만 9000가구의 수중에 있다.[6] 영국 3위 부자인 웨스트민스터 공작은 70억 파운드의 재산을 보유하고 있다. 카도간 백작과 하워드 드 발덴 남작 부인도 각각 26억 파운드와 16억 파운드를 소유해 '갑부 명단' 50위권에 속해 있다. 차이점이 있다면 정치 제도가 더 이상은 귀족의 전유물이 아니라는 점 정도이다. 귀족으로서는 마지막으로 총리를 지낸 알렉 더글러스흄(Alec Douglas-Home, 14대 흄 백작)이 공직에서 떠난 시기는 1964년이었다. '14대째 평민인 윌슨 씨(14th Mr Wilson, 윌슨이 흄에게 이 시대의 14대 백작이라며 비꼬자 흄이 맞받아친 대꾸—옮긴이)'에게 선거에서 밀린 결과였다. 사실상 상원 개혁이 이뤄지면서, 세습 신분은 마침내 영국 의회 제도에서 사라지고 말았다.

귀족의 정치 세력 약화는 여러 각도로 설명이 가능하다. 그렇지만 그 중심에는 금융이 있었다. 1830년대까지 행운은 최상류층에게만 있었던지, 30개 정도의 가문이 한 해 6만 파운드가 넘는 수입을 토지에서 거두었다. 나폴레옹 전쟁을 치르면서는 인구 압력과 전시 인플레이션이 복합적으로 작용하여 밀 가격이 2배로 오르는 바람에, 토지 가격이 더욱 치솟았다. 이후 산업화 과정을 거치면서 탄전이나 도시 지역에 살던 이들은 횡재했고, 정치 제도를 장악한 귀족은 국고에서 꾸준히 급료를 지급받았다. 만약 급료가 충분치 않을 경우, 대부호들은 차입 능력을 십분 활용했다. 어떤 부류는 땅에 배수 시설을 설치하거나 공유지에 울타리를 치는 식으로 땅을 '개간'하기 위해 차입했다. 또 다른 이들은 화려한 소비 생활을 위해 돈을 빌렸다. 데번셔 공작의 경우, 연 소득의 40퍼센트에서 55퍼센트를 이자 지급에 쓸 정도로 19세기 내내 이들의 차입 액수는 어마어마했다. 어느 사무 변호사는 "제발 자제심 좀 기르시라"고 불평할 정도였다.[7]

문제는 제아무리 부동산이 많다 해도, 이 담보물은 대출을 해 주는 자에게만 든든했다는 사실이다. 영국의 소설가 트롤럽(Trollope)이 쓴 『바셋의 마지막 연대기(*Last Chronicle of Barset*)』에서 등장인물 데몰린즈는 "땅은 도망가는 법이 없다."*라고 말한다. 이런 이유로 19세기 투자자들(지역 사무 변호사, 민간 은행, 보험 회사 등)은 무위험 투자 대상으로 모기지(부동산을 담보로 대출해 주는 장기 주택 자금 — 옮긴이)를 선호했다. 반면 차입자들이 대출자에게 부동산을 빼앗기지 않기 위한 유일한 안전책은 소득뿐이었다. 안타깝게

---

* "인생은 장담할 수 없답니다. 데몰린즈 양."
"농담이시죠. 사실 시티 자금은 정말 믿을 수가 없어요. 왔다가도 재빨리 빠져나가니까요."
"빠져나가기로 치면, 모든 돈이 마찬가지겠지요." 조니가 말했다.
"땅이나 국채는 아니에요. 어머니는 1등급 땅을 빌려 주고는 4퍼센트씩 지대를 받아요. 정말 안심이지요! 땅은 어디로든 도망가는 법이 없으니까요."(25장)

도 영국 빅토리아 시대 때 지주들은 대부분 그 기반을 상실했다. 1840년대 후반부터, 전 세계 곡물 생산이 증가하고 수송 비용이 낮아진 데다 관세 장벽마저 무너지면서 (1846년 곡물법(Corn Laws) 폐지 등) 지주들의 경제적 입지는 좁아졌다. 곡물 가격이 1847년 최고가인 부셸당 3달러에서 1894년 최저가인 50센트로 떨어지자 농경지 수입도 줄어들었다. 농지 수익률은 1845년 3.65퍼센트에서 1885년 2.51퍼센트로 뚝 떨어졌다.[8] 《이코노미스트》는 이 상황을 이렇게 표현했다. "그동안 잉글랜드 지방의 땅만큼 절대적인 담보물도 없었지만, 최근에는 이 땅만큼 자격 미달인 담보물도 없다." 아일랜드 지방에 땅을 보유한 사람들은 정치적 불안에도 시달려야 했다. 당시 이러한 경제적 쇠퇴를 뚜렷이 보여 준 사례로 버킹엄셔에 있는 스토 저택(Stowe House)을 꼽을 수 있다.

스토 저택은 흠잡을 데 없이 웅장했다. 위압적인 콜로네이드, 밴브루(Vanbrugh, 영국의 건축가—옮긴이)가 설계한 주랑 현관, '재능꾼' 브라운(영국의 유명한 조경가 랜슬롯 브라운(Lancelot Brown)의 별칭—옮긴이)이 만든 매혹적인 정원 등을 모두 갖춘 이곳은, 현존하는 18세기 귀족 건축 양식 중 으뜸으로 손꼽힌다. 그러나 현재 스토 저택에는 뭔가 허전한 구석이 많아 보인다. 타원형으로 된 마블 살롱에는 벽감(alcoves, 장식을 위해 벽면을 오목하게 파서 만든 공간—옮긴이)마다 한때 로마네스크 양식의 조각상이 있었지만 지금은 사라졌다. 화려한 조지 왕조 풍의 스테이트 룸(State Rooms)에 있던 벽난로도 저렴한 빅토리아식 소형 벽난로로 대체됐다. 고품격 가구가 가득했던 방들은 현재 텅 빈 상태다. 이유는 뭘까? 답은 바로 코햄 자작(Viscount Cobham) 6대손이자 버킹엄 공작 2대손인 이 저택의 주인, 리처드 플랜태저넷 템플-누겐트-브리지즈-찬도스-그렌빌(Richard Plantagenet Temple-Nugent-Brydges-Chandos-Grenville)이 근대 최초의 부동산 위기를 직격탄으로 맞은 사실에 있다.

스토 저택은 버킹엄 공작과 그 선조들이 취득한 방대한 부동산 중 극히

스토 저택. 귀족적인 위풍이 묻어 났으나 남김없이 저당 잡혔다.

일부에 불과했다. 이 가문은 125년이라는 세월 동안 정치적 연고와 정략 결혼을 통해 남작부터 공작까지 승승장구했다.9) 버킹엄 공작은 잉글랜드와 아일랜드, 자메이카 등지에 모두 6만 7000에이커에 이르는 땅을 소유했다. 그의 사치스러운 생활을 떠받들고도 남을 정도였다. 그는 돈을 흥청망청 써 댔다. 애인과 사생아에게 돈을 썼고, 장인의 유저(遺著) 집행인을 고소하거나, 가터 훈장(Order of the Garter, 1348년 에드워드 3세가 창설한 영국 최고의 훈장 — 옮긴이)을 사는 데도 돈을 썼다. 1832년 선거법 개정과 1846년 곡물법 폐지 반대에도 돈을 썼다. 뭐든 공작으로서의 입지를 흔들거나 현존하는 부동산 화신의 삶을 훼방 놓는 일이면 돈을 지출했다. 그는 "설령 정부가 나선다 해도 지주의 이해에 반하는 온갖 정책에 맞서는" 자신을 자랑스러워했다. 실제로 그는 로버트 필 내각 시절 곡물법 폐지를 거부해 국새관(國璽官) 자리에서 물러나기도 했다.¹⁰⁾ 그러나 1845년 무렵부터(다시 말해 19세기 중반 곡물 가격이 폭락하기 훨씬 전부터) 그의 부채는 감당하기 힘든 수준에 도달해 있었다. 연간 총수입이 7만 2000파운드였던 그는 한 해에 10만 9140파운드를 지출했고, 그 결과 부채 총액이 102만 7282파운드에 이르렀다.¹¹⁾ 수입의 대부분도 이자 지불(금리가 15퍼센트나 되는 부채도 있었다.)과 생명 보험료로 나갔는데, 생명 보험의 경우 그의 채권자들이 돈을 확보할 최후의 보루였다.¹²⁾ 그러나 이외에도 그가 자초한 결정적으로 어리석은 행위가 있었다.

　1845년 1월, 버킹엄 공작은 그토록 학수고대하던 빅토리아 여왕과 앨버트 공의 방문을 맞아 스토 저택 구석구석을 재단장했다. 집 전체를 최신식 고급 가구로 채우고, 귀빈용 화장실에 호피도 깔았다. 빅토리아 여왕은 이를 의식한 듯 한마디 하였다. "내 성 두 곳에는 그 어디에도 이런 화려한 물건이 없지요." 이 정도로도 성에 차지 않았는지 버킹엄 공작은 (자비로) 근위병까지 불러들여, 여왕과 부군이 자신의 땅에 발을 들여놓으면 일제히 환영포를 쏘도록 지시했다. 말등에 올라타 서열한 소작인 400명과 말쑥하게 차려입은 노동자 수백 명이 이들을 환영했고, 런던에서 차출한 3개 악단과 헌병대도 이날 행사에 동원됐다.¹³⁾ 그리하여 공작의 재정은 최후 한도를 넘어서 버렸다. 버킹엄의 아들 찬도스 후작은, 가문의 처절한 몰락을 막으려면 성년이 되자마자 부친의 재산을 장악하라는 조언을 들었다. 쓰라린 법적 공방을 거친 후에야 아들에게 주도권이 넘어갔다.¹⁴⁾ 1848년 8월, 스토 저택에 있는 물건은 모두 경매 처분 되었다. 버킹엄 공작으로서는 기가 찰 노릇이었다. 조상 대대로 위풍당당했던 그의 저택은 이제 세계 곳곳을 누비며 접시, 포도주, 도자기, 걸작품, 희귀본을 헐값으로 사들이는 무리에게 활짝 개방되었고, 《이코노미스트》가 비꼰 대로) 버킹엄 공작은 '파산한 질그릇 거래상' 신세가 되었다.¹⁵⁾ 경매로 벌어들인 수익은 총 7만 5000파운드였다. 이 일화는 귀족의 몰락이라는 역사적 전환기를 상징적 보여 주었다.

오랜 기간 인내한 데다 남편의 바람기로 마음고생도 심했던 스코틀랜드 출신 아내는, 자신의 옷장이 모두 런던에 있는 주 장관의 집무실로 넘어가자 공작과 이혼하기로 결심했다. 결국 버킹엄 공작은 스토 저택을 나와 임대한 집으로 들어갔다. 그는 런던에 있던 칼턴 클럽(Carlton club, 영국 보수당 정치인들의 조직 — 옮긴이)에서 믿기지도 않는 회고담을 쓰며, 여배우와 유부녀에게 치근덕대는 버릇을 버리지 못한 채 하루하루를 연명해 갔다. 초과 인출 한도가 무한대인 줄 알았던 과거의 습성에서 헤어나지 못한 그는 아들을 향해 씁쓸한 불평만 늘어놓았다. "야박하게 던져 주는 돈 때문에 품위 유지조차 하기 힘들다."[16]

이 고통스러운 시기에 (그놈은) 제 아비가 세상에서 무시받고 학대당하며 고독하게 살도록 방치했다. …… 부동산과 재산을 거머쥐더니, (그놈은) 모든 영예와 정의로운 원칙에 어긋나는 행동으로 가산을 탕진 중이다. …… 제 아비가 불명예스럽게 타락의 길로 들어서는 꼴을 보게 되리라.[17]

그는 칼턴에서 사람들과 마주칠 때면 "난 독살당하거나 빈털터리가 될 팔자"라며 신세 한탄을 했다.[18] 그는 아들이 비용을 대 주던, 패딩턴 철도역에 소재한 그레이트 웨스턴 호텔(Great Western Hotel)에서 살다가 1861년 마침내 눈을 감았다. 상징적이게도 그의 인색한 아들은 당시 '런던 앤드 노스웨스턴 철도 회사(London and Northwestern Railway Company)'의 회장이었다.[19] 근대 사회에서는 아무리 땅이 많아도 세습 작위보다는 일정한 직업이 더 중요함을 보여 준 사례였다.

버킹엄 공작의 몰락은 새로운 민주주의 시대를 예고했다. 1832년, 1867년, 1884년에 이뤄진 선거법 개혁은 영국 정치사에서 귀족 지배의 잔재를 털어 냈다. 19세기 말이 되자, 매해 지대로 10파운드를 내는 사람이나 10파운드를 버는 사람이나 법적으로 동일한 선거권을 부여받았다. 이제 유권자 수가 550만 명을 넘어 성인 남성의 40퍼센트를 차지했다. 1918년 마지막 남은 경제적 제약 조건마저 사라지면서, 1928년 이후에는 모든 성인 남녀에게 선거권이 부여됐다. 그렇지만 보통 선거권 시대가 도래했어도 모두가 평등한 재산권을 누리지는 못했다. 오히려 반대였다. 1938년에도 영국의 주택 자가 거주율은 3분의 1 미만이었다. 이는 재산권 민주주의가 처음으로 등장한 대서양 지역의 이면이었다. 그리고 이곳은 여태껏 경험한 가장 심각한 금융 위기가 터진 지역이기도 했다.

주택 소유 민주주의

영국인에게 집은 성(castle)이라는 표현이 있다. 집들이 다 고만고만해도 미국인 역시 (『오즈의 마법사(The Wizard of Oz)』에 나오는 도로시의 말대로) 집만한 곳은 없다고 생각한다. 주택 소유 가구 비율이 월등한 영미식 모델은 문화뿐 아니라 정부 정책에서도 그 기원을 찾아볼 수 있다. 특권층의 재산권에 기반한 구시대의 계급 제도가 영국 특유의 산물이었다면, 재산권 위에 싹튼 민주주의는 미국식 특색이었다.

1930년대 이전, 미국의 자가 거주 비율은 40퍼센트 정도였다. 농가가 아닌 한, 주택 담보 대출은 예외적인 일이었다. 1920년대에 돈을 빌려 집을 장만했던 소수의 사람들은 대공황이 닥치자 큰 곤경에 빠졌다. 특히 부양자가 직장을 잃고 소득이 사라진 100만 명에 해당될 경우 더욱 타격이 컸다. 주택 담보 대출은 보통 3년에서 5년짜리 단기 대출이었고, 할부 상환 대상이 아니었다. 다시 말해 사람들은 이자만 갚다가 대출 만기 때 원금을 일괄적으로 내야 했으므로, 지불 만기가 오면 갚아야 할 돈이 눈덩이처럼 커졌

귀족 3세대. 1대 버킹엄 공작 리처드 그렌빌(왼쪽 위), 2대 버킹엄 공작 리처드 그렌빌(오른쪽 위), 3대 버킹엄 공작 리처드 그렌빌(왼쪽 아래).

다. 주택 담보 대출 금리와 우량 기업 채권 수익률의 평균 격차(스프레드)는 1920년대에 2퍼센트 포인트였던 반면, 지난 20년 동안은 0.5퍼센트(50베이시스 포인트)였다. 주택 담보 대출 금리는 지역별 편차도 상당했다.[20] 경제에 냉기류가 감지되면 불안을 느낀 대출업자들이 갱신을 거부했다. 1932년에서 1933년 사이에 주택 압류는 50만 건이 넘었다가 1933년 중반이 되자 매일 1000개가 넘는 집이 압류당했다. 집값이 20퍼센트 이상 폭락했다.[21] 건축업계가 쓰러지자 (20세기에 겪은 전반적인 불경기처럼) 미국 경제에 주택 투자가 얼마나 큰 동력이었는지 낱낱이 드러났다.[22] 대공황의 여파를 가장 혹독하게 치른 곳은 시골이었다. 이곳에서는 토지 가격이 1920년대 절정기의 절반 수준으로 떨어졌다. 도시 지역이라 해서 더 나을 바도 없었다. 거주자들은 실업 수당 말고는 수입이 없는 상황에서 집세를 내기 위해 발버둥을 쳐야 했다. 디트로이트 자동차 산업체의 경우, 1929년에 비해 고용과 임금 수준 모두 절반으로 떨어졌다. 당시 대공황의 여파는 현재로서는 상상조차 하기 힘들다. 곳곳에 만연한 실업의 비참함, 무료 급식소의 측은한 풍경, 없는 일자리를 찾아 필사적으로 방황하는 모습 등이 당시 시대상이었다. 1932년이 되자, 대공황으로 삶을 박탈당한 자들은 더 이상 참을 수가 없었다.

1932년 3월 7일, 포드 자동차 회사 해고자 5000명이 디트로이트 중심부를 관통해 행진하면서 구제 대책을 요구했다. 맨손의 시위대가 디어본(Dearborn)에 있던 포드사 루즈 강 공장 4번 출입문에 도착하자, 사측과 몸싸움이 벌어졌다. 그때 공장 문이 열리더니 별안간 무장 경찰과 경비원들이 뛰쳐나와 시위대를 향해 발포하였다. 이 사건으로 노동자 5명이 사망했다. 여러 날이 흐른 후, 6만 명의 사람들이 「인터내셔널(The Internationale)」을 제창하며 이들을 추모했다. 미 공산당은 기관지를 통해 포드사 창업주인 헨리 포드의 아들 에드셀 포드(Edsel Ford)가 이들의 학살을 묵인했다고 비난했다. "성공회의 핵심 인물로 예술을 후원한다는 그는 루즈 공장 다리에 서서 노동자들이 죽는 광경을 지켜보기만 했다. 제지하라는 손짓조차 하지 않았다." 혁명의 기운이 감도는 이 상황을 무엇으로 달랠 수 있을 것인가?

위로의 표시였는지 에드셀 포드는 놀랍게도 마르크스주의 예술가 디에고 리베라(Diego Rivera, 멕시코의 민중 화가 — 옮긴이)에게 주목하였다. 리베라는 디트로이트 미술관의 초청으로 디트로이트 경제가 계급 갈등이 아닌 계급 화합의 지역임을 보여 주는 벽화 제작을 권유받았다. 작업 장소는 미술관 내의 화려한 가든 코트(Garden Court, 건물 안쪽 야외 공간 — 옮긴이)였다. 이 공간이 몹시 마음에 들었던 리베라는, 원래 제의받은 2곳만이 아닌 27군데 모두를 작업하겠다고 제안했다. 리베라의 초벌 스케치에 감동받은 포드는 총 작업 비용 2만 5000달러를 대기로 합의했다. 리베라는 루즈 강 공장에서 충돌이 있은 지 단 두 달 만인 1932년 5월 벽화 작업을 시작해, 이듬해 3월 무렵에 작품을 완성했다. 포드도 알다시피 리베라는 공산주의자(마르크스주의 공산당에서 쫓겨난 비정통 트로츠키파였지만)였다.[23] 그가 추구하는 이상 사회는 사적 소유가 없고 생산 수단을 공유하는 곳이었다. 이런 리베라가 보기에 포드의 루즈 강 공장은 그의 이상향과 정반대였다. 즉, 노동자가 일하면 이를 지켜보던 자본가가 그 결실을 취하는 자본주의 사회였다. 또한 리베라는 디트로이트의 두드러진 특징인 인종 분리 문제에도 주목하여, 강철 제작에 필요한 성분들로 이 문제를 의인화하기도 했다. 그는 아래와 같은 비유적 설명을 하였다.

황인종은 모래이다. 인구수가 가장 많기 때문이다. 이 땅에 첫발을 디딘 홍인종(아메리카 인디언 — 옮긴이)은 철광석이다. 강철에 필요한 첫 번째 요소이기 때문이다. 흑인종은 석탄이다. 이들은 타고난 심미안으로 고대 조각품과 토착 리듬, 음악에서 불꽃 같은 열정과 아름다움을 보여 준다. 이들의 미적 감각은 마치 불과 같아서, 이들의 노동을 거치면 석탄에 든 탄소가 단단한 강철이 된다. 백인종은 석회와 같다. 색깔 때문이기도 하지만, 석회는 강철을 만들 때 조합하는 역할을 하기 때문이다. 석회가 다른 요소들을 하나로 모아 주듯, 백인종은 세상을 뛰어나게 조합한다.

1933년 벽화가 세상에 공개되자, 디트로이트의 고위 인사들은 그만 기겁하고 말았다. 메리그로브 칼리지(Marygrove College) 총장 조지 데리(George H. Derry) 박사의 반응은 이러했다.

리베라는 자본가 고용주인 에드셀 포드에게 인간적으로 심한 장난을 했다. 리베라는 디트로이트를 자기 식대로 해석했다. 포드와 미술관 몰래 공산당 선언을 해 버렸다. 방 안에 들어섰을 때 제일 먼저 시선이 가는 중심 벽화는 공산주의를 주제로 했으며, 그것은 그 자체로 작품 전반에 대해 말해 준다. 작품에서 강인하고 남성성이 강하며 성적 매력이 없는 얼굴로 묘사된 디트로이트의 여성들은, 오른편에 있는 관능적이고 나른한 표정의 아시아 자매를 황홀하게 바라보며 희망과 구원을 청하는 모습으로 묘사됐다. 과연 당사자들이 이를 보고 기뻐할 것인가?[24]

어느 시의원은 장차 제거될 벽화에 들어간 석회가 아깝다고 말했다. 그는 "디트로이트의 정신을 희화화했다."라며 리베라의 작품을 모조리 떼어 내고 싶어 했다. 그의 바람은 바로 리베라의 차기 의뢰작이 맞이한 운명이었다. 리베라는 존 록펠러 주니어(John D. Rockefeller Jr., 미국의 자선 사업가—옮긴이)의 요청으로 뉴욕 록펠러 센터의 벽면을 장식했지만, 레닌의 얼굴과 공산주의 슬로건인 '제국주의 전쟁을 격파하라!', '노동자여, 단결하라!', 무엇보다 충격적 문구인 '돈을 해방하라!' 등을 삽입하겠다며 맞섰다. 게다가 이 작품들은 시위대가 월 스트리트 거리를 행진하며 옮길 예정이었

1932년 3월, 디트로이트 시위대의 행진. 경찰은 이들에게 최루 가스를 발포했다.

"포드-머피의 경찰 테러를 규탄한다." 시위 참가자 5명이 사망한 후 열린 항의 집회.

다. 이에 분개한 록펠러는 벽화를 파기하라고 지시했다.

예술의 힘은 위대하다. 그렇지만 대공황으로 양분된 사회를 통합하려면 예술보다 더욱 강력한 처방이 필요했다. 극단적인 전체주의로 전향해 해결하려 한 나라도 많았다. 그러나 미국의 해법은 뉴딜(New Deal)이었다. 프랭클린 루스벨트(Franklin D. Roosevelt)의 첫 행정부는 새로운 연방 기구를 확산시키고 쇠잔해진 미국 경제에 자신감을 불어넣어 줄 정책을 고민했다. 뉴딜 정책 때 온갖 악어가 범람한 탓인지, 주택 분야에서 가장 성공적이고 지속적인 정책이 바로 이 시기에 등장한 사실을 잘 모르는 듯하다. 루스벨트 행정부는 미국인의 내 집 마련 기회를 근본적으로 확장하면서, 재산 소유 민주주의라는 개념을 개척하였다. 그리고 이는 결과적으로 붉은 혁명에 대한 완벽한 해독제였다.

어찌 보면 뉴딜은 시장 실패에 개입하려는 정부의 시도였다. 뉴딜 정책

추진 세력 중 일부는 유럽 국가 대부분이 채택했던 공공 주택 공급 확대를 선호하였다. 실제로 공공 사업국(Public Works Administration)은 예산의 15퍼센트를 저가 주택과 빈민 구역 철거에 지출했다. 그렇지만 더욱 중요한 점은 루스벨트 행정부가 침몰해 가던 주택 담보 대출 시장에 구명 밧줄을 던졌다는 사실에 있었다. 새로 설립한 주택 소유자 대부 공사(Home Owners' Loan Corporation)는 최대 15년까지 대출이 가능하도록 주택 담보 대출 시장을 지원했다. 1932년에 세운 연방 주택 대출 은행 이사회(Federal Home Loan Bank Board)는 영국의 주택 금융 조합(building societies)과 같은 상호 조합인 저축 대부 조합(Savings and Loans, S&L) 등을 통해, 수취 예금을 주택 구입자에게 빌려 주는 지역 모기지 업체들을 활성화하고 감독하였다. 또한 루스벨트는 이전 3년간 은행 파산으로 충격이 컸던 예금자들을 안심시키고자 연방 예금 보험 제도를 도입했다. 이로써 모기지 투자가 훨씬 안전해졌는데, 만약 차입자가 채무를 갚지 못하더라도, 정부가 나서서 예금자들을 안심시켰기 때문이다.[25] 이제 이론상으로는 프랭크 캐프라(Frank Capra) 감독이 1946년에 찍은 고전 영화 「멋진 인생(It's a Wonderful Life)」에 나온 예금 인출 상황이 생길 수가 없었다. 이 영화에서 조지 베일리(지미 스튜어트(Jimmy Stewart) 분)는 가족 경영 회사인 베일리 빌딩 앤드 론(Bailey Building & Loan)에 사람들이 몰려와 돈을 찾자 회사를 살리기 위해 고군분투한다. 아버지가 아들 조지에게 말한다. "얘야, 미약하나마 우리는 중요한 일을 하고 있단다. 바로 기본적인 욕구를 채워 주는 일이지. 사람들이 지붕과 벽과 난로를 원하는 것은 뿌리 깊은 인간적 욕망이고, 이 누추하고 작은 사무실에서 그 대상들을 손에 넣을 수 있도록 돕는 게 우리가 하는 일이지." 조지는 아버지가 사망한 후 악덕 부호인 포터(Potter)에게 아버지의 메시지를 열정적으로 전달한다.

(우리 아버지는) 결코 본인을 위해 살지 않았습니다. …… 포터 씨, 아버

지는 마을 사람들이 빈민에서 벗어나도록 도우셨습니다. 그게 잘못인가요? 그렇게 도와야 더욱 선량한 시민이 되지 않겠습니까? 그래야 더 나은 고객으로 거듭나지 않을까요? …… 당신은 사람들에게 어엿한 집을 원하거든 먼저 인내하며 저축하라고 하셨지요. 인내라고요! 무엇을 인내하라는 말씀입니까? 아이들이 자라 부모 곁을 떠날 때까지 인내해야 하나요? 아니면 늙고 병들 때까지 인내해야 하나요? …… 노동자가 5000달러를 모으려면 얼마나 걸리는지 아십니까? 포터 씨, 이것 하나만 기억해 두세요. 당신이 말씀하신 그 하층민이 …… 바로 이 지역 사회에서 대부분의 일을 도맡아 하고, 또 돈을 갚으며 살아가는 사람들입니다. 그들이 남부럽지 않은 방 몇 칸과 화장실이 있는 집에 살면서 일을 해 돈을 갚고 그렇게 살다가 생을 마감하도록 돕는 게 지나친 욕심인가요?

주택 소유의 미덕에 대한 강한 확신은 분명 새로웠다. 그렇지만 미국의 주택 구입자에게 실제 변화를 준 주체는 연방 주택 사업국(Federal Housing Administration, FHA)이었다. 모기지 업자들에게 연방 보증 보험을 제공한 연방 주택 사업국은 주택 구입 가격의 최대 80퍼센트, 대출 기한은 최장 20년까지로 하여, 전액 할부 상환이 가능한 저금리 대출을 활성화하기 위해 노력하였다. 이는 단순한 모기지 시장의 부활이 아니었다. 재탄생이었다. 연방 주택 사업국이 장기 모기지를 표준화하고 전국적으로 공식적인 감시 및 평가 체계를 만든 덕분에, 전국적인 모기지 유통 시장의 초석이 마련되었다. 이 시장은 1938년에 활기를 띠었는데, 당시 연방 모기지 협회(Federal National Mortgage Association), 일명 패니 메이(Fannie Mae)는 채권을 발행해 얻은 수익금으로 지역 저축 대부 조합으로부터 모기지를 매입할 수 있는 권한을 부여받았다. 당시 저축 대부 조합들은 지역적 제한(사무실에서 80킬로미터 이상 떨어진 차입자에게는 대출이 금지됐다.)과 함께 예금 금리 상한 규제(일명 레

영화 「멋진 인생」의 한 장면. 프랭크 캐프라는 호의적인 모기지 대출업자로 분한 지미 스튜어트의 입을 빌어, 지역 '저축 기관'이나 저축 대부 조합의 미덕을 찬양한다.

귤레이션 큐(Regulation Q). 은행 예금 금리의 최고 한도를 정한 연방 준비 제도 이사회의 규정 — 옮긴이)에 묶인 상태였다. 이러한 변화로 다달이 지불해야 할 모기지 비용이 줄어들면서, 연방 주택 사업국은 더 많은 미국인이 그 어느 때보다 주택 소유의 꿈을 이룰 수 있게 도왔다. 실상 미국은 이 시기에 매혹적인 교외 지구를 갖추면서 근대적으로 탈바꿈했다고 보아도 과언이 아니었다.

미국 정부는 1930년대부터 모기지 시장을 지원하면서, 대부자와 차입자를 끌어모았다. 그 결과 2차 세계 대전 이후 재산권(그리고 모기지 부채)이 확산되면서, 주택 소유 비율도 40퍼센트에서 1960년 60퍼센트로 올라갔다. 그렇지만 여기에는 한 가지 맹점이 있었다. 미국 사회 구성원 모두에게 재산권 소유 자격이 주어진 것은 아니었다.

1941년 한 부동산 개발업자가 디트로이트의 8마일 도로(부유층과 빈민층을 가로지르는 상징적 경계선 — 옮긴이) 건너편에 1.8미터 높이의 벽을 세웠다. 그는 이곳에 벽을 세움으로써 연방 주택 사업국이 지원하는 대출 자격을 갖추게 되었다. 이 대출 제도는 벽을 세운 곳, 즉 주로 백인들이 살고 있는 지대에 세워진 건물만을 대상으로 하였기 때문이다. 이 지역에서 주로 흑인이 사는 곳에서는 연방 대출이 전혀 이루어지지 않았는데, 아프리카계 미국인은 신용도가 낮다고 여겨졌기 때문이다.[26] 결국 이 도시를 양분한 것은 명목상으로는 신용도였지만, 실은 피부색이었다. 다시 말해 인종 차별은 우발적 현상이 아닌 정부 정책의 직접적인 결과였다. 연방 주택 대출 은행 이사회의 지도를 보면, 주로 흑인들이 거주하는 지역(로어이스트사이드(Lower East Side)와 웨스트사이드(West Side) 빈민촌, 8마일 지역 등)은 빨간색으로 D 표시가 되어 있다. A, B, C로 표시된 곳은 주로 백인 거주 지역이다. 이러한 구분으로부터 지역 전체에 부정적인 신용 등급을 매기는 관행인 레드라이닝(red-lining, 경계 지역 지정)이 유래하였다.[27] 그 결과 D 지역에 사는 사람들은 주택 담보 대출을 받을 때 A, B, C 지역 사람들보다 상당히 높은 이자율을 적용받았다. 1950년대에 모기지를 받은 흑인 5명 중 1명이 8퍼센트 이상의 이자를 낸 반면, 백인 중에 7퍼센트 이상의 이자율을 적용받은 사람은 사실상 없었다.[28] 이는 금융 분야의 시민권 투쟁에서 알려지지 않은 이야기였다.

디트로이트는 모타운(Motown) 레코드사를 세운 베리 고디(Berry Gordy)처럼 성공한 흑인 기업가를 배출하기도 했다. 이 레코드사가 1960년에 낸 첫 번째 히트곡은 우연찮게도 「내가 원하는 건 돈(Money, That's What I Want)」이라는 바렛 스트롱(Barrett Strong)의 노래였다. 그러나 1960년대 내내 흑인들은 신용이 나쁘다는 편견에 시달려야 했다. 1967년 7월 23일 디트로이트 12번가에서 터진 폭동의 배경에는 이러한 경제 차별에 대한 분노가 서려 있었다. 당시 경찰이 '주류 밀매소'(무허가 술집)를 급습하면서 5일간 소요 사태가 터졌다. 43명이 죽고 467명이 부상당했으며 7200명 이상이 체포당했다. 건물 3000개가 털리거나 불에 탔다. 이는 재산권 민주주의 사회에서도 흑인들은 이등 시민으로 배척당함을 보여 준 매우 상징적인 사건이었다.[29] 현재까지도 텅 비어 버린 지역의 모습에서 당시 폭동의 흔적을 찾아볼 수 있다. 공식적으로 폭동으로 규정되면서 당시 사건 현장에 탱크와 기관총을 갖춘 정규군이 진압을 위해 투입되기도 했다.

1930년대와 마찬가지로, 폭력적인 도전에는 정치적 대응이 뒤따랐다. 1960년대 시민권 입법 운동의 결과 주택 소유를 확장하는 새로운 조치가 단행됐다. 1968년 패니 메이는 둘로 쪼개졌다. 하나는 전미 저당 금고(Government National Mortgage Association)로 지니 메이(Ginnie Mae)라고도 부른다. 이 기관은 퇴역 군인처럼 빈곤한 차입자를 대상으로 했다. 다른 하나는 새로 창설한 정부 보증 민간 기업(GSE) 패니 메이였다. 패니 메이는 종래의 모기지나 정부 보증 모기지를 매입하는 일이 허락되었다. 2년 후에는 유통 시장 활성화를 위해 연방 주택 담보 대출 공사(Federal Home Loan Mortgage Corporation, 프레디 맥(Freddie Mac))를 설립했다. 다시 한번 모기지 유통 시장의 폭을 넓히고 규제로나마 주택 담보 대출 금리를 낮추기 위함이었다. 물론 인종 차별적인 경계 지역 지정이 하룻밤 사이에 풀리지는 않았다. 그렇지만 이런 관행은 점차 연방의 감시를 받았다.[30] 실제로 1977년 지역 재투자법(Community Reinvestment Act) 때문에 미 은행들은 소수 빈곤 지역에도 대출해야 하는 법적 압력을 받기도 했다. 이제 미국 주택 시장이 금융계의 엄마, 아빠처럼 들리는 패니, 지니, 프레디의 보호를 받게 되면서, 재산권 민주주의를 향한 정치 행보도 순풍을 탔다. 저축 대부 조합을 운영하는 업체들은 느긋하게 3-6-3 규칙을 지침으로 삼았다. 예금 금리는 3퍼센트, 대출 금리는 6퍼센트로 하고 오후 3시쯤 골프를 치러 나간다는 뜻이었다.

대서양 맞은편에 있던 영국은 의회 제도 때문이었는지 주택 소유율이 훨씬 더디게 증가했다. 그래서 전후 영국은 노동당뿐 아니라 보수당 내부에서도 국가가 노동자에게 주택을 제공하거나 적어도 보조해야 한다는 통념이 자리 잡았다. 실제로 해럴드 맥밀런(Harold Macmillan, 영국의 정치가 ― 옮긴이)은 한 해 신규 주택 30만 채(나중에는 40만 채) 공급을 목표로 노동당보다 더 많은 주택을 건설했다. 1959년에서 1964년 사이에 영국 신규 주택의 3분의 1 정도는 지방 의회가 지었으며, 이후 6년간 노동당 집권 시기에는 그 비율이 절반 정도로 늘어났다. 따라서 현재 사회적 역기능을 할 뿐 아니라 영국 시내 전경까지 망치는 흉물스러운 고층 빌딩과 주택 단지는 결국 양당의 책임이라 할 수 있겠다. 우파와 좌파 사이에 실직적인 차이가 있다면, 보수당은 민간 임대업자를 부양하기 위해 임대 시장을 탈규제하려 했고, 노동당은 정반대로 임대료를 다시 규제해 '라크마니즘(Rachmanism, 건물주의 임대료 착취 행위)'을 근절하려 했다는 점이다. 피터 라크만(Peter Rachman)은 임대료 상한이라는 법적 보호를 받던 기존 세입자를 내쫓고는, 시장 임대료를 내야 했던 서인도 제도 이주자들을 받아들인 건물주였다.[31] 1971년까지만 해도 영국의 자가 주택 소유자는 전체 가정의 절반에도 못 미쳤다.

공공 주택 가격이 그리 높지 않았던 미국에서는, 1913년 연방 소득세를 거둔 이래 모기지 이자가 언제나 공제 대상이었다.[32] 이러한 세제 혜택이 공격을 받자, 로널드 레이건은 모기지 이자 감면이 "아메리칸 드림의 일부"라며 반박했다.* 영국의 경우 세금 감면이 미미하다가, 1983년에 매우 보수적인 마거릿 대처 정권에 이르러 모기지 이자 세금 공제를 3만 파운드까지 해주었다. 당시 재무 장관 나이절 로슨(Nigel Lawson)은 공제액을 제한하려 했

---

* 현재 개인 및 부부를 포함해 미국인 3700만 명이 100만 달러까지 모기지 공제를 신청하며, 이에 미 재무부가 부담하는 비용은 760억 달러에 달한다.

다가(그리하여 중복 차입자가 하나의 자산에 대해 혜택을 모조리 누릴 수 없도록 하려 했다.), 곧바로 '모기지 이자 감면을 마지막 한 푼까지라도 지켜 내려는 마거릿 (대처)의 열정적인 집념과 충돌'해야 했다.[33] 대처가 주택 소유 비율을 높이고자 추구한 정책은 세금 공제만이 아니었다. 공공 주택을 150만 명에 달하는 노동 계층에게 헐값에 파는 방식도 동원했다. 그 결과 자가 거주자는 1981년 54퍼센트에서 10년 뒤 67퍼센트로 껑충 뛰었다. 1980년 1100만 채를 조금 넘었던 자가 주택 수는 현재 1700만 채를 넘어섰다.[34]

1980년대까지 정부가 주택 매매를 장려한 것은 일반 가구 입장에서 매우 반가운 정책이었다. 실제로 1960년대 후반과 1970년대에 물가 상승률이 이자율을 넘어서면서 채무와 이자액의 실질 가치가 줄어든 탓에 채무자들은 공짜 점심을 얻어먹었다. 1970년대 중반 미국의 주택 구입자들이 1980년까지 최소 12퍼센트의 물가 인상률을 예상한 상황에서, 모기지 업자들은 9퍼센트 이하의 고정 이자로 30년 만기 대출을 해 주고 있었다.[35] 한동안 대출업체들이 사람들에게 돈을 거저 준 셈이었다. 한편 1963년부터 1979년까지 부동산 가격은 약 3배가 뛴 반면, 소비자 물가는 2.5배 상승했다. 그렇지만 예상치 못한 복병이 하나 있었다. '재산 소유 민주주의'에 충성을 맹세했던 정부들이 내심 물가 안정 내지 적어도 저인플레이션을 신조로 삼고 있었다. 그리고 이를 달성하려면 고금리 기조를 유지해야 했다. 이 예기치 못한 결과 때문에 부동산 시장은 역사상 가장 현란한 거품 형성과 붕괴를 맛보아야 했다.

저축 대부 조합에서 서브프라임으로

텍사스 댈러스에서 30번 고속도로를 타고 운전하다 보면 반쯤 짓다 만 주택과 콘도미니엄(condominium, 분양 아파트)이 수 킬로미터 넘게 이어진 모습이 눈에 들어온다. 이 풍경은 미국 역사에 길이 남을 대형 금융 스캔들의 마지막 자취로, 이 신용 사기 덕분에 부동산 투자가 안전하다는 통념은 보기 좋게 깨졌다. 다음은 부동산(real estate)이라기보다 비현실적 재산(surreal estate)에 대한 이야기이다.

저축 대부 조합(영국 주택 금융 조합의 미국판)은 미국의 재산 소유 민주주의를 멈추게 한 토대였다. 예금자들이 상호 소유한 이 기관들은 정부 규제를 통해 보호와 제약을 동시에 받았다.[36] 총 예금액의 0.083퍼센트만 보험료로 내면 정부가 4만 달러까지 예금액을 보호해 주었다. 반면 대출은 본사에서 80킬로미터 반경에 사는 주택 구매자에게만 가능했다. 1966년부터는 레귤레이션 큐를 통해 예금 금리 상한을 5.5퍼센트로 제한했는데, 이는 은행권 상한선 5.25퍼센트보다 0.25퍼센트 높은 수준이었다. 잠잠했던 이 부문은 1970년대 후반 난생처음 두 자릿수 인플레이션(1979년에 13.3퍼센트에 도달했다.)과 마주해야 했고, 이어 새로 연방 준비 제도 의장에 오른 폴 볼커가 임금 물가 악순환의 고리를 끊어 내려고 통화 증가율을 낮추면서 급등해 버린 이자율과도 대면해야 했다. 이 두 가지는 치명타였다. 저축 대부 조합들은 인플레이션 때문에 장기 고정 이자 모기지에서 손해를 봤고, 예금들은 이자율이 더 높았던 엠엠에프로 빠져나갔다. 시장의 힘이 해법이라고 본 카터와 레이건 행정부는 세금 우대 조치와 탈규제*를 구제 전략으로 내세웠다.[37] 새로운 법안이 통과되던 순간, 레이건 대통령은 "대체적으로 대박 정책이라고 본다."라고 선언했다.[38] 실제로 대박을 맞은 사람들이 있었다.

저축 대부 조합은 이제 장기 모기지뿐 아니라 뭐든 원하는 대상에 투자가 가능했다. 상업용 부동산, 주식, 정크 본드(junk bond) 등 모두 허용되었

---

* 중요한 법안으로 1980년 예금 기관 규제 완화 및 통화 관리법(Depository Institutions Deregulation and Monetary Control Act)과 1982년 예금 금융 기관법(Garn-St Germain Depository Institutions)을 들 수 있다.

다. 심지어 신용 카드 발행도 가능했다. 다른 한편으로 저축 대부 조합은 예금자들에게 원하는 대로 이자를 지급할 수 있게 되었다. 또 예금 보험 한도가 구좌당 4만 달러에서 10만 달러로 늘어나면서 사실상 모든 예금액이 보장되었다. 게다가 보통 예금이 부족할 경우 저축 대부 조합들은, 10만 달러 단위로 '거액'의 양도성 예금 증서를 묶어 판매하는 중개업자로부터 브로커 예금(brokered deposits) 형태로 자금을 끌어모을 수도 있었다.[39] 돌연 저축 대부 조합 운영자들은 밑져야 본전인 위치에 놓였다. 경제학에서 말하는 도덕적 해이의 가장 명백한 사례였다.[40] 그 후 발생한 사건은 캘리포니아 주 저축 대부 조합 위원 윌리엄 크로퍼드(William Crawford)가 말한 내용과 정확히 일치했다. "은행을 터는 최고의 방법은 은행을 하나 소유하는 것이다."[41] 일부 저축 대부 조합은 예금자의 돈을 매우 미심쩍은 사업에 투자했다. 탈규제가 곧 탈법 행위의 면죄부인 양, 대다수 기관들이 돈을 마구 가져다 썼다. 그리고 이러한 관행이 가장 만연한 곳은 바로 텍사스였다.

댈러스의 부동산 카우보이들은 사우스포크(Southfork)식 목장(미국에서 인기리에 방영되었던 드라마 「댈러스」의 무대 — 옮긴이)에서 소를 몰지 않을 때면, '와이즈 서클 그릴(Wise Circle Grill)' 음식점에 모여 거래하는 일을 낙으로 삼았다.[42] 일요일에 브런치를 즐기러 오는 단골 중에는 규제자들이 버민(Vermin, 기생충이라는 뜻 — 옮긴이)이라고 부른 버논 저축 대부 조합(Vernon S&L)의 돈 딕슨(Don Dixon)과,[43] 선벨트 저축 대부 조합(Sunbelt S&L. 일명 '건벨트(Gunbelt)', 무분별한 대출과 초고속 성장으로 붙은 별칭 — 옮긴이)의 에드 맥버니(Ed McBirney), 그리고 스테이트 저축 대부 조합(State Savings and Loan)의 소유주이자 최고경영자인 타이렐 바커(Tyrell Barker)가 있었다. 특히 바커는 부동산 개발업자에게 "내게 흙을 가져오면, 난 돈을 벌어다 주겠네."라며 입버릇처럼 말했다.[44] 이에 흙과 돈을 동시에 가져온 이가 있었으니, 저축 대부 조합을 이용해 마피아 자금을 돈세탁하고, 전미 트럭 운전사 조합

(Teamsters Union)을 상대로 예금 브로커 역할을 수행한 마리오 렌다(Mario Renda)가 그 주인공이었다. 그는 현금이 부족할 때면 《뉴욕 타임스》에 광고를 싣기도 했다.

> 자금 빌림. 지역 은행에 있는 자금을 우리에게 맡겨 주시면 문제없이 차입 가능함. 새로운 융자 방식임.[45]

부동산 왕국을 세우고 싶다면 세우지 못할 이유는 없다. 댈러스의 개발업자 무리에게 맨바닥이 아닌 텍사스 평야에서 일확천금을 벌 수 있는 완벽한 기회를 제공한 것은 바로 엠파이어 저축 대부 조합(Empire Savings and Loan)이었다. 이 왕국의 우두머리 스펜서 블레인(Spencer H. Blain Jr.)이 텍사스 북부 도시 갈런드(Garland)의 행정 책임자 제임스 톨러(James Toler), 그리고 고등학교 중퇴자에서 부동산 개발업자로 화려하게 변신한 대니 포크너(Danny Faulkner)와 손을 맞잡은 순간부터 비현실적 상황이 전개됐다. 특히 대니 포크너는 타인의 돈에 매우 대범하기로 유명했다. 문제의 돈은 브로커 예금 형태로 모았고, 왕국은 매우 솔깃한 고금리를 지급했다. 포크너가 머문 곳은 댈러스에서 동쪽으로 32킬로미터 떨어진 곳, 황량한 인공 호수인 레이 허버드(Ray Hubbard) 근처로, 이곳은 훗날 포크너 광장, 포크너 만, 포크너 떡갈나무, 그리고 포크너 분수까지 두루 갖춘 부동산 왕국의 첫 번째 거점이었다. 포크너가 즐겨 쓴 수법은 일명 '가격 뻥튀기(flip)'였다. 그는 보잘것없는 땅을 한 떼기 얻은 뒤 가격을 상당히 부풀려 투자자들에게 팔았고, 투자자들은 엠파이어 저축 대부 조합에서 빌린 돈을 여기에 투자했다. 포크너가 300만 달러를 주고 산 어떤 땅은 단 며칠 만에 4700만 달러에 팔렸다. 대니 포크너는 글을 읽고 쓸 줄 몰랐다는데, 셈에는 정말 밝은 사람이었던 것 같다.

1984년이 되자 댈러스 개발 사업은 통제 불능이 되었다. 30번 도로를 따라 신규 공사 중인 아파트가 수 킬로미터 이어졌다. 이 아파트들은 도시 윤곽을 형성했지만 그 내부는 대부분 텅 비어서, 지역 주민들은 이를 '속 보이는(see-through)' 건물이라고 불렀다. 계속해서 건물을 쌓아 올린 자금은 연방이 보장하는 예금이었는데, 이는 사실상 개발업자의 호주머니로 들어가는 돈이기도 했다. 적어도 서류상 이 왕국의 재산은 단 몇 년 만에 1200만 달러에서 2억 5700만 달러로 뛰어올랐고, 1984년 1월에는 3억 900만 달러에 이르렀다. 대다수 투자자들은 자기 땅을 가까이서 볼 기회조차 없었다. 포크너가 이들을 헬리콥터에 태우고는 착륙하지 않은 채 날아다녔기 때문이다. 모두들 돈을 벌고 있었다. 포크너는 400만 달러짜리 리어제트기(Learjet)를 장만했고 톨러는 흰색 롤스로이스를 몰았으며 블레인은 4000달러짜리 롤렉스 시계를 차고 다녔다. 부동산 감정인과 스포츠 스타 투자자, 지역 규제 담당자는 말할 것도 없었다. 남자들은 금팔찌를 끼고 부인들은 모피 코트를 입었다.[46] 어느 관계자는 다음과 같이 토로했다. "마치 자동 현금 지급기처럼, 모든 일이 대니의 요구대로 착착 진행됐다. 대니에게 새 제트기가 필요하면, 우리는 땅 거래를 했다. 대니가 새로운 농장을 사고 싶어 하면, 또 한 차례 거래를 했다. 대니는 모든 것을 본인 중심으로 운영했는데, 사소한 일 하나까지 모두 관여했다."[47] 절약(thrift)과 절도(theft)는 천지 차이이다. 그러나 포크너 앤드 컴퍼니(Faulkner & Co.)는 이를 종이 한 장 차이로 만들었다.

문제는 30번 도로에 세운 아파트 수요가 포크너, 블레인, 여타 동업자들이 과잉 공급한 물량을 도무지 따라잡지 못했다는 데 있었다. 1980년대 초반 부동산 중개업자들 사이에, 성병과 콘도미디엄의 차이는 성병은 제거할 수 있어도 콘도는 불가능하다는 우스갯소리가 떠돌았다. 게다가 대부분의 저축 대부 조합이 (외부자에게 빌린) 단기 자금으로 (내부자에게) 장기 대출을 어느 때보다 활발히 펼친 탓에 자산과 부채의 간극이 벌어졌고, 이는 곧 커다란 재앙으로 돌변했다. 이 같은 현실을 더 이상 수수방관할 수 없던 규제 담당자들은 1984년 뒤늦게야 법안 마련에 나섰다. 3월 14일, 당시 연방 주택 대출 은행 이사회 의장이었던 에드윈 그레이(Edwin J. Gray)는 이 왕국의 폐쇄를 명령했다. 저축 대부 조합 예금 보장 기관인 연방 저축 대부 보험 공사(Federal Savings and Loan Insurance Corporation, FSLIC)는 3억 달러를 대가로 치렀다. 그러나 이는 시작에 불과했다. 기업들이 줄줄이 조사를 받기 시작하자, 저축 대부 조합으로부터 선거 자금을 받았던 정치인들은 주저하는 모습을 보였다.* 그러나 지체하면 할수록 예산 낭비는 더 심해졌다. 1986년이 되자, 연방 저축 대부 보험 공사의 파산은 불을 보듯 뻔했다.

　1991년 두 차례의 재판(첫 재판은 불일치 배심으로 끝났다.) 끝에 포크너, 블레인, 톨러는 부동산 왕국과 여타 저축 대부 조합을 이용해 시민을 상대로 사기 치고 1억 6500만 달러를 부당 취득한 혐의로 유죄 판결을 받았다. 각각 징역 20년을 선고받았고, 손해 배상금으로 수백만 달러를 지불해야 했다. 어느 조사관은 이 왕국을 일컬어 "매우 무모하고도 사기성 짙은 토지 투자 계획"이라고 말했다.[48] 저축 대부 조합 위기 전반에 대해서도 똑같은 평가를 내릴 수 있다. 에드윈 그레이는 당시를 "미국 금융 역사상 가장 파장이 크고 무모하며 부패했던 시기"라고 칭했다. 결국 500개에 달하는 저축 대부 조합이 망하거나 문을 닫아야 했다. 또 의회에서 사태 해결을 위해 세운 정리 신탁 공사(Resolution Trust Corporation)가 개입한 결과 엇비슷한 수의 업체가 합병으로 사라져 갔다. 어느 관계자의 말에 따르면, 파산 기관 중 거의 절반이 '내부자 사기 및 잠정적 범죄 소행'이 있었다고 한다. 1991년 5월 무렵 764명의 사람들이 범죄 관련 혐의를 받았고, 이 중 550명이 유죄 판결

---

* 가장 최악의 사례는 캘리포니아 어바인(Irvine)에 있던 찰스 키팅(Charles Keating)의 링컨 저축 대부 조합이었다. 이 기관은 연방 주택 대출 은행으로부터 압력을 받던 시점에 상원 의원 5명의 지원을 받았는데, 그중에는 존 맥케인(John McCain)도 있었다. 키팅에게서 정치 자금을 받은 맥케인은 상원 윤리 위원회에서 부적절한 행동으로 징계를 받기도 했다.

부동산 '뻥튀기'의 제왕 포크너와 그의 개인 헬리콥터.

을 받았으며 326명이 감옥에 갔다. 부과된 벌금 액수는 800만 달러에 달했다.[49] 1986년부터 1995년 사이에 저축 대부 조합 위기로 치른 대가는 모두 1530억 달러(국내 총생산의 3퍼센트)였고 이 중 납세자 부담금은 1240억 달러였다. 결국 대공황 이후 가장 호된 금융 위기로 기록에 남았다.[50] 아직도 텍사스 전역에서는 그 와해의 잔해가 여기저기 보인다. 부정한 돈으로 헐값에 세운 주택 단지들을 밀어 없애거나 불태워 버렸기 때문이다. 24년이 지난 지금도 30번 도로는 텍사스의 또 다른 황무지로 남아 있다.

미국 납세자들은 저축 대부 조합 사태를 겪으며 분별없는 탈규제의 위험성이라는 값진 교훈을 얻었다. 그러나 저축 대부 조합이 파산하는 와중에도, 이를 틈타 거액을 챙긴 미국인이 있었다. 바로 뉴욕 소재 투자 은행 살로몬 브라더스(Salomon Brothers)에서 근무하는 채권 거래자들이었다. 이들에게 뉴딜 모기지 제도의 붕괴는 위기가 아니라 더없는 기회였다. 그들끼리 쓰는 속된 표현으로 이윤에 굶주린 자칭 '금융계의 큰손(Big Swinging Dicks, 회사에 막대한 자금줄을 대는 경영자를 지칭 — 옮긴이)'들은 1980년대 소용돌이치는 이자율을 이용할 방법을 발견했다. 살로몬의 루이스 라니에리(Lewis Ranieri)가 승승장구한 시점도 바로 절박해진 저축 대부 조합들이 지불 능력을 유지하고자 자신들의 모기지를 팔기 시작한 때였다. 두말할 나위 없이 루이스는 이를 헐값에 사들였다. 체구가 크고 값싼 셔츠를 입고 다니며 성격이 쾌활한 브루클린 출신의 라니에리는 브룩스 브라더스(Brooks Brothers, 전통 깊은 남성 의류 브랜드 — 옮긴이) 정장과 멜빵을 차려입고 다니던 어설픈 투자 은행가들과는 전혀 다른, 월 스트리트의 새로운 전형으로 떠올랐다.(그는 살로몬 우편실에서 처음 일을 시작했다.) 그는 수천 개의 모기지를 한데 모아 매력적인 새 채권으로 개발하면, 종래의 정부 채권과 기업 채권의 대안으로 팔릴 수 있을 거라고 생각했다. 간단히 말해 모기지를 채권으로 전환한다는 것이었다. 일단 모기지를 하나로 뭉뚱그린 다음, 이자 지급 기한을 만기와 신용도에 따라 나누었다. 이 새로운 형태의 모기지 담보부 증권(mortgage-backed security, 모기지 부채를 담보로 한 것)은 1983년 6월에 첫선을 보였다.[51] 그리고 이는 미국 금융사에 새로운 장을 열었다.

증권화(securitization)라고 불리는 이 과정은 월 스트리트의 판도를 근본적으로 바꾸어 과거 잠잠하던 채권 시장에 활기를 불어넣었고, 개별 거래보다 익명 거래가 더 중시되는 새로운 풍토를 만들었다. 그렇지만 위기 상황에서 그 대가를 치른 주체는 언제나처럼 연방 정부였다. 대다수 모기지가 패니, 지니, 프레디라는 정부 보증 트리오의 이점을 암암리에 누렸는데 이 모기지에 담보로 쓰인 채권들이 사실상 정부 채권, 따라서 '투자 등급'으로 간주되었기 때문이다. 1980년과 2007년 사이에 정부 보증 모기지 담보부 증권

(GSE-backed mortgage-backed securities)은 2억 달러에서 4조 달러로 증가했다. 민간 채권 보증업체가 도래하면서 살로몬 같은 기업은 정부 보증 민간 기업의 보증을 못 받는 이른바 비적격 저당 대출 채권(nonconforming loans)도 마찬가지로 증권화할 수 있게 되었다. 2007년 무렵 민간 자금은 2조 달러가량의 주택 모기지 부채를 증권화하기에 이르렀다.[52] 주택 모기지 시장의 증권화 비율은 1980년 10퍼센트에서 2007년 56퍼센트로 껑충 뛰어올랐다.*

결국 1980년대 월 스트리트에서는 인간의 자만심에 불이 붙기 시작했다. 동시에 「멋진 인생」에서 묘사한 사업 모델은 그 마지막 자취를 감추었다. 과거 이 모델에는 모기지 대출업자와 차입자 사이에 중요한 사회적 유대가 자리 잡고 있었다. 지미 스튜어트는 예금자와 채무자 양쪽 모두를 알고 있었다. 반면 증권화 시장에서는 (우주 공간처럼) 아무도 우리의 외침을 듣지 못한다. 우리가 지불하는 모기지 이자가 결국 우리의 존재조차 모르는 이에게 돌아가기 때문이다. 일반 주택 소유자에게 이러한 변천사의 함의는 20년이 지나서야 피부로 다가왔다.

영어권 국가 사람들은 부동산을 일방적인 투기 대상으로 보는 경향이 있다. 그래서 부동산 시장에 투자하면 곧 부자가 된다고들 생각한다. 다른 곳에 투자하면 세상 물정 모르는 사람으로 취급한다. 그렇지만 현실은 이런 통설을 곧잘 배신한다. 지난 1987년 1사분기 때 미국 주식 시장에 10만 달러를 넣어 두었다고 해 보자. 연방 주택 기업 감독청 지수(Office of Federal

---

* 2006년 말 정부 보증 민간 기업(GSE)은 전체 미지급 채무 중 30퍼센트를 차지할 정도로 모기지 시장에서 비중이 컸다. 상업 은행은 22퍼센트를 차지했고, 주택 모기지 담보부 증권(residential mortgage-backed securities, RMBS), 부채 담보부 증권(CDOs), 여타 자산 담보부 증권(asset-backed-securities)은 전체의 14퍼센트를 차지했다. 저축 기관은 13퍼센트, 주 정부와 지방 정부는 8퍼센트를 차지했다. 생명 보험 회사는 6퍼센트, 나머지는 개인이었다.

Housing Enterprise Oversight index)나 전국 주택 가격 지수(Case-Shiller national home price index) 둘 중 어느 것을 참고하든, 2007년 1사분기가 되면 투자 금액이 27만 5000달러에서 29만 9000달러 사이로 3배 정도 불어나게 된다. 그렇지만 이 자금을 S&P 500(미국의 대표적인 주식 시장 지수) 해당 기업에 투자하고 배당 수익을 계속 재투자했다면, 주택 시장에서 거둔 수익의 2배 이상인 77만 2000달러로 불어날 것이다. 이 격차는 영국도 비슷하다. 만약 1987년 부동산에 10만 파운드를 투자했을 경우, 영국 주택 가격 지수로 계산해 봤을 때 20년 후에는 4배 이상 늘어난다. 그렇지만 이 돈을 FTSE 전 종목 지수(FTSE All Share index, 영국의 FTSE 인터내셔날사가 발표하는 세계 주가 지수―옮긴이) 해당 기업에 투자하면 7배 더 부유해진다. 물론 주택 지수와 주식 시장 지수에는 중요한 차이점이 있다. 주식 시장은 주거 공간이 아니다.(지역 재산세는 보통 금융 자산이 아닌 부동산에 매긴다.) 따라서 공평하게 비교하려면 주택을 소유했을 때 절약되는 집세(혹은 부동산이 두 개이고 하나를 임대해 줬을 경우 얻는 임대료)를 고려해야 한다. 간단한 비교법은 단순하게 배당금과 임대료를 제외하고 보는 것이다. 이 경우 두 시장의 격차는 다소 줄어든다. 1987년 이후 20년 동안 배당금을 제외했을 경우 S&P 500은 5배밖에 늘어나지 않지만, 그래도 주택보다 여유 있게 앞선다. 부동산 포트폴리오에 임대료 수입을 가산하고 주식 포트폴리오에 배당금을 포함했을 때도, 둘 사이의 격차가 줄어들긴 하지만 그 차이는 여전하다. 같은 기간 동안 평균 임대 수익이 5퍼센트에서 부동산 붐 절정기에 3.5퍼센트로 줄어들었기 때문이다.(다시 말해, 10만 달러짜리 일반 주택의 경우 매월 평균 416달러 미만의 임대료를 받는 셈이었다.)[53] 반면 영국의 경우 주식 시장 자본 총액이 미국보다 더디게 증가했고, 투자자에게는 배당금이 더 중요한 소득원이었다. 동시에 신규 주택 공급 제한(이를테면 '그린벨트' 지대 보호법 등)이 임대료 수입을 뒷받침했다. 따라서 배당금과 임대료를 제할 경우 주택에 대한 주식의 우위가 사라

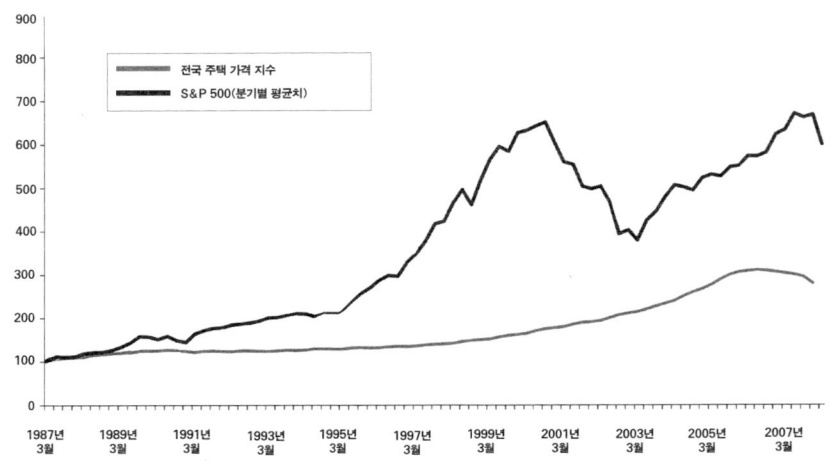

1987년~2007년 미 주가와 부동산 가격.

진다. 1987년과 2007년 사이에 순수 자본 소득을 살펴보면, 주택 산업은 4.5배 증가하여 3.3배 정도밖에 증가하지 못한 주식 산업보다 실적이 뛰어났다. 1979년 이전에만, 영국도 주식이 주택을 눌렀다.*

그렇지만 주택과 다른 형태의 자본 자산(capital asset)을 비교할 때 세 가지 사항을 염두에 두어야 한다. 첫째로 감가상각이다. 주식은 닳지도 않고 새로 지붕을 얹을 필요도 없다는 점에서 주택과는 다르다. 둘째, 유동성이다. 자산 면에서 볼 때 주택은 현금으로 전환하기가 주식보다 몇 갑절 힘들다. 셋째는 가격 변동성이다. 2차 세계 대전 이후 주택 시장은 주식 시장보다 훨씬 안정된 추세를 보였다.(부동산 시장과 관련된 거래 비용도 무시하지 못할 요인이다.) 그

---

* 내가 아내와 오래전부터 해 온 논쟁이 하나 있다. 영국 주택 시장에서 대규모 차입 투기를 하는 것(아내가 선호하는 금융 전략)이 현명한 전략인가라는 논쟁이다. 물론 아내가 옳았다. 다만 그때 전제는 내가 대학 기숙사에 임대해 살면서 영국 주식 시장에 투기한다는 것이었다. 물론 최상의 전략은 적정 액수를 차입해 부동산과 전 세계 주식 등 다양한 포트폴리오를 구성하는 것이다.

렇지만 상황이 이렇다 해서 주택 가격이 안정적인 상승세에서 이탈하지 않았다는 뜻은 아니다. 영국의 경우 1989년부터 1995년 사이에 실물로 본 주택 가격이 평균 18퍼센트, 인플레이션 조정 가격으로는 3분의 1 이상(37퍼센트) 하락했다. 런던에서는 실질 가격 하락이 47퍼센트에 가까웠다.[54] 일본은 1990년에서 2000년 사이에 주택 가격이 60퍼센트 이상 폭락했다. 물론 내가 이 책을 저술하는 동안에도 미국의 주택 가격은(한 세대에 처음으로) 하락세였다. 거기다 추가 하락까지 겪었다. 2006년 7월 절정을 보인 이래, 미국 대도시의 주택 가격 '종합 20' 지수는 2008년 2월 즈음 15퍼센트 하락하였다. 그달 들어 연 하락률은 13퍼센트를 기록했는데, 이는 1930년대 초반 이후 처음 등장한 수치였다. 피닉스, 샌디에이고, 로스앤젤레스, 마이애미 등 일부 도시의 총 하락률은 20퍼센트에서 25퍼센트 수준이었다. 게다가 이 글을 쓰는 시점(2008년 5월)에도, 대다수 전문가들은 여전히 추가 하락을 전망하였다.

주택 가격 하락은 2005년 12월에 침체된 도시 디트로이트에서 처음 방아쇠를 당겼다. 2007년 7월, 내가 이 도시를 방문했을 때는 하락률이 10퍼센트 이상이었다. 내가 디트로이트를 방문한 이유는, 그곳에서 벌어진 일이 미국 전 지역, 나아가 영어권 국가 전체에 닥칠 사건의 예고편이라고 직감했기 때문이다. 10년이라는 세월 동안, 디트로이트의 집값은(이곳은 아마 뉴올리언스를 제외했을 때 미국 도시 중 주택 물량이 가장 열악할 것이다.) 50퍼센트 가까이 뛰었다. 미국 전반의 거품(집값이 평균 180퍼센트 올랐다.)과 비교해 볼 때 그리 큰 편이 아닐지라도, 이 도시의 만성적인 경제 불황을 감안한다면 설명이 쉽지 않은 대목이다. 개인적으로 파악해 본 결과 그 답은 디트로이트의 웨스트 아우터 드라이브(West Outer Drive)가 겪은 변화에 있었다. 이 거리는 근면하면서도 사회적 지위가 있는 중산층이 모여 사는 곳으로, 넓은 잔디밭과 차고를 갖춘 단독 주택들이 상당히 많다. 과거 모타운 명음반의 요람이기도 했던 이곳은 지금은 난삽하게 뻗어 있는 지역에 불과하다. 다시 말해 미국

내 개발 도상국을 뜻하는 서브프리미아(Subprimia)이다.[55]

'서브프라임(subprime, 비우량)' 모기지 대출은 지역 브로커들이 신용 기록에 문제가 있는 가구나 지역을 겨냥한 대출이었다. 점보 모기지가 패니 메이에게 승인(그리고 암묵적인 정부 보증)을 받을 수 없을 정도로 덩치가 너무 컸다면, 서브프라임 모기지는 그만큼 위험도가 높았다. 그렇지만 바로 그 위험성 때문에 대출업자에게는 잠재적 돈벌이었다. 이는 뉴딜이 고안한 30년 만기 고정 금리 모기지와 달랐다. 오히려 그 반대로 변동 이자 모기지(adjustable-rate mortgages, ARMs), 다시 말해 단기 대출 금리에 따라 이자율이 변하는 모기지가 주를 이루었다. 심지어 담보 가치의 100퍼센트까지 대출해 주고도 원금 상환 없이 계속 이자만 갚는 모기지도 많았다. 그리고 대부분 초반에 '티저' 기간을 두고, 초기(보통은 처음 2년) 이자액을 인위적으로 낮춰서 대출 비용 부담을 훗날로 미뤄 주었다. 이 모든 장치들은 차입자의 부채 상환액을 당장 낮추자는 게 목적이었다. 그렇지만 서브프라임 계약 약관은 대출업체의 막대한 이익을 보장해 주었다. 특히 디트로이트의 악명 높은 서브프라임 대출의 경우, 처음 두 해 동안은 이자율을 9.75퍼센트로 유지하다가, 이후에는 은행 간 대출 시 적용하는 단기 기준 금리, 통상 런던 은행 간 금리(Libor, 리보 금리)보다 9.125퍼센트 포인트 올려 받았다. 서브프라임 위기가 닥치기 이전부터 리보 금리는 5퍼센트 이상이었으므로, 대출 3년차에는 이자 상환액이 껑충 뛰는 셈이었다.

모노폴리 돈다발처럼 서브프라임 대출이 디트로이트에 쇄도했다. 라디오, 텔레비전, 광고 인쇄물뿐 아니라, 에이전시와 브로커 무리들이 매우 솔깃한 거래로 도시에 손짓했다. 2006년 한 해에만 대출업체들은 디트로이트에서 우편 번호가 서로 다른 지역 22군데에 10억 달러 이상을 쏟아부었다. 웨스트 아우터 드라이브 5100블록이 포함된 우편 번호 48235 지역에서는 2002년부터 2006년까지 전체 대출 중 서브프라임 대출이 절반 이상을 차지했다. 5100블록에 사는 26가구 중 7가구가 서브프라임 대출을 받았다.[56] 이 대출자 중 첫 거래자는 극히 일부였다는 사실에 주목하자. 대다수는 주택이 마치 돈 나오는 기계인 양, 주택 구입 가격에서 모기지 대출액을 뺀 잔여 가치를 담보로 또다시 추가 대출을 받은 사람들이었다. 이들은 이렇게 얻은 돈을 신용 카드 채무 갚는 데 쓰거나, 집을 개조하고 내구 소비재를 사는 데 지출했다.* 그렇지만 다른 지역에서 신규 구매자를 주택 시장에 끌어들인 요인은 장기 이자율 하락과 그 어느 때보다 매력적인 모기지 거래였다. 2005년 미국 전체 가구 중 69퍼센트가 주택을 소유했는데, 10년 전에는 64퍼센트였다. 이 증가율 중 절반은 서브프라임 대출 붐 덕택이었다. 그리고 두드러질 정도로 서브프라임 담보 대출자 중 상당수가 소수 인종이었다. 디트로이트 주변을 운전하면서 나는 서브프라임이라는 말이 실상은 흑인을 뜻하는 금융계의 완곡어법이 아닐까 하는 생각도 했다. 이는 억측이 아니었다. 매사추세츠 주택 연합(Massachusetts Affordable Housing Alliance)의 연구에 따르면, 2005년에 단독 주택을 구입하려고 대출을 한 대도시 보스턴의 흑인 및 라틴계 차입자 중 55퍼센트가 서브프라임 모기지를 얻은 반면, 백인 차입자는 13퍼센트 정도였다고 한다. 워싱턴 뮤추얼(Washington Mutual)사에서 차입한 흑인 및 라틴 아메리카인 중에서 75퍼센트 이상이 서브프라임 대출자였던 반면 백인 차입자는 17퍼센트 정도였다.[57] 또 주택 도시 개발국(Department of Housing and Urban Development, HUD)에 따르면, 소수 인종 중 주택 소유 가구 수가 2002년부터 2007년 사이에 310만이 늘었다고 한다.

이는 분명 재산 소유 민주주의의 절정이었다. 새로운 모기지 시장이 열리면서, 과거 신용 평가 기관과 은근한 인종 편견 때문에 주류 금융에서 배척됐

---

* 1997년부터 2006년 사이, 미국 소비자들이 주택을 담보로 현금화한 액수는 9조 달러에 달했다. 2006년 1사분기에 주택 순자산 인출(home equity extraction)은 개인 가처분 소득의 10퍼센트 정도를 차지했다.

던 수십만 사람들에게 내 집 마련이라는 아메리칸드림이 현실로 다가왔다.

그러나 이후 앨런 그린스펀에게는 연준 의장 임기 마지막 해에 모기지 대출 규제를 제대로 하지 못했다는 질책이 쏟아졌다. 그는 2004년 변동 이자 모기지 보증 연설(이후 철회했지만)로 악명을 얻긴 했어도, 주택 소유 확산을 앞장서서 지지한 사람은 아니었다. 때문에 최근의 온갖 과잉 사태를 통화 정책 탓으로 돌리는 비판은 설득력이 없다.

"우리의 바람은 미국인 모두가 저마다 집을 소유하는 것이다." 2002년 10월 조지 부시 대통령은 이렇게 말했다. 부시는 10년 내로 대출업체를 통해 소수 인종 550만 명을 새로운 주택 소유자로 만들기 위해 2003년 아메리칸드림 지원법(American Dream Downpayment Act)에 서명하였다. 이는 저소득 계층 중 첫 주택 구입자를 보조하는 법안이었다. 정부는 대출업체들이 서브프라임 차입자에게 완벽한 서류 제출을 요구하지 않도록 조치했다. 패니 메이와 프레디 메이도 주택 도시 개발국의 압력으로 서브프라임 주택 시장을 지원했다. 2003년 12월 부시는 "주택 소유자가 늘어날수록 국익이다."라고 말했다.[58] 의견을 달리한 사람은 찾기 힘들었다. 2007년 12월 헨리 루이스 게이츠(Henry Louis Gates Jr.)도 《뉴욕 타임스》에 기고하였다. 그는 하버드에 있는 알퐁스 플레처(Alphonse Fletcher) 대학의 교수이자 아프리카인과 아프리카계 미국인을 연구하는 W. E. B. 듀 보이스(Du Bois, 미국의 흑인 운동 지도자—옮긴이) 연구소의 책임자다. 그는 이 추세를 환영하는 눈치였다. 그가 조사해 보니 사회에서 성공한 아프리카계 미국인 20명 중 15명(이 중에는 오프라 윈프리와 우피 골드버그도 있었다.)이 '적어도 1920년 당시에 부동산 보유가 가능했던 과거 노예 가문'의 후손이었다고 한다. 몇 달 후 푹 꺼질 부동산 거품은 아랑곳하지 않은 채, 게이츠는 '흑인의 빈곤과 사회적 역기능'에 대한 놀라운 해법을 제시했다. 즉, "한때 소유물(property)로 취급당한 사람들에게 소유권(property)을 주자는 것"이었다.

도움이 될 만한 정책을 제시한 사람은 다른 누구도 아닌 마거릿 대처였다. 1980년대, 대처는 공공 주택 거주자 150만 명을 집주인으로 만들었다. 이는 분명 대처가 한 일 중 가장 자유주의적 조치로, 진보적 인사라면 이러한 선례를 따라야 한다. …… 흑인의 빈곤 문제에 대담하고 혁신적으로 접근하려면 …… 임대자를 집주인으로 바꿀 방안에 주목해야 한다. …… 진정한 진보는 가난한 흑인도 미국 사회에서 소유권을 누릴 때 찾아온다. 사람은 재산을 소유해야 미래와 사회에 대해서도 소유 심리를 느낀다. 그러할 때 이들은 공부하고 저축하고 일을 하고 노력을 기울이며 투표를 한다. 임차 문화에 젖어 있는 사람은 그렇게 못한다……[59]

멤피스 프레이서(Frayser) 지역의 흑인 공동체 지도자 비니 셀프(Beanie Self)는 게이츠의 주장에 치명적인 허점이 있다고 지적했다. "아메리칸드림은 집을 갖는 것이다. 그러나 내가 우려하는 바는, 그 꿈 자체는 훌륭하다 해도 우린 아직 이를 수용할 준비가 안 됐다는 점이다. 부동산 산업, 감정 평가 산업, 모기지 산업들이 우리들 대부분이 감당도 못하는 주택에 들어가 살도록 등 떠민다는 사실을 사람들은 모르고 있다."[60]

서브프라임 대출은 훌륭한 비즈니스 모델이었다. 단 이를 뒷받침하려면 이자율이 낮고 사람들에게 일자리가 있으며 부동산 가격이 꾸준히 상승해야 했다. 물론 이는 언제까지나 기댈 수 있는 조건이 아니었으며, 디트로이트에서 특히 그러했다. 그러나 서브프라임 대출업자들은 우려하지 않았다. 이들은 그저 1980년대 주류를 이루었던 모기지 대출업체 선배들을 뒤따를 뿐이었다. 이들은 자신들의 돈을 위험하게 내버려 두지 않았다. 대출 계약으로 수수료를 두둑하게 챙긴 후 이를 담보로 발행한 채권을 대거 월 스트리트 은행에 팔아넘겼다. 그러면 은행은 이 채권들을 묶어 수익성 높은 주택 모기지 담보부 증권(RMBS)으로 만든 뒤, 투자 자본금의 100분의 1이라도 더 건지려는 전 세계 투자자들에게 이 채권을 팔았다. 부채 담보부 증권(CDOs)으로 재포장된 이 서브프라임 채권들은 무분별한 위험성 대출에서 트리플A 투자 등급 증권으로 변모되었다. 이때 필요한 작업은 단 하나, 유력한 신용 평가 기관인 무디스(Moody's)나 스탠다드 앤드 푸어(Standard & Poor's)로부터 이 채권들 중 적어도 위 등급은 디폴트되지 않는다고 평가받는 일이었다. 신용도에 따라 등급을 나눴을 때 중간 단계인 '메자닌(mezzanine)'이나 위험 자산인 '에쿼티'는 당연히 더 위험한 채권이었다. 그러다 보니 이자가 더욱 치솟았다.

금융 연금술의 핵심은, 디트로이트의 모기지 차입자와 결국에는 이들로부터 이자를 지급받는 사람들이 수천 킬로미터 떨어져 있다는 사실에 있었다. 그 결과 위험은 미국의 주 연기금에서 호주에 있는 공공보건 네트워크, 북극권 너머에 있는 시의회까지 전 지구로 뻗어 나갔다. 노르웨이의 라나(Rana), 헴네스(Hemnes), 햇젤달(Hattjelldal), 나르비크 같은 도시의 경우 납세자들이 낸 돈 1억 2000만 달러가 미국의 서브프라임 모기지를 담보로 발행한 부채 담보부 증권에 투자됐다. 당시 이 '구조화 상품(structured products)' 판매자들은 증권화를 하면 '위험을 가장 잘 감당하는 자'에게 위험을 할당하는 효과가 있다며 호언장담했다. 나중에야 밝혀졌지만, 위험은 이런 사실을 가장 이해하지 못하는 자들이 나눠가졌다. 반면 서브프라임 대출의 허황됨을 제대로 간파한 사람들(차입자와 직접 관계하고 이들의 경제적 여건을 아는 사람들)은 위험을 가장 적게 부담했다. 이들은 주택 담보 대출 비율 100퍼센트로 '닌자(NINJA)' 대출(No Income No Job or Assets, 수입 · 일자리 · 자산이 없는 고위험 채무자에게 행한 대출)을 해 준 뒤, 같은 날 부채 담보부 증권 사업을 하는 대형 은행에 이를 팔았다. 곧바로 위험이 수면 위로 떠올랐다.

디트로이트는 자동차 산업의 불가항력적 쇠퇴로 일자리 2만 개가 사라지는 경기 침체를 겪는 와중에 서브프라임 모기지가 늘어났다. 이로 인해 미국의 성장 둔화가 확산된다는 전망이 떠돌았는데, 이는 연준이 단기 이자율을 1퍼센트에서 5.25퍼센트로 올리는 등 긴축 통화 정책을 시행하는 상황에서 불가피한 결과이기도 했다. 그 여파는 평균 모기지 이자율에 적잖이 영향을 주어, 이자율이 5.34퍼센트에서 6.66퍼센트로 25퍼센트 상승하였다. 이 악의 없어 보이는 신용 조건의 변화가 서브프라임 시장에 미친 여파는 대단했다. 티저 금리 기간이 끝나고 모기지 금리가 상향 조정되자마자, 디트로이트의 수백 가구는 이자를 제 기간에 내지 못했다. 2007년 3월, 우편번호 48235 지역에서는 서브프라임 모기지 3건 중 1건이 6일 이상 연체되어 사실상 주택 압류가 시작되기 일보직전이었다. 그 여파는 부동산 거품 붕괴로 이어져, 주택 가격이 1990년대 초 이후 처음으로 떨어지기 시작했다. 사태가 이렇게 흘러가자, 100퍼센트 모기지 대출을 받은 사람들은 부채가 주택 가치를 넘어서는 상황에 직면했다. 주택 가격이 떨어질수록 주택 소유자들은 마이너스 순자산(negative equity, 담보물의 시장 가치가 하락하면서 생기는 부채―옮긴이)을 보유하게 되었는데, 이는 1990년대 초반 이후 영국민들에게 친숙해진 용어이기도 했다. 이렇게 볼 때 웨스트 아우터 드라이브는 미국 부동산 시장 위기 확산의 예고편이었고, 이 위기로 서구 세계의 금융 제도는 그 뿌리가 흔들렸다.

어느 무더운 금요일 오후, 디트로이트를 떠나 멤피스에 도착해 보니 50채가 넘는 주택들이 멤피스 법원에서 매각 절차를 밟고 있었다. 각각 이자를 지급하지 못한 주택 소유자들에게 모기지 대출업체가 압류 처분을 한 까닭이었다.* 디트로이트는 미국 파산의 중심지(1장에서 살폈듯이)에 그치지 않

---

* 미국법의 중요한 특색은 대다수 주(모든 주는 아니다.)에서 보통 '상환 청구 불능(no

았다. 2007년 여름이 되자 이곳은 압류 처분의 중심지로 급부상했다. 지난 5년간 들리는 얘기로는, 이 도시에 있는 가구 4곳 중 1곳이 압류 처분 통지서를 받았다고 한다. 마찬가지로 서브프라임 모기지가 문제의 뿌리였다. 서브프라임 금융 회사들은 2006년 한 해에만 멤피스 지역에서 우편 번호가 서로 다른 14곳에 4억 6000만 달러를 대출하였다. 내가 목격한 주택 압류는 단지 시작에 불과했다. 2007년 3월 책임 융자 연구소(Center for Responsible Lending)는 압류 건수가 240만에 달할 것으로 전망했다.[61] 뚜껑을 열어 보니 과소평가한 수치였다. 이 글을 쓰던 당시(2008년 3월), 모두 180만 건의 모기지 디폴트가 발생했지만 900만 가구, 즉 단독 주택 임차자 10명 중 1명이 이미 마이너스 순자산 상태였다. 서브프라임 변동 이자 모기지 중 11퍼센트가 압류당했다. 증권사 크레디트스위스(Crédit Suisse)에 따르면, 앞으로 5년간 모기지 종류를 막론하고 총 압류 건수는 650만에 달할 수도 있다고 한다. 이는 미국 전체 주택 소유자 중 8.4퍼센트, 다시 말해 모기지를 받은 주택 소유자 중 12.7퍼센트가 집을 잃는다는 뜻이다.[62]

  2007년 초여름 서브프라임 모기지 시장에 이상 징후가 생기자, 그 여파가 전 세계 신용 시장으로 퍼져 나갔고, 일부 헤지펀드가 무너졌으며 은행과 여타 금융 회사들의 손해액이 수천억 달러에 달했다. 주원인은 2006년 5000억 달러 이상 팔린 부채 담보부 증권으로, 이 중 절반이 서브프라임 대출과 관련된 익스포저(exposure, 거래에 따른 손실 위험 — 옮긴이) 상태였다. 또 서브프라임 디폴트 비율 등을 잘못 계산하면서 이 부채 담보부 증권 중 상당수가 매우 고평가된 것으로 드러났다. 트리플A 등급 채권들도 디폴트에 빠

---

recourse)' 대출을 해 준다는 것이다. 이는 채무자가 빚을 갚지 못했을 때 주택 담보 대출업자가 주택에 대해서만 담보권을 행사할 수 있을 뿐, 다른 자산(자동차나 은행 예금)이나 차후 임금에 대해서는 행사할 수 없도록 한다. 이런 특성 때문에 차입자들이 빚을 안 갚을 유인이 크다고 지적하는 경제학자들도 있다.

지기 시작하면서, 고위험 부채 담보부 증권을 전문적으로 구매했던 헤지펀드들이 제일 먼저 손해를 보았다. 2007년 2월 당시 홍콩상하이 은행(HSBC)이 미국 모기지로 큰 손해를 봤다고 시인한 순간부터 이상 징후가 엿보였지만, 대다수 분석가들은 서브프라임 위기의 시작을 그해 6월, 그러니까 베어스턴스(Bear Stearns, 튼튼한 재무 구조를 갖춘 우량 은행이었으나 2007년 서브프라임 모기지 사태로 파산 위기를 맞았다.—옮긴이)에 자금을 빌려 준 투자 은행 메릴린치(Merrill Lynch)가 서브프라임 담보부 자산의 과도한 위험 노출을 직감하여 베어스턴스가 보유한 2개의 헤지펀드*에 추가 담보를 요구한 시점으로 잡고 있다. 베어스턴스는 1개의 펀드는 구제했지만 다른 하나는 무너지도록 방치했다. 그다음 달 신용 평가 기관들은 RMBS CDOs('주택 모기지 담보부 증권에 투자한 부채 담보부 증권(residential mortgage-backed security collateralized debt obligations)'의 약자로, 이름부터가 매우 복잡한 성격의 상품임을 보여 준다.)의 등급을 하향 조정하기 시작했다. 결국 이 자산을 보유한 금융 기관들은 모두 엄청난 손실을 맛보아야 했다. 문제를 더욱 증폭시킨 것은 시스템 내부에 있던 레버리지 액수(부채)였다. 특히 헤지펀드는 수익을 과장해 상당량의 자금을 프라임 브로커(prime broker, 헤지펀드를 위해 청산, 결제, 보관 등의 서비스를 제공하는 금융 기관—옮긴이)인 은행에서 빌린 상태였다. 한편 은행들은 콘두잇(conduit)으로 알려진 부외 기관과 구조화 투자 회사(Structured Investment Vehicles, SIVs. 이를 전략적 투자 회사(strategic investment vehicles)의 약자로 본다면 위기를 그야말로 제대로 표현한 셈이다.)를 설립해, 서브프라임 관련 자산을 부외 자산 항목에 기입하는 식으로 위험 노출을 숨겨 왔다. 이 회사들은 상업 어음 시장이나 은행 간 익일 대출 시장을 통해 단기 차입을 하는

---

* 그중 한 펀드의 이름은 거창하게도 하이그레이드 구조화 신용 전략 레버리지 강화펀드(High-Grade Structured Credit Strategies Enhanced Leverage Fund)였다.

식으로 자금을 확보했다. 거래 상대방 위험(counterparty risk, 즉 금융 거래 상대방이 파산할지 모른다는 위험)에 대한 우려가 커지자, 이 신용 시장들은 꼼짝할 수 없게 되었다. 일부 평론가들이 적어도 1년 동안 우려했던 유동성 위기가 2007년 8월에 들이닥치자, 주택 대출 업체인 아메리칸 홈 모기지(American Home Mortgage)는 파산 신청을 하고 프랑스 은행 BNP 파리바는 3개의 모기지 투자 펀드를 중단했으며, 역시 주택 대출 업체인 컨트리와이드 파이낸셜(Countrywide Financial)은 신용 한도 총액인 110억 달러를 인출해 갔다. 디트로이트와 멤피스 지역의 저소득 가구가 서브프라임 모기지를 갚지 못하면 금융계가 이토록 일대 혼란에 빠질 거라고 예측했던 이는 거의 없었다.* 영국의 노던록처럼 국유화된 은행도 있었고, 연준의 보증 아래 경쟁 업체에 헐값 매각된 은행(베어스턴스)도 있었다. 폐업한 헤지펀드도 넘쳐났다. 은행이 '결손 처리(write-downs)'한 금액이 최소 3180억 달러에 이르렀고, 총 예상 손실액이 1조 달러를 넘어섰다. 서브프라임 나비가 날갯짓을 하자 전 세계에 허리케인이 불어닥쳤다.

이 위기가 빚은 숱한 아이러니 중 하나는, 정부의 후원을 받던 재산 소유 민주주의의 모체인 패니 메이가 결국 치명타를 입을 거라는 사실이었다.[63] 정부 정책으로 패니 메이, 그리고 그 어린 핏줄인 프레디와 지니의 모기지 보유 비중이 늘어나면서, 과거 이 제도의 핵심이었던 정부 보증의 중요성은 줄어들었다. 1955년에서 2006년 사이에 정부가 보증한 비농업 대상 모기지 대출(non-farm mortgage) 비중은 35퍼센트에서 5퍼센트로 줄어들었다. 그러나 같은 기간에 정부 후원 기업의 모기지 보유 비중은 4퍼센트에서 2003년 43퍼센트로 절정을 이루었다.[64] 연방 주택 기업 감독청은 패니와 프레디에게

---

* 이 사건을 일컬어 "대공황 이후 가장 큰 금융 충격"이라고 한 국제 통화 기금의 표현에 대부분 수긍하는 분위기다.

1923년 도쿄-요코하마 지진, 20세기 중반 일본의 보험 산업에 들이닥친 재난 중 하나.

▲ 보험업체를 곤경으로 몰아넣는 '불법의 제왕 (King of Torts)' 리처드 '디키' 스크러그스가 허리케인 카트리나가 휩쓸고 간 그의 해안가 저택에 서 있다.

◀ 케네스 그리핀. 시카고에 소재한 헤지펀드 시타델의 창업자이자 최고경영자로 위험 관리 분야의 귀재로 불린다.

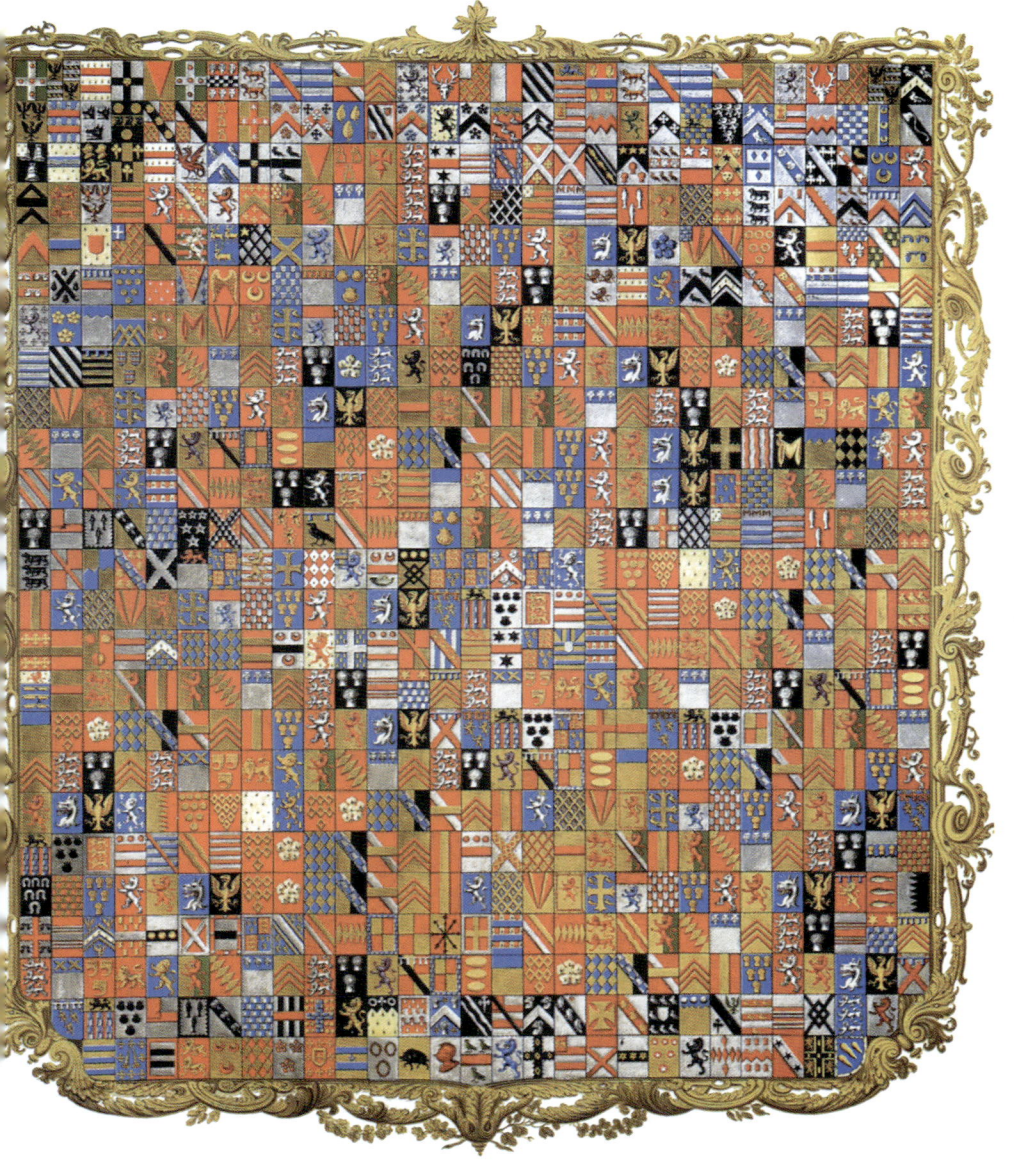

제2대 버킹엄 공작 시대의 그렌빌 딥틱(Grenville diptych). 719개 가문의 4등분 문장(quarterings)을 엮어 만들었다. 그러나 아무리 세습 지위를 물려받더라도 과도한 차입으로부터 부동산을 지킬 수 없었다.

▲자동차 도시에 들어선 어느 마르크스주의자의 작품. 디에고 리베라의 가든 코트 벽화, 북쪽 벽.

▶디에고 리베라의 가든 코트 벽화, 남쪽 벽(세부 확대).

찰스 대로가 만든 애틀랜틱시티판 모노폴리의 세부 확대 사진.

부동산의 두 얼굴. 미스터 모노폴리(Mr Monopoly)와 감옥행(Go To Jail).

중국 남서부 도시 충칭의 과거 모습.

중국이 경제적으로 급부상한 후 충칭의 모습.

(서브프라임 담보부 증권을 비롯해) 주택 모기지 담보부 증권을 더욱 매입하라며 자본 자산 비율 규제를 완화해 주었다. 그러나 두 업체의 자본액은 840억 달러로, 대차대조표상 자산액인 1조 7000억 달러의 5퍼센트 수준이었고, 이외에도 이들이 보증한 2조 8000억 달러 상당의 주택 모기지 담보부 증권까지 있었다.[65] 그러므로 이 기관들이 곤경에 처할 경우, 정부 후원이 정부 소유로 바뀔 것이며, 연방 예산도 바짝 긴장해야 한다는 관측이 나올 만도 했다.*

상황이 이렇다 보니 주택은 절대적으로 안전한 투자 대상이 아니었다. 주택 가격에도 오르내림이 있다. 그리고 살펴본 대로 주택은 매우 비유동적인 자산이다. 다시 말해 재정적으로 곤란할 때 재빨리 처분하기가 힘들다. 집값은 하향세일 때 '꿈쩍 않는' 편인데, 주택 판매자들이 경기 침체 상황에서 호가를 낮추기 주저하는 까닭이다. 그 결과 팔리지 않는 주택과 딴 동네로 이사도 못 가고 집 매각 표지판만 바라보는 사람들이 넘쳐난다. 이는 주택 소유가 노동력 이동을 떨어뜨리고, 그 결과 경기 회복을 늦추는 연쇄로 작용한다는 뜻이기도 하다. 결국 모든 세입자가 주택 소유자가 된다는 생각에 열띤 호응을 받았던 재산 소유 민주주의는 그 폐단을 드러내고 말았다. 이제 남은 과제는 이 위험천만한 모델을 다른 곳으로 수출했던 것은 아닌지 알아보는 일이다.

믿음직한 주부들

부에노스아이레스 남쪽 외곽에 아무렇게나 자리 잡은 빈민가 킬메스(Quilmes). 이곳은 아르헨티나 수도 중심지의 운치 있는 도로와 거리상 수백

---

* 이 글을 쓴 이후 일이 예상대로 흘러갔다.

만 킬로미터는 떨어져 보인다. 그렇다면 이곳에 사는 사람들이 보기처럼 가난할까? 페루 출신 경제학자 에르난도 데소토(Hernando de Soto)의 말에 따르면, 킬메스 같은 판자촌들이 다 쓰러져 가는 듯 보여도, 장차 실현될 부가 수조 달러라고 한다. 데소토는 전 세계 빈민들이 차지하는 부동산의 총가치가 9조 3000억 달러에 달한다고 추산했다. 그의 지적에 따르면 이는 세계 20위권 경제에 속한 모든 상장 회사의 시가 총액, 그리고 1970년과 2000년 사이에 개발 도상국에 지원된 온갖 해외 원조액의 9배에 달하는 수치라고 한다. 문제는 킬메스 사람들과 세계 곳곳에 퍼져 있는 무수한 판자촌 사람들이 본인들 집에 대한 뚜렷한 법적 권한이 없다는 사실이다. 그리고 어떤 형태로든 법적 권한이 없으면, 부동산을 대출 담보로 삼을 수가 없다. 그 결과 데소토는 경제 성장에 제약이 생긴다고 설명하는데, 차입이 안 되면 창업 자금도 마련할 수 없기 때문이다. 잠재적 기업가들이 첫발도 내딛지 못하고 자본주의적 기세가 억눌리는 상황이다.[66]

주된 문제는 남미 같은 지역에서 부동산에 대한 법적 권리를 내세우려면 관료적 어려움이 상당하다는 점이다. 세계은행에 따르면 현재 아르헨티나에서 부동산 등록을 하려면 30일 정도가 걸리는데, 이것도 예전보다는 짧아진 형편이라 한다. 일부 국가(그중 최악은 방글라데시와 아이티이다.)의 경우 300일 가까이 걸린다. 데소토와 동료 연구자들이 페루에 있는 국가 소유 땅에 주택 건설 관련 법적 권한을 따내기까지 6년 하고도 11개월이 걸렸으며, 이 기간 동안 이들이 상대해야 했던 관공서는 52군데였다. 필리핀의 경우 최근까지도 주택 소유권을 정식으로 승인받으려면 공공 기관 및 민간 기관 53군데에서 168가지 절차를 밟아야 했는데, 이때 걸리는 기간은 13년에서 25년이었다. 반면 영어권 국가에서는 이틀이면 해결되며 3주 이상 걸리는 경우는 드물다. 데소토는 법적 소유권을 둘러싼 관료적 장애가 빈민들의 재산을 대거 "안데스 높이의 호수에 있는 물처럼 …… 휴면 자본, 즉 미

개발 상태인 잠정적 에너지"로 만든다고 보았다. 이 자본에 생기를 불어넣으려면 페루 같은 지역에 장밋빛 전망을 제시하는 게 핵심이라고 그는 주장한다. 재산권이라는 제도가 작동해야 시장에서 주택의 가치가 성립한다. 그러면 주택이 쉽게 매매된다. 또 법적으로 대출 담보도 된다. 주택을 소유해야 다른 거래 또한 고려하게 된다. 빈민층을 법적 소유권 범주에서 제외하면 이들은 정부 장악력이 미치지 못하는 경제적 회색 지대나 암흑 지대에서 활동한다. 이는 이중적으로 해롭다. 우선 과세 효율을 떨어뜨린다. 그리고 대중들이 국가의 합법성마저 의심하게 된다. 빈곤국은 가난하다. 다시 말해 성공한 경제권의 '숨은 구조(hidden architecture)'인 안정된 재산권이 없기 때문이다. 데소토는 말했다. "재산법이 특효약은 아닐지라도 숨겨진 연결 고리로 작용한다. …… 재산법이 없다면, 안정적으로 여타 개혁들을 완수하지 못한다." 게다가 빈곤 국가에서는 민주주의 역시 실패하기 쉬운데, 이들 국가에는 그러한 이해관계를 가진 유권자가 없기 때문이다. 데소토는 "재산권은 결국 민주주의로 통한다. 민주적 장치 없이는 시장 지향적 재산 제도를 지탱할 수 없기 때문이다. 민주적 제도만이 투자자들이 안심할 방도이다."라고 주장했다.[67]

어떤 이들(1992년 폭탄 공격으로 3명의 인명 피해를 냈던 데소토 암살을 기도한 모택동주의 테러 집단 '빛나는 길(Shining Path)' 등)에게는 데소토가 악한으로 비쳤다.[68] 그를 실각한 페루 대통령 알베르토 후지모리(Alberto Fujimori)의 배후에 있던 라스푸틴(Rasputin)에 빗대며 비난한 이들도 있었다. 반면 재산 소유 민주주의를 세계화하려는 데소토의 노력을 영웅시한 이들도 있다. 미 전 대통령 빌 클린턴은 그를 "현존하는 가장 위대한 경제학자"라고 칭했고, 러시아 대통령 블라디미르 푸틴(Vladimir Putin)은 '발군'의 업적을 남긴 자라고 표현했다. 2004년 미국의 자유주의 두뇌 집단 카토 연구소(Cato Institute)는 "자유의 기상과 실제를 보여 준" 업적을 기리고자 2년마다 수여하는 밀턴 프리드먼 상을 그에게 바쳤다. 데소토와 그의 '자유와 민주주의 연구소(Institute for Liberty and Democracy)'는 이집트, 엘살바도르, 가나, 아이티, 온두라스, 카자흐스탄, 멕시코, 필리핀, 탄자니아 정부에게도 조언을 해 주었다. 물론 핵심은 그의 이론이 실전에서도 통했는지 여부이다.

킬메스는 자연스럽게도 데소토가 '자본의 신비'를 실제 파헤쳤는지 확인할 수 있는 실험 장소가 돼 주었다. 1981년 이곳에 있던 1800개의 가구가 당시 아르헨티나를 통치하던 군사 정권에 대항해 불모지를 점거했다. 민주주의가 회복되자 지방 정부는 이 땅을 원주인에게서 몰수해 점거자들의 주택에 대한 법적 권한을 인정해 주었다. 그렇지만 땅 주인 13명 중 8명만이 보상안을 받아들였다. 나머지는(그중 1명은 1998년에 정착했다.) 지루한 법적 소송을 전개했다. 결국 킬메스의 점거자 중 일부가 점유에 대한 보상액을 지급하고 소유권을 취득했으며, 100년 후에는 완전한 소유 증서를 얻게 되었다. 나머지 사람들은 불법 점거자로 남았다. 현재 소유권 취득자가 거주하는 집은 튼튼한 울타리나 페인트칠한 담벼락 등으로 나머지 집들과 구분된다. 반면 소유권 분쟁 상태인 가옥들은 누추한 판자집이다. 누구나 알다시피(게이츠를 비롯해), 보통 소유자들이 임차인보다 집을 잘 관리하는 법이다.

킬메스에서 주택 소유권이 사람들의 태도를 바꿔 놓은 사실에는 의심의 여지가 없다. 최근 한 조사에 따르면, 주택 소유권을 얻은 사람들은 무단 점유자보다 눈에 띄게 개인주의적이고 물질적인 태도를 보인다고 한다. 예를 들어 '돈이 행복에 중요한 요소인가?'라는 질문을 받았을 때, 그렇다고 답한 비율이 주택 소유자의 경우 무단 점유자보다 34퍼센트 높았다.[69] 그러나 이 이론도 완벽하지는 않았는데, 킬메스 사람들이 집을 소유했다고 해서 차입이 현저하게 수월해지지는 않았기 때문이다. 모기지를 얻은 킬메스 사람들은 단지 4퍼센트에 불과했다.[70] 데소토의 고국인 페루에서도 소유권만으로 휴면 자본을 살리기에는 역부족이었다. 사실 1988년 페루 정부가 데소토의 초기 권고안을 받아들인 후, 재산권 등록 시일이 단 한 달 정도로 확연히 줄어들었고, 그 거래 비용 역시 99퍼센트만큼 엄청나게 감소했다. 1996년 '비공식 토지 공식화 위원회(Formalization of Informal Property)'를 창설해 더욱 분발한 결과, 4년 만에 도시에 있는 빌딩 120만 개가 법적 제도에 포섭되었다. 그러나 데소토가 장담했던 경제적 진보는 실망스럽게도 진행이 더디었다. 리마에서 1998년과 1999년 사이에 토지 소유권을 부여받은 20만 이상의 가구 중, 2002년까지 특정 형태의 대출을 받은 가구는 겨우 25퍼센트 수준이었다. 데소토 식 접근을 취한 다른 지역들, 특히 캄보디아의 경우 도시에서 토지의 법적 소유권을 인정한 결과, 파렴치한 부동산 개발업자와 투기자들이 가난한 거주자들로부터 권리를 사들이거나 이들을 내쫓도록 부추기는 결과만 낳았다.[71)]

따라서 우리는 재산권이 곧 담보로 통하지는 않는다는 점을 기억해야 한다. 이는 다만 채권자에게 담보물이 되어 줄 뿐이다. 실제 담보는 안정된 수입에서 나오며, 이는 1840년대 버킹엄 공작이, 그리고 오늘날 디트로이트 주택 소유자들이 깨달은 사실이기도 하다. 그렇기 때문에 개발 도상국 기업가들 모두가 자금을 모으려고 본인들 주택을 저당 잡힐 필요는 없다. 사실 주택 소유권은 부 창출에 핵심이 아닐지도 모른다.

어느 비 오는 월요일 아침, 볼리비아의 수도 라파스가 내려다보이는 마을 엘알토의 길거리 시장에서 베티 플로레스(Betty Flores)를 만났다. 소액 금융 단체인 프로 무헤르(Pro Mujer, '여성을 위해'라는 뜻—옮긴이)로 가던 중, 높은 고도에 피로해진 나는 일행에게 커피를 마시자고 제안했다. 그 커피집에 베티가 있었다. 베티는 맛이 진하고 강한 볼리비아 커피를 끓인 후 커피 주전자와 컵을 손님과 시장통에 있는 다른 노점상에게 나르느라 분주했다. 난 곧바로 베티의 활기찬 에너지에 눈길이 갔다. 볼리비아의 대다수 토착 여성과 달리, 베티는 아무 거리낌 없이 외국인에게 말을 걸었다. 알고 보니 베티는 프로 무헤르의 고객이었고, 커피 매장을 확장하려고 대출을 받은 적이 있다고 했다. 수리공으로 일하는 남편의 능력으로 부족했기 때문이다. 대출은 성공적이었다. 베티가 쉼 없이 움직이는 모습이 그 증거였다. 추가로 확장할 계획은 없을까? 물론 있었다. 베티는 이 일을 하면서 딸들의 학교 뒷바라지도 하고 있었다.

베티 플로레스는 통상적으로 보면 신용도가 높지 않다. 저축은 어느 정도 있지만 자기 집이 없기 때문이다. 그런데도 베티를 비롯해 전 세계 빈곤 지역에서 베티 같은 처지의 여성들 수천 명이 프로 무헤르 같은 기관을 통해 돈을 빌려서는, 매우 혁신적인 여성 기업가로 거듭나고 있다. 볼리비아 등에서 전개된 소액 금융 운동을 통해 밝혀진 뜻밖의 사실이 있다. 여성들에게 대출 담보로 삼을 주택이 있든 없든, 이들의 신용도가 남성들보다 높다는 것이다. 이는 분명 종래 심한 낭비벽으로 묘사되던 여성 쇼핑객의 이미지와 배치된다. 1970년대까지만 해도 여성이 남성보다 신용도가 떨어진다고 치부했던, 수세기에 걸친 편견을 깨뜨린 사실이기도 했다. 미국의 경우 직장에 다니는 기혼 여성이라 해도 남편에게 직업이 없으면 신용을 거부당한다. 남편과 결별하거나 이혼한 여성은 더욱 심한 푸대접을 받는다. 내 어린 시절에도 신용은 단연코 남성들 몫이었다. 그렇지만 소액 금융은 신용이 사실 여성적 성향임을 암시했다.

소액 금융 운동의 창시자이자 노벨상 수상자인 무함마드 유누스(Muhammad Yunus)는 고국인 방글라데시에서 농촌의 빈곤을 공부하다가 여성을 상대로 한 소액 대출의 잠재력을 깨달았다. 그가 1983년에 조브라 마을에 세운 그라민(Grameen, '시골' · '마을'이라는 뜻) 은행은 상호 소유 은행으로 지금까지 750만 명에 달하는 차입자에게, 대부분 담보가 없는 여성들에게 소액 대출을 했다. 거의 모든 차입자는 5인조 모임(koota) 회원으로, 대출을 받은 후 매주 아니면 비공식적으로 만나 대출 상환 책임을 함께 나눈다. 문을 연 이래 30억 달러 이상의 소액 대출을 해 준 그라민 은행은 초반에는 원조 기관에서 돈을 빌려 영업을 하였으나 지금은 자립한 상태로, 사실 이윤을 낼 만큼 충분한 예금을 끌어모았다.(2007년 1월 당시 6500억 달러에 달했다.)[72] 1990년 린 패터슨(Lynne Patterson)과 카르멘 벨라스코(Carmen Velasco)가 설립한 프로 무헤르는 남미판 그라민 은행으로 매우 큰 성공을 거두었다.* 처음에는 석 달간 200달러를 대출하는 것으로 출발했다. 여성들은 대부분 빌린 돈으로 농장 가축을 사거나 베티처럼 소형 사업에 투자해 토르티야(tortillas, 옥수수 가루나 밀가루로 만든 음식—옮긴이)나 플라스틱 주방 용품인 타파웨어(Tupperware) 등을 팔았다.

  베티의 커피 가게를 떠나 엘알토에 있는 프로 무헤르 사무실에 도착하니, 그곳은 이미 사람들로 바글바글했다. 대부분 전통 의상(저마다 작은 보울러 모자(bowler hat, 영국의 보울러가 처음 만든 모자, 국내엔 채플린 모자로 알려졌음—옮긴이)를 멋지게 눌러썼다.)을 차려입은 볼리비아 여성 10명 정도가 대출금을 정기 상환 하기 위해 줄지어 선 모습에 감명받지 않을 수 없었다. 여성들의 경험담을 듣고 보니 '집처럼 안전하다.(as safe as houses)'라는 오래된 표현을 이제는 '주부처럼 안전하다.(as safe as housewives)'로 바꿔야 하지 않나 싶었다. 내가 볼리비아에서 목격한 모습은 나이로비의 빈민가부터 인도의 안드라프라데시 마을에 이르기까지 전 세계의 빈곤 국가에서도 찾아볼 수 있다. 소액 금융은 개발 도상국뿐만 아니라 선진국의 빈곤 지역에서도 효력을 발휘했다. 글래스고의 캐슬밀크(Castlemilk)처럼, 신용 조합 같은 대출 기관 네트워크는 악덕 고리대금업(1장에서 살펴보았다.)을 막고자 대책 마련에 고심인 지

---

* 프로 무헤르의 활동에 감명받은 빌과 멜린다 게이츠 부부는 본인들 재단을 통해 310만 달러를 기부했다.

역에도 효과가 있었다. 캐슬밀크에서도 대출 수혜자는 지역 여성들이다. 엘 알토와 캐슬밀크 지역에서, 남성들은 월급만 타면 이자 상환을 고민하기보다 술집이나 도박장에서 돈을 써 버리기 일쑤라는 얘기를 들었다. 반면 재차 들려온 얘기는 주부들이 남편들보다 돈 관리에 뛰어나다는 내용이었다.

물론 소액 대출을 세계 빈곤 문제를 해결할 금과옥조처럼 받아들인다면, 에르난도 데소토의 재산권 처방처럼 오류가 생길 것이다. 전 세계 인구의 40퍼센트 정도는 신용도가 매우 낮아, 은행 계좌에 접근도 못한 채 사실상 금융 제도 외곽에 놓여 있다. 그렇지만 이들에게 담보와 무관하게 대출을 해 준다고 해서 유누스의 표현대로 빈곤을 박물관에 보내는 것은 아니다. 우리가 잊지 말아야 할 점은 소액 금융 사업 종사자 중에는 빈곤을 없애기 위해서가 아니라 돈을 벌기 위해 일하는 사람들도 있다는 사실이다.[73] 일부 소액 금융 기업의 경우 연 대출 이자로 고리대금업자처럼 80퍼센트, 경우에 따라서는 125퍼센트까지 요구한다는 사실은 다소 충격일 것이다. 이들의 항변은 숱한 소액 대출 관리비를 감안할 때 이윤을 낼 수 있는 방법은 이것뿐이라는 데 있었다.

글래스고 지역은 나의 스코틀랜드 출신 동료인 애덤 스미스가 1776년 자유 시장의 가능성에 대해 저술한 『국부론』을 선보인 이후 장족의 발전을 해 왔다. 디트로이트처럼, 글래스고도 산업 시대의 상승기를 겪었다. 반면 금융의 시대는 그다지 순탄하지 못했다. 그러나 글래스고는 북미와 남미, 남아시아와 마찬가지로 동일한 교훈을 배우는 중이다. 금융적 무지가 어디서나 보편적이라 해도, 우리 모두 경제의 한 분야만큼은 전문가를 자처한다. 바로 주택 시장이다. 우리 모두는 주택에 일방향 투자를 했다. 물론 예외 지역도 있었다.(2007년 마지막 분기 때 글래스고의 집값은 2.1퍼센트 하락했다. 유일한 위안은 에든버러가 5.8퍼센트 하락했다는 사실이었다.) 그렇지만 전 세계 어느 도시를 막론하고 집값이 임대 소득이나 건설 비용을 감안한 수준 이상으로 치솟았다. 미국의 경제학자 로버트 실러(Robert Shiller)의 말에 따르면, 주택이 훌륭한 투자 수단이라고 널리 인식되면서, 존 로 시대 이후 주식 시장에 종종 여파를 몰고 온 피드백 메커니즘을 따라 전통적인 투기 거품이 생겼다고 한다. 요약하자면, 주택 시장과 그 자본 소득에 대한 비이성적 광기가 넘실거린 상황이었다.[74]

앞서 살펴본 대로 이러한 인식은 일정 부분 정치적 산물이다. 주택 소유를 장려할 경우 자본주의를 위한 정치 유권자 형성에 도움을 주긴 하지만, 한편으로는 사람들이 주택 투기를 하도록 부추겨 자본 시장을 왜곡하기도 한다. 금융 이론가들이 경고하는 '자국 편중 현상(home bias)'이란 바로 투자자들이 자국에 있는 자산에 투자하는 경향이다. 반면 주택 편중 현상(real home bias)은 거의 모든 부를 주택에 투자하는 경향을 뜻한다. 결국에 주택은 미국 가정 포트폴리오의 3분의 2를 차지하고, 다른 나라는 더 높은 비중을 보여 준다.[75] 버킹엄셔에서 볼리비아에 이르기까지 금융 안정의 핵심은 적정한 분산 투자여야 한다.[76] 이를 위해 우리는 미래 소득을 전망해 대출하라고 권유받는다. 그렇지만 무위험과 거리가 먼 주택 시장에 고도의 차입 투기를 하여 모든 것을 내거는 유혹에 빠져서는 안 된다. 차입 비용과 투자 수익에 어느 정도 격차가 유지되어야 하고, 부채와 수입도 적정 균형을 이루어야 한다.

물론 이는 각 가계에만 해당되는 원칙이 아니다. 국가 경제에도 적용해야 한다. 이제 마지막으로 남은 질문은, 세계화라고 부른 과정의 결과 전 세계 대규모 경제권에서 이 같은 사실을 얼마나 무시했는가 하는 것이다. 간단히 말해, 서브프라임 파국의 대가를 살펴보는 것이다.

6 제국에서 차이메리카(Chimerica)로

    정확히 10년 전인 1997년부터 1998년까지 아시아 위기 때, 금융 위기는 세계 경제의 주변 지역, 즉 동아시아나 라틴 아메리카(통상 개발 도상국) 같은 소위 신흥 시장에서 발생할 확률이 높다는 게 통설이었다. 그러나 새로운 세기에 들어서자 세계 금융 제도를 뒤흔든 거대한 위협은 주변국이 아닌 중심부에서 터져 나왔다. 2000년 8월 실리콘 밸리의 닷컴 거품이 절정을 이룬 후, 미국의 주식 시장은 반토막이 났다. 2007년 5월이 되어서야 스탠다드 앤드 푸어 500 지수는 손실을 회복했다. 그런 후 단 석 달 만에 새로운 금융 돌풍이 들이닥쳤는데, 이번의 진원지는 주식 시장이 아닌 신용 시장이었다. 앞서 살펴본 것처럼 이번 사태는 수백만 미국 가정이 수십억 달러에 달하는 서브프라임 주택 담보 대출을 감당하지 못해 불거진 위기였다. 한때 미국발 위기는 전 세계 금융 제도를 불황까지는 아니어도 경기 후퇴로 몰아넣곤 했다. 그러나 이 글을 쓰는 시점에서 아시아는 미국의 신용 경색에 그다지 영향받지 않는 듯 보인다. 골드만삭스 글로벌 연구소 책임자 짐 오닐(Jim O'Neill)을 비롯한 일부 분석가들은 여타 세계가 중국의 급성장에 견인받기 때문에 현재 미국 경제에서 오는 충격과 '단절(decoupling)' 중이라고 말했다.

    오닐의 분석이 옳다면, 현재 우리는 세계 금융 세력의 균형 이동이라는 매우 놀라운 체험을 하고 있는 셈이다. 다시 말해 1세기 이상 세계 경제의 금융 속도를 영어권 국가가(처음에는 영국이 뒤이어 미국이) 좌우하던 시기를 마감한다는 뜻이다. 중국 경제는 1인당 국내 총생산이 증가하는 가운데 연평균 복합 성장률 8.4퍼센트를 기록하는 등 과거 30년 동안 놀라운 성장 실적을 달성하였다. 그런데도 최근 들어 그 속도가 오히려 가팔라졌다. 오닐과 그 연구팀들은 이른바 브릭스(BRICs, 브라질·러시아·인도·중국, 혹은 급성장세를 보이는 산업국)의 국내 총생산을 처음으로 계산하면서, 2040년경이면 중국이 미국을 추월한다고 전망하였다.[1] 그렇지만 이들이 최근 내놓은 통계에서는 그 시일이 2027년으로 더욱 앞당겨졌다.[2] 물론 골드만삭스 경제학자들은 공산당의 엄격한 한 자녀 갖기 정책이 심어 놓은 인구학적 시한폭탄이라든가, 동아시아의 과열된 산업 혁명이 중국에 미칠 환경적 여파 등을 간과하지 않았다.[3] 이들은 또한 2007년에 급등한 주식 가격이라든가 2008년에 치솟은 식품 가격에서 감지되는 중국의 인플레이션 압력 역시 인식하고 있었다. 그런데 이 모두를 감안해도 총계로는 플러스 성장이라는 놀라운 결론이 나온다고 한다. 그리고 이는 간단히 말하자면 우리 생애에서 역사적 방향 전환이 벌어진다는 암시이기도 하다.

　300년~400년 전만 해도 동서양의 1인당 소득은 엇비슷했다. 북미 식민지 이주자의 평균 생활 수준이 중국 소작농의 삶보다 크게 나은 편은 아니었다. 사실 여러 가지 면에서 중국 명나라는 초기 매사추세츠보다 훨씬 진일보한 형태로 문명화를 이루었다. 15세기 초 명나라 정화(鄭和) 제독의 보물선 함대가 크리스토퍼 콜럼버스의 산타 마리아호보다 한발 앞선 것처럼, 세계적인 대도시 베이징 역시 수세기 동안 보스턴을 앞질러 갔다. 영국의 템스 밸리(Thames Valley)와 비견할 만한 양쯔강 삼각주는 주요한 기술 혁신으로 생산력을 높였다.[4] 그러나 1700년에서 1950년 사이에 동서양의 생활 수준에 '현저한 차이'가 생겨났다. 당시 중국은 1인당 국민 소득에서 절대적인 감소를 겪은 반면 북서 지역, 특히 영국과 그 식민 지역들은 산업 혁명의 여파로 전례 없는 성장을 경험하였다. 1820년 무렵 미국의 1인당 국민소득은 중국의 2배였다. 1870년이 되자 그 수치는 5배로 높아졌다. 1913년에는 거의 10배에 가까웠다. 1950년에는 또다시 22배로 늘어났다. 1820년에서 1950년 사이에 미국의 1인당 국내 총생산 연평균 성장률은 1.57퍼센트였다. 반면 중국은 -0.24퍼센트였다.[5] 1973년에 중국의 평균 소득은 미국의 20분의 1 수준이었다. 시장 환율을 고려해 국제 달러로 계산하면 그 격차는 더욱 벌어진다. 2006년까지만 해도, 미국과 중국의 1인당 소득은 국제 달러로 환산했을 때 여전히 22.9 대 1이었다.

1700년에서 1970년 사이 중국에 무슨 일이 벌어졌던 것일까? 일부에서 지적하기로, 18세기 북서 국가의 도약에 필수적이었던 거시 경제적 행운 두 가지가 중국에는 없었다고 한다. 한 가지는 아메리카 대륙 정복, 특히 카리브 섬을 설탕 생산 식민지로 전환했던 역사이다. 이 '가상의 땅(ghost acres, 교역이나 해상을 통해 얻은 식량을 경작지로 환산한 개념—옮긴이)' 덕분에 유럽의 농업은 중국처럼 수확 체감을 겪지 않아 농경 제도에 가해진 생산 부담을 덜 수 있었다. 두 번째 요인으로 산업 발전에 필수적인 석탄 산지와 근접했던 점을 꼽는다. 저렴한 열량 자원과 목재, 양모, 목화 외에도, 제국주의적 팽창은 다른 경제적 부수 효과도 안겨 주었다. 시계, 총, 렌즈, 항해 도구 등 군사적으로 유용한 기술 덕분에 산업 기계의 발달이라는 엄청난 파생 효과를 누린 것이다.[6] 물론 이외에도 동서양의 뚜렷한 격차를 설명하는 요인이 많다. 지형이나 부존 자원, 문화, 과학관이나 기술관의 차이, 심지어 인류 진화의 격차를 지적하기도 한다.[7] 그렇지만 중국의 문제를 자원 측면에서 다룬 이론 못지않게 금융 측면에서 바라본 가설 또한 상당히 신뢰를 얻고 있다. 일단 중국 제국의 단일성 때문에, 르네상스 시기와 그 이후에 유럽 금융 혁신의 동력으로 작용한 재정 경쟁(fiscal competition)이 중국에서는 발생하지 않았다. 또한 중국 제국이 화폐를 찍어 재정 적자를 손쉽게 해결한 점도 유럽식 자본 시장의 출현을 더디게 한 요인이었다.[8] 화폐 주조 역시 유럽보다는 중국이 훨씬 손쉬웠는데, 이는 중국이 서방 세계를 상대로 얻은 무역 흑자 덕분이었다. 요약하자면 중국 제국은 상업 어음이나 채권, 주식이 발달할 만한 유인이 매우 부족했다. 19세기 후반 마침내 중국에 근대적 금융 제도가 정착했으나 이는 서구 제국주의 정책의 일환이어서, 앞으로 살펴보겠지만 외세에 대한 애국주의적 반발을 사곤 했다.[9]

세계화를 상품, 제조품, 노동, 자본이 오가는 국제 시장들이 빠르게 통합하는 추세로 정의한다면, 이는 결코 새로운 현상이 아니다. 1914년 이전 30년이라는 세월 동안 이뤄진 상품 무역 규모는 지난 30년 동안의 세계 산출량과 거의 맞먹었다.[10] 국경 단속이 느슨한 시절에는 당연히 세계 인구 중 국제 이주자 규모가 큰 비중을 차지했다. 즉, 미국 인구 중 외국 태생이 1910년에 14퍼센트가 넘은 반면 2003년에는 12퍼센트 미만이었다.[11] 총계로 살펴본 세계 국내 총생산 중 국제 자본 스톡이 차지하는 비중은 1990년대가 1세기 전보다 많을지라도, 순계로 본 해외 투자량, 특히 부유한 국가가 빈곤한 나라에 투자한 액수는 이전 시기가 훨씬 많았다.[12] 1세기 전 유럽과 북미의 기업가들은 아시아 전역에서 매력적인 투자 기회를 찾아냈다. 19세기 중반 무렵에 산업혁명의 핵심 기술은 어느 곳으로든 전파가 가능했다. 통신 격차는 국제 해저 케이블 설치로 현격하게 줄어들었다. 차차 살펴보겠지만, 이용 가능한 자본이 풍부했던 영국 투자자들은 언제라도 원거리 국가에 자금을 걸 태세였다. 중국이나 인도의 직물업은 장비가 갖춰진 데다 에너지와 노동력이 풍부하여, 이윤이 매우 높은 업종이었다.[13] 게다가 서구에는 수십억 파운드에 달하는 투자 자금까지 있었다. 그렇지만 빅토리아 시대의 세계화는 아시아 대부분의 지역에서 불발에 그치거나, 식민 착취라는 쓰라진 기억만 남겼다. 실제로 20세기 중반 세계화에 대한 반발이 거세지면서, 인구가 가장 많은 두 아시아 국가는 1950년대부터 1970년대까지 세계 시장과 대부분 단절된 채로 지냈다.

게다가 지난 시기 세계화는 결코 행복한 결말을 맞지 못했다. 오히려 그 반대였다. 지금으로부터 100년도 채 안 된 1914년 여름, 귀청이 터질 듯한 굉음이 세계화에 종말을 고하면서, 그 주요 수혜자들은 전 세계가 목격한 가장 파괴적인 전쟁에 뛰어들었다. 우리는 1914년 이전에 국제 자본이 아시아 지역에서 자생적으로 성장하지 못한 이유를 안다고 자부한다. 그렇다면 세계 경제 통합의 여파와 1차 세계 대전의 발발 사이에 어떤 관련이 있었을까? 최근 이 전쟁을 세계화에 대한 반동으로 이해하는 시각이 대두되었다. 즉, 1914년이 도래하기 이전 10년 동안 관세가 올라가고 이주 제한이 엄격해지면서 이미 반동의 낌새가 있었으며, 유럽의 토지 귀족들은 수십 년간 농산물 가격 하락과 농촌 노동력의 아메리카 이주로 입지가 약해지면서 이 전쟁을 열렬히 반겼다는 관점이다.[14] 현재 담대하고 새로운 시각인 '포스트 아메리카' 세계관[15]을 주저 없이 받아들이기 전에 확실히 해 둘 점은, 예기치 않은 반동이 생겨나도 최근의 지정학적인 세계화의 흐름은 막아설 수 없다는 사실이다.

세계화와 아마겟돈

신흥 시장은 위태롭다고 여겨져 왔다. 원거리 국가에 투자할 경우 부유해질 수도 있지만, 상황이 엇나가면 재정적 곤란으로 급행할 수도 있었기 때문이다. 2장에서 살펴봤듯이, 라틴 아메리카의 첫 번째 채무 위기는 꽤 오래전인 1820년대에 발생했다. 또 다른 신흥 시장 위기로는 1890년 아르헨티나에서 베어링사가 파산 직전까지 간 사건을 들 수 있는데, 이는 105년 후 싱가포르의 사기성 짙은 트레이더 닉 리슨(Nick Leeson)이 베어링사를 문 닫게 만든 상황과 유사했다. 1980년대 라틴 아메리카 채무 위기와 1990년대 아시아 위기는 전례를 찾기 어려운 사건이었다. 금융사를 살펴볼 경우 현대의 대다수 신흥 시장은 리머징 시장(re-emerging markets), 즉 다시 득세한 신흥 시장으로 보는 게 적합하다.* 이러한 리머징 시장으로 주목받는 곳 중 하나가 중국이다. 중국에 호의적인 투자자 짐 로저스(Jim Rogers)에 따르면, 중국에서는 긁어모을 돈이 무한정이라고 한다.[16] 그렇지만 해외 투자자들이 세계 최고의 인구 대국에서 어마어마한 돈벌이를 기대하며 중국 채권에 돈을 쏟아부은 사례는 과거에도 있었다. 더불어 기억해 둘 사실은 최근 이런 투자자 중 완전히 알거지가 된 경우도 있다는 점이다.

예나 지금이나 해외 투자에서 핵심은, 런던이나 뉴욕의 투자자들이 멀리 떨어진 해외 정부나 해외 투자 매니저의 동향을 파악하기 힘들다는 점이다. 게다가 비서구권 국가에는 신뢰가 떨어지는 법적 제도와 서로 다른 회계 원칙이 최근까지도 존재했다. 만약 해외의 거래 당사자가 채무 불이행을 결심할 경우, 지구 반대편에 있는 투자자들에게는 선택의 여지가 없다. 첫 번째 세계화 시기에는 이럴 경우 문제의 해법이 매우 단순하고도 효과적이었다. 바로 유럽식 원칙을 적용하는 것이었다.

윌리엄 자딘(William Jardine)과 제임스 매디슨(James Matheson)은 스코틀랜드 출신의 악덕 사업가들로, 1832년 중국 남쪽 광저우 항구(당시에는 캔톤(Canton)으로 알려졌다.)에 무역 회사를 차렸다. 이들은 인도 정부가 생산한 아편을 수입해 팔면서 큰 재미를 보았다. 자딘은 과거 동인도 회사의 외과의를 지낸 경력이 있었지만, 중국에 들여온 아편은 분명 의료 목적이 아니었다. 아편 밀수는 한 세기 전인 1729년, 아편 중독의 엄청난 사회적 대가를 인식한 옹정제(雍正帝, 중국 청나라의 제5대 황제―옮긴이)가 금지한 관행이었

---

* '신흥 시장(emerging markets)'이라는 용어를 처음 사용한 이는 1980년대에 세계은행의 경제학자 앙투안 반 아그마엘(Antoine van Agtmael)이었다.

'강철대가리 늙은 쥐' 윌리엄 자딘의 초상. 자딘매디슨 상회의 공동 설립자이다.

다. 1839년 3월 10일 광저우로 온 황제 특사 임칙서(林則徐)는 아편 거래를 근절한다는 도광제(道光帝, 중국 청나라의 제8대 황제 ― 옮긴이)의 명을 전달했다. 임칙서는 영국 상인들이 이 요구에 응할 때까지 광저우의 아편 창고를 봉쇄하였다. 결국 200만 파운드에 달하는 아편 상자 2만 개를 몰수하였고, 그 내용물을 다시는 쓸 수 없게 희석한 후 바다에 그대로 내던졌다.[17] 중국 정부는 또한 차후 중국 땅에 발을 들여놓는 영국인들이 중국법에 따라야 한다고 주장했다. 이를 지켜본 자딘은 못마땅했다. 중국인들에게 '강철대가리 늙은 쥐(자존심이 센 자딘이 광저우의 한 술집에서 머리를 부딪치고도 아무렇지도 않은 듯 지나가는 모습을 보고 중국인들이 붙인 별명 ― 옮긴이)'로 알려진 자딘은 이 위기 상황 동안 유럽에 있다가 급히 런던으로 건너가 영국 정부에 로비를 하기 시작했다. 자딘은 외무 장관 비스카운트 팔머스톤(Viscount Palmerston)

자딘의 아편 무역 동업자인 제임스 매디슨의 초상.

과 세 차례에 걸친 면담을 통해, 영국의 힘을 과시할 필요가 있으며, '중국 사선(가벼운 대포로 무장한 소형선 ― 옮긴이)'은 약체이므로 영국군이 손쉽게 승리한다며 팔머스톤을 설득하였다. 1840년 2월 20일, 팔머스톤은 명령을 내렸다. 1840년 6월이 되자, 영국 해군은 모든 채비를 마쳤다. 역사상 가장 성공을 거둔 아편 국가(narco-state)인 대영 제국의 기세를 청나라 황제 역시 감지하기 시작했다.

자딘이 예상한 대로, 중국은 영국 해군에 적수가 되지 못했다. 광저우가 봉쇄됐고 주산(舟山) 군도도 포위당했다. 열 달간 교착 상태가 지속된 끝에, 영국 해군은 홍콩과 광저우 사이의 수로인 주장 강(珠江) 입구 요새를 장악했다. 1841년 1월 천비(川鼻) 가조약이 체결되면서(그러나 황제는 이를 거부했다.) 홍콩은 영국 소유가 되었다. 1년 후 또 한 차례 일방적으로 몰아붙인 끝에 난징 조약을 체결한 영국은 홍콩 할양을 재확인하고 광저우, 샤먼, 푸저우, 닝보, 상하이에서 아편 자유 무역권을 얻어 냈다. 또한 치외 법권도 인정받아 이 도시의 영국인은 중국법을 적용받지 않은 채 활동이 가능했다.

중국은 1차 아편 전쟁을 겪으며 굴욕의 시기로 들어섰다. 아편 중독자가 넘쳐났고, 기독교 선교사들이 유교 전통을 뒤흔들었다. 게다가 태평천국 운동(예수의 동생을 자처한 홍수전(洪秀全)이 청 왕조에 대항해 일으킨 농민 반란)으로 2000만 명에서 4000만 명에 이르는 사람들이 목숨을 잃었다. 그러나 자딘과 매디슨의 상황은 전혀 달랐다. 홍콩에 서둘러 부지를 얻은 뒤 이스트포인트(East Point) 지역으로 본사를 옮긴 이들에게는 빅토리아 시대의 세계화라는 영광의 나날이 시작됐다. 홍콩 고지대에 위치한 자딘 전망대(Jardine's Lookout)는 자딘매디슨 상회에서 경비원을 상주시켜 뭄바이, 콜카타, 런던에서 돌아오는 쾌속선을 관찰하던 곳이었다. 홍콩이 중계 무역항으로 번성하자, 자딘매디슨 상회는 아편 사업 일로에서 탈피했다. 1900년대 초가 되자 자딘과 매디슨은 맥주 양조장, 면직 공장, 보험 회사, 여객선 회사를 소유했고 1907년부터 1911년 사이에는 주룽과 광저우를 오가는 철도까지 건설했다.

당시 런던에는 무수한 해외 투자 기회를 움켜쥔 투자자가 있었다. 바로 로스차일드 가문이었다. 이들의 투자 장부를 살펴보면, 로스차일드 동업자들이 보유했던 수백만 파운드의 채권 포트폴리오 내역이 한눈에 들어온다. 어느 한 페이지에는 스무 종류에 달하는 채권 목록이 나열돼 있다. 칠레, 이집트, 독일, 헝가리, 이탈리아, 일본, 노르웨이, 스페인, 터키 정부에서 발행한 채권을 비롯해, 아르헨티나 4곳, 캐나다 2곳, 중국 1곳 등 모두 11군데의 철도 업체에서 발행한 채권도 있다.[18] 이러한 국제적 다각화에는 고상한 금융 엘리트가 아니더라도 참여가 가능했다. 1909년에 이미 2실링 6다임(약 19000원 — 옮긴이)이라는 저렴한 값으로 헨리 로웬펠드(Henry Lowenfeld)의 책 『투자의 과학(Investment: An Exact Science)』을 구입해 볼 수 있었다. 이 책은 "투자가 투기 행위라는 오명을 최소화하려면 자본을 지리적으로 분산해 안정된 투자"를 하라고 조언했다.[19] 훗날 케인스가 『평화의 경제적 귀결(Economic Consequences of the Peace)』에 남긴 유명한 구절처럼, 어느 정도 재력이 있던 사람들은 거의 품을 들이지 않고도 "장차 결실을 기대하며 세계 곳곳에 있는 천연자원이나 신규 기업, 주식 등에 투기"할 수 있었다.[20]

당시 전 세계적으로 40여 개의 해외 주식 거래소가 산재해 있었고, 이 중 7군데를 영국의 금융 언론에서 다루었다. 런던 증권 거래소는 57개의 독립국과 식민지 정부에서 발행하는 채권을 상장했다. 이 첫 번째 금융 세계화의 전모는 런던에서 나머지 세계로 흘러가는 자금에서 드러난다. 영국 투자금의 45퍼센트가 미국과 캐나다, 그리고 오스트레일리아와 뉴질랜드로 들어갔으며, 20퍼센트는 라틴 아메리카로, 16퍼센트는 아시아, 13퍼센트는 아프리카, 6퍼센트는 나머지 유럽 국가로 유입됐다.[21] 1865년에서 1914년 사이에 증권 공모로 모은 영국의 총자금 중 상당수가 해외로 흘러들어 갔으며, 3분의 1 미만만 대영 제국 본토에 투자됐다.[22] 1913년 무렵 전 세계적으로 1580억 달러에 달하는 증권이 존재했고, 이 중 450억 달러(28퍼센트)가 국제적으로 유통됐다. 1913년 런던 증권 거래소에서 거래된 모든 증권 중 절반 가까이(48퍼센트)가 해외 채권이었다.[23] 1913년 총 해외 자산은 영국 국내 총생산의 150퍼센트에 달했고, 1913년 연간 경상 수지 흑자는 국내 총생산의 9퍼센트만큼 증가했다. 영국에 저축이 넘쳐났다는 증거였다. 두드러진 점은, 1914년 이전에 상대적으로 빈곤한 국가에 흘러들어 간 자본 수출이 근래보다 훨씬 많았다는 사실이다. 1913년, 전 세계 해외 자본 중 미국 1인당 국내 총생산의 20퍼센트 미만인 나라에 투자된 비중은 25퍼센트였다. 반면 1997년에 그 수치는 겨우 5퍼센트였다.[24]

영국 투자자들이 해외 시장에 끌린 이유는 단순히 자본이 빈약한 지역에서 고수익을 기대했기 때문인지 모른다.[25] 아니면 금 본위제 확산으로, 다시 말해 해외 정부들이 균형 재정에 대한 책임감이 커졌기 때문일 수도 있다. 그렇지만 영국의 제국주의 권력이 팽창하지 않았더라면, 1914년 이전의 해외 투자 규모가 이렇게까지 성장할 수는 없었을 것이다. 영국 해외 투자의 40퍼센트에서 절반가량이 영국 식민지로 향했다. 또 상당 액수가 아르헨티나와 브라질 등 영국이 비공식적으로 영향력을 행사한 지역으로 흘러들어 갔다. 그리고 영국의 해외 투자 대상은 대부분 런던의 정치적 영향력을 높이는 자산들, 즉 정부 채권뿐 아니라 철도와 항만 시설을 세우거나 광산을 개발하기 위한 증권이었다. 식민국 증권에 끌렸던 이유 중 하나는 이 사업들의 집행이 확실했기 때문이다.[26] 또한 식민국 공채법(Colonial Loans Act, 1899)과 식민국 주식법(Colonial Stock Act, 1900)이 제정되면서 신탁 저축 은행(Trustee Savings Banks)이 식민국 채권을 영구 공채 콘솔처럼 적법한 투자 대상으로 삼게 된 사실도 한몫하였다.[27] 그러나 식민국 증권을 선호했던 배경에는 다소 은밀한 이유가 숨어 있었다.

빅토리아 시대에 식민지에 세운 특유의 제도들은 투자자들에게 매우 호감을 샀다. 이 제도들은 글래드스턴이 강조한 세 가지 사항, 즉 건전한 화폐, 건전한 재정, 자유 무역 등을 넘어 법규(특히 영국식 재산권)와 비교적 덜 부패한 행정(19세기 후반 자유주의적 제국주의의 가장 중요한 '공공재')에까지 확대됐다. 식민지 차입자와 맺은 채무 계약은 독립국 차입자와 맺은 계약보다 집행력이 높았다. 이런 이유로 훗날 케인스는 "남 로디지아(Southern Rhodesia, 백인은 수천 명, 흑인은 백만 명 가까이 살고 있는 아프리카 중부 지역)는 (영국의) 전시 공채와 크게 다르지 않은 조건으로 무보증 대부가 가능"하며, 투자자들은 "런던 앤드 노스이스턴 철도 회사채보다 (영국 정부의 보증이 없는) 나이지리아 주식을 선호할 것"이라고 기록하였다.[28] 영국이 부과한 규율(1882년 이집트의 경우처럼)은 사실상 '채무 불이행'을 허용치 않는다는 내용이었다. 투자자들이 느낀 불확실한 요인은 단 하나, 영국 규율의 지속 기한뿐이었다. 1914년 이전에 민족주의 운동이 아일랜드와 인도에서 서로 다른 형태로 득세했지만, 식민지 국민에게 정치적 독립은 여전히 요원해 보였다. 이때는 백인들이 정착한 주요 식민지 역시 정치적 자율성이 제약적이었다. 그렇지만 홍콩만큼 정치적 독립과 동떨어진 곳도 찾기 힘들었다.

1865년에서 1914년 사이에 영국 투자자들은 적어도 7400만 파운드를 중국 증권에 투자했다. 이 액수는 영국인들이 1914년 당시 해외에 보유했던 총 40억 파운드에 비한다면 적었지만, 중국을 번영시키기에는 충분했다.[29] 1854년부터 영국은 홍콩을 직할 식민지로 통치했을 뿐 아니라, 중국의 황실 해운 세관(Imperial Maritime Customs) 제도 전반을 지배했다. 이 덕분에 중국 항구에서 걷은 관세 중 적어도 일부는 영국 소유 채권의 이자 지급에 쓰였으므로 투자자들은 안심할 수 있었다. 그렇지만 조약항(treaty part)으로 불린 유럽인 지역에 영국기가 나부끼고 타이판(taipan, 맹독성을 지닌 뱀. 중국인들이 자딘매디슨 상회를 부르던 말 — 옮긴이)이 진토닉을 여유롭게 홀짝였다 해도 위험 요인이 없는 것은 아니었다. 제아무리 영국이 홍콩을 지배했다 해도 1894년에서 1895년 사이에 터진 청일 전쟁이나 1900년의 의화단 운동, 그리고 청 왕조를 전복한 신해혁명까지 중국을 휩쓴 사건들을 막기에는 역부족이었다. 특히 신해혁명은 자국 경제를 좌우한 해외 통치에 중국인들의 반감이 폭발하면서 터진 사건이었다. 이 정치적 봉기들은 외국 투자자들을 강타했고, 특히 이들의 주머니에 타격을 주었다. 훗날 터진 고비처럼(1941년 일본의 홍콩 침공과 1997년 홍콩 반환) 홍콩 투자자들은 중국 채권과 주식의 가치 급락을 겪어야 했다.[30] 비단 중국이 겪은 초창기 세계화만 전쟁과 혁명에 취약했던 것은 아니었다. 전 세계 금융 제도 역시 마찬가지 상황이었다.

1914년 이전 30년이라는 기간은 국제 투자자들에게 그야말로 황금기였다. 해외 시장 간 통신이 눈에 띄게 개선되었다. 1911년이 되자 뉴욕에서 런던으로 전보를 보내는 데 30초밖에 걸리지 않았고, 전송 비용도 1866년에 비해 0.5퍼센트 수준이었다. 1908년까지 유럽의 중앙은행들은 대부분 금 본위제 유지에 헌신적이었다. 다시 말해 대다수가 금 준비금 유지를 정책 목표로 삼아, 정화 유출이 생길 경우 이자율을 올려(즉, 정부가 개입하여) 대처했다. 이는 급격한 환율 변동에 따른 위험을 감소시켰으므로, 적어도 투자자들에게는 편리했다.[31] 전 세계 정부들도 1870년대와 1880년대에 디플레이션을 겪은 이후 1890년대 중반부터는 실질 채무 부담을 줄여 준 완만한 인플레이션을 겪으면서 재정 상태를 개선하였다. 성장률이 높아지자 세수입도 늘었다.[32] 그럼에도 장기 이자율은 낮았다. 1897년에서 1914년 사이에 영국 콘솔채 수익률이 1퍼센트 포인트 올랐다고 하지만, 사상 처음 접하는 최저점인 2.25퍼센트에서 오른 상태였다. 1870년대와 1890년대에 대형 채무 불이행 사건이 터졌는데도, 신흥 시장의 스프레드는 현저히 줄어들었다. 그리스와 니카라과에서 무분별하게 발행한 채권을 제외한다면, 1913년 런던에서 거래된 주권국 혹은 식민국 채권 중 콘솔 공채보다 스프레드가 2퍼센트 포인트 이상 높았던 경우는 전혀 없어서, 대개가 상당히 낮은 금리를 지불했다. 다시 말해 1880년경 해외 채권으로 구성된 포트폴리오에 투자했더라면 상당한 자본 이득을 누렸을 것이다.[33]

런던에서 거래되던 해외 부채의 절반은 다른 강대국의 채권이었다. 이들 채권의 수익률과 가격 변동률은 1880년 이후 서서히 떨어지기 시작했는데, 이는 곧 정치적 위험 프리미엄이 떨어졌음을 뜻했다. 1880년 이전에는 오스트리아, 프랑스, 독일, 러시아의 채권이 정치적 소식에 매우 격렬하게 반응하는 경향이 있었다. 그렇지만 1914년 이전 10년이라는 기간 동안 모로코 전쟁이나 발칸 전쟁같이 외교적 경보음이 울리고 탈선 같은 사건이 다양하게 발생했어도, 그 여파가 런던 채권 시장에는 거의 미치지 못했다. 영국의 주식 시장은 1896년부터 1900년 사이에 카피르(Kaffir, 금광) 거품이 터진 이후 불황을 맞았지만, 수익 변동률은 줄어들었다. 이런 추세를 유동성의 장기적 상승과 연관시킨 입증 자료들도 있다. 이에 따르면 당시 요인으로 금 생산 증가, 그리고 더욱 중요한 배경으로 금융 혁신을 지적한다. 즉, 합작 은행이 준비금에 비해 대차대조표를 확대하고, 저축 은행들이 중하위층 가구의 예금을 성공적으로 예치한 점이 그 바탕이었다고 보는 시각이다.[34]

이러한 양호한 경제적 추세가 낙관주의를 조장하였다. 제정 러시아의 이반 블로흐(Ivan Bloch)부터 미국의 앤드루 카네기(Andrew Carnegie)까지 사업가들 대다수가 대형 전쟁은 자본주의 체제에 치명타라고 확신했다. 1898년 블로흐는 『전쟁의 미래(The Future of War)』라는 여섯 권짜리 두툼한 책을 발간하여, 파괴적 무기류가 기술적으로 진보했으므로 전쟁이 터지면 사실상 미래는 없다고 주장하였다. 또 대규모 전쟁을 펼치려는 그 어떤 시도든 '국가 파산'으로 귀결된다고 지적하였다.[35] 카네기가 국제 평화 재단(Endowment for International Peace)을 세운 1910년, 좌파 성향의 영국 저널리스트 노먼 에인절(Norman Angell)은 『위대한 환상(The Great Illusion)』을 펴내, 신용으로 세운 금융은 상호 의존성 때문에 쉽게 깨지기 마련이므로 강대국끼리의 전쟁은 경제적으로 불가능해졌다고 주장했다.[36] 1914년 봄, 국제 위원회는 1912년~1913년 발칸 전쟁 기간 동안 자행된 잔학 행위에 관한 보고서를 펴냈다. 국제 위원회 의장은 동료들과 함께 전쟁이 인류를 극한으로 몰아넣었다는 증거를 제시하면서, (발칸 국가와 달리) 유럽 강대국은 "전쟁이 부유한 국가에 손해이며, 각 나라가 무엇보다도 평화를 소망한다는 명백한 진리를 깨달았다."라고 서문에 실었다. 이 위원회의 영국 회원인 헨리 노엘 브레일스포드(Henry Noel Brailsford, 독립 노동당의 충직한 지지자이자, 무기 산업을 비판한 『철강과 황금 전쟁(The War of Steel and Gold)』의 저자)는 이렇게 주장했다.

발칸 지역 그리고 오스트리아와 러시아 제국 변두리를 제외하면, 유럽에서 정복 시대는 막을 내렸다. 정치 영역에서 민족 국가의 국경선이 마침내 그어졌다고 단언한다. 내 믿음이 맞다면 여섯 개 강대국 사이에 더 이상 전쟁은 일어나지 않는다.[37]

1914년 6월 28일 보스니아의 수도 사라예보에서 가브릴로 프린시프(Gavrilo Princip)가 오스트리아의 황태자 프란츠 페르디난트 대공(Archduke Franz Ferdinand)을 암살했을 때, 초반에는 금융 시장이 별다른 반응을 보이지 않았다. 금융 언론들은 7월 22일까지도 심각한 불안감을 표하지 않았고, 발칸 반도 위기가 경제적으로 위협적인 대형 사건으로 격화되리라고 전망하지도 않았다. 그러다가 투자자들이 뒤늦게 유럽 전쟁이 본격화될 가능성을 감지하면서, 유동성이 욕조에서 물 빠지듯 세계 경제에서 자취를 감추었다. 오스트리아가 세르비아에 최후 통첩을 날리자(무엇보다도 오스트리아 당국자를 파견해 베오그라드가 암살을 공모했다는 증거를 찾겠다고 통보했다.), 위기의 첫 징후로 운송 보험료가 상승하였다. 신중한 투자자들이 유동성을 높이기 위해 현금으로 이동해 가면서 채권과 주식 가격은 미끄러지기 시작했다. 특히 유럽 투자자들은 재빠르게 러시아 채권, 뒤이어 미국 채권을 팔아 치우기 시작했다. 채권자들이 국경 너머 본국으로 자금을 송금해 가자 환율이 요동쳤다. 스털링과 프랑은 올라간 반면 루블과 달러는 뚝 떨어졌다.[38] 7월 30일이 되자 공황 상태가 금융 시장 전반으로 퍼져 나갔다.[39] 런던에서 처음으로 압박을 느낀 집단은 증권 거래소의 이른바 자버(jobber, 영국의 증권 거래소에서 자기 계산 하에 브로커와 거래하는 업자 ― 옮긴이)로, 이들은 차입 자금에 크게 의존해 주식을 구매하던 자들이었다. 매도 주문이 넘쳐나자, 주식 가치가 부채 가치 이하로 떨어지면서 데렌버그 앤드 컴퍼니(Derenberg & Co.) 등이 파산하였다. 런던의 상업 어음 브로커들도 압력을 받았는데, 대륙 거래자들에게 상당액을 빚진 이들 대다수가 송금을 못하거나 꺼렸다. 이들의 곤경은 다시 어음 인수 업체(우량 상업 은행)로 이어졌다. 어음을 받은 업체들은 해외에서 디폴트를 선언할 경우 첫 번째 타격 대상이었다. 어음 인수 업체가 빈털터리가 되면 어음 브로커들도 같이 쓰러지며, 규모가 큰 합작 은행도 매일 단기로 어음 할인 시장에 수백만 파운드를 빌려 주었으므로 마찬가지 상황에 놓이게 될 터였다. 합작 은행이 자금 회수를 결심하면서 신용 경색이 깊어졌다.[40] 모두들 앞다투어 자산을 팔아 유동성을 높이자 주가가 떨어졌고, 브로커를 비롯해 주식을 담보로 돈을 빌렸던 이들은 위험에 처했다. 국내 소비자들은 은행 위기에 두려움을 품기 시작했다. 잉글랜드 은행에서 은행권을 금화로 바꾸려는 사람들의 행렬이 생겨났다.[41] 국제 신용의 중추였던 런던이 사실상 그 자격을 잃으면서 위기는 유럽에서 나머지 세계로 확산되었다.

1914년 위기의 가장 두드러진 특색은 아마도 세계 주요 주식 시장이 길게는 다섯 달까지 폐장했던 사실일 것이다. 7월 27일, 비엔나 주식 시장이 처음으로 문을 닫았다. 7월 30일이 되자 유럽 전 대륙의 거래소가 문을 닫았다. 그다음 날에는 런던과 뉴욕 시장도 뒤따를 수밖에 없었다. 11월 18일, 뒤늦게나마 결제가 순조롭게 진행되던 런던 증권 거래소도 1915년 1월 4일까지 개장하지 않았다. 1773년 세워진 이래 처음 겪는 일이었다.[42] 뉴욕 시장은 11월 28일에 거래 대상을 채권과 현금으로 제한하여 다시 개장하였지만, 전면 거래를 허용한 시점은 1915년 4월 1일이었다.[43] 위기로 문을 닫은 곳은 주식 시장만이 아니었다. 미국의 대다수 상품 시장들도 유럽의 대다수 외환 시장들처럼 거래를 중단해야 했다. 런던 왕립 거래소(London Royal Exchange)는 9월 17일까지 문을 닫았다.[44] 시장이 문을 닫지 않을 경우, 가격 붕괴가 1929년에 버금갈 만한 상황이었다. 국가를 등에 업은 테러 사건 중 1914년 가브릴로 프린시프의 테러만큼 금융에 막대한 파장을 미친 전례는 없었다.

과거 금 본위제를 널리 채택했던 상황은 투자자들에게 매우 편한 환경이었다. 그러나 1914년 위기가 도래하자 이는 유동성 위기를 악화하는 기제가 되었다. 일부 중앙은행(특히 잉글랜드 은행)은 위기 초반에 할인율을 올려 외국인의 자본 송환에 따른 금 보유고 유출을 막으려 했으나 소용없었다. 전쟁이 터지기 이전, 유사시 금 보유고의 적정 수준을 놓고 열띤 논쟁이 있었다. 사실 이 논쟁이야말로 장차 터질 각종 문제에 대해 금융계가 온갖 처방을 고려했음을 보여 준 유일한 증거였다.[45] 실상 금 본위제는 오늘날처럼 아시아와 중동 지역에서 자국 화폐를 달러와 비공식적으로 연계한 정도에 지나지 않았다. 그리하여 전쟁이라는 비상사태가 터지자, 러시아를 비롯한 대다수 나라는 단지 자국 화폐와의 금 태환을 중단했을 뿐이었다. 영국과 미국 모두 공식적으로는 태환을 유지했으나, 만일 필요하다고 인정될 경우 중단이 가능했다.(잉글랜드 은행의 경우 준비금과 지폐 발행의 관계를 고정시킨 1844년 은행법 중지를 승인받았다. 그러나 이것이 곧 정화 지불 중단을 뜻하지는 않았다. 준비금이 더 낮았어도 정화 지불은 거뜬한 상황이었다.) 위기를 겪던 각국은 긴급 지폐 발행이 절실했다. 영국은 1파운드와 10실링짜리 법정 지폐를 찍었다. 미국은 1908년 앨드리치-브리랜드법(Aldrich-Vreeland Act)으로 은행에 긴급 통화 발행 권한을 부여하였다.[46] 이는 현재처럼 지폐를 찍어 유동성 위기에 대응하는 방식이었다.

이외에도 추가 조치가 필요했다. 런던은 8월 3일 월요일 은행 영업 정지를 6일 목요일까지 연장하였다. 만기가 된 환어음의 지불도 왕실의 포고령으로 한 달간 연기했다. 여타 다른 만기 지불도 (임금, 세금, 연금 등을 제하고) 법령에 따라 한 달간 지급 유예 상태에 들어갔다.(이 지급 유예는 이후 각각 10월 19일, 11월 4일까지 다시 연기됐다.) 8월 13일 재무 장관은 전쟁이 선포된 8월 4일 이전에 잉글랜드 은행이 할인한 '상환 청구 불능' 어음에 대해, 재무부가 손실 비용을 부담하겠다고 선언하였다. 이는 정부가 어음 할인 업체를 구제한 상황과 다름없었다. 그 결과 잉글랜드 은행으로 흘러들어 온 어음들이 할인되면서 본원 통화가 크게 팽창할 여지를 주었다. 9월 5일에는 어음 인수 업체도 지원하였다.[47] 조정안은 나라마다 달랐지만 처방책은 비슷했고, 적용 범위 역시 전례 없는 규모였다. 시장의 임시 폐쇄, 채무에 대한 지급 유예, 정부의 긴급 통화 공급, 대다수 취약한 기관들의 구제 등이 그 내용이었다. 이 모든 상황을 고려해 볼 때, 정부 당국은 과거 순수한 금융 위기 시보다 훨씬 포괄적으로 대비하였다. 1세기 훨씬 이전에 (프랑스 혁명과 나폴레옹 시대를 겨냥한) 과거의 '세계 대전' 때처럼, 1914년 전쟁도 특별 조치가 필요한 위기 상황으로 해석한 결과, (어느 보수당 의원의 표현대로) "은행가들의 모든 책임을 면제해 주는" 조치를 비롯해 평화 시기에는 상상도 할 수 없는 대책이 용인되었다.[48]

주식 시장을 폐쇄하고 정부가 개입하여 유동성을 공급하면서 자산 특매라는 재앙은 막아 냈다. 그렇지만 런던 주식 시장은 그해 거래가 중단된 시점에, 그리고 전쟁이 시작되기 이전에 이미 7퍼센트 하락한 상태였다. 채권 거래를 보여 주는 단편적 자료(주식 시장이 폐쇄된 기간 동안 실제 거리에서 이뤄진 거래)를 보면 정부 당국의 노력에도 불구하고 투자자들이 느껴야 했던 상실감이 엿보인다. 1914년 말 러시아 채권은 8.8퍼센트 하락했고 영국 콘솔채는 9.3퍼센트, 프랑스 랑트는 13.2퍼센트, 오스트리아 국채는 23퍼센트 하락했다.[49] 베어링사의 패트릭 쇼스튜어트(Patrick Shaw-Stewart)의 말을 빌리자면 이는 "금융이 생긴 이래 런던이 직면한 최악의 사태"였다.[50] 그러나 이는 단지 시작에 불과했다. '단기전'이라는 환상과 달리(이는 군 내부보다 금융계에 더 퍼져 있었다.) 아수라장 상태가 4년 더 이어졌고, 금융계 손실은 더욱 오래 지속됐다. 현명치 못했거나 아니면 애국심이 강했던 탓에 우량 증권(콘솔채나 영국의 신규 전시 공채)에 매달린 투자자는 1920년이 되자 -46퍼센트의 인플레이션 조정 손실을 겪어야 했다. 영국 주식의 실질 수익률도 -27퍼센트였다.[51] 영국의 인플레이션과 독일의 초인플레이션은 무모하게도 프랑이나 라이히스마르크를 보유하고 있던 이들 모두에게 훨씬 더 가혹한 맛을 보여 주었다. 1923년 원금을 일부 보전해 주기 위한 자산 재평가법이 뒤따랐지만, 독일 증권을 보유했던 자들은 종류를 막론하고 모든 것을 잃고 말았다. 오스트리아, 헝가리, 오스만, 러시아 채권을 상당 부분 소지했던 이들 역시(금으로 표시되었을지라도) 합스부르크 제국, 오스만 제국, 로마노프 제국이 총력전의 무게를 견디지 못하고 무너지자 상당한 손실을 겪어야 했다. 특히 러시아 채권의 경우, 볼셰비키 체제가 1918년 2월 채무 불이행을 선언하면서 예기치 못한 극심한 타격을 받았다. 이 무렵 1906년에 나온 5퍼센트짜리 러시아 채권은 액면가의 45퍼센트로 거래되었다. 1920년대에 해외 채권자들은 여전히 모종의 해결책을 기대했다. 그러나 1930년대가 되자 이 채권들은 휴지 조각이나 다름없게 되었다.[52]

은행들은 독일의 배상금 지불 같은 가망 없는 일을 기대하며 끊임없이 대부를 해 주는 등 최선을 다했지만, 전간기에 자유로운 자본 이동이라는 옛 질서를 복원하기란 불가능했다. 통화 위기, 채무 불이행, 배상금과 전쟁 채무에 관한 논쟁, 당시 촉발된 불황으로 각국은 갈수록 환율과 자본을 통제했을 뿐 아니라, 보호주의적 관세를 부과하고 여타 무역 제한 조치를 취하는 등 국제 교류를 희생해 국부를 유지하려 했으나 허사였다. 예를 들면, 1921년 10월 19일 중국 정부는 파산을 선언하더니 이어 중국의 거의 모든 외채의 상환 불능을 선언했다. 이는 상하이부터 산티아고, 모스크바부터 멕시코시티까지 되풀이되었다. 1930년대 말이 되자, 정치적 자유가 보장된 국가를 비롯해 전 세계 대부분의 나라에서 무역, 이주 그리고 당연히 투자에까지 제한 조치를 가했다. 일부는 탈세계화 사회의 극치인 경제적 자립을 달성하기도 했다. 알게 모르게 모든 정부가 1914년에서 1918년 사이에 처음으로 실시했던 경제적 제한 조치를 평화 시기에도 계속 적용하였다.

*

1차 세계 대전의 원인은 전쟁의 발발과 동시에 분명해졌다. 볼셰비키 지도자 레닌은 그제야 세계 대전이 제국주의 경쟁의 불가피한 결과라고 말했다. 또 미국의 자유주의자들도 그제야 비밀 외교와 뒤얽힌 유럽 동맹이 갈등의 주요 원인이라고 했다. 영국과 프랑스는 당연히 독일을 탓했다. 독일은 또 영국과 프랑스를 비난했다. 역사가들은 이 논쟁을 지금껏 90년 이상 가다듬고 수정해 왔다. 전쟁의 기원을 1890년대 중반 건함 경쟁(建艦競爭)에서 찾는 이도 있었다. 1907년 이후의 발칸 사건을 지적한 이도 있었다. 그렇다면 이렇듯 자명한 요소가 숱하게 있었는데도, 전쟁이 현실화되기 며칠 전까지 사람들이 이 아마겟돈을 감지 못한 이유는 무엇일까? 한 가지 가능한 답으로 풍부한 유동성과 세월의 흐름 앞에 사람들의 시야가 흐려졌다는 점을 들 수 있다. 세계 통합과 금융 혁신이 결합하면서, 온 세상은 투자자에게 매우 든든한 곳이 되었다. 게다가 그나마 짧게 치른 프랑스와 독일의 유럽 전쟁이 끝난 지도 34년이 흘렀다. 물론 지정학적으로 본 세계는 결코 안전한 곳이 아니었다. 《데일리 메일(*Daily Mail*)》 구독자들은 유럽의 군비 경쟁과 제국주의 경쟁이 언젠가 대규모 전쟁을 낳을 거라고 직감했다. 실제 가상의 영독 전쟁(Anglo-German wars)을 배경으로 한 인기 소설 장르도 있었다. 그렇지만 금융 시장의 신호등은 파괴가 임박하기 직전에도 적신호가 아닌 청신호였다.

여기서 우리는 또다시 교훈을 얻는다. 첫 번째 금융 세계화 시기를 달성하는 데 적어도 한 세대가 걸렸다. 그러나 이는 단 며칠 만에 산산조각이 났다. 그리고 1914년 8월의 총성으로 입은 상처가 회복하기까지는 다시 두 세대 이상의 시간이 흘러야만 했다.

경제 저격수(Economic Hit Men)

1930년대부터 1960년대 후반까지 세계화와 국제 금융은 혼수 상태였다.

어떤 이는 사망했다고도 표현했다.[53] 미국의 경제학자 아서 블룸필드(Arthur Bloomfield)가 1946년에 쓴 글을 살펴보자.

현재 학술계와 은행권에서 널리 숭상하는 교리가 있다. 바로 사적 자본의 흐름, 그중에서도 이른바 핫머니 부류를 직접 통제하는 갖가지 수단에 대한 것이다. 이는 장단기적으로 볼 때 대부분의 나라에 바람직하다. …… 이렇게 교리가 방향 전환한 이유는 1, 2차 세계 대전 사이에 이 자본 이동이 파괴적인 모습을 낳으면서 그에 대한 환상이 깨진 탓이다.[54]

1944년 7월, 뉴햄프셔 화이트 산맥에 있는 브레턴우즈(Bretton Woods)에서 승리를 목전에 둔 동맹들이 만나 전후 세계에 걸맞은 금융 체계를 새로이 고안했다. 이 새로운 질서에 따라 무역은 단계적으로 자유화했지만, 자본 이동에 대한 제약은 그대로 두었다. 환율은 금 본위제에 따라 고정했지만, 이제 그 고정 장치(국제 준비 통화)는 금이 아닌 달러였다. 비록 개념상으로는 포트녹스(Fort Knox, 미 재무부 금고—옮긴이)에 비축된, 유동적이지는 못해도 숭배의 상징인 금과 태환이 가능했다. 브레턴우즈 시스템의 주요 설계자 중 한 명이었던 케인스는 "자본 이동 통제"가 "전후 시스템의 영구적인 특징"이라고 표현했다.[55] 심지어 정부가 통화 태환이 힘들다고 판단하면, 관광객들도 일정량이 넘는 통화를 갖고 해외로 나갈 수 없었다. 자본이 국경 너머 유입되는 경우가 없지 않았는데, 이는 1948년에서 1952년 사이에 황폐화된 서유럽의 부흥을 목적으로 한 마셜 원조(Marshall Aid)*처럼 정부 대

---

* 마셜 플랜(Marshall Plan)으로 분배된 총액은 미 육군 참모 총장 조지 마셜(George Marshall)의 주요 연설이 있던 그해, 미국 국민 총생산의 5.4퍼센트에 달했다. 이 프로그램이 시행된 기간, 즉 대외 원조법(Foreign Assistance Act)이 통과된 1948년 4월부터 마지막 지원이 이뤄진 1952년 6월까지 국민 총생산의 1.1퍼센트 수준을 유지했다. 2003년부터 2007년 사이

정부로 흘러들어 가는 경우였다.[56] 이 새로운 질서의 수호 '자매' 두 명이, '자유 진영'의 심장부 워싱턴에서 탄생했다. 바로 국제 통화 기금과 국제 부흥 개발 은행(International Bank for Reconstruction and Development)으로, 후자는 훗날 국제 개발 협회(International Development Association)와 짝지어 세계은행(World Bank)으로 알려졌다. 현 세계은행 총재인 로버트 졸릭(Robert Zoellick)은 "국제 통화 기금은 환율을 규제할 목적으로 세운 기구였다. 세계은행의 설립 목적은 전쟁으로 산산조각 난 국가들을 재건하는 데 조력하기 위함이었다. 자유 무역은 소생하였다. 그러나 자유로운 자본 이동은 열외였다."라고 말했다. 따라서 이후 25년 동안 정부들은 다음 세 가지 정책 중 두 가지만 선택 가능한 이른바 '트릴레마(trilemma, 3중 딜레마)'를 놓고 고심해야 했다.

1. 국경을 넘나드는 완전히 자유로운 자본 이동
2. 고정 환율제
3. 국내 정책 목표를 위한 통화 정책의 자율성[57]

브레턴우즈 체제에서, 서방 세계 국가는 2번과 3번을 선택했다. 그리고 시간이 흐르면서 자본 통제를 완화하기보다 강화하는 추세를 보였다. 미국에서 1963년에 통과된 이자 평형법(Interest Equalization Act)이 그 좋은 예로, 이는 미국인이 외국 증권에 투자하지 못하도록 고안된 특별 법안이었다.

그러나 브레턴우즈 체제가 언제까지나 지속될 수는 없었다. 이른바 제3세계의 경우, 정부 대 정부 차원의 원조 정책을 통해 마셜 플랜을 모방한 다양한 시도가 있었지만 결과는 매우 실망스러웠다. 시간이 흐르면서 미국의

에 마셜 플랜을 시행했을 경우, 이는 5500억 달러에 상응한다. 비교를 해 보자면, 2001년부터 2006년까지 부시 행정부의 대외 경제 원조액은 총 1500억 달러 미만으로, 평균적으로 미 국내 총생산의 0.2퍼센트를 밑돌았다.

원조에 정치나 군사 관련 제약 조건이 붙었는데, 이 조건이 수혜국에게 늘 유리하지는 않았다. 이런 경우가 아니라 해도, 미국의 경제학자 월트 로스토(Walt Rostow)*가 구상한 형태의 자본 주입이 대다수 아프리카, 아시아, 라틴 아메리카 경제권에 적절한 해법이었는지는 의문이다. 빈곤 국가에 할당한 원조액은 상당했지만, 이 중 낭비되거나 중간에 사라진 경우도 많았다.[58] 브레턴우즈 체제가 서유럽의 회복을 촉진하여 새로운 부 창출에 성공을 거두는 동안, 과도한 자국 편중 투자에서 위험을 느낀 투자자들은 실망을 금치 못했다. 또한 각국이 통화 정책을 완전 고용이라는 목표 아래 묶어 두려고 애쓰면서, 트릴레마의 2번과 3번 사이에도 잠정적인 갈등의 싹이 보이기 시작했다. 1960년대 후반 미 공공 부문 적자는 지금 수준으로 보면 무시할 만했다. 그렇지만 프랑스가, "워싱턴이 준비 통화라는 입지를 이용해 달러를 찍어 해외 채권자들로부터 화폐 주조 차익을 누리려 한다."라는 불만을 내뱉기에 충분했다. 마치 중세 군주가 통화 가치를 떨어뜨리려고 화폐 주조소를 장악한 것과 흡사했기 때문이다. 닉슨 행정부가 1971년에 금 본위제와의 마지막 연결 고리를 끊어 내기로 한 결정(즉, 달러의 금 태환에 종지부를 찍은 일)은, 브레턴우즈 체제의 종말을 알리는 듯했다.[59] 1973년 아랍-이스라엘 전쟁과 아랍의 석유 금수 조치가 터지자, 대다수 중앙은행은 물가 충격을 신용의 문턱을 낮춰서 해결하려 했고, 그 결과 드골의 고문 자크 뤼프(Jacques Rueff)가 우려한 형태의 인플레이션 위기를 초래하고 말았다.[60]

통화가 다시 풀려 나가고, 유로 채권 시장 같은 역외 시장이 번성하면서, 1970년대에는 비정부 자본 수출이 부활하였다. 특히 서방 은행들은 석

---

*『경제 성장의 단계: 비공산당 선언(*The Stages of Economic Growth: A Non-Communist Manifesto*)』(1960)의 저자 로스토는, 1960년대 민주 정부들에게는 경제적 조언과 전략적 조언이 거의 동일한 정책 수단이었다고 말했다. 린든 존슨(Lyndon Johnson, 미 36대 대통령 — 옮긴이)의 국가 안보 보좌관이나 다를 바 없던 그는, 베트남전 확산과 밀접한 인물이었다.

유 수출국의 급증한 잉여를 순환하고자 분주히 움직였다. 금융가들은 오래전부터 눈여겨 본 곳에 중동 지역의 석유 달러를 대출하기로 결정하였다. 1975년에서 1982년 사이에 라틴 아메리카의 차입금은 750억 달러에서 3150억 달러로 4배 증가했다.(동유럽국 역시 채권 발행 시장에 편입되어, 공산주의 블록의 종말이 임박했음을 여실히 보여 주었다.) 1982년 8월, 멕시코는 더 이상 채무 상환을 못하겠다고 선언하였다. 파산 선언 직전이었던 대륙 전체가 동요했다. 그러나 이제는 과거처럼 못마땅한 해외 정부에게 정부 차원에서 포함을 보내는 시절이 아니었다. 이제 금융 치안 유지는 비무장 금융가인 국제 통화 기금과 세계은행이 담당하였다. 이들의 신종 표어는 '융자 조건(conditionality)'이었다. 개혁 없이는 자금도 없었다. 이들이 선호한 메커니즘은 구조 조정 프로그램이었다. 채무국은 워싱턴 컨센서스(Washington Consensus, 미 재무부와 국제 통화 기금, 세계은행 등이 모여 1980년대 위기에 처한 중남미 국가에게 내린 신자유주의 처방─옮긴이)라는 정책을 채택해야 했는데, 여기에는 100년 전 영국 제국주의 통치자들도 만족했을 법한 열 가지 경제 정책이 담겨 있었다.* 최우선 조치는 재정 적자를 줄이거나 없애도록 재정 규율을 강제하는 방안이었다. 또 과세 기준을 확대하고 세율을 낮추도록 했다. 이자율과 환율도 시장이 정했다. 무역, 특히 자본 이동을 자유화해야 했다. 브레턴우즈에서 금지했던 '핫'머니가 돌연 다시 뜨거운 관심사로 떠올랐다.

그러나 일부 평론가들이 보기에, 세계은행과 국제 통화 기금은 과거 양키 제국주의 대리자와 다름없었다. 이들은 국제 통화 기금이나 세계은행의 대출이 단지 미국 기업 제품을 사는 데 사용되거나, 때로는 무자비한 독재

---

* 미국의 경제학자 존 윌리엄슨(John Williamson)이 1989년에 제시한 원안을 토대로 열 가지 정책을 개괄하면 다음과 같다. 1. 재정 건전성 확보 2. 조세 제도 개혁 3. 금리 자유화 4. 보건 및 교육 부문 지출 확대 5. 재산권 보호 6. 국영 기업 민영화 7. 시장 탈규제 8. 경쟁 환율제 도입 9. 무역 장벽 제거 10. 외국인 직접 투자 장벽 제거

자나 부패한 과두정이 무기를 수중에 넣는 데 쓰일 뿐이라고 비판했다. 또 '구조 조정' 비용은 운 없는 국민들이 부담할 뿐 아니라, 이러한 방침에서 벗어난 제3세계 지도자들은 곤경에 빠졌다고 목소리를 높였다. 이러한 주장은 특히 1990년대, 반세계화 시위대가 국제 집회를 정기적으로 열던 시기에 주목받았다. 부족함 없이 자란 서양 젊은이들이 플래카드와 떠들썩한 구호로 이런 사실을 알리자 사람들은 그저 무심히 바라볼 뿐이었다. 그러나 비슷한 비난을 브레턴우즈 체제의 전 내부자가 퍼붓기 시작하자, 사람들은 귀를 기울이기 시작했다.

존 퍼킨스(John Perkins)는 보스턴에 위치한 차스 T. 메인(Chas. T. Main, Inc.) 컨설팅 회사에서 수석 경제학자로 일했다. 그는 당시에, 국제 통화 기금과 세계은행에서 자금을 빌린 에콰도르와 파나마가 미국 기업 제품을 소비하도록 강제하는 업무를 맡았다고 주장했다. 퍼킨스는 본인을 포함한 경제 저격수들이 "미국이라는 제국 건설을 위해 이들 나라의 자원이 가급적 미국 기업과 미국 정부로 유입되게끔 상황을 연출하는 훈련을 받았다." 라고 주장했다.

> 역사상 다른 제국과 달리 이 제국은, 주로 속임수나 사기를 쓰거나 미국적 생활 방식을 유도하고 경제 저격수를 고용하는 방식으로 건설되었다. ...... 내가 실제 맡은 역할은 ...... 다른 나라에 막대한 대출을, 도무지 갚을 수 없을 정도로 어마어마한 액수를 대출하는 일이었다. 이렇게 거액 대출을 하면, 대부분이 미국으로 다시 돌아오고, 그 나라에는 부채와 막대한 이자만이 남아 미국의 하수인, 미국의 노예가 된다. 이것이 제국의 실체이다. 달리 표현할 말이 없다. 이는 정녕 거대한 제국이다.[61]

퍼킨스의 책 『경제 저격수의 고백(The Confessions of an Economic Hit Man)』에 따

르면, 라틴 아메리카의 두 지도자인 에콰도르의 제이미 롤도스 아길레라 (Jaime Roldós Aguilera) 대통령과 파나마의 오마르 토리호스(Omar Torrijos) 대통령은 1981년에 암살당한 것이라고 한다. 암살된 이유는 그가 칭한 "세계 제국 건설을 목표로 한 기업, 정부, 금융 과두제 연합" 계획에 이들이 반대했기 때문이다.[62] 물론 그의 이야기에 석연찮은 부분도 있다. 미국은 에콰도르와 파나마에 그리 많은 돈을 빌려 주지 않았다. 1970년대에 대출 총액은 각각 9600만 달러와 1억 9700만 달러로, 정부 총 보조금 및 대출액의 0.4퍼센트 미만이었다. 게다가 에콰도르와 파나마는 미국의 주요 거래자도 아니었다. 1990년 이들은 각각 미국 총 수출액 중 0.17퍼센트와 0.22퍼센트를 차지했다. 이 정도 수치에서 암살 명분을 찾기는 힘들다. 로버트 졸릭의 표현대로 "국제 통화 기금과 세계은행이 돈을 빌려 주는 대상은 위기에 처한 나라이지, 미국 경제에 무한한 기회를 제공하는 국가가 아니기" 때문이다.

그럼에도 신제국주의라는 혐의는 벗기 힘들다. 노벨상 수상 경제학자이자 1997년부터 2000년까지 세계은행의 수석 경제학자를 지낸 조지프 스티글리츠(Joseph Stiglitz)의 말에 따르면, 1980년대 국제 통화 기금은 "이데올로기적 열정을 지닌 시장의 패권자"일 뿐 아니라 "자신의 역할을 제국주의적으로 사고한 기관"이었다고 한다. 게다가 스티글리츠는 "국제 통화 기금이 추진했던 수많은 정책 중에서도 특히 성급한 자본 시장 자유화가 세계적인 불안정성을 낳고 …… 일자리를 체계적으로 파괴했는데 …… (그 이유는) 자본 시장 자유화로 혼란해진 나라에 핫머니가 빈번하게 드나들었고 …… 제한적인 성장을 하던 나라들도 상류층, 특히 최상류층에 부가 더욱 집중되었기 때문"이라고 주장했다.[63] 그렇지만 국제 통화 기금(그리고 월 스트리트)에게 적대적인 스티글리츠는 한 가지 사실을 지나쳤다. 1980년대에 자유로운 자본 이동으로 복귀하기를 선호한 집단은 이들만이 아니었다. 실상 자유화라는 항로를 개척한 주체는 경제 협력 개발 기구이며, 이후(프랑스의 사회주의자 자크 들로르(Jacques Delors)와 미셸 캉드쉬(Michel Camdessus)가 사회주의에서 전향한 후) 유럽 위원회(European Commission)와 유럽 이사회(European Council)가 그 뒤를 이었다. 실제로 워싱턴 컨센서스(여러 가지 면에서 자유로운 자본 시장을 선호했던 훨씬 전의 본 컨센서스(Bonn Consensus)에 바탕해 세워진 것이지만) 이전에 파리 컨센서스(Paris Consensus)도 존재했다.[64] 런던 역시 미국이 그 어떤 촉구도 하지 않았는데도, 마거릿 대처 정부가 독자적으로 자본 계정 자유화를 밀어붙였다. 오히려 레이건 행정부가 대처의 뒤를 따랐다.

국제 통화 기금에 대한 스티글리츠의 가장 큰 불만은 1997년 아시아 금융 위기 때 부적절한 대응을 했다는 점이다. 즉, 위기에 빠진 국가들에게 총 950억 달러를 대출해 주고 워싱턴 컨센서스식 조건(이자율을 높이고 정부 재정 적자를 줄이는 것)을 덧붙였는데, 이것이 실상 위기를 악화하는 데 일조했다는 지적이다. 이 같은 견해는 특히 경제학자이자 칼럼니스트인 폴 크루그먼(Paul Krugman)이 되풀이하는 주장이기도 하다.[65] 1997년~1998년 위기의 심각성을 부인하는 사람은 없다. 1998년 인도네시아, 말레이시아, 한국, 태국 등은 매우 심각한 경기 침체를 겪었다. 그렇지만 통화가 풀려 나오고 정부 재정 적자가 증가하는 상황에서 그 어떤 모범적인 케인스 처방이 동아시아 위기의 현명한 조치였을지, 스티글리츠나 크루그먼 모두 설득력 있는 설명을 하지 못한다. 아시아 위기 이후 국제 통화 기금의 수석 경제학자가 된 케네스 로고프(Kenneth Rogoff)는 스티글리츠에게 신랄한 어조의 공개 서한을 보내기도 했다.

정부에서 국제 통화 기금에 금융 지원을 청하러 오는 경우는 대개 채무를 사 줄 채권자를 찾기 힘들거나 그 나라의 화폐 가치가 떨어질 때이다. 스티글리츠식 처방은 …… 재정 적자를 늘리는 것, 즉 부채를 발행하고 돈을 더 찍어 내라는 것이다. 이들은 곤경에 빠진 정부가 통화를 더 많이 찍어 내면,

에콰도르의 제이미 롤도스 아길레라 대통령 (위)과 파나마의 오마르 토리호스 대통령. 존 퍼킨스는 이들이 '경제 저격수'에 희생됐다고 주장했다.

그 나라 시민들이 돌연 화폐 가치를 더 높게 쳐준다고 보는 듯하다. 또 이들은 투자자들이 더 이상 한 나라의 부채를 보유하려 들지 않을 때, 통화 공급을 늘리기만 하면 채권이 날개 돋친 듯 팔린다고 믿는 것 같다. 우리(아니, 지구에 사는 우리라고 하자.)들은 그 반대되는 체험을 적잖이 겪었다. 우리 지구인들은 재정 곤란에 처한 나라가 통화를 더 많이 찍어 위기를 벗어나려 할 경우 인플레이션이 때로는 감당 안 될 정도로 올라가는 상황을 보아 왔다. …… 당신들이 사는 은하계 저편의 경제 법칙은 이와 다를지 몰라도 이 지구에서는 파산 직전에 놓인 정부가 재정 적자 추이에 확실한 제약을 걸지 못하면, 사태가 나아지기는커녕 더욱 악화되는 게 일반적이다.[66]

1997년 위기 시 일시적으로 자본 통제를 했던 말레이시아가 경제적으로 월등한 성과를 거두었다고 확신할 수도 없다. 크루그먼은 적어도 당시 위기 책임 중 상당 부분이 달러를 단기 차입해 자국에(때로는 정치적 이해관계자에게) 장기 대출을 한 동아시아 금융 기관들에게 있음을 인정한다. 그렇지만 불황의 경제학이 다시 찾아왔다는 식의 논의는 지나쳐 보인다. 동아시아에는 불황이 없었다.(국제 통화 기금의 잘못된 처신의 희생양으로 보기 어려운 일본은 제외다.) 1998년 충격의 파장 이후 모든 경제권이 신속하게도 빠른 성장세를 보였기 때문이다. 매우 신속했던 나머지 2004년 무렵 어느 평론가는 브레턴 우즈의 '두 자매'가 더 이상 국제 대부자 역할을 해야 할 필요가 있는지 의문을 품기도 했다.[67]

사실 1980년대에는 전혀 다른 성격을 띤 경제 저격수가 득세했다. 이들은 자신들의 목적을 달성하기 위해 폭력에 호소할 필요조차 없었다는 점에서 퍼킨스의 저격수보다 더 위협적인 존재였다. 이 새로운 저격수단에게 목표 달성이란 투기에 성공해 단번에 10억 달러씩 벌어들이는 상황을 뜻했다. 냉전 시기가 끝나 가는 시점에서, 이 저격수들은 미국의 제국주의적 어젠

더 추구에 전혀 관심을 두지 않았다. 오히려 이들의 정치 성향은 보수적이기보다 자유주의적이었다. 이들은 국제 통화 기금이나 세계은행 등 공적 기관을 위해 일하지도 않았다. 오히려 주식 시장에 상장하지도 않은 채 철저히 개인적으로 사업을 운영했다. 이들은 바로 헤지펀드로, 4장에서 위험 관리의 한 형태로 처음 언급된 바 있다. 중국보다 더 빠른 성장세를 보인 헤지펀드는, 2차 세계 대전 이후 세계 경제에 매우 큰 변화를 몰고 왔다. 규제가 덜하고 유동성 높은 자본을 모집한 헤지펀드*는 대공황부터 브레턴우즈 체제가 끝날 때까지 대한파가 몰아친 세계에 이제 핫머니가 도래하였음을 알려 주었다. 그리고 누구나 인정하듯 새로운 경제 저격수의 보스 중의 보스는 조지 소로스였다. 말레이시아 총리 마하티르 빈 모하마드(Mahathir bin Mohamad)가 1997년 8월 링깃(ringgit, 말레이시아 화폐 단위 ― 옮긴이)에 타격을 준 통화 위기 책임론에서 국제 통화 기금이 아닌 소로스를 '저능아'로 지칭하며 발뺌한 것은 결코 우연이 아니었다.

헝가리계 유대인으로 태어나 런던에서 교육받은 조지 소로스는 1956년에 미국으로 이민을 갔다. 투자 분석가로 명성을 쌓은 그는 유서 깊은 안홀드 앤드 에스 블라이히뢰더(Arnhold & S. Bleichroeder, 한때 비스마르크의 자산을 운용했던 베를린 자산 관리 은행의 후신)에서 수석 연구원으로 일했다.[68] 소로스는 중부 유럽의 지성답게 물리학자 베르너 하이젠베르크(Werner Heisenberg)의 불확실성 원리에 경의를 표하는 뜻에서 자신의 펀드를 퀀텀 펀드

---

* 1949년 앨프리드 윈슬로 존스(Alfred Winslow Jones)가 설립한 장단기 펀드(미국 주식 시장에서 매수와 매도 포지션을 동시에 취했다.)를 칭하기 위해 1966년에 처음 사용한 용어로, 이후 헤지펀드들은 대개 유한 책임을 지는 파트너십 형태를 띠었다. 매수 매도 포지션을 취한 헤지펀드는 그 전략상, 뮤추얼펀드와 투자 은행들의 차입 및 공매도를 규제한 1933년 증권법(Securities Act)과 1940년 투자 회사법(Investment Company Act)의 적용을 받지 않았다.

헤지펀드계의 대부이자 재귀성의 달인 조지 소로스.

(Quantum Fund)라 이름 붙였으며, 자신을 경제 저격수가 아닌 철학자로 여겼다. 그의 책 『금융 연금술(The Alchemy of Finance)』(1987)은 경제학의 근본 가정에 대한 과감한 비판을 시작으로, 초기 지적 형성 과정에서 철학자 칼 포퍼(Karl Popper)에게 영향받았음을 보여 주었다.[69] 소로스의 지론인 '재귀성(reflexivity)' 이론에 따르면, 금융 시장은 완벽하게 효율적인 공간이 아니다. 그 이유는 가격에는 수백만 투자자들의 무지와 편향, 때로는 비이성적인 모습까지 반영되기 때문이다. 소로스는 이렇게 주장했다. "시장 참가자들은 편향된 상태로 활동하며, 그 편향이 형세에 영향을 미치기도 한다. 이렇게 보면 시장이 앞으로의 전개 양상을 정확히 예견한다는 인상을 줄지 모른다. 그러나 사실 현재의 기대가 미래 사건에 대해 반응하는 것이 아니라, 현

재의 기대를 통해 미래 사건이 형성되는 것이다."[70] 소로스가 재귀성이라고 칭한 것은 바로 이 피드백 효과(투자자의 편향이 시장의 결과에 영향을 미치고, 이 결과가 다시 투자자들의 편향을 바꿔 놓으며, 바뀐 편향이 또다시 시장의 결과에 영향을 미치는 과정)이다. 소로스는 최근 저작에 이런 글을 남겼다.

…… 시장은 경제 이론의 자명한 가정인 균형 상태에 결코 도달하지 못한다. 인식과 현실은 서로 영향을 주고받는 재귀적 관계로, 초반 거품의 형성과 붕괴 과정에서 자기 강화를 낳다가도 결국에는 자멸적인 과정에 빠져 버린다. 거품 현상은 모두 재귀적으로 상호 작용하는 추세와 오해로부터 생긴다.[71]

원래 헤지펀드는 증권 가격이 내려가면 돈을 버는 매도 포지션(short positions)*을 통해 시장 위험에 대비하기 위한 장치였지만, 소로스에게는 시장의 재귀성이라는 통찰력을 확인해 볼 완벽한 수단이었다. 소로스는 미래의 가격 상승을 전망해 자산을 사들이는 매수 포지션(long positions)으로 돈방석에 앉는 방법 또한 알고 있었다. 1969년 그는 부동산을 매수했다. 3년 후에는 다시 은행 주식을 발판으로 삼았다. 1971년에는 일본에서 매수 투자를 했다. 1972년에는 그 대상이 석유였다. 1년 후 이 투기로 본전을 건졌을 무렵, 소로스는 욤 키푸르 전쟁(Yom Kippur War, 제4차 중동 전쟁 — 옮긴이)에 대비해 미국으로부터 무기류를 공급받은 이스라엘이 불만에 찬 모습을 보고는, 미국 방위 산업에 상당한 투자가 생기리라 전망하였다.[72] 그의 예측은 연거푸 옳았다. 그렇지만 소로스의 성공은 승리자가 아닌 패배자를 예측한 데서 비롯되었다. 팩스 기술이 전신 회사 웨스턴 유니언(Western Union)의 운

---

* 미국 증권 거래 위원회(US Securities and Exchange Commission)에 따르면, 엄밀히 말해 공매도(short sale)란 "매도자가 소유하지도 않은 증권을 파는 거래, 혹은 빌린 증권을 상환해야 완료되는 거래"를 뜻한다.

명을 위협하던 1985년 9월 22일, 선진 5개국이 플라자 합의(Plaza accord)를 체결하면서 미국의 달러 가치도 뚝 떨어졌다.[73] 그해는 소로스에게 경이로운 해였는데, 당시 그의 펀드 규모가 122퍼센트로 늘어났기 때문이다. 그러나 소로스의 매도 투자 중의 걸작은 영국 금융사의 한 페이지에 남아 있다.

1992년 9월 16일 수요일, 이날 벌어진 사건에 나는 개인적으로 관심이 많았다. 당시 케임브리지 대학에서 전임 강사를 하면서 부업으로 한 신문사 논설 위원을 했던 나는, 소로스 같은 투기꾼이 잉글랜드 은행과 맞붙을 경우 당연히 투기꾼이 이길 거라고 확신했다. 이는 간단한 산수다. 외환 시장에서는 날마다 1조 달러가 거래되는 반면, 은행의 준비금은 빈약하기 짝이 없기 때문이다. 소로스는 독일의 통일 비용이 인플레이션을 일으켜 금리를 올리고 그에 따라 마르크화의 가치도 오를 거라고 예상했다. 이 경우 당시 불황이던 영국은 마르크화 가치에 맞추어 파운드화 가치를 유지할 수 없게 된다.(1990년 유럽 환율 제도(European Exchange Rate Mechanism, ERM)에 가입한 영국은 중심 통화인 마르크화의 6퍼센트 범위 내에서 환율을 유지해야 했다.) 금리가 오를수록 영국은 큰 타격을 입는다. 따라서 빠른 시일 안에 영국 보수당 정부는 유럽 환율 제도에서 탈퇴해 파운드화를 평가 절하 해야 한다. 파운드화 하락을 장담한 소로스는 영국에서 스털링을 빌려 9월 16일 이전 2.95 도이치마르크였던 독일 통화에 거듭 투기한 결과, 자신의 펀드 자금 총액보다 많은 총 100억 달러를 환투기에 동원했다.[74] 나 역시 파운드의 평가 절하를 장담했지만, 내가 내걸 수 있는 것은 신용밖에 없었다. 공교롭게도 내가 기고하던 신문의 런던 시티 동향 책임 편집자는 의견을 달리했다. 논설 위원 아침 회의 자리에서 그 편집자와 신경전을 벌인 나는 그날 밤 영국 국립 오페라 극장에 베르디의 「운명의 힘(The Force of Destiny)」을 관람하러 갔다. 이는 탁월한 선택이었다. 공연 중간에 누군가가 영국이 유럽 환율 제도에서 탈퇴했다고 알려 왔다. 우리 모두 환호했지만, 나만큼 크게 환호한 이는 없

운명의 힘. 1992년 9월 16일, 재무 장관 노먼 러몬트(Norman Lamont)가 영국이 유럽 환율 제도를 탈퇴한다고 발

었다.(물론 조지 소로스를 빼고) 결국 스털링화의 가치가 20퍼센트 떨어지면서 소로스의 펀드는 10억 달러 이상을 벌어들였다. 소로스는 빌렸던 스털링을 이제 낮아진 환율로 되갚고 그 차액을 챙겼다. 이 투기 거래로 그는 당해 이윤의 정확히 40퍼센트를 벌어들였다.[75]

퀀텀 펀드의 성공 신화는 경이로웠다. 1969년 소로스가 세운 두 번째 펀드인 더블 이글(Double Eagle, 퀀텀 펀드의 초창기 이름)에 10만 달러를 투자하고 배당금도 모조리 재투자했을 경우, 1994년 그 자산은 1억 3000억 달러로 불어나, 연평균 35퍼센트 성장한다는 계산이 나온다.[76] 과거와 현재의 경제 저격수는 본질적으로 두 가지 차이가 있다. 첫째, 새로운 저격수는 특정 국가에 충성심이 없으며 냉담하고 이해타산적 태도를 보인다. 그래서 달러와 파운드를 동시에 아무 거리낌 없이 매도 투자 한다. 둘째, 새로운 저격수가 가지고 노는 자금의 규모이다. "포지션 크기가 얼마나 됩니까?" 한번은 소로스가 그의 파트너인 스탠리 드럭켄밀러(Stanley Druckenmiller)에게 물었다.

"10억 달러입니다." 드럭켄밀러가 답했다. 그러나 소로스는 "그걸 포지션이라고 취한 것이오?"라며 냉소적으로 맞받아쳤다.[77] 소로스는 1992년 파운드처럼 괜찮은 투기 대상이 눈에 띌 경우, 차입 투기를 최대한 활용한다. 그의 헤지펀드는 펀드 규모보다 훨씬 큰 액수를 투자 은행에서 차입하여 매수·매도 포지션으로 투기하는 신종 기법의 새 장을 열었다.

그러나 헤지펀드의 위력에도 한계가 있다. 어느 정도는 소로스와 그 부류들이 그 어떤 정부나 중앙은행보다 막강했다. 그렇다고 해서 헤지펀드가 언제나 시장을 주무른다고 얘기할 수는 없다. 소로스의 성공은 '온라인 가축 떼'가 어디로 튈지 본능적으로 직감했기에 가능했다. 그러나 그의 본능적 직감(때로는 허리 경련 같은 신호이다.)도 틀릴 때가 있다. 그가 말한 재귀성은 특별한 경우이다. 매주 시장을 지배하는 규율이 아닌 것이다. 그렇다면 만약 수학으로 본능을 대체한다면 어떨까? 두 자릿수 수익률을 오류 없는 대수 공식으로 표현할 수 있다면 어떨까? 세상의 다른 저편에서는(사실 금융 은하계 저편이겠지만) 그 공식을 벌써 발견한 분위기였다.

쇼텀 캐피탈 미스매니지먼트(Short-Term Capital Mismanagement)

또 다른 행성이 있다고 해 보자. 이 행성에는 주관적이고 때로는 비합리적 인간들이 빚어내는 복잡한 마찰이 전혀 없다. 거주자들은 전지전능하며 완벽하리만치 합리적이다. 게다가 사람들은 온갖 신종 정보를 바로바로 흡수해 이윤 극대화에 활용한다. 이곳에서는 거래가 중단되는 법도 없다. 시장이 연결돼 있어 서로 마찰이 없으며 완벽하게 유동적이다. 이 행성의 금융 시장은 '랜덤 워크(random walk)'를 따르는데, 이는 매일의 주가가 전날 가격과 전혀 상관이 없고, 온갖 이용 가능한 정보를 가격에 모두 반영한다는 뜻이다. 이 행성의 주식 시장 수익률은 종 모양의 정규 분포 형태로(3장을 참조하라.), 연간 수익률 대부분이 평균 주위에 몰려 있고, 이 중 3분의 2는 표준편차의 1배 범위 안에 들어간다. 이러한 세계에서 '표준편차의 6배 범위'에 해당하는 증시 폭락은 우리 세계로 치면 키가 45센티미터 미만인 사람을 찾을 확률과 같다. 즉, 이런 거래는 400만 년에 한 번꼴로 일어날 뿐이다.[78] 바로 이러한 행성을 우리 시대의 가장 뛰어난 금융 경제학자 몇몇이 모여 생각해 냈다. 그리고 새삼스러운 사실은 아니겠으나, 이 공간은 지상에서 매우 무미건조한 지역인 코네티컷 주 그리니치(Greenwich, 미국 헤지펀드의 본고장―옮긴이)와 흡사해 보였다.

1993년 두 명의 수학 천재가 대단한 발상을 품고 그리니치로 건너왔다. 골드만삭스에서 피셔 블랙(Fisher Black)과 함께 일했던 스탠퍼드 대학의 마이런 숄스(Myron Scholes)는 옵션 가격 결정이라는 혁명적인 이론을 개발했다. 이제 그는 또 다른 경제학자인 하버드 경영 대학원의 로버트 머튼(Robert Merton)과 함께 이른바 블랙 숄스 모델을 이용해 돈을 벌고자 했다. 이들의 학술적 업적은 오랜 전통을 지닌 금융 상품인 옵션 계약에서 출발했다. 옵션의 원리는 (4장에서 살폈듯이) 다음과 같다. 오늘 100달러짜리 주식이 1년이 지나 200달러로 오를 것으로 보일 경우, 미래 시점에 150달러로 구매하는 옵션이 있다면 더없이 좋을 것이다. 만약 이 판단이 옳다면 이익을 본다. 판단이 빗나가도 이는 옵션일 뿐이므로 포기하면 그만이다. 손해 보는 비용이라고는 옵션 판매자가 챙겨 가는 옵션 가격 정도이다. 문제는 이 가격이 얼마인지 알아내는 것이다.

'퀀츠(Quants)', 즉 박사 학위를 소지한 수학적 재능이 뛰어난 분석가들은 옵션 가격을 결정하는 블랙 숄스 모델을 블랙박스라고도 부른다. 이 특별한 상자는 그 내부를 살펴볼 필요가 있다. 거듭 말하지만 문제는 특정 주식을 미래의 특정 날짜에 사는 옵션 가격을 결정하는 일로, 이 기간 동안 예측 불가능한 주가 동향을 고려해야 한다. 옵션 가격을 단순히 짐작하는 게 아니라 정확히 알아맞춘다면, 실로 '굉장한 두뇌(rocket scientist)'일 것이다. 블랙과 숄스는 옵션 가치가 다섯 가지 변수에 달려 있다고 보았다. 주식의 현재 시장 가격(S), 옵션 행사 가격(X), 옵션 만기일(T), 경제 전반의 무위험 수익률(r), 주가의 연단위 변동성(σ, 그리스 문자 시그마)이 바로 그 변수들로, 이 중 구매 시점과 만기 시점 사이의 가격 변동 확률을 뜻하는 마지막 변수가 가장 중요하다. 경이로운 수학적 마법 장치를 통해, 블랙과 숄스는 옵션 가격(C)을 다음과 같은 공식으로 풀어냈다.

$$C = SN(d_1) - Xe^{-rT}N(d_2)$$

이때

$$d_1 = \frac{\log\left(\frac{S}{X}\right) + \left(r + \frac{\sigma^2}{2}\right)T}{\sigma\sqrt{T}}, \quad d_2 = d_1 - \sigma\sqrt{T}$$

조금 당황스러운가? 수식이 이해가 안 되는가? 솔직히 말하면 나도 당황스럽다. 그렇지만 퀀츠에게 이는 더할 나위 없이 좋은 상황이다. 이러한 통찰력으로 돈을 벌려면, 옵션 가격 결정 원리를 전혀 모르고 (좀처럼 정확하지 못한) 직감에만 의존하는 사람들로 시장이 넘쳐나야 하기 때문이었다. 이들은 또한 1980년대 이후 금융 시장을 변화시킨 동력인 컴퓨터의 위력도 필요로 했다. 이제 마지막으로 시장에 정통한 파트너들만 갖추면, 이들은 강단에서 객장으로 도약할 수 있었다. 피셔 블랙이 암으로 쓰러져 파트너로 일할 수 없게 되자, 머튼과 숄스는 존 메리웨더(John Meriwether)에게 주목했다. 그는 살로몬 브러더스에서 채권 차익 거래 그룹을 이끌었으며, 1980년대 후반 저축 대부 조합 붕괴에서 처음으로 한몫 벌어들인 사람이었다. 1994년 이들은 회사를 세웠다. 그 이름은 롱텀 캐피탈 매니지먼트(Long-Term Capital Management, LTCM)였다.

이 회사는 드림 팀이 모인 듯했다. 학계의 뛰어난 퀀츠 2명은 살로몬의 슈퍼스타일 뿐 아니라 전 연준 부의장인 데이비드 뮬린스(David Mullins), 또 다른 하버드대 교수인 에릭 로젠펠드(Eric Rosenfeld), 그리고 전직 살로몬의 트레이더들인 빅터 하가니(Victor Haghani), 래리 힐리브랜드(Larry Hilibrand), 한스 후프슈미트(Hans Hufschmid)를 끌어들여 팀을 구성했다. 또 롱텀 캐피탈 매니지먼트 펀드는 주로 대형 은행들을 투자자로 끌어들였는데, 이 중에는 뉴욕의 투자 은행인 메릴린치와 스위스의 자산 관리 은행인 줄리어스 베어(Julius Baer)도 있었다. 또 스위스 은행 UBS도 나중에 투자자로 동참하였다.[79] 최소 투자 금액은 1000만 달러였다. 펀드 운용 보수로 파트너들은 운용 자산의 2퍼센트, 이익금의 25퍼센트를 받았다.(헤지펀드들은 대개 2퍼센트, 25퍼센트가 아닌 2퍼센트, 20퍼센트를 요구한다.)[80] 투자자들은 3년 동안 자금을 굴렸다. 그리고 또 다른 월 스트리트 기업인 베어 스턴스도 롱텀이 어디에 투자하든 상관 않고 오로지 투자를 위해 줄을 섰다.

펀드 운용으로 첫 두 해 동안 엄청난 성과를 거둔 롱텀 캐피탈 매니지먼트는 그 수익률(두둑한 수수료를 제한 후에도)이 41퍼센트에서 43퍼센트에 이르렀다. 만약 1994년 3월 롱텀사에 1000만 달러를 투자했다면, 4년 후에는 4000만 달러로 불어나는 셈이었다. 1997년 9월 무렵, 롱텀 펀드의 순자본금은 67억 달러였다. 펀드 파트너들의 지분도 10배 이상 급등했다. 물론 나날이 증가하는 운용 자산에서 막대한 수익률을 낳기 위해, 롱텀사는 조지 소로스 같은 인물에게 돈을 빌렸다. 이 추가 차입 자산 덕택에 이들은 보유 자금 이상으로 투기할 수 있었다. 1997년 8월 말 롱텀 펀드의 자본금은 67억 달러였지만, 대차대조표 상에 부채로 조달한 자산은 1264억 달러로, 자산 자본 비율이 19대 1이었다.[81] 1998년 4월 무렵, 이 액수는 1340억 달러에 이르렀다. 보통 고속 기어라고 하면 자전거와 관련된 용어로 이해한다. 그렇지만 머튼과 숄스가 나누는 대화에서 고속 기어란 롱텀사가 투기한 상당액의 투입 자금을 뜻했다. 그렇다고 이 빚더미가 이들에게 위협을 주지는 않았다. 이들의 수학 모형에 따르면 위험은 거의 없었다. 일단 이들은 서로 무관한 다수의 거래 전략을 동시에 구사하고 있었다. 7600개의 서로 다른 포지션을 취한 100여 개의 거래 전략이 이들에게 있었다.[82] 한두 개는 잘못될 수 있다. 그러나 서로 다른 투기들이 동시에 어긋날 리는 없었다. 이것이 바로 포트폴리오 다각화의 묘미였다. 현대 금융 이론에서 또 한 가지 핵심적 통찰인 이 내용은, 시카고 대학을 나와 1950년대 초반 랜드 연구소(Rand Corporation)에서 일한 경제학자 해리 마코위츠(Harry M. Markowitz)가 정식화했다. 또 이 이론은 훗날 윌리엄 샤프(William Sharpe)가 자본 자산 가격 결정 모형(Capital Asset Pricing Model, CAPM)을 창안해 한층 더 발전시켰다.[83]

롱텀사는 다양한 시장에서 가격 편차를 이용해 돈을 벌었다. 고정 이자 주택 담보 대출 시장, 미국·일본·유럽의 정부 채권 시장, 더욱 복잡한 이자율 스왑 시장* 등 자신들의 모형을 통해 본질적으로 동일한 자산이지만 옵션에서 가격 이상 징후가 포착되면 그 어디서든 활동을 개시했다. 그렇지만 롱텀사가 블랙 숄스 공식을 토대로 가장 크게 판을 벌인 투기는 미국과 유럽 주식 시장에서 장기 옵션을 판 것이었다. 다시 말해 미래의 주식 가격에 큰 변동폭이 있을 경우 옵션을 행사하도록 한 권리였다. 1998년 당시 이 옵션의 거래 가격은 블랙 숄스 공식에 따르면, 연간 22퍼센트라는 비정상적으로 높은 변동성을 반영하였다. 그렇지만 롱텀사는 실제 변동성이 최근 평균인 10퍼센트~13퍼센트 범위일 것으로 보고, 이 옵션들을 무더기로 싼값

---

* 스왑은 일종의 파생 상품이다. 스왑 계약은 약정 금액(notional amount)에 대해 변동 금리(보통 런던 은행 간 거래 금리인 리보)와 고정 금리를 서로 교환하는 형태이다.

에 팔았다. 은행들은 1987년 주식 시장 폭락 같은 높은 변동성에 대비하고자, 이를 흔쾌히 구매했다. 롱텀사가 이런 성격의 옵션을 지나치게 많이 팔자, 일부 사람들은 변동성 중앙은행(Central Bank of Volatility)이라는 별칭을 붙여 주기도 했다.[84] 최고조에 달했을 때는 미국에서 주식 변동성이 1퍼센트 포인트 변할 때마다 4000만 달러가 왔다 갔다 하였다.[85]

위험한 거래가 아니었을까? 롱텀사의 퀀츠에게는 아니었다. 롱텀사의 판매 전략은 본인들이 시장 중립형 펀드라는 데 있었다. 다시 말해 주식, 채권, 통화를 거래하는 그 어떤 대형 시장에서든 상당한 변동이 발생해도 자신들은 해를 입지 않는다는 뜻이었다. 이들은 특정 주가에서 옵션을 파는 이른바 동적 헤징(dynamic hedging) 전략을 구사해 위험 노출을 피해 갔기 때문이다. 게다가 롱텀 펀드는 신흥 시장에서도 위험 노출 자산이 사실상 없었다. 롱텀사는 지상 금융계의 빈번한 등락과 무관해 보이는, 마치 다른 행성에서 온 개체 같았다. 실제로 롱텀 파트너들은 본인들이 위험을 충분히 무릅쓰지 않는다고 보았다. 이들의 목표는 연간 자산 변동폭(표준편차)이 20퍼센트 정도인 위험 수준이었다. 그렇지만 실전에서는 그 절반 수준의 자산을 운용했다.(이들의 자산이 단지 10퍼센트 범위에서 부침을 보였다는 뜻이다.)[86] 롱텀사의 위험 평가 모형에 따르면, 자사가 한 해 안에 모든 자본을 잃으려면 10시그마 사건(ten-sigma, 정규 분포 곡선에서 평균에서 좌우로 ±1의 편차에 해당하는 영역을 1시그마라고 한다. 따라서 10시그마 사건은 평균에서 좌우로 표준편차의 10배 범위 밖에서 발생하는 것으로 통계상 10의 24제곱에 한 번 나오는, 그만큼 희박한 사건을 뜻한다. ─옮긴이)이 터져야 했다. 그러나 이런 사건의 발생 확률은 퀀츠의 계산에 따르면, 10^{24}분의 1로 사실상 제로에 가까웠다.[87]

1997년 10월, 롱텀 캐피털 매니지먼트가 실로 최고의 두뇌 집단임을 증명이라도 하듯 머튼과 숄스는 노벨 경제학상을 수상했다. 1997년 12월 31일 이들과 롱텀사 파트너들은 매우 자부심을 느끼며 외부 투자자들에 투자금

27억 달러를 돌려주었다.(본인들의 자금 투자에 더 주력할 것임을 강하게 암시했다.)[88] 지성이 직관보다 우월하고, 고도 기술이 위험 부담을 넘어서는 듯 보였다. 마법 같은 블랙박스로 무장한 롱텀 캐피탈 매니지먼트의 파트너들은 조지 소로스의 상상 이상으로 성공을 거둔 듯 싶었다. 그로부터 정확히 다섯 달 뒤, 노벨상 수상자들의 블랙박스 실체를 드러내는 사건이 터져 버렸다. 뚜렷한 이유 없이 주식 시장이 침체에 빠지더니, 변동성이 떨어지지 않고 상승하기 시작했다. 변동성이 커질수록(6월 27일에는 롱텀사의 전망치보다 2배 이상 커졌다.) 손해액이 늘어났다. 1998년 5월은 롱텀사 최악의 달이었다. 펀드 규모가 6.7퍼센트 하락했기 때문이다. 이것은 단지 시작에 불과했다. 6월이 되자 10.1퍼센트가 떨어졌다. 그리고 롱텀 자산의 가치가 떨어질수록 레버리지(자본 대비 부채 비율)는 높아져 갔다. 6월이 되자 그 비율은 31 대 1이었다.[89]

 진화 과정에서 대형 멸종 사건은 소행성의 지구 충돌과 같은 외부 충격에서 비롯되는 경우가 많다. 1998년 7월 그리니치가 커다란 유성과 충돌했을 때, 살로몬 스미스 바니(Salomon Smith Barney, 트래블러스(Travelers)에 합병된 살로몬 브라더스의 새 이름)사는 미 채권 차익 거래 그룹을 철수시키던 참이었다. 메리웨더에게 월 스트리트의 명성을 안겨 줬던 이 그룹은 사실상 롱텀 캐피탈 매니지먼트의 트레이딩 전략을 모방해 왔다. 두말할 나위 없이 이 회사의 새 주인은 5월 이후 생긴 손실을 달가워하지 않았다. 이들이 철수하고 난 다음인 1998년 8월 17일 월요일, 거대한 소행성이 외계가 아닌 지구의 매우 취약한 신흥 시장에서 날아왔다. 이는 정치적 봉기와 석유 수입 감소, 서투른 민영화로 허약해진 러시아의 금융 시스템이 붕괴하면서 시작됐다. 절망에 빠진 러시아 정부는 결국 채무 불이행을 선언할 수밖에 없었는데(루블화로 표시된 국내 채권을 포함해서), 이는 전 세계 금융 시장에 변동성이라는 기름을 들이부은 격이었다.[90] 한 해 전 아시아 위기에 이어 러시아의 채무 불이행 사태까지 연이어 터지자, 다른 신흥 시장과 일부 선진 시장에도 파급 효과를 몰고 왔다. 신용 스프레드가 커지기 시작했다.* 주식 시장이 곤두박질쳤다. 주식 변동성이 29퍼센트에 달했다. 극심한 경우 45퍼센트에 달하기도 했는데, 이는 곧 이후 5년 동안 주가 지수가 매일 3퍼센트씩 움직인다는 뜻이었다.[91] 이는 롱텀의 위험 모형이 예측하지 못한 상황이었다. 퀀츠들은 롱텀사가 단 하루 만에 4500만 달러 이상 잃을 가능성은 없다고 말했었다.[92] 1998년 8월 21일 금요일, 롱텀사는 5억 5000만 달러를 잃었다. 이는 총자본금의 15퍼센트에 해당하는 액수로, 레버리지 비율이 42 대 1까지 올라갔다.[93] 그리니치의 트레이더들은 입을 떡 벌린 채 멍한 표정으로 모니터만 바라보았다. 그럴 리가 없었다. 그러나 엄연한 현실이었다. 롱텀사가 투자 자산을 보유한 각기 다른 시장들이 돌연 동조 현상을 보이면서, 분산 투자라는 울타리가 무너지기 시작했다. 퀀츠들의 용어로 표현하면, 상관계수가 1이 되어 버린 상황이었다. 8월 말이 되자, 롱텀의 자산 가치는 44퍼센트 하락했다. 총손실액은 18억 달러를 넘어섰다.[94]

금융 시장에서 8월은 보통 트레이딩이 주춤한 시기이다. 사람들이 대부분 도시를 벗어나기 때문이다. 존 메리웨더도 지구 반대편인 베이징에 있었다. 그러나 그는 급히 돌아와 파트너들과 함께 자신들을 구원해 줄 백기사를 필사적으로 찾기 시작했다. 롱텀 캐피탈 매니지먼트는 바로 한 달 전 워런 버핏의 회사 버크셔 해서웨이(Berkshire Hathaway)에 공격적으로 공매도를 행한 적이 있었지만, 네브래스카 주 오마하에 있는 버핏에게도 도움을 요청했다. 그러나 거절당했다. 8월 24일에는 썩 내키지 않았지만, 다른 누구도 아닌 조지 소로스와의 면담을 추진했다.[95] 이는 사상 최대의 모욕이었다. 금

---

* 일례로 미 재무부 증권에 대한 JP 모건의 신흥 시장 채권 지수(emerging market bond index, EMBI) 스프레드를 살펴보면, 1997년 10월 3.3퍼센트에서 1998년 7월 6.6퍼센트로 오르더니 1998년 9월에는 10퍼센트로 뛰었다.

융 행성 출신의 퀀츠들이, 비이성과 계량할 수 없는 재귀성을 예견한 지구인에게 구제해 달라고 구걸한 꼴이었기 때문이다. 소로스는 "다른 이에게 5억 달러를 구할 수 있으면 메리웨더에게 그 돈을 주겠지만, 그럴 가능성은 없어 보인다."라고 말했다. JP모건이 2억 달러를 내놓았다. 골드만삭스도 도움을 주었다. 그러나 나머지 사람들은 뒷짐만 지고 있었다. 이들에겐 호기나 다름없었다. 롱텀사가 파산하더라도, 이들의 포지션이 아닌 담보만 챙기면 그만이었다. 그래서 변동성이 최고조에 달했어도 신경 쓸 바가 아니었다. 결국 롱텀사 파산이 월 스트리트를 뒤흔들 방아쇠라고 판단한 뉴욕 연방 준비 위원회는 월 스트리트 은행 14곳을 동원해 구제 자금 36억 2500만 달러를 급히 조달했다.[96] 그러나 원 투자자들(이 중에는 구제 자금을 낸 은행들도 있었고 피츠버그 대학 같은 소형 투자자도 섞여 있었다.)은 이 과정에서 보유 자산이 49억 달러에서 고작 4억 달러로 줄어드는 광경을 지켜봐야 했다. 16명의 파트너들은 본인들이 예상한 부의 극히 일부인 3000만 달러를 서로 나눠 가진 채 떠나야 했다.

대체 무슨 일이 있었던 걸까? 어째서 소로스의 판단은 정확했고 롱텀사의 두뇌들은 틀렸던 것일까? 문제는 롱텀 캐피탈 매니지먼트라는 지구 밖 사람들이 갑자기 지구라는 현실 세계로 돌아왔기 때문이다. 블랙 숄스 모델의 기본 가정을 기억하는가? 시장이 효율적이라는 가정은, 결국 주식 가격의 변동을 예측할 수 없다는 뜻이다. 시장은 연결돼 있고, 마찰이 없으며 완벽하게 유동적이기 때문이다. 주식 수익률은 종 모양의 정규 분포를 따른다. 분명 트레이더들이 블랙 숄스 모델 사용법을 익힐수록, 금융 시장은 효율적이게 될 것이다.[97] 그러나 존 메이너드 케인스의 지적대로, 위기 시 "시장은 우리가 감당할 수 없을 만큼 오랫동안 비합리적 상태를 유지할 수 있다." 장기적으로 보자면, 세계는 냉정하리만치 언제나 논리적인 금융 행성에 가까워질지 모른다. 그러나 단기적으로 볼 때 이 오래된 지구 행성은, 탐욕을 부리다가도 돌연 공포심을 느끼는 비이성적 인간들이 사는 곳이다. 그래서 손실이 커지자 대다수 참가자들이 시장에서 철수해 버리면서, 롱텀 캐피탈 매니지먼트는 좀처럼 안 팔리는 비유동적 포트폴리오 자산만 대거 떠안게 되었다. 게다가 지구 행성은 그 어느 때보다도 통합된 상태라, 러시아의 채무 불이행 하나로도 전 세계를 뒤흔들 만한 변동성이 생겨났다. 마이런 숄스는 어느 인터뷰에서 숙고하며 말했다. "아마도 롱텀사의 실수는 …… 시간이 흐를수록 세계가 점차 세계화된다는 점을 깨닫지 못한 데서 온 것 같다." 메리웨더 역시 같은 견해였다. "세상이 변해 가는데, 우리는 그 사실을 몰랐다."[98] 특히 대다수 회사들이 롱텀사의 전략을 모방하려 했기 때문에, 사태가 잘못될 경우 그 타격은 롱텀사의 포트폴리오에 그치지 않았다. 슈퍼 포트폴리오 전체가 출혈을 일으킬 수 있었다.[99] 대형 은행의 중견 매니저들이 어떻게 해서든 포지션들을 중단해야 한다고 고집하면, 모두들 가축 떼처럼 탈출구를 향해 몰려갔다. 모든 것이 일거에 침몰했다. 런던의 어느 잘나가는 헤지펀드 매니저가 훗날 메리웨더에게 이렇게 말했다. "존, 자네도 상관관계에 속해 있었다네."

그러나 롱텀 캐피탈 매니지먼트가 실패한 데에는 또 다른 이유가 있었다. 이 회사의 위험 평가 모형에 따르면, 롱텀사가 8월처럼 손실을 입을 가능성은 거의 없고, 우주 전 생애를 통틀어도 발생하지 않아야 했다. 그러나 이는 겨우 5년 치 자료를 가지고 돌린 모형에서 나온 결과였다. 만약 11년 전으로만 돌아갔어도 그 모형은 1987년 주식 시장 붕괴를 포착했을 것이다. 80년 전을 살폈더라면 1917년 혁명을 치른 러시아의 어마어마한 채무 불이행 선언도 보았을 것이다. 1947년에 태어난 메리웨더는 후회스러운 심정으로 말했다. "내가 대공황 시기를 겪었더라면, 사태를 제대로 이해할 만한 위치에 있었을 것이다."[100] 솔직히 말해 이 노벨상 수상자들은 수학에는 정통했어도, 역사에는 무지했다. 이들은 금융 행성의 멋진 이론은 이해하고 있었지만, 지구 행성의 난장판 같은 과거는 보지 못했다. 간단히 말하자면 바로 이런 이유로, 롱텀 캐피탈 매니지먼트는 쇼텀 캐피탈 미스매니지먼트, 즉 단명한 자금 부실 관리 회사로 전락하고 말았다.

재앙적인 롱텀 캐피탈 매니지먼트 파산 이후 계량 모델을 이용한 헤지펀드가 금융계에서 사라졌다고 생각할지 모른다. 그렇지만 엄청난 규모의 파산이긴 했어도 이례적인 사건은 아니었다. 1989년부터 1996년 사이에 생긴 헤지펀드 1308개 중 3분의 1(36.7퍼센트)이 1996년 말 무렵 자취를 감추었다. 이 기간 동안 헤지펀드의 평균 수명은 40개월에 불과했다.[101] 그런데 정반대 현상이 등장했다. 지난 10년 동안 그 수가 줄어들기는커녕, 온갖 형태의 헤지펀드가 수적으로 그리고 자산 규모 면에서 팽창하였다. 헤지펀드 리서치에 따르면, 390억 달러 규모의 자산을 다루는 헤지펀드가 1990년에는 600개가 조금 넘었다고 한다. 그러다가 2000년 무렵에는 자산 규모 4900억 달러인 헤지펀드가 3873개나 되었다. 최근 수치(2008년 1사분기)를 보면, 자산 규모 1조 9000억 달러인 헤지펀드가 7601개 존재한다. 1998년 이후 실제 헤지펀드로 (그리고 수많은 기업의 실적을 긁어모은 '재간접 펀드(funds of funds)'로) 투자가 쇄도하였다. 일단 헤지펀드가 개인과 투자 은행의 '높은 순가치'를 유지해 주기만 하면, 연기금과 대학 발전 기금 등 더욱 많은 자금이 모여들었다.[102] 이러한 추세는 높은 펀드 감소율을 감안할 때 매우 놀라운 현상이었다. 1996년에 등록한 헤지펀드 600개 중 25퍼센트만이 2004년 말까지 살아남았다. 2006년에는 717개의 업체가 거래를 중단했고, 2007년 처음 아홉 달 동안 409개 업체가 문을 닫았다.[103] 이렇게 이면에서는 상당수의 헤지펀드들이 투자자들의 기대에 못 미쳐 사라져 갔다.

헤지펀드 개체수가 팽창한 뚜렷한 이유 중 하나는, 이들이 상대적으로 변동성이 낮고 다른 투자 수단과 상관 계수가 낮아 하나의 자산군으로 비교적 좋은 실적을 보여 주었기 때문이다. 그러나 헤지펀드 리서치에 따르면 헤지펀드의 수익률이 떨어지는 추세로, 1990년대 18퍼센트에서 2000년부터 2006년 사이에 7.5퍼센트로 하락했다고 한다. 게다가 헤지펀드 수익률이 사실상 '베타(beta, 각종 지수들로 포착되는 전반적인 시장 동향)'가 아닌 '알파(alpha, 자산 관리 기술)'를 반영한다는 사실에도 회의적 시각이 많아졌다.[104] 헤지펀드 팽창에 대한 또 다른 설명으로, 헤지펀드가 존재하는 한 펀드 매니저들이 매우 독보적인 방식으로 부를 얻기 때문이라는 지적도 있다. 2007년 29억 달러를 벌어들인 조지 소로스는 시타델의 케네스 그리핀이나 르네상스 테크놀로지의 제임스 사이먼스(James Simons)보다 소득이 높았다. 그렇지만 그보다 더한 고소득자가 있었으니, 바로 서브프라임 주택 담보 대출 투자로 무려 37억 달러를 벌어들인 존 폴슨(John Paulson)이었다. 영국의 경제학자 존 케이(John Kay)의 말에 따르면, 만약 워런 버핏이 버크셔 해서웨이의 투자자들에게 '운용 자산의 2퍼센트, 수익의 20퍼센트'를 요구했더라면 그는 지난 42년 동안 주식 투자자에게 벌어다 준 620억 달러 중 570억 달러를 본인 몫으로 챙길 수 있었을 것이라고 한다.[105] 소로스, 그리핀, 사이먼스 모두 특출난 펀드 매니저들이다.(버핏만큼은 아닐지라도) 이들 덕분에 다른 뛰어난 매니저들과 더불어 그 헤지펀드들이 지난 10년 동안 크게 성장하였다. 그 결과 현재 390개 정도의 펀드가 10억 달러가 넘는 자산을 운용 중이다. 상위 100개 펀드는 전체 헤지펀드 자산의 75퍼센트를 차지하며, 상위 10개 펀드가 3240억 달러를 운용한다.[106] 그렇지만 평범한 사기꾼들도 헤지펀드를 설립해 상당한 돈을 벌어들일 방법이 있다. 어리숙한 투자자들로부터 1억 달러를 모은 후, 다음과 같이 간단한 전략을 구사하면 된다.

1. 1억 달러로 수익률 4퍼센트인 1년 만기 단기 재무부 증권을 산다.
2. 그러고는 1억 달러 방비 옵션(covered options, 인도 가능한 기초 자산을

보유하고서 발행하는 옵션—옮긴이)을 그 10퍼센트 가격에 매도한다. 이 옵션은 S&P 500 지수가 이듬해에 20퍼센트 이상 떨어질 경우 지급하는 것으로 한다.

3. 이 옵션 판매로 1000만 달러를 손에 넣은 펀드 매니저는 재무부 증권을 추가로 사들인다. 이것으로 다시 1000만 달러 옵션을 판매해 100만 달러를 얻는다.

4. 그런 다음 펀드 매니저는 장기 휴가를 떠난다.

5. 그해 말 S&P 500 지수가 20퍼센트 이상 떨어지지 않을 확률이 90퍼센트이면 펀드 매니저는 옵션 보유자들에게 돈을 지급할 필요가 전혀 없다.

6. 펀드 매니저의 수입은, 옵션 판매에서 얻은 1100만 달러에 재무부 증권 1억 1000만 달러의 수익률 4퍼센트를 합해, 지출 전 이익이 15.4퍼센트에 달한다.

7. 펀드 관리로 2퍼센트(200만 달러)에 기준 금리 4퍼센트를 상회하는 수익률 20퍼센트를 받아 총 400만 달러 이상을 챙긴다.

8. 이런 식으로 5년 이상 S&P 500 지수가 20퍼센트 이상 떨어지지 않고 이 펀드가 별 탈 없이 운영될 확률이 60퍼센트이면, 펀드 매니저는 신규 자금이 없더라도, 또 차입 포지션을 취하지 않고서도 1500만 달러를 벌어들인다.[107]

10년마다 롱텀 캐피탈 매니지먼트 같은 위기가 재현되고, 또 미심쩍은 헤지펀드들이 숱하게 얽혀 있는 현 상황에서, 그 규모가 전례 없다는 이유로 대마불사식 처리를 강행할 수 있을 것인가? 게다가 현재 서구 세계의 은행들이 1998년 당시보다 헤지펀드의 손실과 거래 상대방 위험에 훨씬 더 심각하게 노출된 상태이지 않은가?* 만약 그렇다면 이번에는 누가 이들을 구제

---

* 2007년 여름 신용 경색의 시작을 알린 신호가 베어스턴스와 골드만삭스가 운영하던 헤지

해 줄 것인가? 그 답은 다른 행성이 아닌 이 행성의 반대편에 있다.

차이메리카(Chimerica)

많은 이들에게 금융사는 과거사일 뿐이다. 이를테면 중국 제국사처럼 고대사로 받아들인다. 시장은 기억력이 짧다. 1997년~1998년 아시아 위기를 겪어 보지 못한 젊은 트레이더들이 현재 매우 많다. 2000년 이후 금융계에 뛰어든 이들은 지난 7년간 질풍노도의 시기를 겪었다. 주식 시장이 지나치게 과열됐던 탓이다. 채권 시장, 상품 시장, 파생 상품 시장도 마찬가지였다. 사실 모든 자산들이 그러했다. 보르도 포도주부터 고급 요트 같은 특별 보너스를 비롯해 모든 자산에 붐이 일었다. 그러나 이러한 호황기는 뭔가 알 수 없는 시기이기도 했다. 단기 이자율이 증가하고 무역 불균형이 두드러지며 경제적으로 중요한 석유 수출국에 정치적 위험이 솟구쳤는데도 시장은 기세등등했다. 이 역설적인 상황의 핵심에 바로 중국이 있었다.[108]

거대하게 굽이치는 양쯔 강변에 위치한 도시 충칭(重慶). 중국 제국의 심장부에 깊숙이 자리한 이 지역은, 서구인이 주로 찾는 연안 기업 지대에서 1600킬로미터 정도 떨어져 있다. 그렇지만 이곳의 3200만 거주민은 현재 홍콩이나 상하이 지역처럼 충칭의 경제 기적에 매우 심취해 있다. 한편으로 충칭의 급속한 산업화와 도시화는 공산주의 계획 경제의 마지막 위대한 업적일지도 모른다. 30개의 다리, 10개의 경전철, 셀 수 없이 많은 고층 빌딩 등 이 모두가 중앙 집권적 일당 국가(one-party state)의 기념비적 작품이다. 그러나 충칭의 성장은 자유 민간 기업의 결실이기도 하다. 여러 가지 점에

펀드의 손실을 알린 보도였다는 점은 결코 우연이 아니다.

서 우 야준(Wu Yajun)은 중국 신흥 부유층의 상징이다. 충칭의 선도적인 부동산 개발업자로 90억 달러의 자산을 보유한 그녀는 중국에서 매우 부유한 층에 속한다. 1세기 전 홍콩에서 치부한 스코틀랜드인의 모습을 보는 듯하다. 인 밍샨(Yin Mingshan)도 마찬가지 경우이다. 문화 혁명기 동안 투옥됐던 그는, 1990년대 초 중국 경제가 자유화되면서 천직을 찾았고 단 15년 만에 9억 달러짜리 사업체를 세웠다. 작년에 그의 리판(Lifan)사가 판매한 오토바이와 엔진은 150만 개를 넘어섰다. 그의 업체는 미국과 유럽에도 제품을 수출하고 있다. 현재 중국에는 백만장자가 34만 5000명이 넘으며, 우와 인은 이들 갑부 중 일부일 뿐이다.

중국은 제국주의적 과거만 뒤로한 것이 아니었다. 지금까지 세계에서 가장 급성장한 이 경제권은 주기적으로 신흥 시장을 날려 버렸던 위기들도 용케 피해 왔다. 1994년 이미 인민폐(人民幣)를 평가 절하 하고 경제 개혁 시기 동안 자본 통제를 가한 중국은 1997년~1998년 통화 위기도 거뜬히 이겨 냈다. 중국은 해외 자본이 필요할 때면 직접 투자 형태를 요구했다. 즉, 다른 신흥 시장들처럼 산업 발전을 위해 으레 서구 은행에서 차입한 게 아니라, 외국인이 중국 기업 지대에 와서 공장을 짓도록 하는 방식이었다. 이 거대하고 육중한 자산은 위기 시 쉽게 철수되지 못했다. 그렇지만 중요한 점은 중국 투자 대부분이 중국의 자체 저축(그리고 해외 동포의 자금)으로 조달됐다는 사실이다. 수년간 불안정에 시달려 조심성이 몸에 베인 데다 서구와 달리 신용 제도에 익숙하지 않은 중국 가계들은, 최근 저축을 거의 하지 않고 사는 미국인과는 매우 대조적으로 소득 증가 중 저축이 차지하는 비중이 상당히 높다. 중국 기업의 치솟는 이윤 중 저축 비중은 이보다도 높다. 저축이 매우 풍부한 결과 수세기 만에 처음으로 자본 이동의 방향이 서방에서 동방이 아닌 동방에서 서방으로 바뀌었다. 게다가 그 흐름은 거대하기까지 하다. 2007년 미국은 다른 나라에서 8000억 달러를 빌려야 했다. 매 근무일

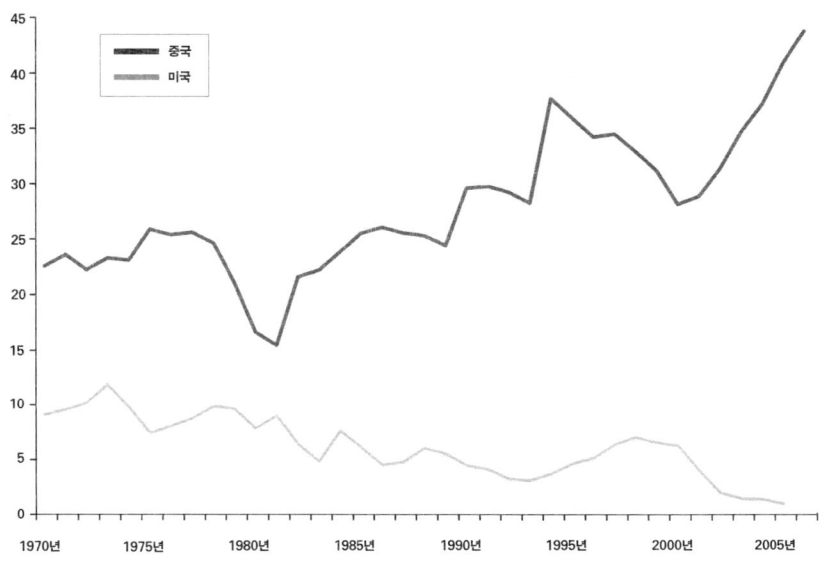

1970년~2006년 국민 총소득 대비 국민 순저축.

마다 40억 달러 이상을 빌린 셈이다. 반면 중국은 2620억 달러에 달하는 경상 수지 흑자를 기록했는데, 이는 미국 경상 수지 적자의 25퍼센트에 해당하는 액수였다. 게다가 이 흑자 중 상당액이 미국의 대출금으로 들어갔다. 결국 중화 인민 공화국은 미합중국에게 은행이 되어 준 셈이었다.

언뜻 보면 참 아리송하다. 현재 미국인은 한 해 평균 4만 4000달러 이상을 번다. 반면 중국의 경우 우 야준과 인 밍샨 같은 갑부가 있다 해도, 일반 중국인들은 2000달러 미만을 받고 산다. 그렇다면 어째서 중국은 자신보다 22배는 더 잘사는 미국에게 돈을 빌려 주게 되었을까? 그 이유는 최근까지만 해도 중국 입장에서는 방대한 인구를 활용해 낭비벽이 심한 미국 소비자에게 제조품을 수출하는 전략이 최상이었기 때문이다. 이 수출품에 더할 나위 없이 싼 가격을 보장하기 위해 중국은 세계 시장에서 그야말로 수십

억 달러를 사들여 자국 통화가 달러보다 강해지지 않도록 심혈을 기울여야 했다. 이는 일부 논평자들이 '브레턴우즈 Ⅱ'라고 부르는, 아시아 통화 페그제(고정 환율제 ― 옮긴이)의 일종이었다.[109] 2006년 중국의 달러 보유액은 3조 달러를 넘어섰다.(중국의 외환 보유고 순증가액이 미국 재무부 증권 및 정부 기관 증권의 순발행 규모와 거의 일치하는 점은 매우 의미심장하다.) 한편 미국 입장에서는 최근의 호시절을 유지하기 위해 값싼 중국 제품을 수입하는 게 최선이었다. 그리고 미국은 제조업을 중국에 아웃소싱하면서 저렴한 노동력의 혜택 또한 누렸다. 게다가 결정적으로 수십억 달러의 채권을 중국 인민 은행에 팔면서 상당한 저금리 기조까지 유지할 수 있었다.

이 환상의 이중 국가(dual country)가 바로 중국(China)과 미국(America)이 결합해 탄생한 '차이메리카(Chimerica)'이다. 이 나라는 전 세계 토지 면적의 10분의 1을 차지할 뿐 아니라, 지난 8년간 세계 경제 생산의 3분의 1, 세계 경제 성장의 절반 이상을 차지했다. 한동안 둘은 천생연분처럼 보였다. 동쪽의 차이메리카가 저축을 하면, 서쪽의 차이메리카에서 소비를 했다. 중국의 수출품은 미국의 인플레이션을 낮추었다. 중국의 저축은 미국의 이자율도 낮추었다. 중국의 노동력은 미국의 임금 비용마저 낮추었다. 결과적으로 미국은 무척 저렴하게 돈을 빌렸으며, 기업 운영으로 얻은 이윤도 상당했다. 차이메리카 덕분에 세계의 실질 금리(인플레이션을 감안한 차입 비용)는 지난 15년 평균보다 3분의 1 정도 떨어졌다. 차이메리카 덕분에 2006년 미국 기업의 이윤은 국내 총생산에서 차지하는 비중이 3분의 1만큼 증가했다. 그러나 여기에도 맹점이 있었다. 중국이 미국에게 돈을 빌려 줄수록 미국은 점점 더 차입에 의존했다. 다시 말해 2000년 이후 지구 행성에는 은행 대출, 채권 발행, 신종 파생 상품 계약이 쇄도했는데, 그 기저에는 차이메리카가 있었다. 헤지펀드의 팽창을 낳은 근본 원인이기도 했다. 게다가 사모 투자 회사가 도처에서 차입 매수 자금을 문제없이 조달하게 된 것도 이들 덕분이었다. 또한 차이메리카(혹은 벤 버냉키가 아시아의 '과도한 저축'이라고 표현한 상황[110])는 2006년 미국의 주택 담보 대출 시장에 엄청난 자금이 흘러넘치도록 하여 소득이나 직장, 재산이 없는 사람도 100퍼센트 주택 담보 대출을 얻게 한 근본 요인이기도 했다.

2007년 서브프라임 주택 담보 대출의 경우, 앞서 살핀 대로 그 위기 예측이 어렵지 않았다. 반면, 미국 본토에서 주택 담보 대출 미상환이 범람할 경우 이것이 서구 금융 시스템을 거쳐 금융 대지진으로 번진다고 상상하기란 쉽지 않았다. 서브프라임 대출 미상환이 부채 담보부 증권처럼 이색적인 자산 담보부 증권들의 가치를 파괴한다는 사실을 이해하는 사람은 그리 많지 않았다. 이러한 손실이 치솟을 경우 은행 간 대출이 중단되고 단기 상업 어음과 기업 채권 발행 시 부과된 이자율이 급등하여, 결국 온갖 민간 부문 차입자들이 심각한 압박에 처한다는 사실을 이해한 이들도 드물었다. 이러한 신용 경색 때문에 영국이 1866년 이후 처음으로 예금 인출 사태를 겪으면서 노던록 은행을 국유화하리라고 예상한 이 또한 거의 없었다. 2007년 7월 문제가 시작되기 이전 미국의 어느 헤지펀드 매니저는, 앞으로 5년 안에는 미국에 경기 후퇴가 발생하지 않는다며 7 대 1의 확률로 내게 호언장담했다. 6개월 후에는 "세상이 망하는 일은 없다."라며 단언하기도 했다. 그러나 예측은 빗나갔다. 2008년 5월 말, 미국의 경기는 이미 후퇴하기 시작하는 듯 보였다. 그렇다면 세상은 종말을 향해 가는 중일까?

2008년 5월 사실 중국(브릭스도 물론이거니와)은 미국의 침체에 전혀 영향을 안 받을 수는 없었다. 중국의 최대 교역국인 미국이 중국 수출 물량의 20퍼센트를 차지하기 때문이었다. 반면 중국의 성장에서 순수출의 중요성은 최근 들어 현저하게 감소하였다.[111] 게다가 중국의 준비금 비축량 덕분에 베이징은 어려움을 겪는 미국 은행에 자금 주입을 제안할 정도로 막강한 위치에 올라섰다. 헤지펀드의 성장은 1998년 이후 세계 금융의 달라진 모습

중 일부에 불과했다. 더 중요한 현상은 국부펀드(sovereign wealth funds), 즉 대규모 무역 흑자를 기록하는 나라에서 부를 쌓기 위해 운영하는 펀드의 성장이었다. 2007년 말 무렵 운용 중인 국부펀드는 2조 6000억 달러 수준으로 전 세계 헤지펀드 규모를 넘어섰으며, 이제 정부 연기금이나 중앙은행 준비금 규모를 바짝 뒤쫓고 있다. 모건 스탠리(Morgan Stanley)는 15년 이내에 국부펀드 자산이 27조 달러가 될 것으로 전망하는데, 이는 전 세계 금융 자산의 정확히 9퍼센트에 해당하는 수치이다. 이미 2007년에 아시아와 중동의 국부펀드는 서구 금융 회사에 투자하기 시작했으며, 이 중에는 바클레이즈(Barclays), 베어스턴스, 시티 그룹, 메릴린치, 모건 스탠리, UBS, 그리고 사모펀드 회사인 블랙스톤(Blackstone)과 칼라일(Carlyle)이 속해 있다. 한동안 국부펀드는 서구 금융계에서 국제적인 구제 금융을 조직하는 주체로 보였다. 금융사에서 각자 맡아 온 역할이 완전히 뒤바뀐 모양새였다. 조지 소로스가 비난한 '시장 근본주의(market fundamentalism, 시장의 균형과 완전성을 전제하여 규제를 지양하고 모든 것을 시장에 맡기라는 입장 ― 옮긴이)'를 신조로 삼아 온 이들에게는 괴롭고 이례적인 일이었다. 최근 위기의 주요 승자는 다름 아닌 국가 소유 집단이었기 때문이다.*

    그러나 언뜻 세련돼 보여도 본질상 미국발 위기의 해법인 차이메리카는 여러 가지 이유로 실패했다. 그중 하나는 초반 미국의 금융 주식에 진출했던 중국이 괄목할 만한 성과를 낳지 못한 사실에 있었다.** 또 베이징 내부

---

* 국부펀드 중에는 역사가 상대적으로 유구한 경우도 있다. 쿠웨이트의 국부펀드(Investment Authority)는 1953년에 세워졌다. 싱가포르의 국부펀드(Temasek)는 1974년, 아랍에미리트 연합의 국부펀드(ADIA)는 1976년, 싱가포르의 국부펀드(GIC)는 1981년에 각각 설립됐다.
** 중국 투자 공사(China Investment Corporation, 중국의 국부펀드 ― 옮긴이) 사장 로우 지웨이(Lou Jiwei)는 2007년 12월, 모건 스탠리의 9.9퍼센트 주식에 50억 달러를 투자한 후 이 투자 기회를 농부 눈앞에 나타난 토끼에 비유했다. "몸집이 크고 살찐 토끼를 보면, 바로 겨냥하겠지요." 그러나 이후 모건 스탠리의 주가가 떨어지자 그는 다음과 같이 덧붙였다. "혹자는

에는 서구 은행 위기가 아직 바닥을 치지 않았다는 불안감이 있었는데, 특히 미국의 불황이 명목 가치 62조 달러에 달하는 미결제 신용 디폴트 스왑(credit default swaps)에 미칠 여파를 가늠할 수 없다는 무시 못할 근거가 있기 때문이었다. 한동안은 차이메리카 심장부에 심각한 정치적 긴장감이 흐르기도 했다. 당시 미 의회는 중국을 불공정 경쟁 및 통화 조작 국가로 간주해 우려의 목소리를 높였고, 미국 내 경기 후퇴가 심각할수록 불만의 목소리 또한 커져 갔다. 그러나 2007년 8월 이후 미국이 보여 준 통화 정책 완화(연방 기금 금리가 급격히 낮아지고, 다양한 경매와 각종 대출 '수단들'로 은행권에 1500억 달러가 흘러들어 갔으며, JP 모건의 베어스턴스 합병에 인수 자금을 지원한 것 등)는 미국판 통화 조작과 바를 바가 없었다.[112] 미국발 위기가 시작된 이후, 달러 가치는 주요 교역국에 비해 25퍼센트, 인민폐에 비해서는 9퍼센트가 하락했다. 이 현상은 거의 모든 상품 시장에서 동시다발적인 수요 및 공급 압력과 맞물리면서 식품, 연료, 원자재 가격을 급격히 치솟게 했다. 중국은 상품 가격 상승으로 인플레이션 압력이 심해지자, 가격을 통제하고 수출을 금지해야 하며 아프리카와 그 이외 지역에서 천연자원을 필사적으로 확보해야 한다는 제국주의 색채를 띠어 서구를 긴장시켰다.[113] 아마도 그 이름에서 연상되듯, 차이메리카는 사자, 염소, 용의 몸을 가진 신화 속 괴물 키메라(chimera)에 불과할지도 모른다.

생각해 보면 과거에도 비슷한 상황이 있었다. 100년 전 쯤 첫 번째 세계화 시기에도 세계 금융의 중심지인 영국과 유럽 대륙에서 가장 역동적인 산업 경제권인 독일 사이에 이와 비슷한 상징적 관계가 있었다는 게 당시 투자자들의 중론이다. 지금처럼 당시에도 공생과 반목 사이에서 위험한 줄타기를 했다.[114] 그렇다면 1914년 상황같이 특정 사건이 도화선이 되어 또다시

모건 스탠리가 우릴 겨냥했다고 볼지도 모르겠군요."

세계화가 침몰할 것인가? 그 답은 무역, 대만과 티베트 문제 혹은 아직 수면 위로 떠오르지 않은 또 다른 현안을 놓고 미국과 중국의 정치적 관계가 어느 선까지 악화되느냐에 달려 있다.[115] 이 시나리오는 받아들이기 어려울지도 모른다. 그렇지만 이는 미래 역사학자들이 과거로부터 유추해 세운 설득력 있는 가설이다. '전쟁 책임(war guilt)'을 주장하는 이들은 중국의 단호한 자세를 탓하기도 하며, 또 이빨 빠진 호랑이인 미국의 태만함에 실망감을 내비치는 이들도 있다. 국제 관계 전문가들은 당연히 전쟁의 체계적 기원을 자유 무역의 붕괴나 천연자원 경쟁 그리고 문명의 충돌에서 찾아낼 것이다. 역사적으로 보자면, 1914년처럼 우리 시대도 대형 화염에 소리 없이 휩싸일 수 있다. 어떤 이들은 2003년부터 2008년까지의 상품 가격 폭등을 놓고 이후 벌어질 갈등이 시장에서 부지불식간에 드러난 것이라고 진단 내리기도 했다.

첫 번째 중요한 역사적 교훈은, 경제의 세계화가 상당히 진전되고 또 영어권 제국의 패권적 지위가 상당히 공고해 보이던 시절에도 대규모 전쟁이 발생했다는 사실이다. 두 번째 중요한 교훈은 세계가 주요 갈등 없이 보낸 시간이 길어질수록 사람들의 직감이 떨어진다는 점이다.(그래서 갈등이 쉽게 촉발하는지도 모른다). 마지막 세 번째 교훈은 위기가 발생했을 때 전장에서 상처를 입어 본 투자자보다는 자기만족적인 투자자가 훨씬 심각한 붕괴를 초래한다는 사실이다. 반복해 살펴봤듯이, 현재 은행 임직원이나 펀드 매니저, 트레이더에게는 대형 위기에 대한 기억이 거의 없다. 월 스트리트 최고 경영자의 평균 경력도 겨우 25년 정도로,[116] 이들이 미국 은행 제도의 정점에서 직접 체험한 일은, 사상 초유의 석유 가격과 금 가격 폭등이 터지고 10년이 지난 1983년 이후의 것이다. 바로 이런 사실만으로도 금융사를 공부해야 할 이유는 충분해 보인다.

후기: 화폐의 강등

현재 금융 세계는 지난 4000년간 이어 온 경제 진화의 산물이다. 화폐, 즉 채무자와 채권자 사이의 관계가 구체화된 대상은 은행과 어음 교환소를 탄생시켜 차입과 대출 행위를 전례 없는 규모로 한곳에 모아 놓았다. 13세기부터는 정부 채권이 이자 지급을 증권화했으며, 한편으로 채권 시장이 등장해 규율에 따라 거래되는 공개 시장의 혜택을 누리게 했다. 17세기부터는 기업 주식도 비슷한 방식으로 사고팔았다. 18세기에는 보험 기금에 이어 연기금이 등장하여, 규모의 경제와 평균의 법칙을 바탕으로 예측 가능한 위험에 대비한 금융적 보호 수단을 제공하였다. 19세기 이후에는 선물과 옵션이라는 더욱 세분화되고 세련된 형태의 금융 증서들이 등장했다. 바로 파생 상품의 출현이었다. 20세기부터는 정치적 이유가 작용하여, 각 가계들이 차입을 높여 부동산 중심의 포트폴리오를 구성하도록 부추겼다.

이 모든 제도 혁신(은행, 채권 시장, 주식 시장, 보험, 재산 소유 민주주의)이 뭉친 경제 영역은 이전보다 장기적으로 더 뛰어난 성과를 보여 주었다. 그 이유는 대개 금융 중개를 거치면서 봉건주의나 중앙 계획 경제 방식보다 자원을 더욱 효율적으로 할당했기 때문이다. 따라서 당연히 서구식 금융 모델이 전 세계로 퍼졌는데 이 과정이 처음에는 제국주의, 이후에는 세계화라는 탈을 쓰고 등장했다.[1] 고대 메소포타미아부터 오늘날 중국에 이르기까지 인류 진보의 배후에 놓인 추동력 중 하나는 간단히 말해 화폐의 부상이었다. 금융의 혁신과 중개 및 통합이라는 이 복잡한 과정은, 인류가 고된 자급 농업과 맬서스의 덫(인구가 기하급수적으로 증가하여 결국 인구 폭발로 인류가 멸망한다는 주장 ― 옮긴이)에서 탈출하게 해 준 과학적 발전 및 원리의 확산 못지않게 매우 중요하였다. 연방 준비 제도 이사를 지낸 프레더릭 미시킨(Frederic Mishkin)은 "금융 제도는 경제의 두뇌이다. …… 이는 경제 활동에 활력을 불어넣는 자본 할당 조정 장치로, 기업이나 가계가 자본을 가장 생산적으로 활용하도록 한다. 만약 자본이 엉뚱한 곳에 쓰이거나 전혀 유동적이지 못할 경우, 경제는 비효율적으로 운영되어 결국 경제 성장도 침체된다."라고 말했다.[2]

그렇지만 화폐의 부상 과정은 순탄하지 않았고, 또 순탄할 수도 없었다. 금융사는 오히려 롤러코스터처럼 오르내림이 심했다. 즉, 거품이 생겼다가 꺼지고 열광과 패닉이 교차하며 충격과 추락이 맞물리는 역사였다.[3] 1870년 이후 국내 총생산 및 소비 자료를 살핀 최근의 한 연구에 따르면, 한 나라에서 최소 10퍼센트 이상의 국내 총생산 누적 하락률을 초래한 위기는 148건, 이와 맞먹는 소비율 하락을 낳은 위기는 87건이 발생해, 매해 금융 재난 발생률이 약 3.6퍼센트였다고 한다.[4] 현재 그 어느 때보다 세련된 제도와 수단을 갖추었다고 자부하지만, 금융 행성은 그 어느 때보다도 위기에 취약하다. 아무리 재주를 부려 본들, "무작위 상황(randomness)에 휘둘리고",[5] "검은 백조(black swans, 17세기에 한 생태학자가 호주에서 실제로 흑조를 발견하면서, 불가능하다고 여겨진 희귀 사건이 터진 경우를 가리키는 용어가 됨 ― 옮긴이)"에 기겁하는 게 우리의 운명 같다.[6] 심지어 '슈퍼 거품(super bubble)'이 낳은 디플레이션을 몇 십 년째 겪으며 살고 있는 기분도 든다.[7]

여기에는 근본적으로 세 가지 이유가 있다. 첫 번째로 계산 가능한 위험과 달리 불확실 영역인 미래(단일한 미래는 없으니 미래들이라는 표현이 낫겠다.)에는 관련 변수가 무수히 많기 때문이다. 경제학자 프랭크 나이트(Frank Knight)는 1921년에 이런 주장을 펼쳤다. "불확실성은 익숙한 개념인 위험과 근본적으로 다르게 봐야 하나, 제대로 구분한 적이 없었다. …… 측정 가능한 불확실성, 정확히 말해 '위험'은 …… 측정 불가능한 불확실성과 전혀 다르며, 사실상 불확실하다고 할 수 없다." 간단히 말해, 인생사와 주사위 게임은 다르다는 뜻이다. 주사위는 반복해 던져도 정해진 숫자 외에는 나오지 않고 한정된 사건만 발생하므로, 도표를 작성해 실제 확률을 추론할 수 있다.[8] 1937년 케인스도 같은 지적을 명쾌하게 풀어 쓴 적이 있다. 그는 자신의 저서 『일반 이론』에 대한 비판에 다음처럼 반박하였다.

나는 단지 확실한 사건과 개연성 있는 사건을 구분하는 데서 그치려는 게 아니다. 이런 맥락에서 보자면 룰렛 게임은 불확실한 사건이 아니다. …… 기대 수명은 조금 불확실하다. 날씨는 어느 정도 불확실하다. 나는 이 용어를, 유럽 전쟁에 대한 전망이 불확실하다거나 …… 지금부터 20년간 이자율이 불확실하다고 말할 때의 의미로 쓴다. 이 문제들은 확률 계산을 해낼 과학적 근거가 전혀 없다. 우리는 그저 모를 뿐이다.*

케인스는 이어 "이러한 환경에서도 합리적이고 경제적인 인간의 체면을

---

* 미국의 경제학자 피터 번스타인(Peter Bernstein)은 이렇게 말했다. "우리는 과거의 자료를 집어넣는다. …… 그렇지만 과거 자료는 …… 확률 법칙에 필요한 독립적인 관찰치가 아닌 일련의 사건들로 구성된다. 역사가 우리에게 보여 주는 것 역시 …… 자본 시장의 한 가지 표본이지, 개별적이며 무작위적으로 분포된 수천 개의 시장이 아니다." 래리 닐(Larry Neal) 역시 "금융사보다 훨씬 발달한 역사 분야인 지질학에도 동일한 문제(표본수가 사실상 하나라는 점)가 내재해 있다."라고 주장했다.

살리고자 행동하는" 투자자들의 행동 방식에 대해 다음과 같은 가설을 세웠다.

 (1) 우리는 과거에 대한 정확한 고찰을 소홀히 한 채 현재 상황이 미래에 대한 훨씬 유용한 안내자라고 믿는다. 다시 말해 우리가 전혀 모르는 현상의 속성이 훗날 바뀔 가능성을 대개 무시한다.
 (2) 우리는 가격에 반영된 기존의 판단이나 결과물이 미래에 대한 전망을 정확하게 모아 냈다고 가정한다.
 (3) 각자 개별적인 판단은 소용없다는 사실을 알기에, 우리는 정보 구축력이 월등한 다른 세계에 의존하는 경향이 있다. 즉, 우리는 다수의 행동이나 평균적 행동에 순응하려 든다.[9]

 투자자의 행동에 대한 케인스의 해석이 과연 옳았는지는 미지수지만, 적어도 사고의 방향은 틀리지 않았다. 개인들의 주먹구구식 직감, 즉 주먹구구식 편향(heuristic biases)이 금융 시장에서 변동성을 낳는 주요 요인이라는 점은 의심의 여지가 없기 때문이다.
 이 사실은 금융 제도에 내재된 불안정성을 설명하는 두 번째 이유와 맞닿아 있다. 바로 인간의 행동이다. 이미 살펴봤듯이 모든 금융 기관은 심취하다가도 돌연 등을 돌려 버리는 인간의 타고난 기질, '꼬리 위험'을 연거푸 막아 내지 못한 인간의 무능력함, 역사의 교훈을 곧잘 잊는 인간의 모습 등에 휘둘려 왔다. 다니엘 카네먼(Daniel Kahneman)과 아모스 트베르스키(Amos Tversky)는 그들의 유명한 논문에서 실험을 거듭한 결과 인간은 돈이 얽힌 단순한 선택에서도 확률 계산을 제대로 못하는 경향이 있다고 밝혀 냈다. 우선 이들은 표본 집단에게 1000이스라엘 파운드를 각각 지급했다. 그러고는 a) 추가로 1000파운드를 얻을 확률 50퍼센트와 b) 추가로 500파운드를 얻을 확률 100퍼센트 중 하나를 선택하게 했다. 16퍼센트만 a)를 선택했고 나머지 84퍼센트는 b)를 선택했다. 다음으로 동일한 집단에게 2000이스라엘 파운드를 받았다고 가정하게 하고 또 다른 선택지를 주었다. c) 1000파운드를 잃을 확률 50퍼센트와 d) 500파운드를 잃을 확률 100퍼센트였다. 이번에는 대다수인 69퍼센트가 c)를 선택했고 31퍼센트만 d)를 선택했다. 그렇지만 보수를 계산해 보면, 두 문제는 동일하다. 두 경우 모두 1000파운드가 되거나 2000파운드가 될 확률이 각각 50퍼센트인 경우(a와 c)와 1500파운드가 될 확률이 100퍼센트인 경우(b와 d)를 놓고 선택하는 실험이기 때문이다. 이를 비롯한 여러 실험을 통해 카네먼과 트베르스키는 놀랍게도 비대칭성을 발견했다. 즉, 긍정적인 전망에서는 위험을 회피했지만, 부정적인 전망에서는 위험을 선호했다. 그리고 전체 크기가 같더라도 이득보다는 손실을 2.5배 강하게 느꼈다.[10]

이러한 '비일관성(failure of invariance)'은 신고전학파 경제 이론에서 가정한 대로 실제 인간이 호모 에코노미쿠스, 즉 이용 가능한 모든 정보와 자신의 기대 효용에 따라 합리적으로 판단하는 존재가 아님을 보여 주는 여러 주먹구구식 편향(사고나 지식이 편향된 상태) 중 하나일 뿐이다. 이외에도 여러 가지 실험을 해 본 결과 인간이 다음과 같은 인지 함정에 쉽게 빠진다는 사실이 드러났다.

1. **유용성 편향**. 우리는 실제 필요한 자료보다는 쉽게 떠오르는 정보를 토대로 결정을 내린다.

2. **사후 확신 편향**. 우리는 일이 터지기 전보다 터진 후에 그 사건의 발생 확률을 높게 보는 경향이 있다.

3. **귀납의 문제**. 우리는 불충분한 정보를 토대로 일반 법칙을 세우려 한다.

4. **결합의 오류**. 우리는 발생 확률 90퍼센트인 7가지 사건이 동시에 일어날

확률은 높게 보지만, 발생 확률 10퍼센트인 7가지 사건 중 적어도 한 가지가 발생할 확률은 낮게 본다.

5. **확증 편향**. 처음 세운 가설을 논파하는 증거보다는 확증해 주는 증거를 찾으려 든다.

6. **전염 효과**. 우리는 판단을 내릴 때 무관할지라도 쉽게 접하는 정보에 영향받는다.

7. **정서적 주먹구구**. 가치 판단에 선입관이 작용하여 비용과 편익을 올바로 평가하지 못한다.

8. **범주 혼동**. 우리는 서로 차원이 다른데도, 손해를 막기 위해 무엇을 희생해야 할지 균형 있는 판단을 내리지 못할 때가 있다.

9. **과신**. 자신의 추정치에 대해 신뢰 구간을 좁게 설정하는 경향이 있다.(즉, '최상의' 시나리오에 '가장 높은 확률'을 부여한다.)

10. **방관자적 무관심**. 우리는 무리 속에 있을 때 개인의 책임을 저버리는 경향을 보인다.[11]

만약 아직도 인간에 내재된 오류가 의심스럽다면 다음 질문에 답해 보자. 야구 방망이와 야구공의 값이 합해서 1파운드 10펜스이고, 야구 방망이는 야구공보다 1파운드 더 비싸다고 하자. 이때 야구공은 얼마인가? 대략 2명 중 1명이 무심코 10펜스라고 내뱉는다. 정답은 5펜스다. 야구 방망이가 1파운드 5펜스, 야구공이 5펜스이어야 두 조건이 맞는다.[12]

어떤 분야이든 금융 시장의 작동 원리에 대해 혁명적인 인식 틀을 제공했다면, 그곳은 아마도 행동 금융학(behavioural finance)의 모체일 것이다.[13] 효율 시장 가설에서 탈피한 이 분야가 이 도전 과제를 얼마나 해명할지는 미지수다.[14] '군중의 지혜'를 믿는 사람들은[15] 다수의 인간 집단이 소수 전문가 집단보다 올바른 판단을 내릴 가능성이 높다고 본다. 그렇게 볼 만도

하다. '거시 경제학자들은 지난 경기 후퇴 5건 중 9건을 성공적으로 예측했다.'라는 오래된 농담은 단순한 우스갯소리가 아니라, 경제 예측이 그만큼 어렵다는 것을 보여 주는 뼈아픈 진실이다.[16] 한편 진지한 인간 심리학도라면 대규모 인간 집단의 지혜만큼 광기 어린 모습이 없다는 점도 잘 알 것이다.[17] 그 좋은 예는 아마도 2007년 전반기에 거의 모든 투자자들이 대형 유동성 위기가 일어나지 않을 거라고 착각한 상황일 것이다.(들어가는 글 참조) 엘리저 유드코프스키(Eliezer Yudkowsky)의 유려한 글을 빌려 표현해 보면 다음과 같다.

사람들은 지나친 자신감으로 과도하게 낙관하는지도 모르겠다. 사람들은 다른 일은 만사 제쳐 둘 정도로 미래에 대한 특정 시나리오에 지나치게 몰두한다. 또 지난 과거(유동성 위기)를 기억 못하는 듯싶다. 흘러간 과거에 대한 예측 능력을 과대평가한 만큼, 그 미래가 몰고 올 충격을 과소평가하는지도 모른다. 소 잃고 외양간 고치듯 (유동성 위기에 대한) 사전 대비가 어렵다는 사실도 뒤늦게야 깨닫는다. …… 내기의 대가는 무시한 채 보상 확률이 큰 도박만 선호한다. 또 기술의 혜택(예를 들어 채권 보험)에 대한 긍정적 정보와 그 위험에 대한 부정적 정보를 뒤섞어 버린다. 사람들은 (금융 제도가) 결국에 구제받는 영화를 너무 많이 봤다. …… 혹은 (유동성 위기) 전망에 크게 낙심한 나머지 (그 논리적) 이유를 열성적으로 찾아나서는 대신, 그 열정을 (유동성이) 마르지 않는다는 주장을 찾는 데 쏟아붓는 것인지도 모르겠다. 만약 '왜 더 많은 사람들이 대책을 세우지 않았는가?'라고 구체적으로 물어 온다면, 사람들이 바로 그와 똑같은 질문을 던졌으되 짐짓 침착하고 애써 태연한 척하며 남들 반응을 이리저리 살폈다고 답하겠다.[18]

물론 우리의 인지 왜곡은 대부분 진화의 산물이다. 금융사의 이상 궤도를 설명하는 세 번째 요인 역시 비유적이긴 하나 진화론과 관련이 있다. 보통 금융 영역에도 다원적 속성이 있다고들 말한다. 공격적인 트레이더들은 '적자생존'이라는 표현을 즐겨 쓴다. 앞서 살펴봤듯이, 투자 은행들은 '우수성의 진화'라는 이름으로 회의를 열기도 했다. 그러나 2007년 미국발 위기로 이러한 용어의 사용 빈도수가 더욱 늘어났다. 2007년 후반 금융 멸종의 파장을 논한 사람은 미 재무 차관보 앤서니 라이언(Anthony W. Ryan)뿐만이 아니었다. 매사추세츠 금융 공학 기술 협회 책임자 앤드루 로(Andrew Lo) 역시 시장 제도의 적응력을 새로 개념화하는 데 앞장선 사람이었다.[19] 그는 장기에 걸쳐 금융 서비스 발전사를 분석해 보니, 금융계에도 자연계와 같은 진화 동력이 있었다고 주장했다.[20]

물론 경제에도 다원주의 과정이 작동한다는 시각은 전혀 새로운 주장이 아니다. 사실 진화 경제학(evolutionary economics)은 16년 된 독자 저널도 있을 만큼 경제학의 탄탄한 하위 분야이다.[21] 경제학자 소스타인 베블런(Thorstein Veblen)도 일찍이 1898년에 '왜 경제학은 진화 과학이 아닌가?'(진화 과학이라는 뜻)라는 의문을 처음으로 제기하였다.[22] 조지프 슘페터(Joseph Schumpeter)는 저서 『자본주의, 사회주의, 민주주의(*Capitalism, Socialism, and Democracy*)』에서 금융에도 똑같이 진화 개념이 적용 가능하다고 보고, 산업 자본주의 역시 '진화 과정'을 거친다는 유명한 구절을 남겼다.

> 이 진화론적 속성은 …… 경제 생활이 이뤄지는 공간에서 사회나 자연환경이 바뀌고, 다시 이 변화로부터 경제 활동에 대한 정보가 바뀌기 때문에 생기는 것만은 아니다. 물론 이 같은 사실도 중요하며 때로는 이러한 변화(전쟁이나 혁명 등)가 산업 변동의 조건이 되기도 하지만, 그 자체가 원동력은 아니다. 또 이 진화론적 속성은 인구와 자본의 준자동적(quasi-autonomic) 증가 혹은 마찬가지 성격을 지닌 화폐 제도의 예기치 못한 변화

로 나타나는 것도 아니다. 자본주의 엔진을 가동하고 지속시키는 근본적인 추진력은 자본주의 기업이 만들어 낸 신제품, 새로운 생산 방식이나 운송 방식, 신규 시장, 새로운 산업 조직 형태에서 나온다. …… 국내외에 새로운 시장이 열리거나, 수공업 작업장과 공장부터 유에스 스틸(US Steel) 같은 회사에 이르기까지 조직적 발전을 겪을 경우, 바로 이 산업적 돌연변이 과정(생물학적 용어를 사용한다면)이 나타난다. 이 과정에서 낡은 것이 파괴되고 새로운 것이 끊임없이 창조되는 등 경제 구조 내부로부터 부단한 혁명이 발생한다.[23]

최근 근대 경제 사회의 파괴 양상을 주제로 한 연구가 있었다. 이에 따르면 매해 미국 기업 10곳 중 1곳이 사라졌다고 한다. 정확히 말해, 1989년부터 1997년까지 총 573만 개 기업 중 한 해 평균 61만 1000개가 자취를 감췄다. 기업 퇴출 비율은 평균 10퍼센트였다. 경기가 안 좋을 경우 특정 경제 부문은 그 비율이 20퍼센트까지 올라가기도 했다.(1989년 저축 대부 조합 위기가 절정에 달했을 때 컬럼비아 특별구 금융 부문이 그러했다.)[24] 영국 무역 산업부에 따르면, 세금을 신고한 기업 중 30퍼센트가 3년 후에 사라졌다고 한다.[25] 눈에 띄는 성공을 거두며 처음 몇 년간 생존한 기업조차 결국 대부분 문을 닫고 말았다. 1912년 전 세계 100대 대기업에 속했던 업체를 보면 1995년 무렵 29곳이 파산하고 48곳이 사라졌으며, 19개 기업만 여전히 100위권 안에 들었다.[26] 은행과 주식 시장이 기업에게 상당한 자금을 제공한다고 볼 때, 금융권 역시 이와 비슷한 창조적 파괴를 피해 가지 못했다. 우리는 이미 헤지펀드의 파산 비율이 높다는 점을 짚어 봤다.(더 많은 은행들이 파산하지 않은 이유는 단 하나, 붕괴하지 않도록 알게 모르게 정부가 보호했기 때문이다.)

그렇다면 금융계와 실제 진화 시스템의 공통된 특징은 무엇일까? 여섯 가지가 떠오른다.

- '유전자'. 특정 기업은 생물학 유전자와 동일한 역할을 하는데, '조직 기억(organizational memory)'에 정보를 저장한 후, 새로운 기업이 생기면 이 정보를 개인 대 개인 혹은 기업 대 기업으로 전수한다.
- 자연 발생적 돌연변이 가능성. 보통 경제계에서 기업 혁신이라 부르거나 주로 기술이라고 칭하는 내용이다.
- 특정 종 내부에서 자원을 둘러싸고 벌이는 개별 경쟁. 이는 생존과 번식이라는 측면에서 어떤 기업을 살려야 할지 결정해 준다.
- 시장에서 자본과 인적 자원을 할당할 때 생기는 자연 선택 메커니즘, 그리고 실적이 떨어질 경우 사라지는 '차등 생존(differential survival)' 가능성.
- 종 분화(speciation) 가능성. 전혀 다른 금융 제도가 생겨나 생물 종의 다양성을 유지한다.
- 소멸 가능성. 모든 종이 사라지는 경우이다.

금융사는 본질적으로 돌연변이 제도가 출현하거나, 제도들이 자연 선택된 결과이다. 무작위 '부동(浮動, drift)'(자연 선택이 아닌 우연히 나타난 혁신 혹은 돌연변이)과 '유동(流動, flow)'(이를테면 중국 은행에서 미국식 관행을 받아들인 경우 생기는 혁신 혹은 돌연변이)이 일정 부분 역할을 했다. 또한 서로 다른 금융 종끼리 서로 영향을 주고 순응(헤지펀드와 프라임브로커들처럼)하면서 '공진화(共進化, co-evolution)'를 낳기도 했다. 그렇지만 주요 동력은 시장 선택(market selection)이었다. 금융 유기체는 한정된 자원을 놓고 다른 개체와 경쟁을 한다. 특정한 시공간에서 특정한 종이 우세해진다. 그렇지만 경쟁 종의 혁신, 즉 새로운 종이 출현하면서 어떤 영구적인 권력 집단이나 단일 지배층이 생겨나지 못한다. 얼추 적자생존 법칙이 적용되는 셈이다. 자기 증식과 자기 영속화에 능숙한 '이기적 유전자'를 갖춘 제도들이 계속 증식하고 존속하는 경향을 보이기 때문이다.[27]

유의할 점은 이것이 어떤 완벽한 유기체의 진화 과정은 아니라는 점이다. 적시적지에 출현한 '우수한' 돌연변이는, 초기 진화 과정에서 보여 준 감응력(sensitivity) 덕분에 우위를 점하게 된다. 다시 말해 꼭 최적 상태가 아닐지라도 초반에 열성이었던 속성이 점차 오랜 기간에 걸쳐 우성으로 변해 간다. 또 하나 염두에 둘 사실은, 으레 생각하듯(특히 영국의 철학자 허버트 스펜서(Herbert Spencer)의 추종자들처럼) 자연계의 진화가 곧 진보는 아니라는 점이다. 고리대금업자 같은 초기 금융 생명체는 지상에서 대다수를 차지하는 원핵 생물처럼 아직도 세상에서 자취를 감추지 않았다. 유기체든 기업이든 복잡성의 진화가 대다수 동식물의 운명인 멸종을 막아 주지는 않는다.

사실 진화론이라는 비유는 완벽하지 않다. 자연계에서는 한 유기체가 다른 유기체를 잡아먹으면, 거기서 그칠 뿐이다. 반면 금융계에서는 인수합병이 발생할 경우 바로 돌연변이가 출현한다. 또한 금융 유기체는 동물계에서 유성 생식에 해당하는 개념이 없다.(특정 금융 거래를 묘사하면서 생식 관련 용어를 쓰는 경우는 있지만) 금융 돌연변이는 대개 깊은 고민 끝에 나온 혁신이지 무작위적 변화가 아니다. 사실 기업들은 주변 변화에 적응하며 존속하므로 금융 혁신은 (문화 진화처럼) 그 속성상 다윈주의보다는 라마르크주의(Lamarckian, 획득 형질의 유전과 용불용설을 주장한 진화론 — 옮긴이)와 더 어울려 보인다. 또 다른 핵심적 차이 두 가지는 뒤에 논할 것이다. 그렇지만 진화는 분명 금융 변화를 이해하는 데 뛰어난 틀이다.

90년 전 독일의 사회주의자 루돌프 힐퍼딩(Rudolf Hilferding)은 금융 자본(finance capital)이라는 용어를 써서, 소유가 점차 집중되는 흐름은 막지 못한다고 전망하였다.[28] 통상 금융 발전이란 생존에 성공한 거대 기업이 자신에게 유리한 조건을 쌓은 과정으로 해석된다. 소규모 기업을 대거 거느린 시티 그룹의 공식 가계도를 보면, 1812년 세운 뉴욕 시티 은행(City Bank of New York) 때부터 시간이 흐르면서 현재의 복합 기업이라는 단일한 몸체로 수렴

후기: 화폐의 강등 347

하는 경향을 보였다. 그렇지만 이는 장기적 금융 진화에 대한 잘못된 사고인데, 금융은 애초에 단일한 몸체에서 출발했기 때문이다. 주기적으로 새로운 종류의 은행이나 금융 기관이 진화를 거쳐 몸통 밖으로 가지를 뻗었다. 이 과정에서 특정 기업이 작은 기업을 성공적으로 집어 삼킨 사실은 중요치 않다. 진화 과정에서 동물들은 서로 잡아먹지만, 이것이 진화론적 돌연변이 혹은 새로운 종이나 하위 종의 출현을 이끄는 동력은 아니기 때문이다. 다시 말해 금융사에서 규모의 경제나 범위의 경제가 언제나 추진력은 아니었다는 점이 핵심이다. 실제 동력은 대부분 종 분화(전혀 새로운 기업 형태의 출현) 혹은 허약한 기업이 사라지는 창조적 파괴가 거듭되는 데 있었다.

예를 들면 소매 은행이나 상업 은행은 생물 종의 다양성이 두드러진 분야이다. 시티 그룹과 뱅크 오브 아메리카(Bank of America) 같은 거물이 존재해도, 북미와 일부 유럽 시장에는 소액 금융 부문이 여전히 흩어져 있다. 또 최근 몇 년 사이에(특히 1980년대 저축 대부 조합 위기 이후) 협력 은행 부문이 대대적으로 합병되는 등 매우 급격한 변화를 겪으면서, 많은 기관들이 주주 소유권을 보장하는 쪽으로 돌아섰다. 한편 민영화가 전 세계를 휩쓸면서 현재 거의 멸종 단계에 있는 종은 국가 소유 은행뿐이다.(물론 노던록 은행을 국유화하면서 이 종이 다시 등장할 가능성이 엿보이기도 했다.) 다른 시각에서 보자면 이는 새로운 금융 제도의 확산이라는 종 분화의 일종으로, 실제 진화 시스템에서 우리가 기대한 모습이기도 하다. 특히 소비자 금융에서('캐피탈 원(Capital One)' 등) '모노라인(mono-line, 금융 채권 보증 업무에 주력하는 채권 보증 업체 — 옮긴이)'이라는 신종 금융 서비스 회사가 대거 등장하였다. 새로운 형태의 '부티크(boutiques, 사설 투자 자문 회사 — 옮긴이)'도 개인 자산 관리 시장에서 우후죽순 생겨났다. 비교적 최근 급증한 현상으로 전화와 인터넷을 활용한 다이렉트 뱅킹(direct banking)도 있다. 이처럼 거물급이 투자 은행 영역을 주름잡는다 해도, 헤지펀드와 사모 합자 회사 같은 새롭고 민첩한 종들은 진화하고 확산해 왔다. 게다가 6장에서 짚어 봤듯이, 제조품과 에너지 수출로 경화를 빠르게 비축한 국가들은 국부펀드라는 새로운 흐름도 창출했다.

신종 금융 기업 외에도 확산 중인 흐름이 있다. 바로 새로운 형태의 금융 자산과 서비스이다. 최근 몇 년 사이에 모기지 담보부 증권과 여타 자산 담보부 증권을 찾는 투자자가 급증하였다. 파생 상품 활용도 매우 높아져서, 공공 거래소가 아닌 일대일 고객 맞춤식 '장외 거래'를 한다. 이러한 경향은 파생 상품 판매자에게는 이득이겠으나, 표준화된 상품이 아니고 위기 시 법적 분쟁의 소지도 있기 때문에 예기치 못한 상황이 벌어질 수도 있다.

진화론으로 본다면, 금융 서비스 분야는 21년간 캄브리아기 폭발을 거치면서 기존의 종이 번성하고 새로운 종의 개체수가 증가한 상황과 같다. 자연계와 마찬가지로, 거물들이 존재한다고 해서 소규모 종들이 진화나 존속을 못하지는 않는다. 자연처럼 금융도 크기가 전부는 아니다. 실상 공기업이 규모가 커지고 복잡해지면서 생기는 어려움(관료주의와 연관된 규모의 불경제, 분기별 보고와 관련된 압박감)은 새로운 형태의 민간 기업에게는 기회이다. 진화에서 중요한 것은 규모나 (특정 수준을 넘어선) 복잡성이 아니다. 실제 중요한 것은 유전자의 생존과 재생산에 얼마나 능숙한가 하는 점이다. 금융권의 경우 주식 수익률 창출, 그리고 유사한 비즈니스 모델을 활용한 모방자 배출에 얼마나 능숙한지가 중요하다.

금융계에서 돌연변이와 종 분화는 대개 자연 선택에 따라 어떤 새로운 형질을 널리 퍼뜨릴지 결정하면서, 환경과 경쟁에 맞추어 진화해 왔다. 때로는 자연계처럼 진화 과정에서 지정학적 충격과 금융 위기라는 대형 붕괴를 겪기도 했다. 물론 거대한 소행성(백악기 말기에 85퍼센트의 종을 소멸시킨 소행성처럼)이 외부 충격이라면, 금융 위기는 금융 시스템 내부 충격이라는 차이가 있다. 1930년대 대공황과 1970년대 대인플레이션의 경우, 각각 1930년대 은행 공황과 1980년대 저축 대부 조합 파산을 낳은 '대량 멸종' 사건이었다는 점에서 거대한 단절기로 유명하다.

그렇다면 우리 시대에도 이와 비슷한 사건이 터지게 될까? 우리는 분명 2007년 여름, 신용이 빠르게 퇴보하면서 투자자들의 자금 회수 때문에 대다수 헤지펀드가 심각한 문제를 겪는 것을 목격했다. 그렇지만 최근 신용 경색에서 더욱 눈여겨볼 점은 은행과 보험 회사가 받는 압력이다. 자산 담보부 증권 및 여타 위험 부채 손실이 1조 달러를 넘어선 것으로 보이기 때문이다. 이 글을 쓰는 현재(2008년 5월), 약 3180억 달러가 결손 처리(장부 손실) 되었다고 알려졌는데, 이는 6000억 달러를 넘는 손실액이 아직 수면 위로 드러나지 않았다는 뜻이기도 하다. 위기가 닥치자 금융 기관들은 2250억 달러가량의 신규 자금을 모아, 부족 자금을 1000억 달러 아래로 낮췄다. 은행들은 자본 자산 비율을 보통 10퍼센트 밑으로 잡았는데, 이는 대차대조표가 1조 달러만큼 줄어든다는 뜻이었다. 그렇지만 구조화 투자 기관이나 자산 유동화 법인 등 부외 거래 단위인 이른바 그림자 금융 시스템이 붕괴되면서 이러한 축소가 힘들어졌다.

서구 주요 은행들이 자본 적정성을 다룬 국제 협약(바젤 I, II)*에 맞춰 근본적으로 변화하지 않고도 이 위기를 헤쳐 나갈 수 있을지는 지켜봐야 한다. 유럽의 경우 현재 은행의 평균 자본은 자산 대비 10퍼센트보다 현저히

---

* 1988년에 협의한 바젤 I 에서는 신용 위험과 더불어 0퍼센트부터(자국 정부 채권 등) 100퍼센트(기업 부채)까지 위험 가중치에 따라 은행 자산을 다섯 범주로 나누었다. 국제 은행들은 위험 가중 자산 대비 8퍼센트에 달하는 자본을 보유해야 했다. 2004년에 발표된 바젤 II 는 전 세계적으로 매우 더디게 채택되었는데 위험을 신용 위험, 운영 위험(operational risk), 시장 위험 등으로 나누었고, 시장 위험의 경우 VaR(value at risk) 지표 사용을 의무화하는 등 더욱 복잡한 내용을 제시했다. 그렇지만 2007년~2008년에 비춰 볼 때, 유동성 위험은 '잔여 위험 (residual risk)'이라는 항목에 있는 여타 위험과 연결돼 있었다. 그리고 이 규율은 자기 자본을 줄여 자기 자본 이익률을 높이려는 은행들과 필연적으로 갈등을 빚었다.

낮아(4퍼센트 정도), 20세기 초 25퍼센트와 비교된다. 2007년 위기를 겪으면서, 위험 요인을 따로 떼어 대차대조표를 관리할 경우 위험이 금융 시장을 거쳐 최적으로 분산된다는 기대감도 깨져 버렸다. 이 위기는 상대적으로 강한 업체가 약한 업체를 집어삼키는 별도의 인수합병 없이는 통과하지 못할 것이다. 채권 보험 회사도 사라질 운명이다. 반면 일부 헤지펀드는 변동성의 도래에 기대어 번성할 듯 보인다.* 게다가 새로운 형태의 금융 제도가 위기 이후 고개를 들고 있다. 앤드루 로는 "과거 시장에 산불이 났을 때처럼, 이제 굉장한 동식물들의 출현을 보게 될 것"[29]이라고 주장했다.

자연계와 금융계에는 또 하나 커다란 차이점이 있다. 생태학은 본래 자연환경에 생긴 무작위 변화로 진화하는 반면(리처드 도킨스(Richard Dawkins)의 『눈먼 시계공』 이미지), 금융 서비스는 (반다윈주의 창조론자들의 표현을 빌린다면) 규제 환경에서 '지적 설계'가 개입하면서 진화한다. 갑작스러운 규제 환경의 변화는 거시 환경 변화와 다소 다른데, 후자의 경우 자연계의 환경 변화와 유사하기 때문이다. 거듭 말하지만 그 차이는 규제 변화의 내생성으로, 규제는 민간 부문의 작동 원리를 꿰뚫어 보면서 공격을 하다가도 보호하는 역할을 한다. 그렇지만 순효과는 기후 변화가 낳은 생물학적 진화와 유사하다. 새로운 규율 때문에 과거의 유익한 속성들이 돌연 불리하게 작용하기 때문이다. 예를 들면 저축 대부 조합의 흥망도 상당 부분 미국의 규제 환경이 바뀐 탓이었다. 2007년 위기 이후 생긴 규제 변화도 마찬가지로 예기치 못한 결과를 낳을 수 있다.

규제자들이 내세우는 취지는 대개 금융 서비스 분야의 안정성 유지이며, 이를 통해 은행은 소비자를, 산업은 '실물' 경제를 보호하고자 한다. 그들은

---

* 앤드루 로는 이렇게 말했다. "헤지펀드는 금융계의 갈라파고스 섬(Galapagos Islands, 희귀 동물의 보고로 다윈의 진화론에 영향을 준 섬-옮긴이)이다. …… 혁신, 진화, 경쟁, 적응, 탄생과 소멸, 진화 현상의 모든 범주가 놀랄 만큼 재빠르게 일어나는 영역이다."

비금융권 업체들이 경제 전반에서 차지하는 비중이나 소비자의 생계에 미치는 중요도가 약하다고 본다. 따라서 주요 금융 기관이 붕괴하면 소매 금융 고객(retail customers)이 예금을 잃게 되므로, 그 어떤 규제자(그리고 정치인)도 이를 필사적으로 막아 내려 한다. 그 결과 2007년 8월 이후, 파산으로 타격이 심할 경우(정치적으로 매우 민감하거나 그 여파로 숱한 기업이 도산한다고 보는 경우) 국가가 개입해 유동성 문제나 지불 불능 사태를 막아 준다는 인식이 퍼지면서 금융 기관이 무모한 행동을 했고 이에 도덕적 해이를 조장하는 암묵적인 은행 구제 보장책을 언제까지 지속할 셈이냐는 해묵은 논쟁이 다시금 떠올랐다. 그렇지만 진화론으로 보자면, 이 문제는 조금 다르게 해석된다. 사실 어떤 기관이든 '대마불사' 범주에 넣는 것은 바람직하지 않은데, 가끔씩 창조적 파괴가 한차례 일어나지 않으면 진화가 가로막히기 때문이다. 1990년대 일본의 경험은 입법자와 규제자들에게 하나의 경종으로, 실적 미달인 금융 기관이 버티고 악성 채무를 결손 처리하지 않을 경우 금융 부문 전체가 경제적 망령이 된다는 교훈을 남겼다.

    금융 제도가 충격을 받으면 예외 없이 재난이 생긴다. 이를 내버려 두면 자연 선택이 빠르게 작용해 허약한 기관을 시장에서 몰아내는데, 보통은 성공한 기관이 약한 업체를 잡아먹는 모양새를 띤다. 그렇지만 위기는 대체로 새로운 규율을 유도하기도 하므로, 입법자와 규제자가 서둘러 금융 제도를 안정화하고 소비자나 유권자를 보호하려 든다. 중요한 점은 지나친 예방 조치로 멸종 가능성이 사라질 수 없고 또 사라져서도 안 된다는 사실이다. 조지프 슘페터는 70년도 더 전에 이런 글을 남겼다. "회생 불가능한 부적응 개체를 뿌리 뽑는 마지막 방책(ultima ratio) 없이는 경제 제도도 살아남지 못한다." 그는 "살리기에 마땅치 않은 기업"은 사라져야 한다고 주장한 것이다.[30]

이 책을 쓰면서 책 제목에 고개를 갸우뚱거리는 사람들을 종종 만났다. 치솟는 인플레이션 때문에 상품 투자를 선호하는 현 상황은 곧 달러 같은 불환 지폐에 대한 신뢰와 구매력이 떨어졌다는 신호인데, 이 책은 '화폐의 부상(The Ascent of Money)'이라는 장밋빛 제목(한국어판 제목은 『금융의 지배』로 함 ― 편집자주)을 달고 있기 때문이다.(브로노프스키의 『인류의 부상(Ascent of Man)』이라는 제목을 기억하는 이들에게 특히 그럴 것이다.) 그렇지만 독자들은 이제 우리의 금융 제도가 먼 옛날 메소포타미아의 고리대금업자부터 지금에 이르기까지 얼마나 승승장구해 왔는지 느끼고도 남을 것이다. 물론 커다란 후퇴나 위축, 소멸의 시기도 있었다. 그렇지만 아무리 최악의 시기에도 끝없이 퇴보한 적은 없었다. 금융사의 흐름이 톱니바퀴처럼 보여도 그 궤도는 의심의 여지없이 위를 향해 있다.

그렇지만 찰스 다윈(Charles Darwin)에게도 경의를 표한다면, 난 이 책을 『금융의 유래(The Descent of Finance)』로 부를 수도 있겠다.(다윈은 1868년에 『인간의 유래와 성 선택(The Descent of Man, and Selection in Relation to Sex)』을 펴 냈다. ― 옮긴이) 내가 한 이야기들은 확실히 진화론적이기 때문이다. 우리가 현금 자동 지급기에서 은행권을 인출하거나, 매달 받은 월급 중 일정액을 채권이나 주식에 투자할 때, 혹은 자동차 보험에 들고 주택을 다시 저당 잡히고, 자국 시장을 떠나 신흥 시장으로 향할 때, 우리는 숱한 선조들과 교류하는 셈이다.

내가 그 어느 때보다도 확신하는 사실 하나는, 금융 분야에서 종의 기원을 온전히 이해하지 못할 경우 화폐에 대한 진실도 속속들이 알지 못한다는 점이다. 금융 시장은 최근 독일 대통령의 불만처럼[31] "제자리에 도로 넣어야 할 괴물"이 아닌 인류를 비추는 거울과도 같아서, 우리가 일하는 매 시각 우리 자신뿐 아니라 우리를 둘러싼 세계를 평가해 준다.

매력뿐 아니라 결함 또한 또렷이 비춰 준다면 거울에는 잘못이 없다.

주

들어가는 글

1 정확히 말하자면, 2006년 삼사분기와 2007년 삼사분기 사이에 1인당 가처분 소득이 증가한 것이다. 이후 변화를 보이지 않으면서 2007년 3월과 2008년 3월 사이에는 거의 증가하지 않았다. 자료 출처는 Economic Report of the President 2008, 표 B-31: http://www.gpoaccess.gov/eop/.

2 Carmen DeNavas-Walt, Bernadette D. Proctor and Jessica Smith, *Income, Poverty and Health Insurance Coverage in the United States: 2006*(Washington, D.C., August 2007), p. 4.

3 *We See Opportunity: Goldman Sachs 2007 Annual Report*(NewYork, 2008).

4 Paul Collier, *The Bottom Billion: Why the Poorest Countries Are Failing and What Can Be Done AboutIt*(Oxford, 2007).

5 David Wessel, "A Source of our Bubble Trouble", *Wall Street Journal*, 17 January 2008.

6 Stephen Roach, "Special Compendium: Lyford Cay 2006", *Morgan Stanley Research*(21 November 2006), p. 4.

7 Milton Friedman and Anna J. Schwartz, *A Monetary History of the United States, 1867-1960*(Princeton, 1963).

8 Princeton Survey Research Associates International, prepared for the National Foundation for Credit Counseling, "Financial Literacy Survey", 19 April 2007: http://www.nfcc.org/NFCC_SummaryReport_ToplineFinal.pdf.

9 Alexander R. Konrad, "Finance Basics Elude Citizens", *Harvard Crimson*, 2 February 2008.

10 Associated Press, "Teens still lack financial literacy, survey finds", 5 April 2006: http://www.msnbc.msn.com/id/12168872/.

1장. 탐욕의 꿈

1 '화폐 없는 세상', 《소셜리스트 스탠다드(*Socialist Standard*)》(1979년 7월). 이 구절을 인용, 번역한 출처는 다음과 같다. 'Les Amis de Quatre Millions de Jeune Travailleurs', *Un Monde sans Argent: Le Communisme*(Paris, 1975~6): http://www.geocities.com/~johngray/stanmond.htm.

2 사실 마르크스와 엥겔스는 화폐의 폐지가 아닌 '국가 자본을 소유하고 배타적 독점을 띤 국립 은행을 통해 신용을 국가의 손아귀에 집중'할 것을 제시했다. 출처는 「공산당선언(The Communist Mani-festo)」 제5항.

3 'Amazonian Tribe Suddenly Leaves Jungle Home', May 11, 2006: http://www.entheology.org/edoto/anmviewer.asp?a=244.

4 Clifford Smyth, *Francisco Pizarro and the Conquest of Peru*(Whitefish, Montana, 2007 [1931]).

5 Michael Wood, *Conquistadors*(London, 2001), p. 128.

6 정복자들의 시각을 띤 생생한 묘사임을 고려할 때, 금이야말로 이들의 주요 동기였던 게 분명하다. 이는 Clements R. Markham(ed.), *Reports on the Discovery of Peru*(London, 1972), pp. 113~127에서 1533년 11월 에르난도 피사로(Hernando Pizarro)가 산토 도밍고 법원(Royal Audience of Santo Domingo)에 보낸 편지 내용을 참조할 것.

7 M. A. Burkholder, *Colonial Latin America*(2nd edn., Oxford, 1994), p. 46.

8 J. Hemming, *Conquest of the Incas*(London, 2004), p. 77.

9 Ibid., p. 355.

10 Wood, *Conquistadors*, pp. 38, 148.

11 Hemming, *Conquest*, p. 392.

12 P. Bakewell, *A History of Latin America*(2nd edn., Oxford, 2004), p. 186.

13 Hemming, *Conquest*, pp. 356ff.

14 Alexander Murray, *Reason and Society in the Middle Ages*(Oxford, 2002), pp. 25~58을 참조하라.

15 Thomas J. Sargent and François R. Velde, *The Big Problem of Small Change*(Princeton, NJ, 2002)를 참조하라.

16 Bakewell, *History of Latin America*, p.182.

17 Mauricio Drelichman and Hans-Joachim Voth, "Institutions and the Resource Curse in Early Modern Spain", Paper presented at the CIAR Institutions, Organizations, and Growth Program Meeting in Toronto, 16~18 March 2007.

18 Hans J. Nissen, Peter Damerow and Robert K. Englund, Archaic Book keeping: *Early Writing and Techniques of Economic Administration in the Ancient Near East*(London, 1993).

19 런던 대영 박물관의 존 테일러(John Taylor) 박사에게 감사를 표한다. 그는 전문적인 안내와 더불어

설형 문자 해독에 도움을 주었다. 또한 예일 대학에 있는 마틴 슈빅(Martin Schubkik)의 '가상 박물관'인 http://www.museumofmoney.org/babylon에서도 많은 것을 배웠다.

20 Glyn Davies, *A History of Money: From Ancient Times to the Present Day*(Cardiff, 1994); Jonathan Williams, with Jow Cribb and Elizabeth Errington(eds.), *Money: A History*(London, 1997).

21 다음을 참조하라. Marc Van De Mieroop, *Society and Enterprise in Old Babylonian Ur*(Berlin, 1992); Michael Hudson and Marc Van De Mieroop(eds.), *Debt and Economic Renewal in the Ancient Near East*, vol. III(Bethesda, MD, 1998); Jack M. Sassoon, Gary Beckman and Karen S. Rubinson, *Civilizations of the Ancient Near East*, vol. III(London, 2000).

22 William N. Goetzmann, "Fibonacci and the Financial Revolution", NBER Working Paper 10352(March 2004).

23 John H. Munro, "The Medieval Origins of the Financial Revolution: Usury, Rentes, and Negotiability", *International History Review*, 25, 3(September 2003), pp. 505~562.

24 이탈리아 도시들이 유대인 공동체를 키우며 누린 혜택은 Maristella Botticini, "A Tale of 'Benevolent' Governments: Private Credit Markets, Public Finance, and the Role of Jewish Lenders in Renaissance Italy", *Journal of Economic History*, 60, 1(March 2000), pp. 164~189를 참조할 것.

25 Frederic C. Lane, *Venice: A Maritime Republic*(Baltimore, 1973), p. 300.

26 Idem, "Venetian Bankers, 1496-1533: A Study in the Early Stages of Deposit Banking", *Journal of Political Economy*, 45, 2(April 1937), pp. 187~206.

27 Benjamin C. I. Ravid, "The First Charter of the Jewish Merchants of Venice", *AJS Review*, 1(1976), pp.190ff.

28 Idem, "The Legal Status of the Jewish Merchants of Venice,1541-1638", *Journal of Economic History*, 35, 1(March 1975), pp. 274~279.

29 Rhiannon Edward, "Loan Shark Charged 11m per cent Interest", *Scotsman*, 18 August 2006.

30 John Hale, *The Civilization of Europe in the Renaissance*(London, 1993), p. 83.

31 Gene A. Brucker, "The Medici in the Fourteenth Century", *Speculum*, 32, 1(January 1957), p. 13.

32 John H. Munro, "The Medieval Origins of the Financial Revolution: Usury, Rentes, and Negotiability", *International History Review*, 25, 3(September 2003), pp. 505~562.

33 Richard A. Goldthwaite, 'The Medici Bank and the World of Florentine Capitalism', *Past and Present*, 114(Feb. 1987), pp. 3~31. 메디치 가문의 성장 배경은 Raymond de Roover, *The Rise and Decline of the Medici Bank, 1397~1494*(Cambridge, MA, 1963), pp. 9~34를 참조할 것.

34 Venetian State Archives, Mediceo Avanti Principato, MAP 133, 134, 153.

35 Franz-Josef Arlinghaus, 'Bookkeeping, Double-entry Bookkeeping', in Christopher Kleinhenz(ed.), *Medieval Italy: An Encyclopedia*, vol. 1(New York, 2004). 부기 방식을 처음으로 설명한 책은 1458년에 출판

된 Benedetto Cotrugli의 *Illibro dell'arte di mercatura*이다.

36 Raymond de Roover, "The Medici Bank: Organization and Management", *Journal of Economic History*, 6, 1(May 1946), pp. 24~52.

37 Venetian State Archives, Archivio del Monte, Catasto of 1427. 메디치 문서를 안내해 준 피렌체 국립 문서 보관소의 프란체스코 구이디(Francesco Guidi) 박사에게 고마움을 표한다.

38 Raymond de Roover, "The Decline of the Medici Bank", *Journal of Economic History*, 7, 1(May 1947), pp. 69~82.

39 Stephen Quinn and William Roberds, "The Big Problem of Large Bills: The Bank of Amsterdam and the Origins of Central Banking", Federal Reserve Bank of Atlanta Working Paper, 2005-16(August 2005).

40 그 예로 다음을 참조할 것. Peter L. Rousseau and Richard Sylla, 'Financial Systems, Economic Growth, and Globalization', in Michael D. Bordo, Alan M. Tayor and Jeffrey G. Williamson(eds.), *Globalization in Historical Perspective*(Chicago/London, 2003), pp. 373~416.

41 Charles P. Kindleberger, *A Financial History of Western Europe*(London, 1984), p. 94를 참조하라.

42 Walter Bagehot, *Lombard Street: A Description of the Money Market*(London, 1873).

43 Kindleberger, *Financial History*, p. 87에서 인용하였다.

44 Niall Ferguson and Oliver Wyman, *The Evolution of Financial Services: Making Sense of the Past, Preparing for the Future*(London/New York, 2007), p. 34. 세계적 유동성에 대한 종합적인 지표는 이 책 40쪽을 참조할 것.

45 Ibid., p. 63.

46 Ibid., p. 48.

47 http://www.bis.org/statistics/bankstats.htm.

48 Lord [Victor] Rothschild, *Meditations of a Broomstick*(London, 1977), p. 17.

2장. 채권의 득세

1 David Wessel and Thomas T. Vogel Jr., "Arcane World of Bonds is Guide and Beacon to a Populist President", *Wall Street Journal*, 25 February 1993, p. A1.

2 Raymond Goldsmith, *Premodern Financial Systems*(Cambridge, 1987), pp. 157ff., 164~169.

3 M. Veseth, *Mountains of Debt: Crisis and Change in Renaissance Florence, Victorian Britain and Postwar America*(New York / Oxford, 1990)을 참조하라.

4 John H. Munro, "The Origins of the Modern Financial Revolution: Responses to Impediments from Church and State in Western Europe, 1200-1600", University of Toronto Working Paper, 2(6 July 2001), p. 7.

5 James MacDonald, *A Free Nation Deep in Debt: The Financial Roots of Democracy*(NewYork, 2003), pp.

81ff.

6 Jean-Claude Hocquet, "City-State and Market Economy", in Richard Bonney (ed.), *Economic Systems and State Finance*(Oxford, 1995), pp. 87~91.

7 Jean-Claude Hocquet, "Venice", in Richard Bonney(ed.), *The Rise of the Fiscal Statein Europe, c.1200-1815*(Oxford, 1999), p. 395.

8 Frederic C. Lane, *Venice: A Maritime Republic*(Baltimore, 1973), p. 323.

9 Frederic C. Lane, "Venetian Bankers, 1496-1533: A Study in the Early Stages of Deposit Banking", *Journal of Political Economy*, 45, 2(April 1937), pp. 197f.

10 Munro, "Origins of the Modern Financial Revolution", pp. 15f.

11 Martin Körner, "Public Credit", in Richard Bonney (ed.), *Economic Systems and State Finance*(Oxford, 1995), pp. 520f., 524f. 또한 다음도 참조할 것. Juan Gelabert, "Castile, 1504-1808", in Richard Bonney(ed.), *The Rise of the Fiscal Statein Europe, c.1200-1815*(Oxford, 1999), pp. 208ff.

12 Marjolein't Hart, "The United Provinces 1579-1806", in Richard Bonney (ed.), *The Rise of the Fiscal Statein Europe, c.1200-1815*(Oxford, 1999), pp. 311ff.

13 Douglass C. North and Barry R. Weingast, "Constitutions and Commitment: The Evolution of Institutions Governing Public Choice in Seventeenth-Century England", *Journal of Economic History*, 49, 4(1989), pp.803-32. The classic account of Britain's financial revolution is P.G.M. Dickson, *The Financial Revolution in England: A Study in the Development of Public Credit, 1688-1756*(London, 1967).

14 구체제의 금융 위기에 대한 탁월한 설명은 J. F. Bosher, *French Finances, 1770-1795*(Cambridge, 1970)에 나와 있다.

15 Larry Neal, *The Rise of Financial Capitalism: International Capital Markets in the Age of Reason*(Cambridge, 1990).

16 Hansard, New Series, vol. XVIII, pp. 540~543.

17 자세한 설명은 Niall Ferguson, *The World's Banker:The History of the House of Rothschild*(London, 1998)를 참조하라. Herbert H. Kaplan, *Nathan Mayer Rothschild and the Creation of a Dynasty: The Critical Years, 1806-1816*(Stanford, 2006)도 참조하라.

18 Rothschild Archive, London, XI/109, Nathan Rothschild to his brothers Amschel, Carl and James, 2 January 1816.

19 Rothschild Archive, London, XI/109/2/2/156, Salomon, Paris, to Nathan, London, 29 October 1815.

20 Lord[Victor] Rothschild, *The Shadow of a Great Man*(London, 1982)을 참조하라.

21 Philip Ziegler, *The Sixth Great Power: Barings, 1762-1929*(London, 1988), pp. 94f.

22 Heinrich Heine, *Ludwig Börne-ein Denkschrift: Sämtliche Schriften*, vol. IV(Munich, 1971), p. 27.

23 Heinrich Heine, "Lutetia", in *Sämtliche Schriften*, vol. V (Munich, 1971), pp. 321ff., 353.

24 Anon., *The Hebrew Talisman*(London, 1840), pp. 28ff.
25 Henry Iliowzi, "In the Pale": *Stories and Legends of the Russian Jews*(Philadelphia, 1897).
26 Richard McGregor, "Chinese Buy into Conspiracy Theory", *Financial Times*, 26 September 2007.
27 Marc Flandreau and Juan H. Flores, "Bonds and Brands: Lessons from the 1820s", Center for Economic Policy Research Discussion Paper, 6420(August 2007).
28 로스차일드와 다양하게 관련 맺은 전체 채권 목록을 확인하려면 J. Ayer, *A Century of Finance, 1804 to 1904: The London House of Rothschild*(London, 1904), pp. 14~42를 참조하라.
29 암스테르담의 경우, James C. Riley, *International Government Finance and the Amsterdam Capital Market*(Cambridge, 1980), pp. 119~194를 참조하라.
30 Niall Ferguson, "The first 'Eurobonds': The Rothschilds and the Financing of the Holy Alliance, 1818-1822", in William N. Goetzmann and K. Geert Rouwenhorst (eds.), *The Origins of Value: The Financial Innovations that Created Modern Capital Markets*(Oxford, 2005), pp. 311~323.
31 Johann Heinrich Bender, *Über den Verkehr mit Staatspapieren in seinen Hauptrichtungen ... Als Beylageheft zum Archiv für die Civilist[ische] Praxis*, vol. VIII(Heidelberg, 1825), pp. 6ff.
32 Heine, *Ludwig Börne*, p. 28.
33 Alfred Rubens, *Anglo-Jewish Portraits*(London, 1935), p. 299.
34 The Times, 15 January 1821.
35 Bertrand Gille, *Histoire de la Maison Rothschild*, vol. I: *Des originesà 1848*(Geneva, 1965), p. 487.
36 Richard Hofstadter, *The Age of Reform from Bryan to F.D.R.*(London, 1962), pp. 75ff.
37 Hermann Fürst Pückler, *Briefe eines Verstorbenen*, ed. Heinz Ohff(Kupfergraben, 1986), p. 7.
38 J. A. Hobson, *Imperialism: A Study*(London, 1902), Part I, ch. 4.
39 그 예로 Douglas B. Ball, *Financial Failure and Confederate Defeat*(Urbana, 1991)을 참조하라.
40 Irving Katz, *August Belmont: A Political Biography*(NewYork, 1968), esp. pp. 96~99.
41 S. Diamond (ed.), *A Casual View of America: The Home Letters of Salomon de Rothschild, 1859-1861*(London, 1962).
42 Rudolf Glanz, 'The Rothschild Legend in America', *Jewish Social Studies*, 19(1957), pp. 3~28을 참조하라.
43 Marc D. Weidenmier, 'The Market for Confederate Cotton Bonds', *Explorations in Economic History*, 37(2000), pp. 76~97. 같은 저자가 쓴 'Turning Points in the U.S. Civil War: Views from the Grayback Market', *Southern Economic Journal*, 68, 4(2002), pp. 875~890도 참조하라.
44 W. O. Henderson, *The Lancashire Cotton Famine: 1861-1865*(Manchester, 1934); Thomas Ellison, *The Cotton Trade of Great Britain*(New York, 1968[1886])을 참조하라.
45 Marc D. Weidenmier, "Comrades in Bonds: The Subsidized Sale of Confederate War Debt to British Leaders", Claremont McKenna College Working Paper(February 2003).

46 Richard Roberts, *Schroders: Merchants and Bankers*(Basingstoke, 1992), pp. 66f.

47 Richard C. K. Burdekin and Marc D. Weidenmier, "Inflation Is Always and Everywhere a Monetary Phenomenon: Richmond vs. Houstonin 1864", *American Economic Review*, 91, 5(December 2001), pp. 1621~1630.

48 Richard Burdekin and Marc Weidenmier, "Suppressing Asset Price Inflation: The Confederate Experience, 1861-1865", *Economic Inquiry*, 41, 3(July 2003), 420-432. Cf. Eugene M. Lerner, "Money, Pricesand Wages in the Confederacy, 1861-65", *Journal of Political Economy*, 63, 1(February 1955), pp. 20~40.

49 Frank Griffith Dawson, *The First Latin American Debt Crisis*(London, 1990).

50 Kris James Mitchener and Marc Weidenmier, 'Supersanctions and Sovereign Debt Repayment', NBER Working Paper, 11472 (2005).

51 Niall Ferguson and Moritz Schularick, "The Empire Effect: The Determinants of Country Risk in the First Age of Globalization, 1880-1913", *Journal of Economic History*, 66, 2 (June 2006), pp. 283~312.

52 Kris James Mitchener and Marc Weidenmier, "Empire, Public Goods, and the Roosevelt Corollary", *Journal of Economic History*, 65(2005), pp. 658~692.

53 William Cobbett, *Rural Rides*(London, 1985[1830]), p. 117.

54 Ibid., pp. 34, 53.

55 M. de Cecco, *Money and Empire: The International Gold Standard, 1890-1914*(Oxford, 1973).

56 Theo Balderston, "War Finance and Inflation in Britain and Germany, 1914-1918", *Economic History Review*, 42, 2(May 1989), pp. 222~244.

57 B. R. Mitchell, *International Historical Statistics: Europe, 1750-1993*(London, 1998), pp. 358ff를 토대로 계산했다.

58 Jay Winter and Jean-Louis Robert (eds.), *Capital Cities at War: Paris, London, Berlin 1914-1919*, Studies in the Social and Cultural History of Modern Warfare, No.2(Cambridge, 1997), p. 259.

59 Gerald D. Feldman, *The Great Disorder: Politics, Economy and Society in the German Inflation, 1914-1924*(Oxford/New York, 1997), pp. 211~254.

60 Elias Canetti, *Crowds and Power*(New York 1988), p.186.

61 John Maynard Keynes, *A Tract on Monetary Reform*, reprinted in *Collected Writings*, vol. IV(Cambridge, 1971), pp. 3, 29, 36.

62 John Maynard Keynes, *The Economic Consequences of the Peace*(London, 1919), pp. 220~233.

63 Frank Whitson Fetter, "Lenin, Keynes and Inflation", *Economica*, 44, 173(February 1977), p. 78.

64 William C. Smith, "Democracy, Distributional Conflicts and Macroeconomic Policy making in Argentina, 1983-89", *Journal of Interamerican Studies and World Affairs*, 32, 2(Summer 1990), pp. 1~42. Cf. Rafael Di Tella and Ingrid Vogel, "The Argentine Paradox: Economic Growth and Populist Tradition",

Harvard Business School Case 9-702-001(2001).

65 Jorge Luis Borges, "The Garden of Forking Paths", in idem, *Labyrinths: Selected Stories and Other Writings*, ed. Donald A. Yates and James E. Irby(Harmondsworth, 1970), pp. 50ff.

66 Ferguson, *World's Banker*, ch. 27.

67 더 자세한 내용은 Gerardo della Paolera와 Alan M. Taylor가 쓴 *Straining at the Anchor: The Argentine Currency Board and the Search for Macroeconomic Stability, 1880-1935*(Chicago, 2001)에 나와 있다.

68 "A Victory by Default", *Economist*, 3 March 2005.

69 이 주제에 대한 최근 논쟁으로 Michael Tomz가 쓴 *Reputation and International Cooperation: Sovereign Debt across Three Centuries*(Princeton, 2007)를 참조하라.

70 대인플레이션에 대한 내용은 다음을 참조하라. Fabrice Collard and Harris Dellas, 'The Great Inflation of the 1970s', Working Paper(1 October 2003); Edward Nelson, 'The Great Inflation of the Seventies: What Really Happened?', Federal Reserve Bank of St Louis Working Paper, 2004-001(January 2004); Allan H. Meltzer, 'Origins of the Great Inflation', *Federal Reserve Bank of St Louis Review*, Part 2(March/April 2005), pp. 145~175.

71 그 11개국은 호주, 캐나다, 프랑스, 독일, 홍콩, 아일랜드, 일본, 네덜란드, 스위스, 영국, 미국이다. Watson Wyatt, 'Global Pension Fund Assets Rise and Fall': http://www.watsonwyatt.com/news/press.asp?ID=18579를 참조하라.

72 CNN, 9 July 2000.

73 Testimony of Chairman Alan Greenspan, Federal Reserve Board's semiannual Monetary Policy Report to the Congress, Before the Committee on Banking, Housing, and Urban Affairs, U.S. Senate, 16 February 2005.

3장. 거품 만들기

1 최근 나온 방대한 연구로는 다음을 참고하라. Timothy Guinnane, Ron Harris, Naomi R. Lamoreaux, Jean-Laurent Rosenthal, 'Putting the Corporation in its Place', NBER Working Paper 13109(May 2007).

2 특히 Robert J. Shiller, *Irrational Exuberance*(2nd end., Princeton, 2005)를 참조하라.

3 Charles P. Kindleberger, *Manias, Panics and Crashes: A History of Financial Crises*(3rd edn., New York/Chichester/Brisbane/Toronto/Singapore, 1996), pp. 12~16을 참조하라. 킨들버거는 하이만 민스키의 선구적인 저작에서 큰 도움을 얻었다. 민스크의 주요 저작 중 다음 2권을 참조하라. Hyman P. Minsky, 'Longer Waves in Financial Relations:Financial Factors in the More Severe Depressions', *American Economic Review*, 54, 3(May 1964), pp. 324~335; idem,'Financial Instability Revisited: The Economics of Disaster', in idem(ed.), *Inflation, Recession and Economic Policy*(Brighton, 1982), pp. 117~161.

4 Kindelberger, *Manias*, p. 14.

5 "The Death of Equities", *Business Week*, 13 August 1979.

6 "Dow 36,000", *Business Week*, 27 September 1999.

7 William N. Goetzmann and Philippe Jorion, "Global Stock Markets in the Twentieth Century", *Journal of Finance*, 54, 3(June 1999), pp. 953~980.

8 Jeremy J. Siegel, *Stocks for the Long Run: The Definitive Guide to Financial Market Returns and Long-Term Investment Strategies*(NewYork, 2000).

9 Elroy Dimson, Paul Marsh, and Mike Stanton, *Triumph of the Optimists: 101Years of Global Investment Returns*(Princeton, 2002).

10 Paul Frentrop, *A History of Corporate Governance 1602-2002*(Brussels, 2003), pp. 49~51.

11 Ronald Findlay and Kevin H. O'Rourke, *Power and Plenty: Trade, War, and the World Economy in the Second Millennium*(Princeton, 2007), p. 178.

12 Frentrop, *Corporate Finance*, p. 59.

13 칼뱅주의적 자본주의 국가인 네덜란드 공화국의 양면성을 보려면 Simon Schama, *The Embarrassment of Riches: An Interpretation of Dutch Culture in the Golden Age*(New York, 1997[1987])를 참조하라.

14 John P. Shelton, "The First Printed Share Certificate: An Important Link in Financial History", *Business History Review*, 39, 3(Autumn 1965), p. 396.

15 Shelton, "First Printed Share Certificate", pp. 400f.

16 Engel Sluiter, "Dutch Maritime Power and the Colonial Status Quo, 1585-1641, *Pacific Historical Review*, 11, 1(March 1942), p. 33.

17 Ibid, p. 34.

18 Frentrop, *Corporate Governance*, pp. 69f.

19 Larry Neal, "Venture Shares of the Dutch East India Company", in William N. Goetzmann and K. Geert Rouwenhorst (eds.), *The Origins of Value: The Financial Innovations that Created Modern Capital Markets*(Oxford, 2005), p. 167.

20 Neal, "Venture Shares", p. 169.

21 Schama, *Embarrassment of Riches*, p. 349.

22 Ibid., p. 339.

23 Neal, "Venture Shares", p. 169.

24 Frentrop, *Corporate Governance*, p. 85.

25 Ibid., pp. 95f.

26 Ibid., p.103. Cf. Neal, "Venture Shares", p. 171.

27 Neal, "Venture Shares", p. 166.

28　Findlay and O'Rourke, *Power and Plenty*, p. 178.
29　Ibid., pp.179~183. Cf. Sluiter, "Dutch Maritime Power", p. 32.
30　Findlay and O'Rourke, *Power and Plenty*, p. 208.
31　Femme S. Gaastra, "War, Competition and Collaboration: Relations between the English and Dutch East India Company in the Seventeenth and Eighteenth Centuries", in H.V. Bowen, Margarette Lincoln and Nigel Ribgy (eds.), *The Worlds of the East India Company*(Leicester, 2002), p. 51.
32　Gaastra, "War, Competition and Collaboration", p. 58.
33　Ann M. Carlos and Stephen Nicholas, "'Giants of an Earlier Capitalism': The Chartered Trading Companies as Modern Multinationals", *Business History Review*, 62, 3(Autumn 1988), pp. 398~419.
34　Gaastra, "War, Competition and Collaboration", p. 51.
35　Findlay and O'Rourke, *Power and Plenty*, p. 183.
36　Ibid., p. 185, figure 4. 5.
37　Gaastra, "War, Competition and Collaboration", p. 55.
38　Jan de Vries and A. van der Woude, The First Modern Economy: Success, *Failure and Perseverance of the Dutch Economy, 1500-1815*(Cambridge, 1997), p. 396.
39　Andrew McFarland Davis, "An Historical Study of Law's System", *Quarterly Journal of Economics*, 1, 3(April 1887), p. 292.
40　H. Montgomery Hyde, *John Law: The History of an Honest Adventurer*(London, 1969), p .83.
41　Earl J. Hamilton, "Prices and Wages at Paris under John Law's System", *Quarterly Journal of Economics*, 51, 1(November 1936), p. 43.
42　Davis, "Law's System", p. 300.
43　Ibid., p. 305.
44　Thomas E. Kaiser, "Money, Despotism, and Public Opinion in Early Eighteenth-Century Finance: John Law and the Debate on Royal Credit", *Journal of Modern History*, 63, 1(March 1991), p. 6.
45　Max J. and Frank H. Beach, "Some Neglected Monetary Theories of John Law", *American Economic Review*, 24, 4(December 1934), p. 653.
46　James Macdonald, *A Free Nation Deep in Debt: The Financial Roots of Democracy*(New York, 2003), p. 192.
47　Kaiser, "Money", p. 12.
48　Ibid., p. 18.
49　Hamilton, "Pricesand Wages", p. 47.
50　Davis, "Law's System", p. 317.
51　Antoin E. Murphy, *John Law: Economic Theorist and Policy-Maker*(Oxford, 1997), p. 233.
52　Hamilton, "Prices and Wages", p. 55.

53 Murphy, *John Law*, p. 201.

54 Ibid., p. 190.

55 Larry Neal, *The Rise of Financial Capitalism: International Capital Markets in the Age of Reason*(Cambridge, 1990), p. 74를 참조하라.

56 Kaiser, "Money", p. 22.

57 당시 11월과 12월 파리에 있던 영국의 투기꾼을 확인하려면 Neal, *Financial Capitalism*, p. 68을 참조하라.

58 Murphy, *John Law*, pp. 213f.

59 Ibid., p. 205.

60 Lord Wharncliff (ed.), *The Letters and Works of Lady Mary Wortley Montagu*(Paris, 1837), pp. 321f.

61 Earl J. Hamilton, "John Law of Lauriston: Banker, Gamester, Merchant, Chief?", *American Economic Review*, 57, 2(May 1967), p. 273.

62 Murphy, *John Law*, pp. 201~202.

63 Hamilton, "John Law", p. 276.

64 Murphy, *John Law*, p. 239. Cf. Hamilton, "Prices and Wages", p. 60.

65 Kaiser, "Money", pp. 16, 20.

66 Ibid., p. 22.

67 Murphy, *John Law*, p. 235.

68 Ibid., p. 250.

69 Hyde, *Law*, p. 159.

70 Schama, *Embarrassment of Riches*, pp. 366ff.

71 Ibid., pp. 367ff.

72 이와 대조적인 설명으로는 Neal, *Financial Capitalism*, pp. 89~117; Edward Chancellor, *Devil Take the Hindmost: A History of Financial Speculation*(London, 1999), pp. 58~95를 참조하라.

73 Chancellor, *Devil Take the Hindmost*, p .64.

74 Ibid., p. 84.

75 Neal, *Financial Capitalism*, pp. 90, 111f. 닐의 말에 따르면, 1720년 초에 남해 회사 주식을 사서 그해 말 팔아 버린 투자자는 중간에 발생한 거품과 무관하게 56퍼센트의 연간 수익률을 올릴 수 있었다.

76 Julian Hoppitt, "The Myths of the South Sea Bubble", *Transactions of the Royal Historical Society*, 12(2002), pp. 141~65.

77 Tom Nicholas, "Trouble with a Bubble", Harvard Business School Case N9-807-146(28 February 2007), p. 1.

78 William L. Silber, *When Washington Shut Down Wall Street: The Great Financial Crisis of 1914 and the Origins*

of America's Monetary Supremacy(Princeton, 2006).

79 Niall Ferguson, "Political Risk and the International Bond Market between the 1848 Revolution and the Outbreak of the First World War", *Economic History Review*, 59, 1(February 2006), pp. 70~112.

80 *New York Times*, 23 October 1929.

81 Nicholas, "Trouble with a Bubble", p. 4.

82 Ibid., p. 6.

83 Chancellor, *Devil take the Hindmost*, pp. 199ff.

84 Milton Friedman과 Anna J. Schwartz가 쓴 *A Monetary History of the United States, 1867-1960*(Princeton, 1963), pp. 299~419를 참조하라. 이 장에서 'The Great Contraction' 부분은 모든 금융업 종사자들이 필히 읽어 두어야 한다.

85 같은 책, pp. 309f., n. 9. 이 각주를 읽어 보면 2007년 3월 JP 모건이 베어스턴스를 사들이게 하려고 연방 준비 제도 이사회가 그토록 신속하고 과감한 조치를 취했던 이유가 이해될 것이다.

86 Ibid., p. 315.

87 Ibid., p. 317.

88 Ibid., p. 396.

89 Ibid., p. 325.

90 Ibid., p. 328.

91 U. S. Department of Commerce Bureau of the Census, *Historical Statistics of the United States: Colonial Times to 1970*(Washington, D.C., 1975), p. 1019.

92 Barry Eichengreen, *Golden Fetters: The Gold Standard and the Great Depression, 1919-1939*(New York/Oxford, 1992). 같은 저자가 쓴 'The Origins and Nature of the Great Slump Revisited', *Economic History Review*, 45, 2(May 1992), pp. 213~239도 참조하라.

93 그 사례로 다음을 참조하라. Bernanke, 'The Macroeconomics of the Great Depression:A Comparative Approach', NBER Working Paper 4814(August 1994).

94 Hyman P. Minsky, "Introduction: Can 'It' Happen Again? A Reprise", in idem, *Inflation, Recession and Economic Policy*(Brighton, 1982), p. xi.

95 10퍼센트 이상 하락한 경우가 113년 동안 23번이었다.

96 Nicholas Brady, James C. Cotting, Robert G. Kirby, John R. Opel, Howard M. Stein이 쓴 *Report of the Presidential Task Force on Market Mechanisms, submitted to the President of the United States, the Secretary of the Treasury and the Chairman of the Federal Reserve Board*(Washington, DC, January 1988)을 참조하라. 역사가들에게는 1929년과 비교한 대목이 특히 흥미로울 것이다.: Appendix Ⅷ pp. 1~13을 참조하라.

97 James Dale Davidson and William Rees Mogg, *The Great Reckoning: How the World Will Change in the Depression of the 1990's*(London, 1991).

98 이에 대한 그린스펀의 견해는 Alan Greenspan, *The Age of Turbulence: Adventures in a New World*(New York, 2007), pp. 100~110을 참조하라.
99 Greenspan, *Age of Turbulence*, p. 166.
100 Ibid., p. 167.
101 Ibid., pp. 190~195.
102 Ibid., pp. 200f.
103 이에 대한 탁월한 설명은 Bethany McLean과 Peter Elkind가 쓴 *The Smartest Guys in the Room: The Amazing Rize and Scandalous Fall of Enron*(New York, 2003)에 나와 있다.
104 Ibid., p. 55.
105 이에 대한 그녀의 견해는 Mimi Swartz, Sherron Watkins가 쓴 *Power Failure: The Inside Story of the Collapse of Enron*(New York, 2003)을 참조하라.

4장. 위험의 도래

1 Rawle O. King, "Hurricane Katrina: Insurance Losses and National Capacities for Financing Disaster Risks", Congressional Research Service Report for Congress, 31 January 2008, table 1.
2 Joseph B. Treaster, "A Lawyer Like a Hurricane; Facing Off Against Asbestos, Tobacco and Now Home Insurers", *New York Times*, 16 March 2007.
3 자세한 내용은 Richard F. Scruggs, 'Hurricane Katrina:Issues and Observations', American Enterprise Institute-Brookings Judicial Symposium, 'Insurance and Risk Allocation in America: Economics, Law and Regulation', Georgetown Law Center, 20~22 September 2006을 참조하라.
4 자세한 내용은 http://www.usa.gov/Citizen/Topics/PublicSafety/Hurricane_Katrina_Recovery.shtml, http://katrina.louisiana.gov/index.html, http://www.ldi.state.la.us/HurricaneKatrina.htm에서 확인하라.
5 Peter Lattman, "Plaintiffs Laywer Scruggs Is Indicted on Bribery Charges", *Wall Street Journal*, 29 November 2007; Ashby Jones and Paulo Prada, "Richard Scruggs Pleads Guilty", ibid., 15 March 2008.
6 King, "Hurricane Katrina", p. 4.
7 Naomi Klein, *The Shock Doctrine: The Rise of Disaster Capitalism*(New York, 2007).
8 http://www.nhc.noaa.gov/pastdec.shtml.
9 John Schwartz, "One Billion Dollars Later, New Orleans is Still at Risk", *New York Times*, 17 August 2007.
10 Michael Lewis, "In Nature's Casino", *New York Times Magazine*, 26 August 2007.
11 National Safety Council, 'What are the Odds of Dying?': http://www.nsc.org/lrs/statinfo/odds.htm. 암 관련 통계는 National Cancer Institute, 'SEER Cancer Statistics Review, 1975-2004', table I-17:

http://srab.cancer.gov./devcan/을 참조하라. 2002년과 2004년 사이에 미국에서 암으로 사망할 확률은 95퍼센트 신뢰 구간에서 21.29퍼센트였다.

12 Florence Edler de Roover, "Early Examples of Marine Insurance", *Journal of Economic History*, 5, 2(November 1945), pp. 172~200.

13 Ibid., pp. 188f.

14 A. H. John, "The London Assurance Company and the Marine Insurance Market of the Eighteenth Century", *Economica*, NewSeries, 25, 98(May 1958), p. 130.

15 Paul A. Papayoanou, "Interdependence, Institutions, and the Balance of Power," *International Security*, 20, 4(Spring 1996), p. 55.

16 Roover, "Early Examples of Marine Insurance", p. 196.

17 M. Greenwood, "The First Life Table", *Notes and Records of the Royal Society of London*, 1, 2(October 1938), pp. 70~72.

18 전술한 단락은 Peter L. Bernstein, *Against the Gods: The Remarkable Story of Risk*(New York, 1996)에서 큰 도움을 얻었다.

19 Gregory Clark, *A Farewell to Alms: A Brief Economic History of the World*(Princeton, 2007).

20 자세한 내용은 A. Ian Dunlop(ed.), *The Scottish Ministers' Widows' Fund, 1743-1993*(Edinburgh, 1992)를 참조하라.

21 핵심 문서는 Robert Wallace의 논문, National Archives of Scotland: CH/9/17/6-13이다.

22 G.W. Richmond, "Insurance Tendencies in England", *Annals of the American Academy of Political and Social Science*, 161(May 1932), p. 183.

23 A.N. Wilson, *A Life of Walter Scott: The Laird of Abbotsford*(London: Pimlico, 2002), pp. 169~171.

24 G. Clayton and W.T. Osborne, "Insurance Companies and the Finance of Industry", *Oxford Economic Papers*, New Series, 10, 1(February 1958), pp. 84~97.

25 "American Exceptionalism", *Economist*, 10 August 2006.

26 http://www.workhouses.org.uk/index.html?StMarylebone/StMarylebone.shtml.

27 Lothar Gall, *Bismarck: The White Revolutionary*, vol. II, 1879-1898, transl. J.A. Underwood(London, 1986), p. 129.

28 H.G. Lay, *Marine Insurance: A Text Book of the History of Marine Insurance, including the Functions of Lloyd's Register of Shipping*(London, 1925), p. 137.

29 Richard Sicotte, "Economic Crisis and Political Response: The Political Economy of the Shipping Act of 1916", *Journal of Economic History*, 59, 4(December 1999), pp. 861~884.

30 Anon., "Allocation of Risk between Marine and War Insurer", *Yale Law Journal*, 51, 4(February 1942), p. 674; C., "War Risks in Marine Insurance", *Modern Law Review*, 10, 2(April 1947), pp. 211~214.

31 Alfred T. Lauterbach, "Economic Demobilization in Great Britain after the First World War", *Political Science Quarterly*, 57, 3(September 1942), pp. 376~393.

32 Correlli Barnett, *The Audit of War*(London, 2001), pp. 31f.

33 Richmond, "Insurance Tendencies", p. 185.

34 Charles Davison, "The Japanese Earthquake of 1 September", *Geographical Journal*, 65, 1(January 1925), pp. 42f.

35 Yoshimichi Miura, "Insurance Tendencies in Japan", *Annals of the American Academy of Political and Social Science*, 161(May 1932), pp. 215~219.

36 Herbert H. Gowen, "Living Conditions in Japan", *Annals of the American Academy of Political and Social Science*, 122(November 1925), p. 163.

37 Kenneth Hewitt, "Place Annihilation: Area Bombing and the Fate of Urban Places", *Annals of the Association of American Geographers*, 73(1983), p .263.

38 Anon., 'War Damage Insurance', *Yale Law Journal*, 51, 7(May 1942), pp. 1160~1161. 800만에 달하는 보험에서 보험료를 거둬들이고 적정 수준의 액수를 지급한 결과 2억 1000만 달러를 벌어들였다.

39 Kingo Tamai, "Development of Social Security in Japan", in Misa Izuhara(ed.), *Comparing Social Policies: Exploring New Perspectives in Britain and Japan*(Bristol, 2003), pp. 35~48. 또한 다음도 참조할 것. Gregory J. Kasza, "Warand Welfare Policy in Japan", *Journal of Asian Studies*, 61, 2(May 2002), p. 428.

40 Recommendation of the Council of Social Security System (1950).

41 W. Macmahon Ball, "Reflections on Japan", *Pacific Affairs*, 21, 1(March 1948), pp. 15f.

42 Beatrice G. Reubens, "Social Legislation in Japan", *Far Eastern Survey*, 18, 23(16 November 1949), p. 270.

43 Keith L. Nelson, "The 'Warfare State': History of a Concept", *Pacific Historical Review*, 40, 2(May, 1971), pp. 138f.

44 Kasza, "War and Welfare Policy", pp. 418f.

45 Ibid., p. 423.

46 Ibid., p. 424.

47 Nakagawa Yatsuhiro, "Japan, the Welfare Super-Power", *Journal of Japanese Studies*, 5, 1(Winter 1979), pp. 5~51.

48 Ibid., p. 21.

49 Ibid., p. 9.

50 Ibid., p. 18.

51 이에 대한 비교 연구는 Gregory J. Kasza, *One World of Welfare: Japan in Comparative Perspective*(Ithaca, 2006) 그리고 Neil Gilbert과 Ailee Moon이 쓴 'Analyzing Welfare Effort: An Appraisal of Comparative Methods', *Journal of Policy Analysis and Management*, 7, 2(Winter 1988), pp. 326~340을 참조하라.

52 Kasza, *One World of Welfare*, p. 107.
53 Peter H. Lindert, *Growing Public: Social Spending and Economic Growth since the Eighteenth Century*(Cambridge, 2004), vol. I, table I.2.
54 Hiroto Tsukada, *Economic Globalization and the Citizens' Welfare State*(Aldershot/Burlington/Singapore/Sydney, 2002), p. 96.
55 Milton Friedman and Anna J. Schwartz, *A Monetary History of the United States, 1867-1960*(Princeton, 1963).
56 Milton Friedman and Rose D. Friedman, *Two Lucky People: Memoirs*(Chicago/London, 1998), pp. 399.
57 Ibid., p. 400.
58 Ibid., p. 593.
59 Patricio Silva, "Technocrats and Politics in Chile: From the Chicago Boys to the CEIPLAN Monks", *Journal of Latin American Studies*, 23, 2(May 1991), pp. 385~410.
60 Bill Jamieson, "25 Years On, Chile Has a Pensions Message for Britain", *Sunday Business*, 14 December 2006.
61 Rossana Castiglioni, "The Politics of Retrenchment: The Quandaries of Social Protection under Military Rule in Chile, 1973-1990", *Latin American Politics and Society*, 43, 4(Winter 2001), pp. 39ff.
62 Ibid., p. 55.
63 José Piñera, "Empowering Workers: The Privatization of Social Security in Chile", *Cato Journal*, 15, 2-3(Fall/Winter 1995/96), pp. 155~166.
64 Ibid., p. 40.
65 Teresita Ramos, "Chile: The Latin American Tiger?", Harvard Business School Case 9-798-092(21 March 1999), p. 6.
66 Laurence J. Kotlikoff, "Pension Reform as the Triumph of Form over Substance", *Economists' Voice*(January 2008), pp. 1~5.
67 Armando Barrientos, "Pension Reform and Pension Coverage in Chile: Lessons for Other Countries", *Bulletin of Latin American Research*, 15, 3(1996), p. 312.
68 "Destitute No More", *Economist*, 16 August 2007.
69 Barrientos, "Pension Reform", pp. 309f. 또한 다음도 참조할 것. Raul Madrid, "The Politics and Economics of Pension Privatization in Latin America", *Latin American Research Review*, 37, 2(2002), pp. 159~182.
70 이는 모두 2004년도에 해당하는 수치이다. 최근의 비교 자료는 World Bank's World Development Indicators database에서 얻을 수 있다.
71 이 부분은 Laurence J. Kotlikoff와 Scott Burns의 *The Coming Generational Storm: What You Need to Know*

about America's Economic Future(Cambridge, 2005)에서 큰 도움을 얻었다. Peter G. Peterson, *Running on Empty: How the Democratic and Republican Parties Are Bankrupting Our Future and What Americans Can Do about It*(New York, 2005)도 참조하라.

72 Ruth Helman, Craig Copeland and Jack VanDerhei , "Will More of Us Be Working Forever? The 2006 Retirement Confidence Survey", Employee Benefit Research Institute Issue Brief, 292(April 2006).

73 Gene L. Dodaro, Acting Comptroller General of the United States, "Working to Improve Accountability in an Evolving Environment", Address to the 2008 Maryland Association of CPAs' Government and Not-for-profit Conference (18 April 2008).

74 James Brooke, "A Tough Sell: Japanese Social Security", *New York Times*, 6 May 2004.

75 Mutsuko Takahashi, *The Emergence of Welfare Society in Japan*(Aldershot/ Brookfield/ Hong Kong/ Singapore/ Sydney,1997), pp. 185f를 참조하라. 또 Kasza, *One World of Welfare*, pp. 179~182도 참조하라.

76 Alex Kerr, *Dogs and Demons: The Fall of Modern Japan*(London, 2001), pp. 261~266.

77 Gavan McCormack, *Client State: Japan in the American Embrace*(London, 2007), pp. 45~69.

78 Lisa Haines, "World's Largest Pension Funds Top $10 Trillion", *Financial News*, 5 September 2007.

79 "Living Dangerously", *Economist*, 22 January 2004.

80 Philip Bobbitt, *Terror and Consent: The Wars for the Twenty-first Century*(New York, 2008), esp. pp. 98~179.

81 Suleiman abu Gheith, quoted in ibid., p. 119.

82 Graham Allison, "Time to Bury a Dangerous Legacy, Part 1", Yale Global, 14 March 2008. Cf. idem, *Nuclear Terrorism: The Ultimate Preventable Catastrophe*(Cambridge, MA, 2004).

83 Michael D. Intriligator and Abdullah Toukan, "Terrorism and Weapons of Mass Destruction", in Peter Kotana, Michael D. Intriligator and John P. Sullivan (eds.), *Countering Terrorism and WMD: Creating a Global Counter-terrorism Network*(New York, 2006), table 4. 1A.

84 IPCC, *Climate Change 2007: Synthesis Report*(Valencia, 2007)를 참조하라.

85 Robert Looney, "Economic Costs to the United States Stemming from the 9/11 Attacks", *Center for Contemporary Conflict Strategic Insight*(5 August 2002).

86 Robert E. Litan, "Sharing and Reducing the Financial Risks of Future Mega-Catastrophes", *Brookings Issues in Economic Policy*, 4(March 2006).

87 William Hutchings, "Citadel Builds a Diverse Business", *Financial News*, 3 October 2007.

88 Marcia Vickers, "A Hedge Fund Superstar", *Fortune*, 3 April 2007.

89 Joseph Santos, "A History of Futures Trading in the United States", South Dakota University MS, n.d.

5장. 절대 안전 자산

1 Philip E. Orbanes, *Monopoly: The World's Most Famous Game — And How It Got That Way*(New York, 2006), pp. 10~71.

2 Ibid., p. 50.

3 Ibid., pp. 86f.

4 Ibid., p. 90.

5 Robert J. Shiller, "Understanding Recent Trends in House Prices and Home Ownership", Paper presented at Federal Reserve Bank of Kansas City's Jackson Hole Conference (August 2007).

6 http://www.canongate.net/WhoOwnsBritain/DoTheMathsOnLandOwnership.

7 David Cannadine, *Aspects of Aristocracy: Grandeur and Decline in Modern Britain*(New Haven, 1994), p. 170.

8 이 통계를 제공해 준 Gregory Clark에게 감사를 표한다.

9 Frederick B. Heath, "The Grenvilles, in the Nineteenth Century: The Emergence of Commercial Affiliations", *Huntington Library Quarterly*, 25, 1(November 1961), p. 29.

10 Heath, "Grenvilles", pp. 32f.

11 Ibid., p. 35.

12 David and Eileen Spring, "The Fall of the Grenvilles", *Huntington Library Quarterly*, 19, 2(February 1956), p. 166.

13 Ibid., pp. 177f.

14 자세한 내용은 Spring and Spring, 'Fall of the Grenvilles', pp. 169~174를 보라.

15 Ibid., p. 185.

16 Heath, "Grenvilles", p. 39.

17 Spring and Spring, "Fall of the Grenvilles", p. 183.

18 Heath, "Grenvilles", p. 40.

19 Ibid., p. 46.

20 Ben Bernanke, "Housing, Housing Finance, and Monetary Policy", speech at the Kansas City Federal Reserve Bank's Jackson Hole Conference(31 August 2007).

21 Louis Hyman, "Debtor Nation: How Consumer Credit Built Postwar America", unpublished Ph.D. thesis(Harvard University, 2007), ch.1.

22 Edward E. Leamer, "Housing and the Business Cycle", Paper presented at Federal Reserve Bank of Kansas City's Jackson Hole Conference (August 2007).

23 Saronne Rubyan-Ling, "The Detroit Murals of Diego Rivera", *History Today*, 46, 4(April 1996), pp. 34~38.

24 Donald Lochbiler, "Battle of the Garden Court", *Detroit News*, 15 July 1997.

25 Hyman, "Debtor Nation", ch. 2.

26 Thomas J. Sugrue, *The Origins of the Urban Crisis: Race and Inequality in Postwar Detroit*(Princeton, 1996), p. 64.

27 Ibid., pp. 38~43.

28 Hyman, "Debtor Nation", ch. 5.

29 Sugrue, *Origins of the Urban Crisis*, p. 259.

30 디트로이트에서 일어난 최근 사례는 Ben Lefebvre, 'Justice Dept. Accuses Detroit Bank of Bias in Lending', *New York Times*, 20 May 2004를 참조하라.

31 Glen O'Hara, *From Dreams to Disillusionment: Economic and Social Planning in 1960s Britain*(Basingstoke, 2007), ch. 5.

32 Bernanke, 'Housing, Housing Finance, and Monetary Policy'. Roger Loewenstein, 'Who Needs the Mortgage-Interest Deduction?', *New York Times Magazine*, 5 March 2006도 참조하라.

33 Nigel Lawson, *The View from No.11: Memoirs of a Tory Radical*(Bantam Press, 1992), p. 821.

34 *Living in Britain: General Household Survey 2002*(London, 2003), p. 30: http://www.statistics.gov.uk/cci/nugget.asp?id=821.

35 Ned Eichler, "Homebuilding in the 1980s: Crisis or Transition?", *Annals of the American Academy of Political and Social Science*, 465(January 1983), p. 37.

36 Maureen O'Hara, "Property Rights and the Financial Firm", *Journal of Law and Economics*, 24(October 1981), pp. 317~332.

37 Eichler, "Homebuilding", p. 40. See also Henry N. Pontell and Kitty Calavita, "White-Collar Crime in the Savings and Loan Scandal", *Annals of the American Academy of Political and Social Science*, 525(January 1993), pp. 31~45; Marcia Millon Cornettand Hassan Tehranian, "An Examination of the Impact of the Garn-St. Germain Depository Institutions Act of 1982 on Commercial Banks and Savings and Loans", *Journal of Finance*, 45, 1(March 1990), pp. 95~111.

38 Henry N. Pontell and Kitty Calavita, "The Savings and Loan Industry", *Crime and Justice*, 18(1993), p. 211.

39 Ibid., pp. 208f.

40 F. Stevens Redburn, "The Deeper Structure of the Savings and Loan Disaster", *Political Science and Politics*, 24, 3(September 1991), p. 439.

41 Pontell and Calavita, "White-Collar Crime", p. 37.

42 Allen Pusey, "Fast Money and Fraud", *New York Times*, April 23, 1989.

43 K. Calavita, R. Tillman, and H.N. Pontell, "The Savings and Loan Debacle, Financial Crime and the

State", *Annual Review of Sociology*, 23(1997), p. 23.

44 Pontell and Calavita, "Savings and Loans Industry", p. 215.

45 Calavita, Tillman and Pontell, "Savings and Loan Debacle", p. 24.

46 Allen Pusey and Christi Harlan, "Bankers Shared in Profits From I-30 Deals", *Dallas Morning News*, January 29, 1986.

47 Allen Pusey and Christi Harlan, "I-30 Real Estate Deals: A 'Virtual Money Machine'", *Dallas Morning News*, January 26, 1986.

48 Pusey, "Fast Money and Fraud".

49 Pontell and Calavita, 'White-Collar Crime', p.43. Kitty Calavita and Henry N.pontell, 'The State and White-Collar Crime:Saving the Savings and Loans', *Law Society Review*, 28, 2(1994), pp. 297~324도 참조하라.

50 초반에는 손실액이 더 높을 것이라고 우려하였다. 1990년 미 회계 감사원(General Accounting Office)은 5000억 달러에 이를 것으로 전망했다. 일각에서는 1조 달러 이상 대가를 치르리라고 추산했다. Pontell and Calavita, 'Savings and Loan Industry', p. 203.

51 이에 대한 자세한 설명은 Michael Lewis, *Liar's Poker*(London, 1989), pp. 78~124를 참조하라.

52 Bernanke, "Housing Finance, and Monetary Policy".

53 이 계산에 도움을 준 Joseph Barillari에게 감사를 표한다. Morris A. Davisa, Andreas Lehnert and Robert F. Martin, 'The Rent-Price Ratio for the Aggregate Stock of Owner-Occupied Housing', Working Paper(December 2007).

54 Shiller, "Recent Trends in House Prices".

55 Carmen M. Reinhart and Kenneth S. Rogoff, "Is the 2007 Sub-Prime Financial Crisis So Different? An International Historical Comparison", Draft Working Paper (14 January 2008).

56 Mark Whitehouse, "Debt Bomb: Inside the 'Subprime' Mortgage Debacle", *Wall Street Journal*, 30 May 2007, p. A1.

57 Kimberly Blanton, 'A "Smoking Gun" on Race, Subprime Loans', *Boston Globe*, 16 March 2007을 참조하라.

58 'U.S. Housing Bust Fuels Blame Game', Wall Street Journal, 19 March 2008. David Wessel, 'Housing Bust Offers Insights', *Wall Street Journal*, 10 April 2008도 참조하라.

59 Henry Louis Gates Jr., "Forty Acres and a Gap in Wealth", *New York Times*, 18 November 2007.

60 Andy Meek, "Frayser Foreclosures Revealed", *Daily News*, 21 September 2006.

61 http://www.responsiblelending.org/page.jsp?itemID=32032031.

62 Credit Suisse, "Foreclosure Trends?A Sobering Reality", *Fixed Income Research*(23 April 2008).

63 Prabha Natarajan, 'Fannie, Freddie Could Hurt U.S. Credit', *Wall Street Journal*, 15 April 2008을 참조

하라.

64 Economic Report of the President(2007), tablesB-77 and B-76: http://www.gpoaccess.gov/eop/.

65 George Magnus, "Economic Insights By George", UBS research paper, 27 March 2008.

66 Hernando de Soto, *The Mystery of Capital: Why Capitalism Triumphs in the West and Fails Every where Else*(London, 2001).

67 Hernando de Soto, "Interview: Land and Freedom", *New Scientist*, 27 April 2002.

68 Hernando de Soto, *The Other Path*(New York, 1989).

69 Rafael Di Tella, Sebastian Galiani and Ernesto Schargrodsky, "The Formation of Beliefs: Evidence from the Allocation of Land Titles to Squatters", *Quarterly Journal of Economics*, 122, 1(February 2007), pp. 209~241.

70 "The Mystery of Capital Deepens", *Economist*, 26 August 2006.

71 다음을 참조하라. John Gravois, 'The De Soto Delusion', Slate, 29 January 2005: http://state.msn.com/id/2112792/.

72 수익은 모두 법인 소득세를 면제받는 대신 긴급 상황에 대처하고자 세운 재건 기금(Rehabilitation Fund)에 쓰인다.

73 Connie Black, "Millions for Millions", *New Yorker*, 30 October 2006, pp. 62~73.

74 Shiller, "Recent Trends in House Prices".

75 Edward L. Glaeser and Joseph Gyourko, "Housing Dynamics", NBER Working Paper 12787(revised version, March 31, 2007).

76 Robert J. Shiller, *The New Financial Order: Risk in the 21st Century*(Princeton, 2003).

6장. 제국에서 차이메리카로

1 Dominic Wilson and Roopa Purushothaman, "Dreaming with the BRICs: The Path to 2050", *Goldman Sachs Global Economics Paper*, 99(1 October 2003). 또한 다음의 자료도 참고하라. Jim O'Neill, "Building Better Global Economic BRICs", *Goldman Sachs Global Economics Paper*, 66(30 November 2001); Jim O'Neill, Dominic Wilson, Roopa Purushothaman and Anna Stupnytska, "How Solid are the BRICs?", *Goldman Sachs Global Economics Paper*, 134(1 December 2005).

2 Dominic Wilson and Anna Stupnytska, "The N-11: More than an Acronym", *Goldman Sachs Global Economics Paper*, 153(28 March 2007).

3 Goldman Sachs Global Economics Group, Bricks and Beyond(London, 2007), esp. pp. 45~72, 103~108.

4 이 주장은 Kenneth Pomeranz, *The Great Divergence: China, Europe and the Making of the Modern World Economy*(Princeton/Oxford, 2000)에 나와 있다. 1700년 중국에 대한 더욱 회의적 시각이 담긴 책으로는 Angus Maddison, *The World Economy: A Millennial Perspective*(Paris, 2001)가 특히 참고할 만하다.

5 1인당 국내 총생산은 Maddison, World Economy, table B-21에 나온 통계 자료를 토대로 계산하였다.

6 Pomeranz, *Great Divergence*.

7 이 주제에 대한 최근 연구 중 중요한 저작들은 다음과 같다. Eric Jones, *The European Miracle: Environments, Economies and Geopolitics in the History of Europe and Asia*(Cambridge, 1981); David S. Landes, *The Wealth and Poverty of Nations: Why Some are So Rich and Some So Poor*(New York, 1998); Joel Mokyr, *The Gifts of Athena: Historical Origins of the Knowledge Economy*(Princeton, 2002); Gregory Clark, *A Farewell to Alms: A Brief Economic History of the World*(Princeton, 2007).

8 William N. Goetzmann, "Fibonacci and the Financial Revolution", NBER Working Paper 10352(March 2004).

9 William N. Goetzmann, Andrey D. Ukhov and Ning Zhu, "China and the World Financial Markets, 1870-1930: Modern Lessons from Historical Globalization", *Economic History Review*(forthcoming).

10 Nicholas Crafts, "Globalisation and Growth in the Twentieth Century", International Monetary Fund Working Paper, 00/44(March 2000). 또한 다음도 참조할 것. Richard E. Baldwin, and Philippe Martin, "Two Waves of Globalization: Superficial Similarities, Fundamental Differences", NBER Working Paper 6904(January 1999).

11 Barry R. Chiswick and Timothy J. Hatton, "International Migration and the Integration of Labor Markets", in Michael D. Bordo, Alan M. Tayor and Jeffrey G. Williamson (eds.), *Globalizationin Historical Perspective*(Chicago, 2003), pp. 65~120.

12 Maurice Obstfeld and Alan M. Taylor, "Globalization and Capital Markets", in Michael D. Bordo, Alan M. Taylor and Jeffrey G. Williamson (eds.), *Globalization in Historical Perspective*(Chicago, 2003), pp. 173f.

13 Clark, *Farewell*, ch.13, 14.

14 David M. Rowe, "The Tragedy of Liberalism: How Globalization Caused the First World War", *Security Studies*, 14, 3(Spring 2005), pp. 1~41.

15 그 예로 다음을 참조하라. Fareed Zakaria, The Post-American World(New York, 2008) and Parag Khanna, *The Second World: Empires and Influence in the New Global Order*(London, 2008).

16 Jim Rogers, *A Bull in China: Investing Profitably in the World's Greatest Market*(New York, 2007).

17 Robert Blake, *Jardine Matheson: Traders of the Far East*(London, 1999), p. 91. 또한 다음도 참조할 것. Alain Le Pichon, *China Trade and Empire: Jardine, Matheson & Co. and the Origins of British Rule in Hong Kong, 1827-1843*(Oxford/New York, 2006).

18 Rothschild Archive London, RFamFD/13A/1; 13B/1; 13C/1; 13D/1; 13D/2; 13/E.

19 Henry Lowenfeld, *Investment: An Exact Science*(London, 1909), p. 61.

20 John Maynard Keynes, *The Economic Consequences of the Peace*(London, 1919), ch. 1.

21 Maddison, *World Economy*, Table 2-26a.

22 Lance E. Davis and R. A. Huttenback, *Mammon and the Pursuit of Empire: The Political Economy of British Imperialism, 1860-1912*(Cambridge, 1988), p. 46.

23 Ranald Michie, "Reversal or Change? The Global Securities Market in the 20th Century", *New Global Studies*(forthcoming).

24 Obstfeld and Taylor, 'Globalization'; Niall Ferguson and Moritz Schularick, 'The Empire Effect: The Determinants of Country Risk in the First Age of Globalization, 1880-1913', *Journal of Economic History*, 66, 2(June 2006). 한편 다음 책들도 참고하라. A. Clemens and Jeffrey Williamson, 'Wealth Bias in the First Global Capital Market Boom, 1870-1913', *Economic Journal*, 114, 2(2004), pp. 304~337.

25 이에 대한 명확한 연구로 Michael Edelstein, *Overseas Investment in the Age of High Imperialism: The United Kingdom, 1850-1914*(New York, 1982)가 있다.

26 Michael Edelstein, "Imperialism: Cost and Benefit", in Roderick Floud and Donald McCloskey (eds), *The Economic History of Britain since 1700*, vol.II(2nd edn., Cambridge, 1994), pp. 173~216.

27 John Maynard Keynes, "Foreign Investment and National Advantage", in Donald Moggridge (ed.), *The Collected Writings of John Maynard Keynes*, vol. XIX(London, 1981), pp. 275~284.

28 John Maynard Keynes, "Advice to Trustee Investors", in ibid., pp. 202~206.

29 이 수치는 Irving Stone, *The Global Export of Capital from Great Britain, 1865-1914*(London, 1999)에 나온 자료를 토대로 계산하였다.

30 1870년부터 1940년까지 상하이 증권 거래소에 대한 매우 유용한 주식 시장 지표로는 http://icf.som.yale.edu/sse/를 참조하라.

31 Michael Bordo and Hugh Rockoff, "The Gold Standard as a "Good Housekeeping Seal of Approval"", *Journal of Economic History*, 56, 2(June 1996), pp. 389~428.

32 Marc Flandreau and Frédéric Zumer, *The Making of Global Finance, 1880-1913*(Paris, 2004).

33 Niall Ferguson and Moritz Schularick, "The Empire Effect: The Determinants of Country Risk in the First Age of Globalization, 1880-1913", *Journal of Economic History*, 66, 2 (June 2006), pp. 283~312.

34 이 부분에 대한 전반적인 논의는 Niall Ferguson, 'Political Risk and the International Bond Market between the 1848 Revolution and the Outbreak of the First World War', *Economic History Review*, 59, 1(February 2006), pp. 70~112를 참조하라.

35 Jean de [Ivan] Bloch, *Is War Now Impossible?*, trans. R. C. Long(London, 1899), p. xvii.

36 Norman Angell, *The Great Illusion: A Study of the Relation of Military Power in Nations to their Economic and Social Advantage*(London, 1910), p. 31.

37 James J. Sheehan, *Where Have all the Soldiers Gone?*(New York: Houghton Mifflin Co., 2007), p. 56에서 인용하였다.

38 O. M. W. Sprague, "The Crisis of 1914 in the United States", *American Economic Review*, 5, 3(1915), pp. 505ff.

39 Brendan Brown, *Monetary Chaos in Europe: The End of an Era*(London/New York, 1988), pp. 1~34.

40 John Maynard Keynes, "War and the Financial System", *Economic Journal*, 24, 95(1914), pp. 460~486.

41 E. Victor Morgan, *Studies in British Financial Policy, 1914-1925* (London,1952), pp. 3~11.

42 같은 책 p. 27. Teresa Seabourne, 'The Summer of 1914', in Forrest Capie and Geoffrey E. Wood(eds.), *Financial Crises and the World Banking System*(London, 1986), pp. 78, 88f도 참조할 것.

43 Sprague, "Crisis of 1914", p. 532.

44 Morgan, *Studies*, p. 19.

45 Seabourne, "Summer of 1914", pp. 80ff.

46 가장 최근 저서로 William L. Silber, *When Washington Shut Down Wall Street: The Great Financial Crisis of 1914 and the Origins of America's Monetary Supremacy*(Princeton, 2007)를 참조하라.

47 Morgan, *Studies*, pp. 12~23.

48 David Kynaston, *The City of London*, vol. III: *Illusions of Gold, 1914-1945*(London, 1999), p. 5.

49 1914년 8월부터 12월까지 《더 타임스》에 실린 개별 수치에서 계산한 것이다.

50 Kynaston, *City of London*, p. 5.

51 자세한 내용은 Niall Ferguson, 'Earning from History: Financial Markets and the Approach of World Wars', *Brookings Papers in Economic Activity*(근간)를 참조하라.

52 Lyndon Moore and Jakub Kaluzny, 'Regime Change and Debt Default: The Case of Russia, Austro-Hungary, and the Ottoman Empire following World War One', *Explorations in Economic History*, 42(2005), pp. 237~58을 참조하라.

53 Maurice Obstfeld and Alan M. Taylor, "The Great Depression as a Watershed: International Capital Mobility over the Long Run", in Michael D. Bordo, Claudia Goldin and Eugene N. White (eds.), *The Defining Moment: The Great Depression and the American Economy in the Twentieth Century*(Chicago, 1998), pp. 353~402.

54 Rawi Abdelal, *Capital Rules: The Construction of Global Finance*(Cambridge, MA/London, 2007), p. 45.

55 Ibid., p. 46.

56 Greg Behrman, *The Most Noble Adventure: The Marshall Plan and the Time when America Helped Save Europe*(New York, 2007).

57 Obstfeld and Taylor, "Globalization and Capital Markets", p. 129.

58 William Easterly, *The Elusive Quest for Growth: Economists' Adventures and Misadventures in the*

Tropics(Cambridge, MA., 2002)을 참조하라.

59 Michael Bordo, "The Bretton Woods International Monetary System: A Historical Overview", in idem and Barry Eichengreen (eds.), *A Retrospective on the Bretton Woods System: Lessons for International Monetary Reform*(Chicago/London, 1993), pp. 3~98.

60 Christopher S. Chivvis, "Charles de Gaulle, Jacques Rueff and French International Monetary Policy under Bretton Woods", *Journal of Contemporary History*, 41, 4(2006), pp. 701~720.

61 Amy Goodman과 인터뷰한 내용: http://www.democracynow.org/article.pl?sid=04/11/09/1526251.

62 John Perkins, *Confessions of an Economic Hit Man*(New York, 2004), p. xi.

63 Joseph E. Stiglitz, *Globalization and Its Discontents*(New York, 2002), pp. 12, 14, 15, 17.

64 Abdelal, *Capital Rules*, pp. 50f., 57~75.

65 Paul Krugman, *The Return of Depression Economics*(London, 1999).

66 "The Fund Bites Back", *The Economist*, 4 July 2002.

67 Kenneth Rogoff, "The Sisters at 60", *The Economist*, 22 July 2004. Cf. "Not even a Cat to Rescue", *The Economist*, 20 April 2006.

68 이에 대해서는 Fritz Stern이 행한 권위 있는 연구인 *Gold and Iron: Bismarck, Bleichröder and the Building of the German Empire*(Harmondsworth, 1987)를 참조하라.

69 George Soros, *The Alchemy of Finance: Reading the Mind of the Market*(New York, 1987), pp. 27~30.

70 Robert Slater, *Soros: The Life, Times and Trading Secrets of the World's Greatest Investor*(New York, 1996), pp. 48f.

71 George Soros, *The New Paradigm for Financial Markets: The Credit Crash of 2008 and What It Means*(New York, 2008), p. x.

72 Slater, *Soros*, p. 78.

73 Ibid., pp. 105, 107ff.

74 Ibid., p. 172.

75 Ibid., pp. 177, 182, 188.

76 Ibid., p. 10.

77 Ibid., p. 159.

78 Nicholas Dunbar, *Inventing Money: The Story of Long-Term Capital Management and the Legends Behind It*(New York, 2000), p. 92.

79 Dunbar, *Inventing Money*, pp. 168~173.

80 André F. Perold, "Long Term Capital Management, L.P. (A)", Harvard Business School Case 9-200-007(5 November 1999), p. 2.

81 Perold, "Long Term Capital Management, L.P. (A)", p. 13.

82 Perold, "Long Term Capital Management, L.P. (A)", p. 16.

83 효율 시장학파의 금융 이론사는 Peter Bernstein, *Capital Ideas: The Improbable Origins of Modern Wall Street*(New York, 1993)를 참조하라.

84 Dunbar, *Inventing Money*, p. 178.

85 Roger Lowenstein, *When Genius Failed: The Rise and Fall of Long-Term Capital Management*(New York, 2000), p. 126.

86 Perold, "Long Term Capital Management, L.P. (A)", pp. 11f., 17.

87 Lowenstein, *When Genius Failed*, p. 127.

88 André F. Perold, "Long Term Capital Management, L.P. (B)", Harvard Business School Case 9-200-08(27 October 1999), p. 1.

89 Lowenstein, *When Genius Failed*, pp. 133~138.

90 Ibid., p. 144.

91 이 부분은 LTCM의 투자자인 André Stern의 도움을 받았다.

92 Lowenstein, *When Genius Failed*, p. 147.

93 André F. Perold, "Long Term Capital Management, L.P. (C)", Harvard Business School Case 9-200-09(5 November 1999), pp. 1, 3.

94 같은 저자가 쓴 'Long-Term Capital Management, L.P.(D)', Harvard Business School Case 9-200-10(4 October 2004), P.1. Perold는 이를 매우 탁월하게 설명하였다.

95 Lowenstein, *When Genius Failed*, p. 149.

96 "All Bets Are Off: How the Salesmanship and Brainpower Failed at Long-Term Capital", *Wall Street Journal*, 16 November 1998.

97 이 대목은 Peter Bernstein, *Capital Ideas Evolving*(New York, 2007)을 참조하라.

98 Donald MacKenzie, "Long-Term Capital Management and the Sociology of Arbitrage", *Economy and Society*, 32, 3(August 2003), p. 374.

99 Ibid., passim.

100 Ibid., p. 365.

101 Franklin R. Edwards, 'Hedge Funds and the Collapse of Long-Term Capital Management', *Journal of Economic Perspectives*, 13, 2(Spring 1999), pp. 192f. Stephen J. Brown, William N. Goetzmann and Roger G. Ibbotson, 'Offshore Hedge Funds: Survival and Performance, 1989-95', *Journal of Business*, 72, 1(January 1999), 91~117도 참조하라.

102 Harry Markowitz, "New Frontiers of Risk: The 360 Risk Manager for Pensions and Nonprofits", *The Bank of New York Thought of Leadership White Paper*(October 2005), p. 6.

103 "Hedge Podge", *Economist*, 16 February 2008.

104 "Rolling In It", *Economist*, 16 November 2006.
105 John Kay, "Just Think, the Fees You Could Charge Buffett", *Financial Times*, 11 March 2008.
106 Stephanie Baum, "Top 100 Hedge Funds have 75% of Industry Assets", *Financial News*, 21 May 2008.
107 Dean P. Foster and H. Peyton Young, "Hedge Fund Wizards", *Economists' Voice*(February 2008), p. 2.
108 Niall Ferguson and Moritz Schularick, "'Chimerica' and Global Asset Markets", *International Finance* 10, 3 (2007), pp. 215~239.
109 Michael Dooley, David Folkerts-Landau and Peter Garber, "An Essay on the Revived Bretton-Woods System", NBER Working Paper 9971(September 2003).
110 Ben Bernanke, "The Global Saving Glut and the U. S. Current Account Deficit", Homer Jones Lecture, St. Louis, Missouri(15 April 2005).
111 "From Mao to the Mall", *Economist*, 16 February 2008.
112 최근 연준 정책에 대한 비판은 Paul A. Volcker, 'Remarks at a Luncheon of the Economic Club of New York'(8 April 2008)을 참조하라. 볼커는 연준이 "합법적이고 암묵적 권한을 넘어선 조치"를 취했다고 지적했다.
113 그 사례는 Jamil Anderlini, 'Beijing Looks at Foreign Fields in Plan to Guarantee Food Suppliers', *Financial Times*, 9 May 2008을 참조하라.
114 1차 세계 대전이 없었더라면, 독일은 1926년 영국의 세계 수출 시장 지분을 따라잡았을 것이라는 추측이 있다. Hugh Neuburger and Houston H. Stokes, 'The Anglo-German Trade Rivalry, 1887-1913: A Counterfactual Outcome and Its Implications', *Social Science History*, 3, 2(Winter 1979), pp. 187~201.
115 Aaron L. Friedberg, "The Future of U.S.-China Relations: Is Conflict Inevitable?", *International Security*, 30, 2(Fall 2005), pp. 7~45.
116 시티 그룹, 골드만삭스, 메릴린치, 모건 스탠리, JP 모건의 최고경영자들은 평균 금융권 종사 경력이 25년 6개월이 채 되지 않는다.

후기: 화폐의 강등

1 세계화의 한계에 대한 탁월한 통찰력을 보고 싶다면, Pankaj Ghemawat, *Redefining Global Strategy: Crossing Borders in a World Where Differences Still Matter*(Boston, 2007)을 참조하라.
2 Frederic Mishkin, Weissman Center Distinguished Lecture, Baruch College, New York(12 October 2006).
3 Larry Neal, "A Shocking View of Economic History", *Journal of Economic History*, 60, 2(2000), pp. 317~334.
4 Robert J. Barro and Josó F. Ursúa, 'Macroeconomic Crises since 1870', *Brookings Papers on Economic*

Activity(forthcoming). Robert J. Barro, 'Rare Disasters and Asset Markets in the Twentieth Century', Harvard University Working Paper(4 December 2005)도 참조하라.

5 Nassim Nicholas Taleb, *Fooled by Randomness: The Hidden Role of Chance in Life and in the Markets*(2nd edn., New York, 2005).

6 Nassim Nicholas Taleb, *The Black Swan: The Impact of the Highly Improbable*(London, 2007).

7 Georges Soros, *The New Paradigm for Financial Markets: The Credit Crash of 2008 and What It Means*(New York, 2008), pp. 91ff., pp. 91ff.

8 Frank H. Knight, Risk, *Uncertainty and Profit*(Boston, 1921)을 참조하라.

9 John Maynard Keynes, "The General Theory of Employment", *Economic Journal*, 51, 2(1937), p. 214.

10 Daniel Kahneman and Amos Tversky, "Prospect Theory: An Analysis of Decision under Risk", *Econometrica*, 47, 2(March 1979), p. 273.

11 Eliezer Yudkowsky, 'Cognitive Biases Potentially Affecting Judgment of Global Risks', in Nick Bostrom and Milan Cirkovic(eds.), *Global Catastrophic Risks*(Oxford University Press, 2008), pp. 91~119. Michael J. Mauboussin, *More Than You Know: Finding Financial Wisdom in Unconventional Places*(New York/Chichester, 2006)도 참조하라.

12 Mark Buchanan, *The Social Atom: Why the Rich Get Richer, Cheaters Get Caught, and Your Neighbor Usually Looks Like You*(New York, 2007), p. 54.

13 개론서로는 Andrei Shleifer, *Inefficient Markets: An Introduction to Behavioral Finance*(Oxford, 2000)을 참조하라. 실전 응용편으로는 Richard H. Thaler and Cass R. Sunstein, *Nudge: Improving Decisions About Health, Wealth, and Happiness*(New Haven, 2008)을 참조하라.

14 Peter Bernstein, *Capital Ideas Evolving*(New York, 2008)을 참조하라.

15 그 사례로 James Surowiecki, *The Wisdom of Crowds*(New York, 2005)와 Ian Ayres, *Supercrunchers: How Anything Can Be Predicted*(London, 2007)를 참조하라.

16 Daniel Gross, "The Forecast for Forecasters is Dismal", *New York Times*, 4 March 2007.

17 고전적 연구서로 1841년에 첫 발간된 Charles Mackay, *Extraordinary Popular Delusions and the Madness of Crowds*(New York, 2003[1841])를 참조하라.

18 Yudkowsky, "Cognitive Biases", pp. 110f.

19 로의 연구 개론서로는 Bernstein, *Capital Ideas Evolving*, ch. 4를 참조하라. 또한 John Authers, 'Quants Adapting to a Darwinian Analysis', *Financial Times*, 19 May 2008도 참조하라.

20 이어지는 내용은 Niall Ferguson과 Oliver Wyman이 쓴 *The Evolution of Financial Services: Making Sense of the Past, Preparing for the Future*(London/New York, 2007)에서 일부 가져왔다.

21 *The Journal of Evolutionary Economics*. Seminal works in the field are A. A. Alchain, "Uncertainty, Evolution and Economic Theory", *Journal of Political Economy*, 58(1950), pp. 211~222, and R. R. Nelson and R. R. Nelson and S. G. Winter, *An Evolutionary Theory of Economic Change*(Cambridge, MA, 1982).

22 Thorstein Veblen, "Why is Economics Not an Evolutionary Science?" *Quarterly Journal of Economics*, 12(1898), pp. 373~397.

23 Joseph A. Schumpeter, Capitalism, *Socialism and Democracy*(London, 1987[1943]), pp. 80~84.

24 Paul Ormerod, *Why Most Things Fail: Evolution, Extinction and Economics*(London, 2005), pp. 180ff.

25 Jonathan Guthrie, "How the Old Corporate Tortoise Wins the Race", *Financial Times*, 15 February 2007.

26 Leslie Hannah, "Marshall's 'Trees' and the Global 'Forest': Were 'Giant Redwoods' Different?", in N. R. Lamoreaux, D. M. G. Raff and P. Temin (eds.), *Learning by Doing in Markets, Firms and Countries*(Cambridge, MA, 1999), pp. 253~294.

27 이는 물론 Richard Dawkins, *The Selfish Gene*(2nd edn., Oxford, 1989)에서 언급한 내용이다.

28 Rudolf Hilferding, *Finance Capital: A Study of the Latest Phase of Capitalist Development*(London, 2006[1919]).

29 "Fear and Loathing, and a Hint of Hope", *Economist*, 16 February 2008.

30 Joseph Schumpeter, *The Theory of Economic Development*(Cambridge, MA, 1934), p. 253.

31 Bertrand Benoit and James Wilson, "German President Complains of Financial Markets 'Monster'", *Financial Times*, 15 May 2008.

사진 목록 및 출처

사진 출처는 괄호 안에 실었다. 모든 저작권자와 접촉하기 위해 최선의 노력을 다했다. 잘못되거나 빠진 내용이 있을 경우 이후 판에서 정정하도록 하겠다.

본문 사진

p.26 : 포토시의 세로 리코(세르조 볼리비안)

p.32~33 : 기원전 2000년경 메소포타미아의 점토판(대영 박물관 보존 위원회)

p.45 : 체포되는 고리대금업자(미러픽스)

p.47 : 쿠엔틴 마시스, 「대금업자와 그의 아내」(프랑스 국립 박물관 협회)

p.49 : 메디치의 '비밀 장부'(피렌체 국립 문서 보관소)

p.71 : 일본 정부의 10년 만기 채권(영국의 일본 대사관)

p.75 : 피터르 반데르 헤이덴, 「화폐 난투극」(메트로폴리탄 미술관)

p.81 : 애너 호위스가 구입한 5퍼센트 콘솔 공채(Hersh L. Stern, 연금 박물관)

p.100 : 남부 동맹의 면화 보증 채권(Michael Vidler)

p.102 : 루이지애나 주의 남부 동맹 5달러짜리 지폐(루이지애나 주립 박물관)

p.110 : 1923년 11월에 발행된 독일의 10억 마르크짜리 지폐(Ron Wise)

p.134 : 네덜란드 동인도 회사의 6번 주식 증서(www.oldest-share.com)

p.147 : 인도 회사의 주식(프랑스 파리 국립 도서관)

p.150 : 1719년 켕캉푸아 거리의 광경(히스토릭 뉴올리언스 컬렉션)

p.156 : 판화 「어리석음의 장관」(히스토릭 뉴올리언스 컬렉션)

p.157 : 베르나르 피카르, 「후세에 바치는 기념비적 작품」(하버드 대학 경영 대학원)

p.172 : 앨런 그린스펀과 케네스 레이(PA images)

p.181 : 카트리나가 휩쓸고 간 뉴올리언스(Adrian Pennink)

p.193 : 에든버러에서 설교하는 알렉산더 웹스터(Dawn Mcquillan)

p.197 : 스코틀랜드 목사들의 과부 기금 계산 과정(스코틀랜드 국립 문서 보관소)

p.198 : 월터 스콧의 생명 보험 증서(스코티시 위도우)

p.203 : 1902년 런던 구빈원의 모습(Ramsay Macdonald Papers, 국립 문서 보관소)

p.204 : 매릴레번 구빈원에서 식사하는 사람들(Peter Higginbotham)

p.214 : 밀턴 프리드먼(시카고 대학)

p.236 : 스토 저택(내셔널 트러스트)

p.240 : 귀족 3세대(스토 저택 보존 위원회: 스토스쿨 사진 보관소)

p.244 : 디트로이트 시위대의 행진(월터 루서 도서관)

p.245 : '포드-머피의 경찰 테러를 규탄한다'(월터 루서 도서관)

p.248 : 영화「멋진 인생」의 한 장면(PA Images)

p.258 : 포크너와 그의 개인 헬리콥터(댈러스 모닝 뉴스)

p.288 : 윌리엄 자딘(자딘 매디슨 상회)

p.289 : 제임스 매디슨(자딘 매디슨 상회)

p.309 : 에콰도르의 제이미 롤도스 아길레라 대통령과 파나마의 오마르 토리호스 대통령(Getty Images)

p.312 : 조지 소로스(소로스)

p.315 : 재무 장관 노먼 러몬트(PA Images)

컬러 사진

1. 1202년에 발간된 피보나치의 『리베르 아바치』의 한 페이지(이탈리아 피렌체 국립 중앙도서관 문화유산 관리국의 흔쾌한 허락을 받아 복제하였다.)
2. 보티첼리,「동방 박사의 경배」(Alinari)
3. 네이선 메이어 로스차일드(N. M. 로스차일드와 자손들)
4. 《르 리르》 만평(메리 에반스 픽처 라이브러리)
5. 미시피 강에 등장한 북부 연합의 포함(남부 동맹 박물관)
6. 네덜란드 제국 지도(네덜란드 국립 문서 보관소)
7. 에마누엘 데 비테,「암스테르담 뵈르스」(암스테르담 국립 미술관)
8. 존 로의 초상화(루이지애나 주립 박물관)
9. 루이지애나 지도(루이지애나 주립 박물관)
10. 루이지애나 풍경(루이지애나 주립 박물관)
11. 리처드 '디키' 스크러그스(뉴욕 타임스)
12. 시타델의 설립자이자 최고경영자인 케네스 그리핀(시타델)
13. 디에고 리베라의 가든 코트 벽화, 북쪽 벽(디트로이트 미술관)
14. 디에고 리베라의 가든 코트 벽화, 남쪽 벽(디트로이트 미술관)
15. 과거의 충칭(『중국의 미국인 1936년~1939년(An American in China: 1936-1939)』의 저자 G. H. 토머스)

감사의 글

글쓰기란 외로운 작업이긴 하나, 이 책은 혼자한 모험이 아니었다. 문서 자료를 제공해 주신 아래 기관 직원 분들께 감사를 드린다. 암스테르담 역사 박물관, 파리 국립 도서관, 런던 대영 박물관, 멤피스 면화 거래소 면화 박물관, 헤이그의 네덜란드 국립 문서 보관소, 뉴올리언스 루이지애나 주립 박물관, 메디치 기록물 보관소, 피렌체시 문서 보관소, 에든버러의 스코틀랜드 국립 문서 보관소, 베니스 국립 도서관, 런던 로스차일드 기록물 보관소, 에든버러의 스코티시 위도우 문서 보관소 등이다. 도움을 구했을 때 흔쾌히 응해 주신 학자와 사서들도 헤아릴 수 없다. 특히 멜라니 아스페이(Melanie Aspey), 트리스트람 클라크(Tristram Clarke), 플로렌스 그로셴(Florence Groshens), 프란체스코 구이디브루스콜리(Francesco Guidi-Bruscoli), 그레그 람보우시(Greg Lambousy), 발레리 모아(Valerie Moar), 리스베트 슈트라서(Liesbeth Strasser), 조너선 테일러(Jonathan Taylor), 로데위지크 바게나르(Lodewijk Wagenaar)에게 감사를 표한다. 또한 앤드루 노보(Andrew Novo)에게도 매우 값진 연구 도움을 받았다.

녹음 인터뷰를 허락해 준 금융 전문가들에게도 특별히 감사를 표한다. 도밍고 카발로, 조지프 디파타(Joseph DiFatta), 존 엘릭(John Elick), 케네스 그리핀, 윌리엄 그로스, 호세 피네라, 로드 로스차일드, 에블린 드 로스차일드 경, 리처드 스크러그스, 조지 소로스, 조지 스티븐슨, 카르멘 벨라스코, 폴 볼커, 셰론 와킨스, 로버트 졸릭이 바로 그들이다. 또한 모건 스탠리와 GLG 파트너스(GLG Partners)가 주최한 행사의 참석자들과 비공식적 대화를 나누면서 배운 바가 많았다.

이 책은 대서양 양쪽의 펭귄 출판사에서 제작되었다. 뉴욕에서는 영광스럽게도 앤 고도프(Ann Godoff)가 처음으로 편집을 맡았다. 런던에서는 사이먼 윈더(Simon Winder)가 난해한 전문 용어가 활자화되는 일이 없도록 신경 써 주었다. 마이클 페이지(Michael Page)는 뛰어난 편집 교열 작업을 해 주었다. 리처드 두기드(Richard Duguid), 루스 스팀슨(Ruth Stimson), 로지 글레이셔(Rosie Glaisher), 앨리스 도슨(Alice Dawson), 헬렌 프레이저(Helen Fraser), 스테판 맥그라스(Stefan Mcgrath), 루스 핑크니(Ruth Pinkney), 페넬로페 보글러(Penelope Vogler)에게도 감사의 말을 전한다.

최근에 낸 세 권의 책들처럼 『금융의 지배(The Ascent of Money)』도 책과 동시에 TV 시리즈물로 출발했다. 채널 4 방송에도 신세 진 분들이 있다. 줄리언 벨러미(Julian Bellamy), 랠프 리(Ralph Lee), 케빈 라이고(Kevin Lygo), 그리고 특히 하미쉬 미쿠라(Hamish Mykura)에게 감사드린다. 뉴욕의 W-NET 채널 13 방송(W-NET/Channel 13)에서 일하는 스티븐 세갈러(Stephen Segaller) 역시 소중한 도움을 주었다. 채널 13 방송에서 바버라 반티보글리오(Barbara Bantivoglio) 팀장이 이끈 자금 조성팀의 온갖 노고에 감사를 표한다. TV 시리즈물이든 책이든 차이메리카 미디어 팀의 뛰어난 인물들이 없었다면 이는 불가능한 작업이었다. 우리의 둘도 없는 촬영 감독 드왈드 아우케마(Dewald Aukema), 조사 담당 로잘린드 벤틀리(Rosalind Bentley), 또 다른 카메라맨 본 매튜스(Vaughan Matthews), 음향 효과를 맡은 폴 파라곤(Paul Paragon)과 로널드 반 데르 스펙(Ronald van der Speck), 조연출의 조앤나 포츠(Joanna

Potts), 제작 감독 비비엔 스틸(Vivienne Steel), 제작 공동 책임자 샬럿 윌킨스(Charlotte Wilkins), 그리고 그의 전임자인 헤다 아치볼드(Hedda Archbold)도 빼놓을 수 없다. 또 내 동료인 중국계 미국인 멜라니 폴(Melanie Fall)과 아드리안 페닝크(Adrian Pennink)가 없었다면『금융의 지배』는 아무런 진척이 없었을 거라고 해도 과장이 아니다.

시리즈물 제작에 도움을 준 수많은 사람들 중에, 본업마저 팽개치고 도와준 '해결사'들도 많았다. 세르조 볼리비안(Sergio Ballivian), 루드라 바네르지(Rudra Banerji), 마티아스 드 사 모레이라(Matias de Sa Moreira), 마카레나 가글리아디(Makarena Gagliardi), 로렌스 그랜트(Laurens Grant), 후안 해링턴(Juan Harrington), 페르난도 메클렌버그(Fernando Mecklenburg), 알렉산드라 산체스(Alexandra Sanchez), 티지아나 토르타롤로(Tortarolo), 칼리프 트루프(Khaliph Troup), 세바스티아노 벤투로(Sebastiano Venturo), 엘코 비젤라르(Eelco Vijzelaar)에게 감사의 말을 전한다. 내 친구 크리스 윌슨(Chris Wilson)은 비행기를 놓치는 일이 없도록 도와주었다.

세계 최고의 저작권 대리인 앤드루 와일리(Andrew Wylie)와 영국 텔레비전 방송에서 동일한 책임을 진 수 에이튼(Sue Ayton)을 만난 것도 정말 행운이었다. 제임스 풀렌(James Pullen)을 비롯해 런던과 뉴욕에 있는 와일리 에이전시(Wylie Agency)의 다른 모든 이들에게 감사의 인사를 전한다.

수많은 역사학자, 경제학자, 금융계 종사자들이 기꺼이 원고 초안 일부 혹은 전체를 읽고 핵심 이슈를 토론해 주었다. 라위 압델알(Rawi Abdelal), 이웬 캐머런 와트(Ewen Cameron Watt), 리차트 카티(Richart Carty), 라파엘 디텔라(Rafael DiTella), 모하메드 엘에리언(Mohamed El-Erian), 벤저민 프리드먼(Benjamin Friedman), 브리기트 그랜빌(Brigitte Granville), 로렌스 코틀리코프(Laurence Kotlikoff), 로버트 리탄(Robert Litan), 조지 마그누스(George Magnus), 이안 무케르지(Ian Mukherjee), 그레그 피터스(Greg Peters), 리처드 로버츠

(Richard Roberts), 이매뉴얼 로만(Emmanuel Roman), 윌리엄 실버(William Silber), 앙드레 스턴(André Stern), 로렌스 서머스(Lawrence Summers), 리처드 실라(Richard Sylla), 나심 탈렙(Nassim Taleb), 피터 테민(Peter Temin), 제임스 티시(James Tisch)에게 고맙다는 말을 전한다. 물론 모든 사실 관계나 해석상의 오류는 전적으로 내 몫이다.

이 책을 위해 연구 조사하고 저술하던 시기는 개인적으로 격변기였다. 학술 단체 세 곳에서 내 상황을 이해해 주고 지원해 주지 않았더라면 이 작업은 불가능했을 것이다. 옥스퍼드 대학 지저스 칼리지(Jesus College)의 학장과 연구원들, 오리엘 칼리지(Oriel College)의 일원들, 보들리언(Bodleian) 도서관의 사서들에게 고마운 마음을 전한다. 스탠퍼드 대학 후버 연구소에서도, 총책임자 존 레이시안(John Raisian)과 그의 뛰어난 연구원들에게 신세를 졌다. 특히 제프 블리스(Jeff Bliss), 윌리엄 본네트(William Bonnett), 노엘 콜라크(Noel Kolak), 리처드 수자(Richard Sousa), 셀레스테 제토(Celeste Szeto), 데버러 벤추라(Deborah Ventura), 댄 빌헬미(Dan Wilhelmi)에게 빚을 졌다. 책이 나오도록 도움을 주고 영감을 불어넣어 준 로버트 바로(Robert Barro), 스티븐 하버(Stephen Haber), 앨빈 라부시카(Alvin Rabushka), 배리 바인가스트(Barry Weingst) 등 후버 연구원들도 빼놓을 수 없다.

그렇지만 내가 신세를 가장 많이 진 사람들은 하버드 대학 동료들이다. 하버드대 역사학부 구성원 한 명 한 명에게 감사를 표하려면 꽤 시일이 걸릴 터이니, 이 프로젝트에 직접 도움을 준 이들만 언급하도록 하겠다. 찰스 마이어(Charles Maier)는 끊임없이 영감을 불어넣어 주며 나와 우애를 다졌다. 짐 핸킨스(Jim Hankins)는 피렌체에서 나를 환대해 주고 도움을 주었다. 역사 분야 학제 간 연구에서 최적 환경이 될 국제 역사학과를 세워 준 데이비드 아르미티지(David Armitage), 에르즈 마넬라(Erez Manela), 어니스트 메이(Ernest May), 다니엘 사전트(Daniel Sargent, 애석하게도 지금은 버클리 대학으로 옮겼지만)에게도 감사의 말을 전한다. 이 학과는 뛰어난 역량과 감수성을 지닌 앤드루 고든(Andrew Gordon)과 그의 후임 제임스 클로펜버그(James Kloppenberg)가 학장직을 맡았다. 그리고 재닛 해치(Janet Hatch)를 비롯한 직원들이 없었다면 행정, 연구 조사, 수업이라는 세 개의 접시돌리기는 실패로 끝났을 것이다.

내게 운이 따른 덕분에 유럽 학술 센터에서도 사람들과 함께하며 생각을 교류할 수 있었다. 특히 데이비드 블랙번(David Blackbourn), 파트리샤 크레이그(Patricia Craig), 폴 주스(Paul Dzus), 파트리스 히고네트(Patrice Higonnet), 스탠리 호프만(Stanley Hoffman), 마야 자사노프(Maya Jasanoff), 카티아나 올룩(Katiana Orluc), 애너 포피엘(Anna Popiel), 샌디 셀레스키(Sandy Selesky), 신디 스캐치(Cindy Skach), 미셸 바잇젤(Michelle Weitzel), 대니얼 지블래트(Daniel Ziblatt)를 언급하고 싶다.

그리고 무엇보다도 2006년~2007년에 하버드 경영 대학원 동료들이 수고를 아끼지 않았다. 맨 먼저, 고비를 겪으면서도 사려 깊게 대해 준 학장 제이 라이트(Jay Light)에게 고마움을 전한다. 그렇지만 예정에 없던 나의 부재를 인내해 준 비즈니스 · 정부 · 국제 경제(Business, Government & International Economy) 학부 소속원 모두에게도 똑같이 고마움을 느낀다. 특히 나 때문에 곤경에 처했던 리처드 비에토(Richard Vietor)뿐 아니라, 라위 압델알(Rawi Abdelal), 라우라 알파로(Laura Alfaro), 디에고 코민(Diego Comin), 아서 다엠리치(Arthur Daemmrich), 라파엘 디텔라(Rafael DiTella), 캐서린 두간(Catherine Duggan), 락슈미 아이어(Lakshmi Iyer), 노엘 마우러(Noel Maurer), 데이비드 모스(David Moss), 알도 무사치오(Aldo Musacchio), 포리스트 라인하르트(Forest Reinhardt), 줄리오 로템버그(Julio Rotemberg), 데버러 스파(Debora Spar), 군나르 트룸불(Gunnar Trumbull), 루이 웰스(Louis Wells), 에릭 베르커(Eric Werker)에게도 은혜를 입었다. 자크 펠레리티(Zac Pelleriti)는 중요한 행정적 지원을 해 주었다.

국제 관계를 위한 웨더헤드 센터(Weatherhead Center for International Affairs)의 스티븐 블룸필드(Steven Bloomfield)와 그의 동료 연구자들, 과학 및 국제 관계를 위한 벨퍼 센터의 그레이엄 앨리슨과 구성원, 경제사 워크샵(Workshop in Economic History)의 클라우디아 골딘(Claudia Goldin)과 여타 참석자들에게도 감사의 말을 전하며, 도로시 오스틴(Dorothy Austin)과 다이애나 에크(Diana Eck), 로웰 기숙사(Lowell House)의 다른 모든 거주자들에게도 마찬가지 말을 전한다.

마지막으로 찰스 강(Charles River)을 사이에 두고 내 수업을 들었던 모든 학생들, 특히 10b 클래스 학생들에게 고마움을 전한다. 학생들이 제출한 수많은 페이퍼와 공식, 비공식으로 나눈 숱한 대화 덕분에 하버드 생활은 커다란 즐거움이었다.

이 책을 쓸 당시, 아내 수전(Susan)은 심각한 사고와 다른 역경을 딛고 일어서던 중이었다. 아내와 아이들 펠릭스(Felix), 프레야(Freya), 라클랜(Lachlan)에게 너무나 큰 빚을 졌다. 이를 안전한 통화로 되갚길 바랄 뿐이다.

2008년 6월, 메사추세츠 케임브리지에서.

| 찾아보기 |

ㄱ

가브릴로 프린시프(Gavrilo Princip) 296, 297
가이 터그웰(Guy Tugwell) 230
거품법(Bubble Act) 158, 159
검은 목요일(Black Thursday) 160, 161
검은 백조(black swans) 338
검은 월요일(Black Monday) 160, 161, 167
게토 누보(ghetto nuovo) 41
게토 베치오(ghetto vecchio) 41
겐트(Ghent) 77
경제 저격수 301~315
경제 협력 개발 기구(OECD) 232, 307
고리대금업자 18, 36~46, 68, 280, 347, 353
고정 이자 모기지 253
고정 환율제 62, 303, 332
곡물법(Corn Laws) 235, 236
골드만삭스 7, 33, 162, 282, 287, 317, 324, 328
공개 시장 조작 163, 168
공공 사업국(Public Works Administration) 246
광의의 통화(broad money) 66
교황 니콜라스 5세(Nicholas V) 188
교황 피우스 2세(Pius Ⅱ) 50
구조 조정 305, 306
구조화 투자 회사(SIVs) 11, 15, 271
국민 건강 보험법(National Health Insurance Act) 202
국법 은행법(National Bank Act) 61, 62

국부펀드(sovereign wealth funds) 334, 349
국제 개발 협회(International Development Association) 303
국제 결제 은행(Bank for International Settlements) 66, 227
국제 부흥 개발 은행(International Bank for Reconstruction and Development) 303
국제 은행 350
국제 준비 통화 302
국제 통화 기금(International Monetary Fund) 117, 118, 303~311
규모의 경제 138, 201, 205, 337, 348
그라민 은행 278, 279
그레이엄 앨리슨(Graham Allison) 222, 390
그루초 막스(Groucho Marx) 163
그림자 금융 시스템(shadow banking system) 11, 15, 350
금 본위제 59~66, 79, 103, 163~165, 291, 297, 298, 302, 304
긴급 통화 298, 299
꼬리 위험(tail risk) 227, 340

ㄴ

나오미 클라인(Naomi Klein) 183
나카가와 야스히로 208, 209
나폴레옹 보나파르트(Napoleon Bonaparte)

391

80~89
나폴레옹 전쟁 90, 95, 197
난징 조약 290
남부 동맹 96~101
남해사 거품(South Sea Bubble) 156, 158, 159, 188
내셔널 시티 은행(National City Bank) 163
내셔널 프로빈셜(National Provincial) 은행 60
네덜란드 동인도 회사(Vereenigde Nederlandsche Geoctroyeerde Oostindische Compagnie, VOC) 132~140, 155, 176
네이선 메이어 로스차일드(Nathan Mayer Rothschild) 81~88, 91, 92, 95
네트워크 외부 효과 138
노던록 은행 13, 272, 333, 348
노먼 러몬트(Norman Lamont) 315
노먼 에인절(Norman Angell) 295
누칵마쿠(Nukak-Mak?) 22, 23
뉴딜 정책 245, 246
뉴욕 시티 은행(City Bank of New York) 347
뉴욕 연방 준비 은행 163, 168
뉴욕 증권 거래소 167
니컬러스 바본(Nicholas Barbon) 187
니컬러스 브래디(Nicholas Brady) 167
니콜로 마키아벨리(Niccoló Machiavelli) 46
닌자(NINJA, No Income No Job or Assets) 대출 268

ㄷ

다니엘 로드리가(Daniel Rodriga) 42
다니엘 카네먼(Daniel Kahneman) 340, 341

다름슈타트 은행(the Darmstädter Bank) 60, 61
다우존스 산업 평균 지수 12, 126, 127, 160, 166~169
다이렉트 뱅킹(direct banking) 348
단테 알리기에리(Dante Alighieri) 40
닷컴 12, 127, 282
대공황 15, 62, 113, 161~167, 176, 206, 211, 239~245, 311, 349
대니 포크너(Danny Faulkner) 255~258
대니얼 디포(Daniel Defoe) 148
대인플레이션(Great Inflation) 119, 349
더블 이글(Double Eagle) 315
데렌버그 앤드 컴퍼니(Derenberg & Co.) 296
데보라 무어(Deborah Moore) 196
데이비드 로이드 조지(David Lloyd George) 202
데이비드 뮬린스(David Mullins) 319
데이비드 베일리(David Bailey) 196
도널드 럼즈펠드 177
도밍고 데산토 토마스(Domingo de Santo Tomás) 27
도밍고 카발로(Domingo Cavallo) 117, 118
돈 딕슨(Don Dixon) 254
동인도 회사 132, 139, 151, 156
두꺼운 꼬리 166~176, 224
듀퐁(Dupont) 162
디르크 바스(Dirck Bas) 132, 139
디에고 구알파(Diego Gualpa) 25
디에고 리베라(Diego Rivera) 242~246
디플레이션 62, 109, 165

ㄹ

라마르크주의 진화론 347
라이어넬 로스차일드(Lionel de Rothschild) 97
라이히스방크 61
랑트 79, 103, 143
랑티에 103, 108
래리 닐(Larry Neal) 339
래리 힐리브랜드(Larry Hilibrand) 319
런던 대화재 187
런던 앤드 웨스트민스터 은행 60
런던 보험 법인 188, 199
런던 왕립 거래소 297
레닌 21, 109, 243
레블론 162
로널드 레이건 214, 219, 251, 253, 308
로드리고 데로아이사(Rodrigo de Loaisa) 27
로버트 머튼(Robert Merton) 317
로버트 실러(Robert Shiller) 281
로버트 월리스(Robert Wallace) 191~196
로버트 졸릭(Robert Zoellick) 303, 307, 386
로버트 클라이브(Robert Clive) 138
로버트 필(Robert Peel) 58, 236
로베르토 에일바움(Roberto Eilbaum) 116
로베스피에르(Robespierre) 93
로스차일드 가문 82~96, 290
로우 지웨이(Lou Jiwei) 334
로이드 벤슨(Lloyd Bentsen) 69
로이드 블랭크페인(Lloyd Blankfein) 7, 8, 33
로이즈 은행 60, 196
롱텀 캐피탈 매니지먼트(LTCM) 319~328
루돌프 힐퍼딩(Rudolf Hilferding) 347
루이스 라니에리(Lewis Ranieri) 259

르네상스 9, 46, 73, 284
르네상스 테크놀로지 327
리보 금리 264, 320
리스 모그(Lord Rees-Mogg) 167
리이머징 시장 287
리처드 가윈(Richard Garwin) 223
리처드 닉슨(Richard Nixon) 63, 309
리처드 도킨스(Richard Dawkins) 351
리처드 스크루그스(Richard F. Scruggs) 180~183
리처드 캉티용(Richard Cantillon) 147
리크스방크 53
린 패터슨(Lynne Patterson) 279
링컨 저축 대부 조합 257

ㅁ

마거릿 대처 251, 267, 308
마리오 렌다(Mario Renda) 255
마샬의 k 66
마셜 플랜 302, 303
마이런 숄스(Myron Scholes) 317~325
마하티르 빈 모하마드(Mahathir bin Mohamad) 311
망코 카팍(Manco Capac) 25
매릴레번 구빈원(Marylebone Workhouse) 200~204
매튜 번(Matthew Bunn) 223
메디치 가문 9, 46~56
메디케어 219, 220
메디케이드 181, 220
메리 워틀리 몬터규(Mary Wortley Montagu) 148

메릴린치 271, 319, 334
메이어 암셸 로스차일드 92
면화 보증 채권 97, 100
모건 스탠리 334, 335
모기지 담보부 증권(mortgage-backed security) 263
모노폴리(게임) 229~231, 264
무디스 268
무함마드 유누스(Muhammad Yunus) 278, 280
미구엘 카스트(Miguel Kast) 213
미셸 캉드쉬(Michel Camdessus) 308
미시시피 회사(전 인도회사) 144~159
밀턴 프리드먼(Milton Friedman) 103, 107, 163, 211~215

ㅂ

바르디 가문 46
바이마르 공화국 105~106, 116
바젤협약(Ⅰ,Ⅱ) 350
바클레이즈 은행 60, 334
발렌타인 회사 195
발칸 전쟁 294~295
방크 드 프랑스 61
방크 로얄(방크 제너랄) 141~159
뱅크 오브 아메리카 348
버논 저축 대부 조합 254
버밍엄 앤드 미들랜드 60
버크셔 해서웨이 323, 327
범위의 경제 348
베르나르 피카르(Bernard Picart) 157
베르나르도 그린스펀(Bernardo Grinspun) 115

베르나르도 캄비(Bernardo Cambi) 188
베르너 하이젠베르크(Werner Heisenberg) 311
베르사유 조약 106
베리 고디(Berry Gordy) 249
베버리지 보고서 205
베어링 은행 58, 89~90, 117~118, 286
베어스턴스 271~272, 328, 334~335
베티 플로레스(Betty Flores) 277~280
벤 버냉키(Ben Bernanke) 34, 333
벤저민 스트롱(Benjamin Strong) 163
본 컨센서스 308
볼테르(Voltaire) 147, 152
부채 담보부 증권(CDOs) 14, 263, 271, 272, 274, 337
분지 곤도 207
브레턴우즈 302~303, 304~306, 310~311
브레턴우즈 Ⅱ 332
브릭스 283, 333
블라디미르 푸틴(Vladimir Putin) 275
블랙 숄스 모델(블랙 박스) 317~324
블랙스톤 334
블레즈 파스칼(Blaise Pascal) 188~189
비니 셀프(Beanie Self) 267
비스카운트 팔머스톤(Viscount Palmerston) 288~289
비예 데타 141~143
빅터 하가니(Victor Haghani) 319
빌 클린턴(Bill Clinton) 69, 120, 219, 275

ㅅ

사담 후세인 177

산드로 보티첼리(Sandro Botticelli) 46, 50~51
상인법 187
서브프라임(비우량) 주택 담보 대출 264~281,
    327, 333
서브프리미아(Subprimia) 267
선 보험 회사 188
선벨트 저축 대부 조합 254
세계은행 115, 274, 303, 305~307, 311
세로 리코 25~27
세르히오 데 카스트로(Sergio de Castro) 213
센서스(계약) 77
셰론 와킨스(Sherron Watkins) 173, 175, 386
소스타인 베블런(Thorstein Veblen) 344
소액 금융 18, 277~281, 348
송홍빙 89
스워드 블레이드사 159
스위스 국제 은행 61
스코티시 위도우 178, 196, 200
스콧 니어링(Scott Nearing) 230
스탠다드 앤드 푸어(S&P) 268, 282
스탠리 드럭켄밀러(Stanley Druckenmiller)
    315~316
스테이트 저축 대부 조합 254
스테이트팜 보험 회사 182~183
스토 저택 235~238
스펜서 블레인(Spencer H. Blain Jr.) 255~256
시장 선택 346
시카고 아이들 213~218
시타델 투자 회사 8, 224, 226, 228, 327
시티 그룹 334, 348
신용 디폴트 스왑(CDS) 10, 17, 227, 335

ㅇ

아리스티드 브리앙(Aristide Briand) 161
아모스 트베르스키(Amos Tversky) 340
아브라함 드무아브르(Abraham de Moivre) 190
아서 블룸필드(Arthur Bloomfield) 302
아서 앤더슨(Arthur Andersen) 175
아이작 르메르(Isaac le Maire) 133, 135
아치볼드 컨스터블(Archibald Constable) 195
아치아이우올리 가문 46
아타우알파 24
안나 슈워츠(Anna Schwartz) 163, 165
알렉산더 웹스터(Alexander Webster) 191~196
알렉산더 포프(Alexander Pope) 158
알렉산더 해밀턴(Alexander Hamilton) 33
알베르토 후지모리(Alberto Fujimori) 275
알프레트 마네스(Alfred Manes) 194
암스테르담 은행(Wisselbank) 53
앙투안 반 아그마엘(Antoine van Agtmael) 287
애덤 스미스(Adam Smith) 57, 280
애덤 애플가드(Adam Applegarth) 13
앤 법 191
앤드루 로(Andrew Lo) 344, 351
앤드루 카네기(Andrew Carnegie) 295
앤드루 패스토(Andrew Fastow) 174~175
앤서니 라이언(Anthony W. Ryan) 19, 344
앨 고어(Al Gore) 121, 223
앨런 그린스펀(Alan Greenspan) 69, 121, 124,
    167~171, 266
앨프리드 마샬(Alfred Marshall) 66
앨프리드 슬론(Alfred Sloan) 162
앨프리드 윈슬로 존스(Alfred Winslow Jones)
    311

야코프 베르누이(Jacob Bernoulli) 189
얀 피터르스존 쿤(Jan Pieterszoon Coen) 137
어빙 피셔(Irving Fisher) 160, 162
에기비 가문 35
에드먼드 핼리(Edmund Halley) 189, 194
에드셀 포드(Edsel Ford) 241~243
에드윈 그레이(Edwin J. Gray) 257
에르난 부치(Hernán Büchi) 215
에르난도 데소토(Hernando de Soto) 274~281
에쿼티 123, 268
엔론 170~176, 224
엘리아스 카네티(Elias Canetti) 108
엘리자베스 필립스(Elizabeth Phillips) 229
엘리저 유드코프스키(Eliezer Yudkowsky) 343
연방 주택 대출 은행 이사회(Federal Home Loan Bank Board) 249
연방 공개 시장 위원회 168, 169
연방 모기지 협회(Federal National Mortgage Association) 247
연방 재난 관리청(FEMA) 179
연방 저축 대부 보험 공사(FSLIC) 257
연방 주택 담보 대출 공사 250
연방 주택 대출 은행 이사회 246, 257
연방 주택 사업국(FHA) 247
연방 준비 제도(Federal Reserve System) 16, 60, 69, 89, 163~165, 211
예금 인출 사태(bank run) 13, 53, 55
예브게니 프레오브라젠스키(Yevgeni Preobrazhensky) 109
오귀스트 벨몬트(August Belmont) 96, 97
오마르 토리호스(Omar Torrijos) 307, 309
오버엔드 거니 은행 59, 60
올스테이트 보험 회사 182

요제프 괴벨스(Joseph Goebbels) 84
요한 하인리히 벤더(Johann Heinrich Bender) 91
욤 키푸르 전쟁 313
우 야준(Wu Yajun) 330, 331
워런 버핏(Warren Buffett) 227, 327
워싱턴 컨센서스 305
월터 배젓(Walter Bagehot) 59
월터 스콧(Walter Scott,) 195~198
월트 로스토(Walt Rostow) 304
윌리엄 글래드스턴(William Gladstone) 98, 101, 103, 292
윌리엄 맥체스니 마틴 주니어(William McChesney Martin Jr.) 169
윌리엄 샤프(William Sharpe) 320
윌리엄 자딘(William Jardine) 287~293
윌리엄 코벳(William Cobbett) 102, 103
윌리엄 크로퍼드(William Crawford) 254
이반 블로흐(Ivan Bloch) 295
인 밍샨(Yin Mingshan) 330, 331

ㅈ

자크 들로르(Jacques Delors) 308
자크 뤼프(Jacques Rueff) 304
저축 대부 조합(Savings and Loans, S&L) 249
엠파이어 저축 은행(Empire Savings and Loan) 255, 256
전국 주택 가격 지수(Case-Shiller national home price index) 264
점토물표 31~34
제너럴 모터스 162, 163
제라드 로(Gerard Law) 43~45

제이미 롤도스 아길레라(Jaime Roldós Aguilera) 307~309
제이콥 브로노프스키(Jacob Bronowski) 8
제임스 글래스맨(James K. Glassman) 126, 127
제임스 매디슨(James Matheson) 287~293
제임스 사이몬스(James Simons) 327
제임스 카빌(James Carville) 69, 120
제임스 톨러(James Toler) 255, 256, 257
제프 데이비스(Jeff Davis) 97
제프리 스킬링(Jeffrey K. Skilling) 171~176
조너선 스위프트(Jonathan Swift) 159
조반니 피오렌티노(Giovanni Fiorentino) 38
조지 데리(George H. Derry) 243
조지 소로스(George Soros) 8, 311~334
조지 스티븐슨(George Stevenson) 64
조지프 슘페터(Joseph Schumpeter) 344, 352
조지프 스티글리츠(Joseph Stiglitz) 307, 308
조지프 펜소 데 라 베가(Joseph Penso de la Vega) 138
존 그랜트(John Graunt) 189
존 딜레인(John Delane) 99
존 로(John Law) 129, 139, 145~158, 170~173
존 록펠러 주니어(John D. Rockefeller Jr.) 243, 245
존 맥케인(John McCain) 257
존 메리웨더(John Meriwether) 318~325
존 메이너드 케인스(John Maynard Keynes) 62, 108, 109, 119, 161, 291~302, 324, 339~340
존 블런트(John Blunt) 158
존 윌리엄슨(John Williamson) 305
존 찰스 헤리스(John Charles Herries) 86, 87
존 케이(John Kay) 327

존 퍼킨스(John Perkins) 306~310
존 폴슨(John Paulson) 327
주택 금융 조합(building societies) 249
주택 소유자 대부 공사(Home Owners' Loan Corporation) 249
주택 도시 개발국(HUD) 265
주택 모기지 담보부 증권(RMBS) 268
줄리어스 베어 은행 319
쥘 미슐레(Jules Michelet) 93
진 테일러(Gene Taylor) 182
짐 로저스(Jim Rogers) 287
짐 오닐(Jim O'Neill) 282

ㅊ

차스 T. 메인사 306
차이메리카 282, 329, 332~335
찰스 다윈(Charles Darwin) 353
찰스 대로(Charles Darrow) 230
찰스 미첼(Charles E. Mitchell) 163
찰스 키팅(Charles Keating) 257

ㅋ

카르멘 벨라스코(Carmen Velasco) 279
카를 마르크스(Karl Marx) 21, 211, 216, 242
카트리나 177~185, 218, 223, 224
칼 포퍼(Karl Popper) 312
케네스 그리핀(Kenneth C. Griffin) 8, 224~226, 327
케네스 레이(Kenneth Lay) 171~176

케네스 로고프(Kenneth Rogoff) 308
케네스 애로(Kenneth Arrow) 199
케빈 하셋(Kevin A. Hassett) 126
켕캉푸아 거리 148~1580
콜린 매클로린(Colin Maclaurin) 191~196
쿠엔틴 마시스(Quentin Massys) 47
퀸츠 317~324
크리스토퍼 콜럼버스(Christopher Columbus) 23, 283

ㅌ

타이렐 바커(Tyrell Barker) 254
토마소 프로티나리(Tommaso Portinari) 51
토마스 홉스(Thomas Hobbes) 22
토머스 던스콤비(Thomas Dunscombe) 82
토머스 맬서tm(Thomas Malthus) 192
토머스 베이즈(Thomas Bayes) 190
토머스 세이빙(Thomas R. Saving) 220
통화 페그제 336
트렌트 로트(Trent Lott) 182
티머시 발두치(Timothy Balducci) 182, 183

ㅍ

파리 컨센서스 308
패트릭 쇼스튜어트(Patrick Shaw-Stewart) 299
페르마 캐피탈 227
폴 볼커(Paul Volcker) 167, 253
폴 크루그먼(Paul Krugman) 308, 310
프란시스코 피사로(Francisco Pizarro) 23~28

프란체스코 구이치아르디니(Francesco Guicciardini) 50
프란체스코 다티니(Francesco Datini) 187
프란체스코 사세티(Francesco Sassetti) 51
프랭크 나이트(Frank Knight) 339
프랭크 캐프라(Frank Capra) 246
프랭클린 루스벨트(Franklin Roosevelt) 161, 164, 245
프레더릭 미시킨(Frederic Mishkin) 338
프로 무헤르 277~279
프록터 앤드 갬블 162
프리드리히 엥겔스(Friedrich Engels) 21
피노체트(Augusto Pinochet) 212
피니어스 바넘(Phineas Barnum) 65
피델 카스트로(Fidel Castro) 212~213
피보나치(Fibonacci) 36~40
피셔 블랙(Fisher Black) 317, 318
피에르 드페르마(Pierre de Fermat) 189
피터 라크만(Peter Rachman) 251
피터 반 데르 헤이덴(Pieter van der Heyden) 73, 75
피터 번스타인(Peter Bernstein) 339
필 그램(Phil Gramm) 171
핌코 72, 111,
핑갈라(Pingala) 37

ㅎ

하이만 민스키(Hyman Minsky) 166, 168
하인리히 하이네(Heinrich Heine) 89
한스 후프슈미트(Hans Hufschmid) 319
핫머니 106, 163, 302, 307, 311

해럴드 라스웰(Harold D. Lasswell) 207

해럴드 맥밀런(Harold Macmillan) 251

해리 마코위츠(Harry M. Markowitz) 320

허먼 칸(Herman Kahn) 209

허버트 스펜서(Herbert Spencer) 347

헤라클레이토스(Heraclitus) 73

헨리 노엘 브레일스포드(Henry Noel Brailsford) 295

헨리 루이스 게이츠(Henry Louis Gates Jr.) 266~267, 276

헨리 조지(Henry George) 229

헨리 펠럼(Henry Pelham) 79

헨리 포드(Henry Ford) 65, 241

헨리 폴슨(Henry M. Paulson, Jr.) 33

호르헤 루이스 보르헤스(Jorge Luis Borges) 114

호르헤 카우아스(Jorge Cauas) 213

호세 우리부루(José F. Jriburu) 113

호세 피녜라(José Piñera) 214~218

호스티엔시스(Hostiensis) 75

홀슬리 파머(J. Horsley Palmer) 58

홉슨(J. A. Hobson) 94

후안 도밍고 페론(Juan Domingo Perón) 112~113

후안 소르일레(Juan Sourrouille) 115

금융의 지배
세계 금융사 이야기

1판 1쇄 펴냄 2010년 7월 15일
1판 17쇄 펴냄 2025년 4월 29일

지은이 | 니얼 퍼거슨
옮긴이 | 김선영
발행인 | 박근섭, 박상준
펴낸곳 | (주)민음사

출판등록 | 1966. 5. 19. (제16-490호)
주소 | 서울특별시 강남구 도산대로1길 62(신사동) 강남출판문화센터 5층 (우편번호 06027)
대표전화 | 02-515-2000 팩시밀리 | 02-515-2007
홈페이지 | www.minumsa.com

한국어 판 ⓒ (주)민음사, 2010. Printed in Seoul, Korea

ISBN 978-89-374-8311-0 03320

* 잘못 만들어진 책은 구입처에서 교환해 드립니다.